KINDLERS KULTURGESCHICHTE DES ABENDLANDES

in 22 Bänden

Herausgegeben von Friedrich Heer

KINDLERS KULTURGESCHICHTE DES ABENDLANDES

Band VIII

STEVEN RUNCIMAN

Byzanz

Von der Gründung bis zum Fall Konstantinopels

verlegt bei Kindler

Aus dem Englischen übertragen von Heinrich Wolfart
Die Originalausgabe erschien im Verlag E. Arnold & Co, London
unter dem Titel BYZANTINE CIVILISATION

Copyright 1976 dieser Ausgabe by Kindler Verlag, München
Gesamtherstellung May & Co Nachf., Darmstadt
Printed in Germany
ISBN 3-463-13708-9

Inhalt

Vorwort

DIESES BUCH will eine umfassende Darstellung der Kultur des
Römischen Weltreiches während der Zeit geben, als seine
Hauptstadt Konstantinopel hieß, eine Darstellung jener
orientalischen griechisch-römischen Kultur also, die man am
besten »byzantinisch« nennt. Es war eine lange Zeit, und im
Verlauf dieser elf Jahrhunderte fanden viele Wandlungen
und Veränderungen statt. Ich habe jedoch versucht, mein
Hauptaugenmerk auf jene Charakteristika zu richten, die die
byzantinische Geschichte in ihrer Gesamtheit prägten. In dem
Bemühen, den Umfang des Buches in tragbaren Grenzen zu
halten, habe ich verschiedene Aspekte des Gegenstands nur
gestreift. Insbesondere ist dem byzantinischen Recht und der
byzantinischen Kunst eine Behandlung zuteil geworden, die
in ziemlichem Mißverhältnis zu ihrer Bedeutung steht. Aber
das Recht der Byzantiner ist, wenn man sich nicht auf sehr
summarische Feststellungen beschränkt, ein Dickicht verwik-
kelter Einzelheiten, und ihre Kunst steht noch mitten im
Disput der Meinungen und divergierender Geschmacksrich-
tungen, wobei selbst Allgemeinheiten zu äußern sehr gefährlich ist. In beiden Fällen hätte eine ausführlichere Behandlung mehr Platz erfordert, als diesem Buch zur Verfügung
steht. Meine Kritiker bitte ich zu berücksichtigen, daß die man-
cherorts sehr knappe Darstellung dem Zwang der Kürzung
unterlag, zumal an anderer Stelle eine umfangreichere Be-

trachtung zum besseren Verständnis des Gesamtwerkes un-
umgänglich schien.

Die Fußnoten sollen die Quellen zu den einzelnen Punkten
der Darstellung sowie; wo nötig, eine kurze Bibliographie geben. Im zweiten Kapitel habe ich weitgehend auf Fußnoten
verzichtet, weil dort ganz allgemein die unbestrittenen Daten
der geschichtlichen Entwicklung behandelt werden.

S. R.

Trinity College
Cambridge
Dezember 1932

ERSTES KAPITEL

DIE GRÜNDUNG KONSTANTINOPELS

DIE STADT BYZANTION wurde von Seeleuten aus Megara im Jahr 657 v. Chr. gegründet, am äußersten Ende Europas, wo sich der Bosporus zum Marmara-Meer hin öffnet. Diese Küstenlandstriche waren griechischen Kolonisten nicht unbekannt. Bereits einige Jahre vorher hatten andere Megarer die Stadt Chalkedon am gegenüberliegenden asiatischen Ufer errichtet. Sie wurden sprichwörtlich berühmt für ihre Blindheit, weil sie den besseren Platz jenseits der Wasserstraße übersehen hatten. Doch hatte auch Chalkedon seiner Lage am Bosporus wegen noch Vorteile, wie sie nur wenigen anderen Städten vergönnt waren.

Europa ist von Südwest-Asien durch zwei große Wasserflächen getrennt: durch das Schwarze und das Ägäische Meer. Aber zwischen diese Meere ragt Thrakien wie ein Keil hinein und stößt auf Kleinasien, bis die beiden Kontinente nur noch von zwei engen Wasserstraßen — vom Bosporus und vom Hellespont oder den Dardanellen — und vom landumschlossenen Marmara-Meer getrennt werden. Von diesen zwei mühelos zu überquerenden Meerengen ist der Bosporus vom asiatischen Festland aus etwas leichter zu erreichen, da Reisende auf dieser Route keine Hindernisse wie den bithynischen Olymp oder den Ida zu überwinden haben, und er ist

auch vom europäischen Festland her weitaus besser zugänglich, da die thrakische Chersones, die das Westufer des Hellespont bildet, in einer scharf abgewinkelten Landzunge aus-
läuft. So werden also die Kaufleute, die mit ihren Handels-
gütern auf dem Landweg von einem Kontinent zum anderen unterwegs sind, fast zwangsläufig durch eine Stadt am
Bosporus reisen, wie andererseits die Schiffe, die zwischen
dem Schwarzen und dem Ägäischen beziehungsweise dem
weiten Mittelmeer verkehren, mit Sicherheit ihre Hafenkais
passieren müssen. Der Bosporus bildet also den Kreuzungs-
punkt von zwei der bedeutendsten Handelsstraßen der Geschichte.

Chalkedon hatte sicher keine ungünstige Lage, aber dennoch
müssen seine Gründer merkwürdig kurzsichtig gewesen sein,
denn die europäische Küste hatte einen Vorteil, der dem
östlich-asiatischen Ufer fehlte: Unmittelbar vor der Mün-
dung des Bosporus in das Marmarameer erstreckt sich landeinwärts in nordwestlicher Richtung ungefähr sieben Meilen
lang eine einzigartige Bucht, gekrümmt wie eine Sichel oder
ein Horn: das Goldene Horn. Zwischen das Goldene Horn
und das Marmara-Meer schiebt sich ein hügeliger Landvor-
sprung, in der Form ungefähr einem gleichschenkligen Drei-
eck gleichend, dessen Spitze Asien direkt gegenüberliegt. Eine
Stadt, die auf dieser gebirgigen Landspitze errichtet würde,
wäre nicht nur mit einem Naturhafen ausgestattet, in dem
sich eine große Kriegsflotte in völliger Sicherheit stationieren
ließe, sondern sie wäre außerdem von allen Seiten durch das
Meer geschützt — außer an der offenen Flanke im Landes-
inneren. Der einzige Nachteil war das Klima. Den ganzen
Winter und das Frühjahr hindurch wehte fast unablässig von
den eisigen russischen Steppengebieten her der Nordwind
über das Schwarze Meer. Er ließ die Siedler erschauern, die

an die windgeschützten Täler Griechenlands gewöhnt waren
und den Gegensatz zu den nachfolgenden heißen, schwülen
Sommern um so schroffer empfanden. Dieser Nordwind hinderte, zusammen mit der starken Südströmung im Bosporus,
oftmals die Segelschiffe daran, an der Spitze der Halbinsel zu
wenden und ins Goldene Horn einzulaufen.
Möglicherweise erschwerte gerade dieses wenig anziehende
Klima fast tausend Jahre lang das Anwachsen Byzantions
zu einer Großstadt. Zudem war in den großen Zeiten der Geschichte Griechenlands angesichts der barbarischen Krieger-
stämme, die Thrakien bevölkerten, der Schiffstransport asiatischer Handelswaren von Smyrna oder Ephesos aus nach
Europa schneller und gefahrloser. Aber Byzantions Bedeutung als Festung wurde bald klar erkannt. Im Peloponnesi-
schen Krieg war es umkämpft, weil es den Zugang zum
Schwarzen Meer beherrschte, dessen nördliche Küstengebiete
mit ihren Getreidekulturen für Athens Ernährung sorgten.
König Philipp von Makedonien und sein Sohn Alexander betrachteten Byzantion bereits als das Haupttor zu Asien. Die
römischen Kaiser sahen in der strategischen Überlegenheit der
Festungsstadt allmählich eine Bedrohung. Vespasian beseitigte ihre Privilegien, Septimius Severus, dessen Belagerung
sie zwei Jahre lang standhielt, als sie die verlorene Sache des
Pescennius Niger verteidigte, ließ alle ihre Festungsanlagen
schleifen; aber Caracalla baute sie wieder auf. Gallienus
folgte dem zerstörerischen Beispiel des Septimius Severus, mit
dem fatalen Ergebnis, daß gotische Piratenverbände unge-
straft durch die Meerengen bis ins Ägäische Meer vorstoßen
konnten. So mußte Diokletian den Mauerring noch einmal
errichten. Aber voll erkannt wurden Byzantions strategische
Möglichkeiten erst im zweiten Licinischen Krieg der Jahre
322 bis 323 n. Chr., als Licinius die Stadt zum Zentrum seines

Feldzugs gegen Konstantin machte. Licinius wurde durch den Verlust seiner Flotte am Hellespont militärisch ruiniert, und seine Armee wurde bei Chrysopolis endgültig besiegt; nach seiner Kapitulation bestand für die Feste keine Notwendigkeit mehr, sich der Übergabe länger zu widersetzen. Aber Licinius' Strategie war von seinem großen Gegner Konstantin aufmerksam verfolgt worden, der seinerseits für Byzantion noch weitere Entwicklungsmöglichkeiten ins Auge faßte. Der Krieg war kaum beendet, als der Kaiser bereits Architekten und Landvermesser um die Altstadt und ihr Vorfeld herumführte, worauf alsbald mit den Bauarbeiten begonnen wurde.

Seit einigen Dezennien schon waren die römischen Kaiser von der Notwendigkeit eines neuen Regierungszentrums überzeugt. Die Stadt Rom war für sie allmählich ein unbequemer Boden geworden, hütete sie doch eifersüchtig ihre republikanischen und senatorischen Traditionen und blickte mit Mißtrauen auf die neuen kaiserlichen Konzeptionen von orientalischer Autokratie. Ein weiterer Nachteil war, daß Rom sehr weit von den zwei militärischen Fronten entfernt lag, denen die Imperatoren in wachsendem Maß ihre Aufmerksamkeit zuwenden mußten: der armenisch-syrischen Grenze und der unteren Donau. Maximian hatte von Mailand aus regiert; Diokletian hatte seinen Schwerpunkt nach dem Osten verlegt und Nikomedeia zu seinem Hauptregierungssitz gemacht.

Konstantin spielte eine Zeitlang mit dem sentimentalen Gedanken, seinen Geburtsort Naissus (Niš) zur neuen Residenz zu machen, und später ging er daran, Troja wieder aufzubauen. Aber nachdem seine Aufmerksamkeit einmal auf Byzantion gelenkt worden war, überzeugten ihn die offenkundigen Vorzüge der Stadt. Nun gab es kein Zögern mehr. Die

Befestigungsarbeiten wurden im November 324 begonnen, und nach fünfeinhalb Jahren war die Errichtung der neuen Residenz abgeschlossen. Am 11. Mai 330 wurde die Stadt vom Kaiser feierlich eingeweiht. Sie erhielt den Namen Neu-Rom, wurde aber vorzugsweise nach ihrem Gründer Konstantinopel genannt.

Das Jahr 330 ist also der gegebene Ausgangspunkt für die byzantinische Geschichte. Dabei war die Gründung von Konstantinopel nur eine, wenn auch gewiß die folgenschwerste der Reformen und Veränderungen, die das heidnische Imperium Roms allmählich in jenes Reich verwandelten, das wir das byzantinische nennen (1).

Am Ausgang des dritten Jahrhunderts christlicher Zeitrechnung waren Reformen im Imperium Romanum dringend erforderlich geworden. Hier ist nicht der Ort, ausführlich über die Ursachen des Niedergangs des spätrömischen Reiches zu berichten (2). Kurz gefaßt lagen diese Ursachen in den chaotischen Verhältnissen und der Machtlosigkeit des zivilen Verwaltungsapparats, in der schwachen Finanzlage des Staates, in der übergroßen Macht ehrgeiziger Truppenführer und in den erneuten feindlichen Vorstößen auf die Grenzen des Reiches. Rom hatte seine weltweite territoriale Ausdehnung durch einen großzügigen Opportunismus gewonnen: Jede eroberte Provinz wurde möglichst rasch befriedet, indem man ihr erlaubte, einen Großteil der landesüblichen Sitten und Rechte beizubehalten. Die Folge war natürlich, daß jede Provinz eine andere Form der Verwaltung erforderte. Gerade die zentrale Verwaltung vergrößerte also die Vielgestaltigkeit des gesamten Regierungsapparats. Die von Augustus als politisches Aushängeschild gewählte Regierungsform der Dyarchie, nach der der Senat die Herrschaft mit dem Kaiser teilte und einige Provinzen selbständig regierte, vermehrte das Durcheinander in der Organisation des Staatswesens, ohne je ein wirksames Instrument zur Einschränkung der autoritären Macht des Kaisers zu sein. Auch im Finanzwesen spiegelte sich die Krisensituation des Staates: Die Besteuerung war hoch, aber uneinheitlich und willkürlich, und ein beträchtlicher Steueranteil blieb in den Händen der Großgrundbesitzer, die das Privileg der Steuererhebung besaßen. Der Reichtum war sehr ungleich verteilt. So konnte man einerseits viele Millionäre finden, andererseits gab es ganze Provinzen, die völlig verarmt waren. Außerdem krankte das Imperium schon lange an einer passiven Handelsbilanz. Bereits zur Zeit des Plinius übertraf der Import aus Indien den Export jährlich um rund 6 Millionen DM, und ein weiteres Passivsaldo von etwa 4 Millionen DM bestand im Warenaustausch mit China (3); diese passive Handelsbilanz wurde niemals ausgeglichen. In der Frühzeit des Imperiums war das römische Münzgeld einer allmählichen inflationären Entwertung ausgesetzt; seit der Regierung Caracallas hatte sich der Wert rapide gemindert, bis schließlich nur noch die billigen Kupfermünzen den vollen Metall-Feingehalt hatten, während die Silbermünzen zuletzt aus einer Legierung bestanden, die gerade noch 2 Prozent Silber enthielt.

Gegenüber der konfusen Verwaltungsorganisation und der ständig bedrohten Finanzlage war die zivile Administration machtlos. Die einzige reale Macht lag in den Händen der Heerführer. Rom konnte nicht auf seine Legionen verzichten: Die Sicherung der langen Grenzen war unabdingbar, ebenso dringlich war die Stationierung von Polizeitruppen in den Provinzen, deren natürlicher Freiheitsdrang durch die starke wirtschaftliche Ausbeutung von seiten Roms stets neu gereizt wurde. Die Statthalter der großen Provinzen hatten jeweils eine Legion unter ihrem Kommando, manchmal befehligten

sie sogar größere Truppenverbände. Das hätte keine Gefahr
heraufbeschwören können, wäre eine starke Zentralregierung
und eine gesetzlich verankerte Herrschaftsfolge im Kaiserreich vorhanden gewesen. Aber kaum eine Dynastie erreichte
auch nur die dritte Generation. Der Thron wurde immer häufiger von den mächtigsten Feldherrn als Siegerpreis beansprucht, und ehrgeizige Generäle gab es im Überfluß. Während des dritten Jahrhunderts war fast ständig irgendeine
der Provinzen in der Gewalt eines Usurpators, so daß das
Reich selten ein geeintes politisches Gebilde darstellte.
Der innere Krisenzustand verschärfte sich im dritten Jahrhundert, als von außen erneuter Druck gegen die Reichsgrenzen einsetzte. Seit den Anfängen des Imperiums hatte die
asiatische Grenze von Armenien bis Arabien verhältnismäßig
wenig Sorgen gemacht. Das parthische Königreich der Arsakiden war in langsamem Verfall begriffen. Am Anfang des
dritten Jahrhunderts jedoch war eine neue Dynastie in Persien zur Herrschaft gelangt, die Sassaniden, die — populär,
nationalistisch orientiert und der Lehre Zarathustras anhän-
gend — für vier Jahrhunderte zu erbitterten und aggressiven
Feinden Roms wurden. Sie besiegten im dritten Jahrhundert
vier römische Kaiser und nahmen den Kaiser Valerian sogar
gefangen. Die militärische Schlagkraft ihres Heeres schien
von Jahr zu Jahr zuzunehmen. Zur gleichen Zeit waren an
der europäischen Grenzlinie dringend zusätzliche Sicherheits-
vorkehrungen vonnöten. Schon seit den Tagen Caesars hatte
der Statthalter Galliens die schwere Aufgabe, die Limesfront
gegen die volkreichen westgermanischen Stämme jenseits des
Rheins zu sichern, die aus ihren stark von Wäldern eingeeng-
ten Siedlungsräumen auszubrechen drohten. Jetzt verstärkte
sich der Druck gegen die untere Donau. Ostgermanische
Stämme, insbesondere die Goten, setzten sich am anderen

Ufer fest, und jede neue Bewegung oder Wanderung der Steppenvölker im Hinterland jenseits der Donau mußte sie unfehlbar zum Vordringen über den Grenzfluß treiben. Das gotische Problem stellte eine ernsthafte Bedrohung dar und bot, trotz der erfolgreichen Anstrengungen eines Kaisers wie Claudius II., kaum die Chance zu einer politischen Lösung.

So sah der politische Hintergrund aus, vor dem sich das gesellschaftliche Leben im dritten Jahrhundert abspielte. Noch war der Zivilisationsstandard ziemlich hoch. Obwohl die Armen, Sklaven wie Freie, wenig Besserung ihrer sozialen Lebensbedingungen erfuhren — abgesehen davon, daß viele von ihnen von der Wohltätigkeit des Staates lebten —, genossen die wohlhabenderen Gesellschaftsklassen einen materiellen Komfort und Luxus, der alles übertraf, was die Welt bis dahin gekannt hatte. Die römische Herrschaft hatte immer und überall ein stattliches Programm öffentlicher Bauten zur Folge gehabt: Thermen und Tempel, Häfen und Straßennetze, alles war dazu da, die Annehmlichkeiten des Daseins zu vergrößern. Die Verkehrsverbindungen waren schnell, bequem und sicher. Aller Wohlstand und alle Sicherheit jedoch waren plötzlichen und anhaltenden Krisensituationen ausgesetzt, und in den häufigen Bürgerkriegen sahen sich friedliche Staatsbürger unerwartet den politischen Wechselfällen ausgeliefert; sie konnten plötzlich ihrer Ehren und ihrer Besitztümer beraubt oder sogar zum Tod verurteilt werden. Diese Unsicherheit führte zu Resignation und Pessimismus, zu jener desillusionierten Haltung, die ein Hauptcharakteristikum im geistigen Selbstverständnis dieses Zeitalters ist.

Kulturell war das Imperium in zwei Teile geteilt. Die allgemeine Sprache vom Illyricum bis in den äußersten Westen war lateinisch, während in den östlichen Reichsteilen das Griechische dominierte. Trotz dieser Sprachgrenze konnte man aber nicht von einer Spaltung des Reiches sprechen. Zwar stellte der Westen fast alle Persönlichkeiten des politischen Lebens, die Kaiser und die anderen führenden Staatsmänner; aber seine geistigen Größen folgten den Vorbildern der griechischsprechenden Welt. Nur in Nordafrika und Gallien leitete die Übernahme der lateinischen Zivilisation eine eigenständige kulturelle Epoche ein. Im übrigen hatten die Römer des Westens hauptsächlich für die Errichtung öffentlicher Bauten und die Entwicklung und Pflege eines hervorragenden Rechtssystems gesorgt, das auch dem Ostreich aufgeprägt wurde und sogar das Krisenzeitalter überdauerte. Die Kultur des Ostens war immer noch hellenistisch: eine Mischung von griechischer Klassik mit jüdischen und iranischen Elementen. Doch der klassisch-griechische Anteil bildete nur noch eine zwar mächtige, aber erstarrte Tradition, keine lebendige Quelle schöpferischer Energie mehr. Der Individualismus, ein Wesenszug der hellenischen Kultur, konnte den Einschmelzungsprozeß der griechischen Stadtstaaten und der makedonischen Nachfolgemonarchien in ein Weltreich nicht lange überleben, zumal es ein Weltreich war, an dessen Lenkung die Griechen keinen Anteil hatten. Aber die Künste und Wissenschaften hielten an den alten griechischen Vorbildern oder ihren großartigen Nachschöpfungen aus dem augusteischen Rom fest. Die eigene Leistung der Künstler bestand lediglich in einer fatalen Neigung zu erhabener Größe und zu ornamentalen Details, in denen sie ihre meisterhafte Technik zur Schau stellen konnten. Die Tempelbauten und die Statuen mit ihrer Prachtentfaltung, die epischen Dichtungen mit ihrer glänzenden Rhetorik wirken überladen. Nur die eine oder andere Gelegenheitsdichtung oder -malerei bewahrte noch künstlerische Unmittelbarkeit, desgleichen die Satire, jener wesensgemäße Ausdruck eines desillusionierten Zeitalters. Die Welt des Imperium Romanum besaß geistige und ästhetische Bildung, doch die große hellenische Kulturepoche, die sie bewunderte und nachahmte, hatte nurmehr verpflichtenden Wert als Tradition. Das Heil kam nun aus einer anderen Region des Reiches: aus dem syrischen Osten.

Bereits im dritten Jahrhundert hatte sich in der Architektur eine neue, ungewöhnliche Pracht zu entfalten begonnen, orientalisch in ihrem Stil, unmittelbar in ihrer Aussage. Dennoch sollte der Orient nicht so sehr durch seine bildnerischen Konzeptionen des Majestätischen den Sieg über die klassische Tradition davontragen als vielmehr durch seine geistigen Ideen. Ein desillusioniertes Zeitalter wendet sich wieder der Religion zu, um der Unsicherheit des Lebens zu entfliehen. Aber die alten Religionen — das heidnische Griechentum mit seiner Freude am Leben und der Staatsgötterkult der Römer — versagten nun, wo das Leben voller Bedrängnisse und Daseinsangst und der Staat offensichtlich am Rande des Untergangs war. In dieser Situation hatte der Orient mehr Trost zu bieten. Seit Rom zum erstenmal mit dem Osten in Berührung gekommen war, hatten sich die orientalischen Mysterienkulte der Isis und der Großen Göttermutter westwärts über das Reich ausgebreitet, und die Anzahl ihrer Verehrer wuchs ständig. In dem geheimen Ritual und in den heiligen Zeremonien, die diese Göttinnen gestiftet hatten, wurden die Weltmüden in die Sphäre einer höheren Wirklichkeit entrückt. Diese Kulte fanden besonderen Anklang bei den Intellektuellen und bei den geschundenen Volksmassen. Im Gegensatz dazu bevorzugten die Männer der Tat, Soldaten und Staatsmänner, einen Mysterienkult iranischer Herkunft, den Mithraskult, die Verehrung Apollons oder des Sonnengottes Sol Invictus. Im Lauf des dritten Jahrhunderts hatte der Mithraskult im gesamten Reich Verbreitung gefunden und

umfaßte mit seiner ausgedehnten Organisation vor allem
die große Mehrheit des Heeres. Auch sein Ritual wurde mit
Gepränge und sakralen Zeremonien gefeiert, aber er pro-
pagierte eine weniger schicksalsergebene Lebenshaltung. Statt
quietistischer Gesinnung forderte er Kameradschaft und Disziplin, um gegen das Gefühl der hoffnungslosen Verlassen-
heit des Menschen in der Welt anzukämpfen. Aber der Mithraskult fand einen noch mächtigeren Rivalen in einer Religion, die ihren dunklen Anfang in Palästina genommen
hatte und Christentum genannt wurde.

Es ist nicht erstaunlich, daß das Christentum schließlich über
alle anderen Kulte triumphierte. Seine Botschaft übte eine
weit stärkere Anziehungskraft aus als alle anderen Religionen. Der Orientale mit seinem zur Schau getragenen Gleich-
mut ist in Wahrheit im höchsten Maß ungeduldig; unfähig,
Leiden und Unglück zu ertragen, nimmt er seine Zuflucht sofort zu übersinnlichen Mächten und versucht, auf diese Weise
dem irdischen Ungemach zu entrinnen. Der Abendländer hingegen setzt sich gegen den schmerzhaften Stachel des Un-
glücks zur Wehr, denn sein Trost liegt in der Hoffnung und
in der Zuversicht, daß der Schmerz nicht ewig währt. Die
Haltung des hellenistischen Griechen lag etwa dazwischen.
Hinter seiner Naturverehrung verbarg sich Mystizismus, und
der Hang zum Symbolismus steckte tief in ihm. All diese verschiedenen religiösen Sehnsüchte konnte der christliche
Glaube befriedigen: Er ermutigte den Mystizismus, verkündete eine Eschatologie der Hoffnung, war reich an religiösen
Symbolen und besaß ein eindrucksvolles Ritual. Überdies
übte er eine besondere Anziehungskraft auf die Niedrigen
und Geringen aus, denn er lehrte, daß in den Augen Gottes
Sklave und Kaiser gleich seien, und er forderte von allen
brüderliche Liebe und Gemeinschaft. Diese Liebesbotschaft

machte den Glauben annehmbar für alle Philanthropen, denn keine andere Religion erhob die Nächstenliebe so konkret zu ihrem Gebot. Die christliche Kirche war bewundernswert organisiert. Seit den Tagen des Apostels Paulus waren ihre führenden Persönlichkeiten Männer von besonderen organisatorischen Fähigkeiten. Außerdem hatte die christliche Religion gegenüber ihrem Rivalen, dem Mithraskult, zwei unschätzbare Vorteile. Erstens erlaubte sie den Frauen, eine führende Rolle im kirchlichen Leben zu spielen. Wenn auch orthodoxe Kirchenlehrer die vollkommene Gleichberechtigung von Männern und Frauen mißbilligen und verurteilen konnten, wie sie die häretischen Montanisten lehrten, so haben doch Frauen in der Kirchengeschichte immer eine wichtige Rolle gespielt, sei es, daß sie als Dienerinnen der Gemeinde, oder, in der jüngeren Geschichte, als Äbtissinnen (4) bedeutende und einflußreiche Persönlichkeiten werden konnten. Im Gegensatz dazu war der Mithraskult eine ausgesprochen männliche Religion, und wir finden keine Anzeichen dafür, daß Frauen unter seinen Anhängern gewesen seien. Die zweite große Stärke des Christentums lag darin, daß es von seinen frühesten Anfängen an sich den Einflüssen der griechischen Philosophie geöffnet hatte. Sie verlieh der christlichen Theologie intellektuellen philosophischen Gehalt, der ihr die Anerkennung seitens vieler der fähigsten und tiefsinnigsten Denker dieser Zeit gewann. Weder der Mithraskult noch die Mysterienreligionen konnten Persönlichkeiten vom geistigen Format der frühen Kirchenväter wie Origenes, Irenaeus, Tertullian oder Clemens von Alexandreia hervorbringen, Theologen, die allein von ihren Nachfolgern, den Kirchenvätern des vierten Jahrhunderts, an geistigem Rang übertroffen wurden. Trotz der schismatischen Sonderentwicklung des lateinisch-römischen Christentums im Westen und der Herä-

sien im Osten entwickelte sich die Kirche schnell zu der
machtvollsten selbständigen Organisation im gesamten Imperium. Keine der häretischen religiösen Bewegungen hatte
bisher ernste Gefährdungen für sie bedeutet. Der Gnostizis-
mus, die gefährlichste unter ihnen, fand niemals breitere
Anhängerschaft und spaltete sich bald in kleinere Sekten. Im
gleichen Zeitalter verkündete der persische Religionsstifter
Mani seine Heilslehre — eine merkwürdige Verquickung von
Gnosis und zarathustrischem Dualismus —, die sich später im
vierten und fünften Jahrhundert im römischen Reich einer
gewissen Beliebtheit erfreuen sollte. Aber das Zentrum des
Manichäismus lag stets jenseits der persischen Reichsgrenze.
In seinem allmählichen Aufstieg wurde das Christentum
zweifellos auch durch die Legendenbildung um seine Heiligen und durch seine glaubwürdig bezeugten Wunder unterstützt, denn die Menschen jener Zeit steckten voller Aberglauben. Das augusteische Zeitalter des Rationalismus war nur
von kurzer Dauer gewesen. Jetzt diskutierten die Menschen
über die Wundertaten des Wanderpredigers Apollonios von
Tyana, und sie glaubten an die Mirakelgeschichten, wie sie
ihnen Apuleios erzählte. Die Künste des Wahrsagens und der
Zauberei standen in voller Blüte, die Dämonenlehre war geradezu zum Rang einer Wissenschaft aufgestiegen. Alle diese
Formen des Aberglaubens, die für die Historiker des acht-
zehnten Jahrhunderts zu einem suspekten Inbegriff der byzantinischen Zivilisation wurden, waren das Erbe dieser Ära
des ausgehenden römischen Altertums; manche von ihnen, ursprünglich heidnisch, tauchten später in der christlichen
Kirche wieder auf. Selbst die Philosophie öffnete sich den
Strömungen des Zeitgeistes. So lebte im Westen die Lehre der
Stoa fort und brachte noch einen Mark Aurel hervor, ehe sie
endgültig verblaßte. Im Osten hatte sich seit einiger Zeit

allein der Neoplatonismus noch seine Lebenskraft bewahrt; jetzt aber artete er in hektischen Wunderglauben und Magie aus und ging in üppigem Polytheismus auf. In Wahrheit standen die Lehren der Kirchenväter dem Platonismus wahrscheinlich viel näher als die Denksysteme, die aus den Schulen dieser Philosophen hervorgegangen sind.

Im Jahr 284 ging die kaiserliche Gewalt in die Hand des ersten großen konstruktiven Staatsmannes über, den die römische Antike seit Augustus hervorgebracht hatte: des Illyrers Diokletian. Er erkannte den Krisenzustand des Imperiums in vollem Ausmaß und stellte seine Regierungszeit ganz in den Dienst eines weitreichenden Reformprogramms. Sein grundsätzlicher Plan zielte darauf ab, die Reichsverwaltung zu zentralisieren und zu vereinheitlichen, das gesamte Heer unter wirksamer Kontrolle der Regierung zu halten, die Finanzlage des Staats durch Stabilisierung der Währung zu sanieren und das ganze Reformwerk durch Hebung der kaiserlichen Machtposition zu festigen.

Während der gesamten Geschichte des römischen Reiches hatte schon eine Tendenz zu Vereinheitlichung der Verwaltung bestanden, die sich besonders in der immer großzügigeren Verleihung des römischen Bürgerrechts und zuletzt in der Abschaffung der letzten senatorischen Provinzen manifestiert hatte. Aber die chaotische Unordnung vor Diokletians Machtübernahme erforderte ein vollkommen neues System. Für Diokletian hatte das Reich eine zu gewaltige Ausdehnung, als daß es ein einziger Kaiser noch hätte lenken können. Bereits seit der frühen Kaiserzeit hatte man es für nötig erachtet, sowohl einen griechischen als auch einen lateinischen Staatssekretär des Äußeren zu berufen. Diokletian baute diese grundlegende Zweiteilung weiter aus, nicht etwa, indem er zwei getrennte Reiche geschaffen hätte, sondern indem er zwei Kaiser über das eine Reich einsetzte, von denen der eine in der westlichen, der andere in der östlichen Hälfte des Imperiums residieren sollte. Um eine friedliche Machtablösung zu gewährleisten, sollte jedem Kaiser oder Augustus ein Unterkaiser oder Caesar als Helfer und künftiger Nachfolger beigegeben werden. Gleichzeitig nahm Diokletian eine Neuverteilung und Reorganisation der Provinzen vor. Das Reichsgebiet wurde in vier riesige Präfekturen, nämlich in die gallische, die italische, die illyrische und in die Präfektur des Ostens, aufgegliedert, an deren Spitze vier Praetorianerpräfekten als die höchsten Beamten des Staates standen. Die Präfekturen wurden in weiträumige Verwaltungsbereiche, die sogenannten Diözesen, unterteilt, deren Gouverneure gewöhnlich den Amtstitel eines Vikars führten und dem jeweiligen Präfekten unterstellt waren.

Die als Asia und Afrika bekannten Provinzen behielten ihre Prokonsuln, die das Privileg besaßen, in direkter Verbindung mit dem Kaiser zu stehen. Hand in Hand mit der straffen Neugestaltung der Zentralverwaltung entstand ein dichtverzweigter Apparat einer neu konstruierten Zivilbeamtenschaft, wodurch die Entfaltung der Bürokratie starken Auftrieb erhielt.

Das Hauptcharakteristikum dieser neuen Bürokratie war die prinzipielle Trennung ihrer Kompetenzen von der militärischen Obrigkeit. Nur in einigen Grenzprovinzen wurden die Machtbefugnisse beider Gewalten vereint wahrgenommen. Ursprünglich waren die Praetorianerpräfekten sowohl Militär- als auch Zivilbeamte gewesen. Parallel zum zivilen wurde ein immenser militärischer Apparat aufgebaut, und Diokletian versprach sich von dieser Gewaltentrennung, daß sie die ehrgeizigen Bestrebungen illoyal gesinnter Generäle in Schach halten würde. Zur gleichen Zeit baute er eine bewegliche kaiserliche Einsatztruppe auf, die in Kriegs- oder Aufstandsfällen schnell in jeden Teil des Reiches geworfen werden konnte.

Das neugeordnete Reich sollte durch ein starres Kastensystem gesichert werden. Einer Idee folgend, die als erster der Kaiser Aurelian gefaßt hatte, verordnete Diokletian, daß ein Sohn unausweichlich den Beruf seines Vaters anzutreten habe, welchen Beruf dieser auch ausgeübt haben mochte. Soziale Umschichtungen hatten so überhand genommen, Vermögen wurden so schnell errungen und verloren, daß Diokletian glaubte, nur durch eine solch rigorose Festlegung innere Stabilität sichern und dem Staat eine gewisse Chance zum Einzug regelmäßiger Steuereinkünfte garantieren zu können. Es stellte sich auch als vorteilhaft heraus, die Armee aus den mittelständischen Kreisen zu rekrutieren. Demgegenüber wurden Mitglieder des Senatorenadels bewußt von der militärischen Führungsschicht ausgeschlossen, weil sie gleichermaßen durch ihren großen Reichtum wie durch ihre aristokratischen Herrschaftstraditionen gefährlich waren.

Diokletians Bemühungen, die Währung zu stabilisieren, waren weniger erfolgreich. Er konnte den Münzwert nicht wieder auf die Höhe zurückbringen, die er zur Zeit des Augustus hatte, und seine wiederholten Versuche, neugeprägte hochwertige Münzen mit dem vollen Metallwert in Umlauf zu bringen, führten schließlich zu seiner Überraschung zu Preissteigerungen. Um ihnen entgegenzuwirken, erließ der Kaiser das berühmte Edikt vom Jahr 301, in dem er ein für allemal die Preise für alle Verbrauchsgüter festsetzte. Dieses Edikt konnte sich jedoch nicht durchsetzen. Es blieb Konstantin dem Großen vorbehalten, ein Währungssystem auf einer dauerhaften Grundlage zu schaffen.

Die nachhaltigste Reform Diokletians war die am wenigsten

greifbare — nämlich die Erhöhung des Ansehens der kaiserlichen Majestät. Die Vorstellung von der Göttlichkeit des Königs war im Orient beheimatet und schon in den Zeiten der hellenistischen Reiche allgemein verbreitet. In den orientalischen Provinzen des römischen Reiches war sie niemals völlig aufgegeben worden, sondern wurde zu einem gewissen Teil auf den römischen Imperator übertragen. Rom jedoch mit seinem tiefverwurzelten Königshaß billigte diesen Herrscherkult nie. Deshalb war noch Augustus sorgfältig darauf bedacht, keine Demonstration der Majestätswürde zu dulden. Er gab sich nur als der erste Bürger des Reiches, und als solcher war er ein für alle erreichbares, wiewohl erhabenes menschliches Wesen. Im Hinblick auf die Staatsautorität bei den unterworfenen Völkerschaften hatte man es zwar bald als politisch nützlich erkannt, verstorbene Kaiser als Götter zu verewigen, aber der echte Römer genoß immer noch beifällig die zynischen Worte des sterbenden Kaisers Vespasian: »Ut puto, deus fio« — »Mir scheint, ich bin im Begriff ein Gott zu werden.« Diese Einstellung hatte sich im Westen des Reiches hartnäckig gehalten, trotz der persönlichen Kriecherei, die die Kaiser Domitian oder Heliogabal forderten; und die drohende Wahrscheinlichkeit eines gewaltsamen Todes, die zum kaiserlichen Amt zu gehören schien, hatte das Prestige des Imperators nicht gerade verstärkt. Diokletian gewann die Einsicht, daß die Autorität des Kaisers größer und sein Leben sicherer sein würde, wenn es ihm gelänge, ein Halbgott zu werden.

Die neu inthronisierte Dynastie der Sassaniden in Persien umgab sich mit einem gewaltigen Nimbus von Majestät, und Diokletian entlehnte ihrem Hofzeremoniell viele glanzvolle Details: Nun bewegte sich der Kaiser nicht länger frei unter seinen Untertanen, sondern lebte in strenger Zurückgezogen-

heit, in einer zeremoniösen Hofhaltung, und ihm warteten
Eunuchen auf, eine früher verachtete und sogar verbotene
Menschengattung. Die Untertanen, die im Palast um Audienz
nachsuchten, mußten sich vor dem Kaiser niederwerfen und
ihm huldigen. In prunkvoller äußerer Erscheinung trug der
Imperator nun ein Diadem, scharlachrote Schuhe und Pur-
purgewänder. In gewisser Hinsicht vollzog sich damit eine
natürliche Entwicklung. In den Augen der Römer waren
Recht und Gesetz eine fast göttliche Sache, und der Kaiser
war nun schon seit langem der Ursprung allen Rechts. Rom
aber nahm Anstoß an dem neuen, dem orientalischen Despotismus entlehnten äußerlichen Schaugepränge. Im Endeffekt
hatte jedoch eher Rom als der Kaiser den Preis für diese Abneigung zu zahlen, denn Diokletian regierte die orientalischen Länder von seiner Metropole Nikomedeia aus als ein
allgemein anerkannter Halbgott, und Maximian, sein Mit-
herrscher im Westen, bevorzugte Mailand als Residenz.

Diokletian verlieh seiner Göttlichkeit Legitimation, indem er
Jupiter, den Göttervater, als seinen Stammvater in Anspruch
nahm, wodurch er sich Eingang in das römische Pantheon
verschaffte. Maximian entschied sich für Herkules, einen zwar
populären, wenn auch weniger erhabenen Ahnherrn. Constantius, der Caesar im Westen, unternahm es, seine persönliche Religion, den Mithraskult, mit dem Herrscherkult zu
vereinigen, indem er zum Abkömmling des Sonnengottes
Apollon wurde.

Aber unter den Untertanen gab es eine große Gruppe von
Bürgern, die den Kaisern die geforderte Adoration nicht
erweisen konnte: Die Christen mit ihrer klaren Unterschei-
dung zwischen »dem, was des Kaisers, und dem, was Gottes
war«, waren nach ihrem Bekenntnis gehalten, loyale Staatsbürger zu sein, solange sie nicht gezwungen wurden, den

Staatsgötterkult zu zelebrieren. Aber einen Menschen als Gott anzubeten, und sei es auch der Imperator, war eine Forderung, die sie mit Sicherheit nicht widerspruchslos hinnehmen konnten. Diokletian glaubte, nicht länger dulden zu dürfen, daß die stärkste religiöse Körperschaft in seinem Reich seine Majestät mißachtete. Er versuchte es mit Zwang, sah sich aber einem fanatischen Widerstand gegenüber; und damit nahm die große Verfolgung der Christen ihren Anfang. Doch diese blieben unbeugsam. Es war dem Imperator Konstantin vorbehalten, eine Lösung zu finden, die Caesarenkult und Dienst am christlichen Gott vereinen sollte.

Das neu aufgebaute Reich überdauerte Diokletians freiwillige Abdankung im Jahr 305 n. Chr. nur kurze Zeit. Die verschiedenen Maßnahmen seines Reformwerks dagegen hatten Bestand — mit einer wesentlichen Ausnahme: Diokletian hatte das Imperium abhängig gemacht vom Imperator; jedoch sein System der zwei Kaiser und ihrer designierten Thronfolger konnte nur funktionieren, wenn die Thronprätendenten Männer von hoher Gesinnung waren, frei von Eifersucht und Argwohn.. Die Würde eines Caesars war ein gefährlicher Rang — zu hoch und doch nicht hoch genug —, und so verlor dieser Titel auch schnell seinen Wert. Statt dessen gab es im Jahr 311 vier Kaiser: Licinius und Maximinus Daia im Osten, Maxentius und Konstantin, Sohn des Constantius, im Westen. Damit war die Szene frei für einen Bürgerkrieg.

Zunächst brach dieser im Westen aus. Ein kurzer, glänzend geführter Feldzug von Colmar bis zum Schlachtfeld von Saxa Rubra an der Milvischen Brücke machte 312 Konstantin zum Herrn des Westens. Im folgenden Jahr unterstützte er Licinius, so daß dieser Maximinus besiegen und Alleinherrscher im Osten werden konnte. Jedoch sowohl Konstan-

tin als auch Licinius waren zu ehrgeizige Rivalen, als daß sie
die Herrschaft hätten teilen wollen. Ihr erster Zusammenstoß
im Jahr 313 blieb unentschieden, doch im Jahr 323 wurde Licinius bei Chrysopolis vernichtend geschlagen, und Konstantin war Alleinherrscher über das gesamte Reich. So war Diokletians Vierkaiserherrschaft endgültig gescheitert. Doch in
anderer Beziehung behauptete sich sein Werk: Konstantin behielt sein Verwaltungssystem bei, und ihm gelang die Stabilisierung der Währung, die Diokletian vergeblich versucht
hatte. Das alte römische Münzsystem konnte nicht wiederhergestellt werden, aber Konstantin schuf nun einen Gold-Stan-
dard, den sogenannten Solidus, der mehr ein mit seinem Sie-
gel geprägtes Goldstück als eine Umlaufmünze war und als
konstanter Relationswert für das übrige Silber- und Kupfer-
geld diente. Das neue System erwies sich als beständig, und
der Reichssolidus konnte seinen Münz- und Handelswert
über acht Jahrhunderte unangefochten behaupten.

Auch Diokletians Bemühungen um die Konsolidierung der
Machtposition und die Vergöttlichung der kaiserlichen Person trieb Konstantin mit Erfolg voran. Auf seinem Vor-
marsch nach Süden gegen Maxentius — als Konstantins politische Karriere auf dem Spiel stand — hatten er und seine
gesamte Armee eine Vision: Vor ihren Augen sahen sie am
Himmel ein lichtglänzendes Kreuz mit der Inschrift »Hoc
vinces« (»Damit wirst du siegen«); und in der gleichen Nacht
bestätigte eine Erscheinung Christi in des Kaisers Träumen
die Vision. Tief beeindruckt nahm Konstantin nun das Kreu-
zeszeichen mit der ringartig umgebogenen Spitze, das *labarum*, zum Feldzeichen an, und unter dieser Standarte führte
er seine Truppen zum Sieg. Das Wunder war genau zur richtigen Zeit erfolgt, und der Visionär bewies politischen Scharfsinn.

Konstantin hatte seine Laufbahn unter dem Schutz seines Schwiergervaters Maximian begonnen und daher damals zum Haus des Herkules gehört. Nach seiner Entzweiung mit Maxentius, dem Sohn des Maximian, kehrte Konstantin zum Mithrasglauben der Familie seines Vaters zurück und titulierte sich als Sohn Apollons. Maxentius aber verfolgte, wie Maximinus Daia im Osten, eine streng antichristliche Politik. Demzufolge sollte sein erklärter Gegner wohl das Bündnis mit den Christen zu gewinnen suchen. Die Christen umfaßten insgesamt wahrscheinlich nur etwa ein Fünftel der Reichsbevölkerung, aber sie waren mit weitem Abstand die stärkste Glaubensgemeinschaft, also viel wertvollere Bundesgenossen als die Anhänger des Mithraskultes, abgesehen davon, daß das *labarum* — nützlicherweise — für die Mithrasanhänger als Symbol beinahe ebenso annehmbar war.

Welchen religiösen Standpunkt Konstantin privat auch immer vertreten mochte, nach der siegreichen Schlacht von Saxa Rubra scheint sein Anschluß an das Christentum festzustehen, wie seine Münzprägungen und kaiserlichen Dekrete bezeugen. Als ein Verfechter des Christentums hatte er Maxentius militärisch vernichtet. Später hatten er und Licinius als Vorkämpfer des Christentums gegen den Christenverfolger Maximinus Daia gekämpft und im Jahr 313 das berühmte Edikt von Mailand erlassen, das zum erstenmal die volle gesetzliche Anerkennung der christlichen Glaubensgemeinschaft beurkundete. Licinius blieb persönlich jedoch Heide, und Konstantin konnte in seinem Kampf gegen ihn wieder als Vorkämpfer des Christentums auftreten. So waren das Christentum und Konstantin einander in wechselseitiger Dankesverpflichtung verbunden.

Im Jahr 325 zeigte sich Konstantin auf eine neue Art als Schutzherr der Christenheit. Die Kirche war gespalten durch die Kontroverse des alexandrinischen Presbyters Arius mit seinem Bischof über die Gottnatur Christi. Konstantin nahm es auf sich, die Bischöfe der christlichen Kirche zu einer großen allgemeinen Versammlung nach Nikaia (Nizäa) einzuberufen, die in der Geschichte als das Erste Ökumenische Konzil bekannt ist. Unter seinem Vorsitz entschieden hier die Kirchenväter, daß die These des Arius als Irrlehre zu verwerfen sei. Dieses Erste Konzil von Nizäa war bedeutsam nicht nur, weil es die dogmatische Ausformung der christlichen Doktrin fundierte, sondern auch als ein erstes Beispiel für den Caesaropapismus. Nach Konstantins Intention sollte die christliche Kirche Staatskirche sein unter dem Vorsitz des Kaisers; und das Christentum erhob in seiner Dankbarkeit gegenüber Konstantin keine Einsprüche dagegen.

So schien dem alten Antagonismus zwischen Kirche und Staat ein Ende bereitet zu sein. Der Kaiser war das Oberhaupt der christlichen Kirche, und er hatte es nun nicht mehr nötig, Anspruch auf seine Abstammung von Herkules oder Apollon zu erheben; er hatte eine neue, unverletzliche Heiligkeit, die alle seine Sünden tilgen konnte. Das Blut seiner Rivalen, seines Sohnes und sogar seiner Gemahlin klebte an seinen Händen; aber vor den Augen der Welt war er *Isapostolos*, der »Apostelgleiche«, der »Dreizehnte Apostel«. Und seine geistliche Autorität wurde noch erhöht durch die archäologische Tätigkeit seiner Mutter Helena, der ehemaligen bithynischen Konkubine seines Vaters Constantius. Konstantin sandte Helena nach Jerusalem, und dort konnte sie — unterstützt von einem wunderbaren Zufall, wie er heutigen Archäologen selten zuteil wird — die genaue Lage des Kalvarienberges ausfindig machen, wahrhaftig das Heilige Kreuz ausgraben lassen, ebenso die Kreuze der beiden Missetäter, die Lanze, den Schwamm, die Dornenkrone und alles Reliquienzubehör der

Ohrschmuck aus Gold und Edelsteinen, 6./7. Jahrhundert.
Istanbul, Archäologisches Museum.

Kreuzigung Christi. Dieser Fund ließ die Christenheit ehr-
fürchtig erschauern und gereichte der Mutter des Kaisers zu
ewigem Ruhm. Die Namen Konstantin und Helena wurden
zu ihren Lebzeiten und im Andenken der Nachwelt zu den
am meisten verehrten in der Geschichte des christlichen Imperiums.

Noch eine große Aufgabe blieb zu leisten, die das Werk der
Umformung des Reiches vollenden sollte: die Gründung
Konstantinopels. Das Kaiserreich sollte eine neue Metropole
im Osten erhalten, die in jeder Hinsicht, ausgenommen im
Alter, Rom ebenbürtig sein sollte, darin aber Rom überlegen,
daß sie von Anbeginn eine christliche Residenz sein würde.
Der Wert eines neuen Reichszentrums war offenkundig, und
die Wahl des Ortes zeugte von genialem Weitblick, denn
hier würden sich alle die verschiedenen Elemente des refor-
mierten Imperiums ganz natürlich miteinander mischen:
Griechenland, Rom und der christliche Orient.

Konstantinopel wurde an einer Küste im griechischen Sprach-
raum erbaut und beherbergte in seinem Areal auch eine alte
Griechenstadt. Konstantin ging jedoch in der betonten Förderung seines griechischen Wesens noch weiter: Nach seinen
Intentionen sollte seine Residenz das Zentrum der Künste
und der Gelehrsamkeit sein. So ließ er in der Stadt Bibliotheken erbauen und sie mit griechischen Handschriften anfüllen,
ferner ihre Straßen, Plätze und Museen mit Kunstschätzen
schmücken, die aus allen Teilen des griechischen Ostens zusam-
mengeholt wurden. Wenn die Bürger von Konstantinopel
durch ihre Stadt gingen, wurden sie täglich an den Glanz ihres hellenischen Kulturerbes gemahnt.

Konstantinopel war aber auch eine römische Stadt; denn über
einen Zeitraum von mehr als zwei Jahrhunderten war das
Lateinische die Sprache des Hofes und weiter Kreise der Ein-

wohnerschaft, wie es auch weiterhin die Sprache der Gebildeten im balkanischen Hinterland blieb. In der Absicht, in
Konstantinopel eine Bevölkerung aller Nationalitäten aus allen Reichsgebieten einzubürgern, gewährte Konstantin dem
Stadtproletariat das gleiche Privileg der kostenlosen Beliefe-
rung mit Brot und Spielen, dessen sich das Volk in Rom
erfreute; und die oberen Gesellschaftsklassen sollten — le-
gendenhafter Überlieferung gemäß — durch offizielle Schenkungen von Palästen, die ihren römischen Herrschaftshäu-
sern nachgebaut wurden, zur Übersiedlung an den Bosporus
verlockt werden. »Neu-Rom« war bis zuletzt der offizielle
Name Konstantinopels, und seine Bürger fühlten sich stets als
»Rhomaioi« (»Rhomäer«, d. h. Römer). Roms großes Vermächtnis an das neue Reich bestand in den Methoden der Ver-
waltungstechnik, in seinen militärischen Traditionen und in
seinem Rechtssystem. Aber die Bewohner Konstantinopels
betrachteten sich auch noch ihrer nationalen Herkunft nach
als Römer, als die lateinische Sprache am Bosporus schon
längst nicht mehr zu hören war und es dort kaum mehr
eine Spur italischen Blutes gab. Noch im zwölften Jahrhundert war es der Stolz der Adelsfamilien, daß ihre Ahnen sich
im Gefolge Konstantins eingebürgert hatten (5).
Das dritte kulturelle Grundelement Konstantinopels war
der christliche Osten. Konstantinopel sollte eine christliche
Stadt sein. Die heidnischen Tempel des alten Byzantion blieben noch einige Zeit unangetastet, ja man scheint sogar einige
Kultstätten neu errichtet zu haben für die heidnischen Arbeiter, die beim Bau der neuen Stadt beschäftigt wurden (6);
nach dem Abschluß dieser Arbeiten aber durften keine mehr
gebaut werden.
Die mystische Weltschau des Orients hatte bereits auf die römische Geisteswelt übergegriffen und sie die Vergöttlichung

der Person des Kaisers gelehrt. Konstantin zollte Tyche als Glücksgöttin der Stadt seine Verehrung, und er brachte eine große Apollonsäule nach Konstantinopel, auf der der Kopf des Gottes durch seinen eigenen ersetzt wurde. Nun stand er da oben, angetan mit allen Attributen des Sonnengottes, um sich durch Heiden, Anhänger des Mithraskultes und Christen gleichermaßen verehren zu lassen. Das Christentum war eine orientalische Religion; denn ungeachtet der griechischen Philosophie, die ihm eine dem abendländischen Denken annehmbare Ausformung gegeben hatte, blieb es in seinen Grundvorstellungen semitisch. Der Bürger Konstantinopels war sich der griechischen und römischen Geistestraditionen voll bewußt, aber dennoch war seine Grundeinstellung gegenüber dem Leben anders. Die alte Freude am Diesseits lag ihm schon ferner, sein Sinn war mehr auf die ewigen Dinge gerichtet. Diese Geistesverfassung machte ihn für das Ideengut des Ostens empfänglicher als für das des Westens. So stellt sich uns die Geschichte des byzantinischen Reiches als ein Wandlungsprozeß dar, in dem die Infiltration orientalischer Kultureinflüsse die griechisch-römischen Traditionen verfremdete, aber auch periodische Gegenreaktionen hervorruft, denn die griechisch-römischen Traditionen konnten sich trotz allem bis zum Untergang des Reiches behaupten. Sogar noch im fünfzehnten Jahrhundert diskutierten die Bürger Konstantinopels über Ursprung und Charakter ihrer Zivilisation. Sie waren Rhomaioi — waren sie aber ebenso Hellenen? Der letzte große Bürger des Reiches gab ihnen die Antwort: »Obwohl ich meiner Sprache nach Hellene bin«, sagte er, »würde ich doch niemals sagen, daß ich Hellene sei, denn ich glaube nicht an das, woran die Hellenen glaubten. Ich möchte meinen Namen nach meinem Glauben wählen und, falls mich irgend jemand fragte, was ich bin, antworten: ›Ein

Christ‹ ... Wenn mein Vater auch in Thessalien lebte, nenne ich mich doch nicht einen Thessalier, sondern einen Byzantiner; denn ich bin von Byzantion.« (7) Wir können uns Georgios Scholarios Gennadios anschließen und die Kulturepoche von ihren Anfängen an byzantinisch nennen; und wir können den Augenblick ihrer Inauguration in der heiligen Zeremonie des 11. Mai 330 sehen, als Kaiser Konstantin die große Stadt »Neu-Rom, die Konstantinopel genannt wird«, der Heiligen Dreifaltigkeit und der Mutter Gottes weihte.

ZWEITES KAPITEL

HISTORISCHER ABRISS

DAS ERNEUERTE UND AM 11. MAI 330 inaugurierte Imperium
bestand 1123 Jahre und 18 Tage. Durch alle wechselnden
Schicksale Europas in all diesen Jahrhunderten blieb ein Faktor konstant: In Konstantinopel regierte ein oströmischer
Kaiser in autokratischer Majestät. In diesem Reich war der
Imperator letztlich der Angelpunkt alles Geschehens; so läßt
sich auch die Geschichte Konstantinopels am natürlichsten
und zweckmäßigsten nach den Dynastien, die es der Reihe
nach regiert haben, einteilen. Die ersten unter ihnen waren
freilich kurzlebig; ähnlich wie die römischen erreichten sie gerade die dritte Generation. Die letzten acht Jahrhunderte
aber sind fast völlig durch die Herrschaft von fünf großen
Geschlechtern charakterisiert: den Herakliern, den Isauriern
(Syrern), den Makedoniern, den Komnenen und den Palaiologen (1).
Das vierte Jahrhundert ist erst ein Vorspiel zur byzantinischen Geschichte. Noch war Konstantinopel nicht der unbe-
stritttene Mittelpunkt der Regierung: Constantius residierte,
wenn er auch zu seiner baulichen Gestaltung beitrug, nur selten dort, Jovian kam überhaupt nie in die Stadt. Noch hatte
auch die orthodoxe Kirche nicht völlig gesiegt: Es war für
Julian immerhin möglich, sich zum Heidentum zurückzuwen-

den, wenngleich dieses Experiment nur bewies, daß das Heidentum in den letzten Zügen lag, und trotz Nikaia war es ausgerechnet ein arianischer Bischof, der Konstantin auf seinem Sterbebett noch taufte — Constantius und Valens waren ohnedies entschiedene Förderer des Arianismus.

Konstantin der Große starb 337, nachdem er seine letzten Jahre friedlichem Aufbau gewidmet hatte. Seine drei Söhne Konstantin II., Constantius II. und Constans I. folgten ihm gemeinsam auf dem Thron. Sie gerieten sogleich in Streitigkeiten, aber Konstantin und Constans waren schon 350 gestorben, und Constantius, der im Jahr 351 noch den gefährlichen Usurpator Magnentius hatte niederringen können, herrschte unumschränkt die nächsten zehn Jahre bis zu seinem Tod. Aber während dieser Jahre wuchs die äußere Bedrohung des Reichs in ernstem Maß: Die persische Gefahr bestand unvermindert fort, und der Druck der Germanenvölker an Rhein und Donau wurde immer stärker, was in erster Linie mit dem Auftauchen eines neuen mongolischen Volks in den fernen Steppenländern zusammenhing: der Hunnen. Am Rhein gelang es Julian, dem Vetter Constantius, einen Germaneneinfall zu zerschlagen; sein jubelndes Heer wandte sich unzufrieden von Constantius ab und rief ihn im Jahr 360 zum Kaiser aus. Noch bevor sich indes die Revolte ausbreitete, starb Constantius, und Julian bestieg ohne jedes Blutvergießen den Thron.

Julian machte seinen Namen unsterblich als Apostata, »der Abtrünnige«, wegen seiner Rückwendung zum Heidentum. Aber die von ihm eingeleitete Bewegung war ein Fehlschlag: Die Welt wollte von seinem intellektuellen Polytheismus nichts mehr wissen, das Christentum lag ihr näher. Ebensowenig Erfolg hatte er mit seinen Feldzügen: Bei seinem Versuch, in Persien einzufallen, wagte er sich zu weit vor und fiel

auf dem furchtbaren Rückzug im Sommer 363. Die Armee
wählte schleunigst einen beliebten christlichen Kriegsmann
namens Jovian zum Kaiser, der mit Persien einen schimpf-
lichen Frieden auf 30 Jahre schloß, für den er vier Satrapien
und die Oberherrschaft über Armenien opfern mußte. Er
starb schon zu Beginn des nächsten Frühjahrs.
Nach seinem Tod erhob das Heer den General Valentinian
zum Kaiser, der es vorzog, im Westen zu regieren, und seinen
gehorsamen Bruder Valens als Mitkaiser im Osten einsetzte.
Valens' Regierung wurde zu einem großen Wendepunkt in
der Geschichte Europas. Der Kaiser war zwar ein milder und
recht befähigter Herrscher, aber als arianischer Ketzer verhaßt; er mußte ständig gegen Revolten ankämpfen. Das
eigentliche Unheil aber trat ein, als 376 die Westgoten, in ihrem Rücken von den Hunnen bedrängt, von ihm die Erlaubnis zur Ansiedlung im Reich erlangten und als daraufhin das
ganze Volk die Donaugrenze überschritt. Das war der Anfang der Völkerwanderung. Die Ansiedlung der Westgoten
nahm ein unglückliches Ende: Sie gerieten bald in Streit mit
den kaiserlichen Beamten und rückten daraufhin vor Konstantinopel. Valens zog ihnen entgegen, ohne auf die Hilfs-
truppen zu warten, die der Kaiser des Westens, Valentinians
Sohn Gratian, entsandt hatte; bei Adrianopel wurde er vernichtend geschlagen und fand den Tod (378).
Doch diese Katastrophe wirkte sich für den Westen noch
schlimmer aus als für den Osten. Gratian bestimmte zum
Nachfolger seines Onkels den Spanier Theodosios, den die
dankbare Nachwelt dann Theodosios den Großen nannte.
Theodosios' um versöhnlichen Ausgleich bemühte Politik be-
friedete die Goten und machte sie vorerst dem Staat dienst-
bar. Als glühender Anhänger der nikäischen Orthodoxie
engte er durch eine Unzahl von Beschränkungen das Heiden-

tum wie die Häresien immer mehr ein, und auf dem Zweiten
Ökumenischen Konzil von Konstantinopel (381) zwang er der
christianisierten Welt ein einheitliches Glaubensbekenntnis
auf.

Im Jahr 387 schloß er mit Persien einen neuen und günstigen Vertrag, bei dem sich Byzanz die Oberherrschaft über
Armenien mit Persien teilte. Nach dem Tod Gratians, seines
Bruders Valentinian II. und eines Usurpators namens Euge-
nius übernahm Theodosios im Jahr 392 auch die westliche
Reichshälfte, und zum letztenmal vereinte ein Kaiser das gesamte Imperium von Britannien bis zum Euphrat unter seinem Zepter. 395 starb Theodosios und hinterließ das Reich
seinen Söhnen: den Osten dem älteren, Arkadios, und den
Westen dem jüngeren, Honorius. Die Regierungszeit Theodosios' des Großen bezeichnete den Beginn einer neuen Epoche im römischen Imperium: Es war das Orthodoxe Reich geworden, und nach seinem Tod blieben der Osten und der
Westen für immer getrennt.

Das fünfte Jahrhundert brachte den Niedergang Westroms in
der Flut der Barbareninvasionen, bis nach der Abdankung
des Romulus Augustulus 476 und nach dem Tod des Iulius
Nepos 480 der weströmische Kaisertitel verschwand. Das
Reich im Osten bewies größere Krisenfestigkeit. Gestützt auf
das politische Werk Theodosios' des Großen und im Besitz
seiner uneinnehmbaren Hauptstadt erschien es den Barbaren
zu stark und uneinnehmbar. Westgoten, Hunnen und Ostgoten überschritten alle die Donau und kamen bis vor die Mauern
Konstantinopels, doch alle zogen es schließlich vor, ihr Glück
im Westen zu suchen. Die Barbareninvasionen im Westen
hatten keine großen Auswirkungen auf die materielle Blüte
des Staates im Osten, bis sich die Vandalen im Jahr 439 in
Afrika niederließen, eine Kriegsflotte von Karthago aus-

schickten und mit dieser das Monopol der römischen Seeherrschaft zerschlugen. Die Häfen des Mittelmeers, jahrhundertelang in Sicherheit, sahen sich gezwungen, zur Abwehr
der Vandalengefahr Festungsgürtel zu errichten, und auch
Konstantinopel stand dem Vandalenproblem gegenüber.

Unter der theodosianischen Dynastie, unter Arkadios (395
bis 408), unter Theodosius II. (408—450), während dessen
langer Regierungszeit die Herrschaft hauptsächlich von seiner
Schwester Pulcheria ausgeübt wurde, und später unter Pul-
cherias Gemahl Markian (450—457), war es gelungen, die
Barbarenflut trotz vieler kritischer Situationen in andere Kanäle abzuleiten. Dieser Erfolg war großenteils der diplomatischen Politik Theodosius' I. zu verdanken, dessen Friedens-
vertrag mit Persien sich als dauerhaft erwies. Trotzdem
mußte für die Sicherheit ein hoher Preis gezahlt werden: Das
Reich verteidigte sich gegen die Barbarenvölker mit Barba-
rensöldnern und -generälen. Als Markian starb, war ein
Arianer, der Alanengeneral Aspar, der mächtigste Mann im
Staat. Als einem Häretiker und Fremdstämmigen war ihm
der Weg zum Thron versperrt, so daß er einen Offizier aus
seiner Armee, einen Daker namens Leon, zum Thronfolger
berief. Das Reich von der gotischen Soldateska zu befreien
gelang Leon I. (457—474) nur, indem er seine asiatischen
Truppen zu Hilfe rief, bezeichnenderweise die Isaurier von
Kleinasien, deren Häuptling Tarasikodissa er auf den christ-
lichen Namen Zenon umtaufen ließ und mit seiner Tochter
Ariadne vermählte. Nach dem Tod Leons I. trat Leon II.,
Zenons und Ariadnes unmündiger Sohn, die Nachfolge an,
und als er nach einigen Monaten verschied, hinterließ er das
Reich seinem Vater Zenon. Zenon (474—491) regierte zu der
Zeit, als das weströmische Kaisertum unterging. Offiziell
übernahm er zwar die Oberherrschaft über das gesamte Im-

perium, aber er versuchte, obwohl der Germane Odoaker und
nach ihm der Ostgote Theoderich der Große nominell als
seine Vizekönige Italien verwalteten, niemals, in irgendeiner
Form im Westen faktisch Macht auszuüben. Als Zenon starb,
nominierte seine Witwe Ariadne als seinen Nachfolger den
begüterten Hofbeamten Anastasios (491–518), dessen Sinn
für die Sparsamkeit viel für die Wiederherstellung der unter seinen Vorgängern vernachlässigten Finanzlage des Reiches leistete. Mit Anastasios endete die leonische Dynastie.

Das Reich hatte im fünften Jahrhundert noch andere Probleme zu bewältigen als nur die Barbaren: Dieser Zeitraum
war von entscheidender Bedeutung in der Geschichte des östlichen Christentums. Seit einiger Zeit war zwischen den großen Bischofssitzen von Alexandreia und Antiocheia eine Ri-
valität ausgebrochen; Alexandreia war auch voll Eifersucht
auf das neue Patriarchat von Konstantinopel, dem auf dem
Zweiten Ökumenischen Konzil eine Vorrangstellung vor ihm
eingeräumt worden war. Zu Beginn des Jahrhunderts gab es
einen theologischen Streit zwischen Theophilos von Alexandreia und Johannes Chrysostomos von Konstantinopel, der
beinahe zu einer Kirchenspaltung geführt hätte. Theophilos
ging daraus als Sieger hervor, obwohl Chrysostomos später
eine Rechtfertigung zuteil wurde. In den dreißiger Jahren
nahm Alexandreia, unter der Führung seines Patriarchen Kyrillos, die Fehde wieder auf. Nestorios, der Patriarch von Konstantinopel, und Vertreter der antiochenischen Schule waren, so
behauptete man, einer Häresie verfallen, indem seine Lehre
ein göttliches und ein menschliches Prinzip in Christus propa-
gierte. Die Kaiserfamilie und der römische Stuhl ergriffen
Kyrills Partei, und auf dem Dritten Ökumenischen Konzil
von Ephesos (431) wurde der Nestorianismus als Häresie
verurteilt. Aber seine Gegner gingen zu weit. Die Doktrin

von der einen göttlichen Natur Christi wurde von einem bisher unbekannten Archimandriten namens Eutyches als alexandrinischem Parteigänger in Konstantinopel verfochten und von der alexandrinischen Theologenschule anerkannt. Um die Streitfrage endgültig zu klären, berief Kaiser Markian im Jahr 451 das Vierte Ökumenische Konzil nach Chalkedon ein. Markian war aus politischen Gründen daran interessiert, mit Rom auf gutem Fuß zu stehen, und Papst Leo der Große nahm gegenüber der alexandrinischen Glaubensrichtung eine scharf ablehnende Haltung ein. Unter kaiserlichem Druck wurde daher der Eutychianismus oder Monophysitismus als Häresie verurteilt.

Das Konzil von Chalkedon brachte einen Umschwung in den Beziehungen des Imperiums zu Ägypten und Syrien. Die monophysitische Christologie entsprach der Eigenart orientalischer Religiosität, und bald breiteten sich monophysitische Kirchen, geeint durch ihre Opposition gegen das Dogma von Chalkedon, über die orientalischen Provinzen aus. Darüber hinaus wurden die häretischen Kirchen zum Sammelbecken der politischen Unzufriedenheit vieler Provinzbewohner mit der kaiserlich-byzantinischen Bürokratie; darin kamen die wachsenden nationalistischen und sezessionistischen Tendenzen in den Völkern Syriens und Ägyptens zum Ausdruck. Was in Chalkedon an Erbitterung gesät worden war, das ernteten knapp zwei Jahrhunderte später die Araber, als sich Syrien und Ägypten mit spielender Leichtigkeit erobern ließen.

Die Kaiser der leonischen Dynastie gaben den dogmatischen Standpunkt Chalkedons preis. Zenon unternahm mit seinem *Henotikon* einen mutigen Vermittlungsversuch zwischen der orientalisch-monophysitischen und der byzantinisch-dyophysitischen Position. Sein Versuch stellte jedoch

keine der religiösen Parteien zufrieden und verursachte einen
Bruch mit Rom, den sein Nachfolger Anastasios I., der als
Monophysit von der byzantinischen Orthodoxie nicht anerkannt wurde, ohne Schlichtung ließ. Damit war aber die Unzufriedenheit der südöstlichen Provinzen nicht beseitigt.

Der Untergang des Heidentums hatte sich inzwischen vollzogen. Theodosios II. hatte im Jahr 431 weitere Schikanen
über die Heiden verhängt, und 478 konnte er behaupten, daß
das Heidentum im ganzen Reich ausgerottet sei.

Im Verlauf eines Jahrhunderts nach seiner Gründung hatte
Konstantinopel an Größe und Reichtum zugenommen. So
weit hatte sich die Stadt jenseits der konstantinischen Mauern
ausgebreitet, daß im Jahr 413 der Regent Anthemios unter
Theodosios II. neue Landmauern vom Marmara-Meer bis
zum Goldenen Horn errichten ließ, ungefähr zwei Meilen
westlich des alten Mauerrings Konstantins des Großen, um
die westlichen Vororte in die Stadtregion einzubeziehen, während 439 der Präfekt Kyros entlang den Küsten des Mar-
mara-Meeres und des Goldenen Horns im Anschluß an die
neue Landmauer Seemauern erbauen ließ. Das ganze Fe-
stungswerk mußte nach einem Erdbeben im Jahr 447 wieder instandgesetzt werden. Diese Reparaturarbeiten wurden
wegen der Furcht vor einer Hunneninvasion innerhalb von
nur sechzig Tagen ausgeführt. Der erwähnte Kyros, ein
ägyptischer Dichter, ist auch deswegen bemerkenswert, weil
er als erster Präfekt der Stadt seine Verordnungen nicht mehr
in lateinischer, sondern in griechischer Sprache erließ.

Das sechste Jahrhundert wird von der Persönlichkeit Kaiser
Justinians beherrscht. Nach dem Tod des Anastasios gelangte
mittels einer raffinierten und schändlichen Intrige ein unge-
bildeter illyrischer Offizier namens Justin auf den Thron.
Justin holte seinen Neffen Justinian an den Kaiserhof, der

sehr bald als eigentlicher Regent die Politik des Reiches bestimmte und nach Justins Tod im Jahr 527 Kaiser wurde. Justinians Regierungszeit (527—565) führte das christlich-römische Universalreich auf den Höhepunkt seiner Machtentfaltung. Die germanischen Königreiche im Westen waren, mit Ausnahme des fränkischen Gallien, einem frühen Niedergang anheimgefallen. Justinian machte sich zur Aufgabe, Afrika von den Vandalen, Italien von den Ostgoten und sogar Spanien von den Westgoten zurückzuerobern. Der Krieg mit Persien brach erneut aus, und Justinians Armeen mußten ihre Abwehrkraft unablässig auf den Osten konzentrieren. Aber dank der genialen strategischen Fähigkeiten seiner Generäle Belisar und Narses und dank der Geschicklichkeit seiner Diplomaten wurden gleichzeitig die östlichen Grenzlinien behauptet, Afrika und die südöstlichen Teile Spaniens zurückgewonnen und der hartnäckige Widerstand der Ostgoten in Italien gebrochen. Noch einmal wurde das Mittelmeer ein römischer Binnensee.

Justinian richtete sein Augenmerk auch auf die inneren Angelegenheiten: Die Reichsverwaltung wurde reformiert und gestrafft, und noch größere Wirksamkeit entwickelte Justinian als Gesetzgeber. Zu Beginn seiner Regierungszeit veranstaltete er eine Zusammenstellung und Revision der Codices des römischen Rechts seit Hadrians Zeiten und veröffentlichte seinen großen *Codex Iustianus* (529), ein überragendes Denkmal der Rechtsgelehrsamkeit. In der Folgezeit fügte er unermüdlich Novellen hinzu, um alle Lücken und Unzulänglichkeiten der Rechtskodifikation zu beseitigen.

Der Führungsanspruch des Kaisers erschöpfte sich aber nicht in seiner Rolle als Eroberer und Gesetzgeber, sondern der Imperator mußte auch die vollkommene Inkarnation der Majestätsidee sein. Zu diesem Zweck scheute Justinian keine

Mühe, um seine Residenz schöner und kostbarer auszugestalten. Er war ein unermüdlicher Bauherr, und für ihn wurde das triumphalste Bauwerk der Weltarchitektur geschaffen, die Hagia Sophia, die Kirche der Heiligen Weisheit, die Justinian selbst das stolze Wort entlockte, er habe jenen anderen Juristen und Monarchen, Salomon, übertroffen.

In allem, was er tat, genoß Justinian bis zum Jahr 548 die Hilfe der bemerkenswertesten Frau dieser Zeit: seiner Gemahlin, der ehemaligen Schauspielerin Theodora. Ihr Mut, die Klarheit ihres Denkens und ihre Skrupellosigkeit waren von unschätzbarem Wert für ihn, und ihr Einfluß war sogar größer als sein eigener. In einer politischen Frage jedoch war das Kaiserpaar getrennter Meinung: Theodora war Monophysitin, und sie benutzte ihren ganzen Einfluß, um ihrem häretischen Bekenntnis zum Sieg zu verhelfen. Der Erfolg blieb ihr zwar versagt, aber solange sie lebte, genossen die Monophysiten die Sicherheit ihrer mächtigen Protektion und Förderung. Wäre man Theodoras Wünschen nach Anerkennung des Monophysitismus entgegengekommen, wären Ägypten und Syrien vielleicht loyale Provinzen des Reiches geblieben. Aber Justinian mit seinen westlichen Ambitionen fürchtete die Mißbilligung der weströmischen Orthodoxie. Außerdem hielt er sich selbst für einen Theologen und war nicht vom Monophysitismus zu überzeugen. Er hoffte, einen Kompromiß zu finden, den er der gesamten Christenheit aufzwingen konnte. Er und Theodora kamen überein, daß jeder Reichsuntertan, sogar Patriarchen und Päpste, der kaiserlichen Theologie Folge leisten sollten. Papst Vigilius, der gewagt hatte, sich selbst als den rechtmäßigen Bewahrer der Orthodoxie zu betrachten, wurde mit langer Gefängnishaft in Konstantinopel bestraft, während der er erst Theodoras und später Justinians Diktate unterzeichnete. Aber erst nach Theo-

doras Tod ließ Justinian seiner Leidenschaft für die Theologie
freien Lauf und arbeitete religiöse Formeln aus, die die
Monophysiten zufriedenstellen sollten, ohne gegen die Dekrete des Konzils von Chalkedon zu verstoßen. Das im Jahr
553 in Konstantinopel einberufene Fünfte Ökumenische
Konzil verurteilte gemäß Justinians Weisungen die schwer-
verständliche Häresie der sogenannten Drei Kapitel — die er
selbst wenige Jahre zuvor künstlich geschaffen hatte — und
machte die Demütigung des weströmischen Papsttums vollständig. Justinians Versöhnungsgesten gegenüber den Herä-
tikern erfuhren keine Anerkennung, denn diese waren nicht
gewillt, ihr häretisches Bekenntnis zu modifizieren, und wollten lieber die Verfolgung über sich ergehen lassen. Justinian
drang in seinem Forschen nach einer Lösung der religiösen Ge-
gensätze immer weiter in christologische Spitzfindigkeiten
vor, wobei er sich immer stärker von der Weisheit der politischen Zielsetzung Theodoras, weniger freilich von ihrem
Glauben überzeugen konnte. Am Ende seines Lebens verlor
er sich selbst in unleugbarer Heterodoxie und starb im Jahr
565, von der überwältigenden Mehrheit seiner Untertanen
als ein aphtharto-kathartischer Häretiker gebrandmarkt.
Justinians Kirchenpolitik hatte, zumindest für eine Zeitlang,
den Kaiser als theologischen Diktator inthronisiert, womit er
einen Präzedenzfall des Caesaropapismus schuf, auf den sich
spätere Kaiser als Theologen berufen konnten. Sein Bemühen
hatte aber seinen Hauptzweck verfehlt: Die orientalischen
Reichsprovinzen verharrten in ihrer widersetzlichen religiösen Haltung, und Rom mißtraute dem Kaiser. Die Unzufriedenheit hätte möglicherweise keine Gefahr heraufbeschwören
brauchen, hätten nicht die Provinzbevölkerung und faktisch
alle Bürger des Reiches einen noch stärkeren Grund zur Klage
gehabt, nämlich die hohen Steuerlasten, die das Maß des

Erträglichen überstiegen. Die gloriosen Triumphe der Herrschaftszeit Justinians, seine ausländischen Eroberungen und seine Prachtbauten waren überaus kostspielig und fiskalisch ganz unergiebig. Der von seinem Vorgänger Anastasios angehäufte Staatsschatz war schnell aufgebraucht, und zur Finanzierung seiner ehrgeizigen Unternehmungen mußte sich Justinian derjenigen Minister bedienen, die die qualifiziertesten Wucherpraktiken betrieben, wie unredlich ihre Methoden auch sein mochten. Bereits im Jahr 532 provozierten die unheilvollen Fähigkeiten seiner Günstlinge, des Rechtsgelehrten Tribonian und des Praetorianerpräfekten Johannes von Kappadokien, den berüchtigten Nika-Aufstand, bei dem die Hauptstadt in Flammen stand und der den Kaiser den Thron gekostet hätte ohne die Seelenstärke der Kaiserin Theodora. Der bei der Bevölkerung verhaßte Johannes von Kappadokien behauptete seine Machtposition bis zum Jahr 541, als Theodora ihn nicht mehr länger dulden wollte; seine Nachfolger bürdeten jedoch der Bevölkerung die gleichen drückenden Steuerlasten auf. In den späteren Jahren der Regierung Justinians kamen zu den übrigen Schwierigkeiten Naturkatastrophen hinzu; Erdbeben, eine Reihe von Hungersnöten, und die verheerenden Seuchen des Jahres 544 verminderten die Staatseinkünfte noch weiter. In den ersten Dekaden des Jahrhunderts hatte es einen neuen Aufschwung kommerzieller Prosperität gegeben, und Justinian selbst tat alles, um den Handel zu fördern. Diese Versuche wurden aber sogleich wieder im Keim erstickt, denn die Profite konnten nicht in Form erneuter Investitionen Früchte tragen, da sie von den Steuereinnehmern sofort mit Beschlag belegt wurden. Die Folge war die genannte wachsende Verbitterung der Untertanen des Reiches.

Justinian erreichte Großes: Er verschönerte die Welt durch

*Vorderseite eines Kreuzreliquiars mit Emaille-Medaillons. Silber,
vergoldet; die Medaillons zeigen den hl. Michael (oben), Maria (links)
und Johannes den Täufer (rechts). 12. Jahrhundert; Cosenza, Domschatz.*

*Doppelporträt des Konstantinos Komnenos und der Klostergründerin
Komnena Dukaina Palaiologina. Miniatur um 1399/1400. Oxford,
Bodleian Library.*

seine Bauten und gab ihr das vorzüglichste Gesetzeswerk; seine Eroberungszüge führten zu einer Restauration der römischen Zivilisation im Westen; sein Caesaropapismus bewahrte seine byzantinischen Nachfolger vor einem demütigenden Canossa. Aber zwei bittere Lehren ergaben sich doch aus all dem: daß Ost und West nicht mehr zu vereinigen waren und daß eine gesunde Finanzpolitik das Fundament einer erfolgreichen Herrschaft ist. Indem Justinian diese politischen Grundsätze ignorierte, fügte er dem Reich schweren und nicht wieder gutzumachenden Schaden zu.

Zeitlich fiel in seine Regierungszeit auch das weitere Absterben des Lateinischen. Justinian selbst sprach lateinisch und publizierte auch sein großes Gesetzeswerk im offiziellen Lateinisch. Aber abgesehen davon wurde an seinem Hofe keine lateinische Literatur mehr verfaßt, und seine späteren juristischen Novellensammlungen erschienen in griechischer Sprache.

Justinians Nachfolger wurde sein Neffe Justin II., der Theodoras Nichte Sophia geheiratet hatte. Beide versuchten vergeblich, ihren großen Vorgängern nachzueifern. An der östlichen Front hatten die persischen Kriege katastrophale Niederlagen zur Folge; vom Norden stieß ein neuer barbarischer Stammesverband, die Avaren, mit wachsendem Druck gegen den Balkan vor; im Westen brach ein anderes Barbarenvolk, die Langobarden, in das kriegsmüde und apathische Italien ein. Unter diesem übermächtigen Druck erlitt Justins geistige Gesundheit einen Zusammenbruch. Kaiserin Sophia erkaufte als Regentin den Frieden mit Persien und erwählte den Feldherrn Tiberios zum Nachfolger ihres Gemahls. Im Jahr 574 adoptierte Justin, in einem kurzen Intervall geistiger Klarheit, Tiberios als seinen Sohn und krönte ihn zum Caesar. 578 trat Tiberios die Nachfolge als Kaiser an (2).

Mit Tiberios begann eine neue Ära. Die Weltmachtpolitik
des justinianischen Herrscherhauses war gescheitert. Tiberios
erkannte seine Aufgabe darin, in erster Linie die Stellung des
Reiches im Osten vor dem Zusammenbruch zu bewahren. Der
Großteil Italiens war schon an die Langobarden verlorengegangen,
und der byzantinische Exarch zog sich in seine Residenz
Ravenna zurück, die, von weiten Sümpfen gegen das
Festland geschützt, uneinnehmbar war; nur Sizilien und die
südlichen Küstenstriche Italiens blieben dem byzantinischen
Reich erhalten. Rom errang schon eine gewisse Unabhängigkeit unter den Päpsten, obwohl noch ein bevollmächtigter
des Kaisers im römischen Caesarenpalast residierte. Inzwischen war auch, fast unbemerkt, das oströmische Spanien
wieder an die Westgoten zurückgefallen. Tiberios übte Toleranz gegenüber den religiösen Parteien der Häretiker und
konzentrierte die Abwehrkräfte des Staates darauf, die Perser und die Avaren zu vertreiben. In einem tapferen Versuch,
die öffentliche Kampfmoral zu mobilisieren, erließ er der Bevölkerung die Steuerlasten eines Jahres, und es scheint, daß
er die Unterstützung des Volkes taktisch gegen die an expan-
siver Machtpolitik interessierte byzantinische Senatsaristo-
kratie auszuspielen versuchte. Aber Tiberios starb bereits im
Jahr 582, mitten aus seinem unvollendeten Werk gerissen,
angesichts der Invasion der Avaren, die das byzantinische
Verteidigungssystem an der Donaugrenze überrannt hatten
und sich, mit den Slavenstämmen in ihrem Gefolge, über die
Balkanhalbinsel ergossen.

Tiberios' Nachfolger, sein Schwiegersohn Maurikios (582 bis
602), schlug den gleichen politischen Kurs ein. Es gelang ihm,
die Avaren in Schach zu halten und den Perserkrieg siegreich
zu beenden. Er versuchte die Verteidigungskraft des Reiches
zu stärken, indem er dem Militär größere Machtbefugnisse

in der Provinzverwaltung einräumte. Strenge Sparmaßnahmen brachten bis zu einem gewissen Grad die Reichsfinanzen wieder in Ordnung, aber Maurikios' harte, realistische Politik bedeutete für seine Untertanen einen schweren Druck. Seine Söldner, deren Sold reduziert wurde, waren den übergroßen Strapazen, die man von ihnen forderte, nicht gewachsen, und im Jahr 602 brach in der Armee eine offene Empörung aus. Maurikios wurde ermordet und der Heerführer Phokas an der Spitze der Revolte zum Kaiser ausgerufen.

Die Herrschaft des Phokas (602—610) war eine Schreckenszeit mit schrankenloser Anarchie, schrecklichem Terror, katastrophalen Invasionen und Bürgerkriegen, bis zuletzt Herakleios, der Sohn des Exarchen von Karthago, mit einer Flotte vor Konstantinopel erschien und, als Erlöser begrüßt, eine Kaiserdynastie begründete, die fünf Generationen überdauern sollte.

Mit der Regierung des Herakleios (610—641) beginnt für das Ostreich die Wende vom römischen zum eigentlichen byzantinischen Zeitalter. Diese Epoche war beherrscht von einem langjährigen Krieg auf Leben und Tod gegen die Perser, einem Krieg, der in Wahrheit ein erster Kreuzzug war. In seinem Verlauf plünderten und brandschatzten anfangs die Perser die heilige Stadt Jerusalem und fielen darauf in Ägypten ein, und mit Unterstützung der Avaren wäre es ihnen fast gelungen, Konstantinopel selbst einzunehmen. Aber am Ende des langen Ringens war die Macht des Königreichs der Sassaniden für immer gebrochen (628). Etwa zur gleichen Zeit begann das avarische Königreich zu zerfallen, und Herakleios errichtete in der Folgezeit die byzantinische Oberhoheit über die sich vom avarischen Joch befreienden Slaven, die jetzt die ganze Balkanhalbinsel besetzt hatten. Aber die Kriege hatten die finanziellen und physischen

Kräfte des Reiches erschöpft; besonders hatten die monophysitischen Provinzen zu leiden gehabt. Wie schon seine Vorgänger suchte Herakleios die freundschaftliche Gesinnung der
monophysitischen Bevölkerung mit Hilfe eines theologischen
Kompromisses zu gewinnen, indem er sich die Lehre von der
einen Energie oder, in modifizierter Form, wenigstens von
dem einen Willen in Christus zu eigen machte. Aber dieser
Monotheletismus konnte, obwohl er in Konstantinopel einigermaßen an Boden gewann und obwohl sogar Papst Honorius I. ihm seine Zustimmung gab, den Monophysiten nicht
genügen. Ihre unmittelbaren politischen Beschwerden und ihr
tiefverwurzelter Haß gegen das Dogma von Chalkedon ließen sie in mürrischer Opposition verharren. Jedenfalls kam
der Versöhnungsversuch auch zu spät. Im Jahr 636, als der
Kaiser Herakleios die *Ekthesis* unterzeichnete, jenes Edikt,
das das neue monotheletische Bekenntnis dekretierte, war in
Syrien eine Schlacht geschlagen worden, die den Verlust dieser Provinz für das Reich auf ewig besiegelte.

Am Anfang des Jahrhunderts hatten die Stämme Zentral-
arabiens durch einen Mann namens Mohammed politische
Einigung und religiöse Begeisterung erfahren. Die Unfrucht-
barkeit ihres Klimas und ihrer Wüstenheimat zwang die
Araber zu periodischer Expansion; nun brachen sie, erfüllt
von dieser neuen Stoßkraft und Leidenschaft, über die zivilisierte Welt herein. Im Jahr 634 fielen sie zuerst in Palästina
ein. In der entscheidenden Schlacht am Fluß Jarmuk (636)
schlugen sie die große byzantinische Armee in die Flucht, die
Herakleios aus seinem kriegsmüden Reich gerade noch zu-
sammengebracht hatte; ganz Syrien war den arabischen Sie-
gern auf Gnade und Ungnade ausgeliefert. 637 errangen die
Araber bei Kadisija einen überwältigenden Sieg über die
Truppen der Sassaniden und versetzten deren persischem

Königreich in der Schlacht von Nahawand vier Jahre später
den Todesstoß. 638 nahmen sie Jerusalem ein. 641 begannen
sie mit der Eroberung Ägyptens, und die mit Steuerabgaben
überlasteten und religiös verfolgten Häretiker unternahmen
keinen Versuch, die byzantinische Oberherrschaft zu verteidigen. Statt dessen begrüßten sie in Ägypten wie in Syrien
den Herrschaftswechsel, betrachteten sie doch die Theologie
des Islam ihrem eigenen monophysitischen Bekenntnis nä-
herstehend als die von Chalkedon. Nur Alexandreia leistete
Widerstand; doch 642 fiel auch dieses Bollwerk hellenistischer
Kultur endgültig in die Hände der Araber, und die Bibliotheken der Stadt wurden ein Raub der Flammen. Zur Zeit,
als Herakleios starb (641), war das Reichsterritorium, abgesehen von einigen isolierten Außenposten, auf Kleinasien und
die Küstengebiete des Balkans sowie die Reichsprovinzen
Afrika und Sizilien reduziert. Mit Ausnahme Afrikas stellte
dieser byzantinische Herrschaftsbereich einen griechisch spre-
chenden Kulturkörper dar, ein kirchenpolitisch vom Patriarchat von Konstantinopel abhängiges Staatsgebilde. Der Fort-
fall der großen häretischen Provinzen brachte dem byzantinischen Rumpfstaat letzten Endes die Beruhigung seiner
religiösen Wirren, aber der Ausblick in die politische Zukunft
war düster genug.

Die Jahrzehnte nach dem Tod des Herakleios sind die
schwärzesten in der byzantinischen Geschichte (3). Die
arabische Bedrohung wollte nicht aufhören. Alle Energie des
Reiches war erforderlich, um das Taurosgebirge im südlichen
Kleinasien als nördliche Grenze der arabischen Expansion
zu halten, denn unausgesetzt drangen die Araber über diesen
Gebirgszug plündernd in Kleinasien ein. Nun bauten sie
auch noch eine Flotte. Im Jahr 673 setzten sie sich im Marmara-Meer fest und versuchten bis zum Jahr 677 jedes Jahr

von neuem die Mauern Konstantinopels zu erstürmen, allerdings vergeblich. Am Anfang des nächsten Jahrhunderts scheiterte ihr großangelegter Plan zur Eroberung der Hauptstadt, mit der sie dem byzantinischen Reich den letzten Gnadenstoß zu versetzen gedachten. Inzwischen richteten die Araber ihren Expansionsdrang nach Westen. 670 begann ihr Angriff gegen die Reichsprovinz Afrika, und 697 fiel Karthago in ihre Hände. Von dort aus stießen sie weiter nach Spanien vor.

Auf dem Balkan waren die Slaven ein ständiger Unruheherd. Der heilige Demetrios mußte mehr als einmal in wunderbarer Weise erscheinen, um seine Patronatsstadt Thessalonike vor ihren Überfällen zu retten. 679 kam durch das Eindringen eines kriegerischen Hunnenvolkes ein neues Element in das Völkerchaos auf dem Balkan: die Bulgaren, die sich in einer regelrechten Reichsgründung südlich der Donau ansiedelten.

Kirchenpolitisch unterstützten die Kaiser der herakleianischen Dynastie noch eine Zeitlang den Monotheletismus, dann — nach dem Verlust der monophysitischen Provinzen — vollzogen sie eine Schwenkung und beriefen das Sechste Ökumenische Konzil nach Konstantinopel (680), um die monotheletische Häresie zu verdammen. Eine Fortsetzung des Konzils, die Synode »im Trullo«, entwarf die Konzeptionen dessen, was sich als Konstitution und Observanz der byzantinischen Kirche etablieren sollte.

Keiner der Kaiser der herakleianischen Dynastie — obwohl sie alle begabte Herrschernaturen waren — war der harten Bürde der Regierungsverantwortung in jenen Zeiten gewachsen. Herakleios hinterließ den Thron im Jahr 641 seinen Söhnen Konstantin III. und Heraklonas als gleichberechtigten Herrschern. Der Versuch der Kaiserinwitwe Martina, He-

rakleios' zweiter Gemahlin, zugunsten ihres jugendlichen
Sohnes Heraklonas die Regierungsgeschäfte zu übernehmen,
scheiterte. Konstantin starb nach wenigen Monaten, und Heraklonas und Martina wurden kurze Zeit später gestürzt.
Statt dessen gelangte der Sohn Konstantins III., Konstans II.
(641–668), auf den Thron. Der Großteil der Herrschaft
Konstans II. war ausgefüllt mit Kriegen gegen die Araber.
Am Ende, nach zwanzigjähriger Regierung, verzweifelte er
an der Aufgabe der Verteidigung des Ostreichs und verlegte
sein Hof- und Heereszentrum nach Sizilien, anscheinend in
der Absicht, das weströmische Kaisertum in Italien zu er-
neuern und Rom zu seiner Residenz zu machen. Bevor seine
Pläne ausreifen konnten, wurde Konstans jedoch in Syrakus
ermordet. Die Regierungszeit seines Sohnes Konstantin IV.
(668–685), auch Pogonatos oder der Bärtige genannt, war
in gleicher Weise von Kriegen ausgefüllt. Im großen und
ganzen behauptete er die Verteidigungsstellungen des Reiches; er war es allerdings auch, der, durch eine Gichtattacke
gelähmt, das Einströmen der Bulgaren über die Donau zulas-
sen mußte. Konstantins Nachfolger war sein jugendlicher
Sohn Justinian II., ein hochbegabter, doch hemmungsloser
und blutdurstiger Despot. Nach zehn Jahren seiner Tyrannei
brach in Konstantinopel die offene Empörung gegen ihn aus;
dem entthronten Kaiser wurde die Nase abgeschnitten, und
er wurde nach Cherson auf der Krim verbannt. Aber Justinian entkam aus der Gefangenschaft, und nach zehn aben-
teuerlichen Jahren unter den barbarischen Völkern kehrte er
mit bulgarischer Hilfe nach Konstantinopel zurück. In der
Zwischenzeit hatte ein Offizier namens Leontios (695–698)
als Kaiser regiert und nach dessen Absetzung ein Seeoffizier
namens Apsimar als Tiberios II. (698–705); er wurde bei
der Rückkehr Justinians gestürzt. Justinians Tyrannei kannte

bei der Rache und Vergeltung an seinen Feinden keine Grenzen. Die Chersoner, seine ehemaligen Kerkermeister, fürchteten seine Rachsucht und revoltierten unter dem armenischen Feldherrn Bardanes, dem es dann im Jahr 711 gelang, Justinian zu entthronen und die Kaiserfamilie dem Tod zu überliefern. Bardanes war als Kaiser Philippikos (711—713) in allen Staatsangelegenheiten ein indolenter Herrscher, ausgenommen in seinem häretischen Glaubensbekenntnis: Er war ein glühender Verfechter des Monotheletismus. Nach zweijähriger Herrschaft fiel er einer Palastintrige zum Opfer, und nach seinem Sturz wurde der Zivilbeamte Artemios, der den Namen Anastasios II. annahm, zum Kaiser erhoben. Die Thronwirren hatten das Reich ins Chaos gestürzt, und die Araber versammelten in Kleinasien ihre militärischen Aufgebote. Anastasios' Versuche, die Schlagkraft des Heeres wiederherzustellen, kosteten ihn seine Popularität. Der Aufruhr eines Regiments brachte 716 einen unbedeutenden Provinzsteuereinnehmer, Theodosios III., gegen dessen eigenen Willen auf den Thron. Theodosios war offenkundig unfähig, die politische Situation zu meistern. Im nächsten Jahr, 717, angesichts der geplanten arabischen Großoffensive, übernahm der mächtigste Feldherr der Reiches, Leon, mit dem Beinamen der »Syrer«, fast ohne jeden Widerstand die Regierung.

Es war die Bestimmung der Kaiser der syrischen Dynastie, das Reich vor den Sarazenen zu schützen und es zu einer Defensivorganisation aufzubauen, wie sie die Christenheit noch nie gekannt hat. Kaiser Leon III. (717—740) verteidigte die Hauptstadt während der massiven Belagerung durch die arabische Flotte in den Jahren 717 bis 718 mit Erfolg, und in seinen späteren Kriegen schlug er die Truppen der Ungläubigen bis zur Grenzlinie des Taurosgebirges zurück. Er widmete sich den administrativen Aufgaben des Staates, ordnete die Finanzen und förderte die Weiterentwicklung der Themenorganisation. Jedes *thema* stand als Militärbezirk unter der Leitung eines militärischen Befehlshabers, dessen Amtsführung jedoch von der Zentralregierung in Konstantinopel genau überwacht wurde. Leons Sohn, Konstantin V. (740 bis 775), mit den rüden Schimpfnamen »Kabalinos« (d. h. der Stallknecht) oder »Kopronymos« (d. h. »Mistname«), war ein noch bedeutenderer Herrscher. Seiner überlegenen Strategie und Diplomatie gelang es, vorläufig die Macht des Bulgarenreiches zu zerbrechen und den Erfolg seines Vaters über die Araber zu wiederholen, wobei ihm der Niedergang der Omajadendynastie zu Hilfe kam. Mit großer Energie vollendete er in der Finanz- und Administrationspolitik das Werk seines Vaters. Aber sowohl der Vater als auch der Sohn wurden wegen ihrer Kirchenpolitik zu religiösen Frevlern gestempelt.

Im Jahr 726 erließ Leon III. ein Dekret, das die kultische Verehrung von Bildern verbot; dem Dekret ließ er eine allgemeine Vernichtung der Ikonen, die Christus und die Heiligen darstellten, folgen. Leons ursprüngliches Motiv war wahrscheinlich theologischer Art; aber die ikonoklastische Bewegung bekam bald einen politischen Hintergrund als ein Feldzug gegen die Kirche, besonders gegen die Klöster, deren wachsender Einfluß durch ihren Besitz von Kultbildern noch verstärkt wurde. Unter Konstantin V., der selbst Theologe mit häretisch-unitarischen Tendenzen war, äußerte sich der mönchsfeindliche Aspekt der Kampagne eindeutig; die Mönche ihrerseits standen in der vordersten Front der Ikonodulen, der Bilderverehrer. Der Ikonoklasmus fand einen gewissen Anklang in Kleinasien und namentlich bei den Söldnern, die größtenteils Asiaten waren, er traf aber auch auf leidenschaftlichen Widerstand, besonders in Europa. In Konstantinopel tobten Aufruhr und Empörung. Außerdem erfolgte eine große Rebellion bei der Thronbesteigung Konstantins V. In Italien war der Ikonoklasmus so unbeliebt, daß die Langobarden nur geringem Widerstand begegneten, als sie das Exarchat Ravenna und die letzten exterritorialen Reichsgebiete überrannten, so daß mit dem Jahr 751 der byzantinische Imperator nördlich von Calabrien nichts mehr sein eigen nennen konnte. Eine weitere Folge war der Bruch mit dem Papsttum, der folgenschwere politische Auswirkungen hatte. Die Päpste suchten neue Verbündete gegen die Langobarden im jungen Frankenreich, während das byzantinische Reich seine letzten lateinischen Positionen verlor und fortan eine rein griechisch sprechende Kultureinheit darstellte.

Konstantin V. folgte auf dem Kaiserthron sein Sohn Leon IV., auch der Chasare genannt, da seine Mutter eine Prinzessin aus diesem türkischen Volk war. Er regierte nur fünf Jahre (775—780). Nach ihm gelangte sein zehnjähriger Sohn Konstantin VI. in den Besitz der Kaiserrechte, allerdings unter der Regentschaft der Kaiserinmutter, der Athenerin Irene. Irene, eine Europäerin, war Ikonodulin, schloß im Jahr 787 Frieden mit Rom und berief das Sechste Ökumenische Konzil nach Nikaia ein, um die Bilderverehrung offiziell wieder einzuführen. Die Wiederherstellung des Bilderkultes wurde von der Kirche und vom Großteil des einfachen Volkes begrüßt, von den kleinasiatischen Truppen jedoch zurückgewiesen, die zudem das Regiment einer Frau mißbilligten, besonders als die arabische Kriegsmacht unter den Abbasiden-Kalifen von Bagdad wieder auflebte. Der junge Kaiser besaß nicht die Festigkeit, sich gegen seine Mutter aufzulehnen, und sein Charakter flößte seinen Untertanen keinen Respekt ein. Im Jahr 797, nach einer langen Reihe von Umsturzversuchen und Palastkriegen, ließ Irene ihren Sohn festnehmen und blenden. Sie regierte anschließend fünf Jahre als Alleinherrscherin in Byzanz (797—802). Während im alten Imperium also die Macht in den Händen einer Frau lag, krönte Papst Leo III. Karl den Großen zum Kaiser des Westens (800).

Auf die syrische Dynastie folgte eine Periode kurzfristiger Regierungen, die jeweils an inneren Rebellionen scheiterten, und als das Militär die Macht wiedergewann, bedeutete das die Rückkehr des Ikonoklasmus. Irene wurde bei einer Palastrevolution von ihrem Finanzminister Nikephoros I. (802 bis 811) entthront, einem vorzüglichen Finanzexperten, aber schwachen und dilettantischen Feldherrn, der Kreta an arabische Piraten verlor und sich einem plötzlichen Wiedererstarken der Bulgarenmacht wie auch einem Wiederaufleben der Sarazeneninvasionen gegenübersah. Nikephoros kam in einer Schlacht gegen den Bulgarenkhan Krum ums Leben, und sein Sohn und Thronerbe Staurakios wurde so schwer verwundet, daß er einige Monate später starb und an seiner Stelle sein Schwager, der reiche Zivilbeamte Michael I. Rhangabe (811—813), zum Kaiser proklamiert wurde. Michael I. wurde durch eine Militärverschwörung gestürzt, die von seinem verräterischen Themenstrategen Leon, einem Armenier, angezettelt worden war. Unter dem Regime Leons V. (813—820) wurde der Ikonoklasmus wieder eingeführt, eher im Hinblick auf seine politische und antiklerikale als auf seine theologische Bedeutung. Auch Leon wurde wieder von einem Soldaten ermordet, von Michael, einem Phryger aus Amorion.

Die amorische oder phrygische Dynastie, die Michael II. begründete, behauptete sich fast ein halbes Jahrhundert.

Michael II. (820–829) war ein eifriger Ikonoklast und brachte die Kirche dadurch noch mehr auf, daß er in zweiter Ehe eine Nonne, Euphrosyne, eine Tochter Konstantins VI., heiratete. Nach ihm bestieg sein Sohn Theophilos (829–842) den Thron, der wie sein Vater Ikonoklast, aber weniger radikal war. Er besaß administrative Fähigkeiten und war ein engagierter Förderer des kulturellen Lebens. Seine Herrschaftszeit brachte eine Renaissance der westlichen Wissenschaften und der künstlerischen Prachtentfaltung, die in hohem Grad von der Kultur des Abbasidenhofs von Bagdad beeinflußt war. Die Kriege, die Theophilos gegen die Araber führen mußte, waren jedoch nicht immer erfolgreich.

Nach seinem Tod 842 übte die Kaiserinwitwe Theodora die Regentschaft für ihren sehr jungen Sohn Michael III. (842 bis 867) aus. Wie die letzte Regentin Irene war auch Theodora Ikonodulin; im Jahr 843 ließ sie die Restauration der Bilderverehrung proklamieren, zur Freude der großen Mehrheit ihrer Untertanen. Die Zeit kirchenpolitischen Friedens, die sich nun an die Epoche des politischen Wiedererstarkens unter der syrischen Dynastie und unter Theophilos anschloß, brachte dem Reich eine neue Periode kulturellen Aufschwungs. Aber die kluge Regentschaft Theodoras wurde im Jahr 856 von der launischen Extravaganz Michaels III. abgelöst, der sich mit seiner ausschweifenden Lebensweise den Beinamen »Trunkenbold« erwarb. Er wählte sich jedoch in der Person seines Onkels Bardas und später eines Stallknechts namens Basileios staatsmännisch begabte Ratgeber. Der letztere machte eine ungewöhnliche Karriere; nachdem er den Tod seines Rivalen Bardas herbeigeführt hatte, ermordete er schließlich im Jahr 867 seinen Wohltäter Michael III. und ergriff selbst die Macht im Kaiserreich.

Während der Herrschaft Michaels III. ergab sich ein neuer

Konflikt mit Rom, der durch die kollidierenden Suprematsbestrebungen des Papstes Nikolaus des Großen und des Patriarchen Photios verursacht wurde, ein kirchlicher Jurisdiktionskrieg, der durch den Übertritt der Bulgaren und der mitteleuropäischen Slaven zum Kirchensprengel von Rom verschärft wurde.

Unter Basileios I. und seinen Nachfahren — üblicherweise, wenn auch irreführend, die makedonische Dynastie (867 bis 1057) genannt (4) — erreichte das byzantinische Kaiserreich den Höhepunkt seines mittelalterlichen Glanzes. Die innere Organisation des Staatswesens hatte genügend Stabilität, um den Kaisern als Ausgangsbasis für Expansionspläne dienen zu können. Zugleich führte die geordnetere Verfassung der gesamten westlichen Welt zu einer Intensivierung des Handelsverkehrs, aus dem Konstantinopel sofort Nutzen zog. Basileios I. (867—886) war ein fähiger Feldherr: Unter seinem Kommando nahmen die periodisch hereinbrechenden Sarazenenkriege schließlich eine Wendung zugunsten des Kaiserreiches, obwohl Byzanz anfangs nur spärliche Erfolge zu verzeichnen hatte. Im Westen hatten die Araber erst vor kurzem Sizilien und Süditalien überrannt. Basileios überließ Sizilien seinem Schicksal, aber sein Feldherr Nikephoros Phokas stellte die byzantinische Herrschaft in Süditalien wieder her und machte dieses Gebiet nach drei Jahrhunderten wieder zu einem stabilen Machtfaktor.

Unter seinem Sohn (5), Leon VI. (886—912), auch der Weise genannt, fanden diese militärischen Erfolge allerdings keine Fortsetzung. Ein Krieg gegen die Bulgaren endete mit einer Niederlage der Byzantiner; eine weit schlimmere Katastrophe war die Plünderung Thessalonikes, der zweiten Stadt des Reiches, durch eine arabische Seeräuberflotte aus Kreta im Jahr 904. Sowohl Basileios als auch Leon verfolgten die glei-

chen innenpolitischen Ziele: die Macht des Kaisers zu stärken
und die Unabhängigkeitsbestrebungen der Patriarchen Photios und Nikolaos Mystikos zu bekämpfen. Um sich von den
verhaßten ikonoklastischen Kaisern zu distanzieren, begann
Basileios und vollendete Leon eine neue Kodifikation des justinianischen Rechts, indem er die Kaisergesetze, die *Basilika* herausgab, die bis zum Untergang des Reiches in Kraft
blieben. Innere Schwierigkeiten erwuchsen Leon dadurch, daß
er zweimal mehr heiratete, als es das kirchliche Gesetz um
der männlichen Nachfolge willen erlaubte; erst seine vierte
Gemahlin gebar ihm 905 einen Sohn. Trotz der kirchlichen
Opposition gelang es dem Kaiser, die Legitimität der Geburt
des Thronfolgers durchzusetzen, aber nach seinem Tod wurde
seine unvorschriftsmäßige Heiratslust nachdrücklich verurteilt.

Nach Leon übernahm sein Bruder Alexander (912—913) die
Herrschaft, der seit seiner Jugend als Mitkaiser und nun gemeinsam mit Leons jungem Sohn Konstantin VII., mit dem
Beinamen Porphyrogennetos oder »der im Purpurgemach
Geborene«, regierte. Nach einem einjährigen verhängnisvol-
len Regiment und — nach Alexanders Tod — einem weiteren
Jahr Mißregierung unter einem Regentschaftsrat, geleitet
vom Patriarchen Nikolaos Mystikos, nahm Konstantins Mutter Zoe (914—919) die Regierungsgeschäfte in ihre Hand. Inzwischen fielen die Bulgaren unter ihrem Zar Symeon in das
Reich ein. Zoes energische Versuche, die Bulgaren durch Ge-
genoffensiven zu besiegen, endeten mit einer katastrophalen
Niederlage und führten zum Sturz der Kaiserin. An ihre
Stelle trat ihr Großadmiral, Romanos Lakapenos, der bald,
nachdem er die Zügel der Regierung ergriffen hatte, die Vor-
herrschaft über den legitimen Kaiser Konstantin ausübte, den
er mit seiner Tochter vermählte.

Romanos I. (919—944) regierte das Reich mit starker Hand. Er schloß einen günstigen Frieden mit den Bulgaren; sein glänzender Feldherr, Johannes Kurkuas, leitete durch eindrucksvolle Siege die Epoche der östlichen Eroberungen ein, die den Beginn der byzantinischen Machtentfaltung der folgenden hundert Jahre kennzeichneten. Romanos' Bemühungen aber, neben der legitimen Dynastie der Purpurgeborenen seine eigene Dynastie zu konsolidieren, scheiterten, obwohl er drei seiner Söhne zu Mitkaisern krönte. Diese entthronten am Ende ihn selbst, aber schon einen Monat nach seinem Sturz war Konstantin VII. im Besitz der Alleinherrschaft.

Unter den Regierungen Konstantins VII. und seines Sohnes Romanos' II. (959—963) wurden die Eroberungen im Osten fortgesetzt. Kreta wurde von dem hervorragenden Feldherrn Nikephoros Phokas, dem Enkel des großen Generals Basileios' I. zurückerobert, sogar die Kapitulation Aleppos wurde vorübergehend erzwungen. Als Romanos II. starb und zwei junge Söhne hinterließ, Basileios II. (963—1025) und Konstantin VIII. (6) (963—1028), vermählte sich seine Witwe Theophano, die vorübergehend für ihre Söhne die Regentschaft führte, mit Nikephoros Phokas, der sich die Kaiserkrone zulegte. Das Regiment Nikephoros' II. bedeutete eine ruhmreiche Zeit, in der Kilikien, Zypern und ein Teil Syriens mit seiner Hauptstadt Antiocheia wieder der byzantinischen Souveränität unterworfen wurden. Dennoch wurde der Kaiser im Jahr 969, mit stillschweigender Duldung seiner Gemahlin Theophano, von seinem Vetter Johannes Tzimiskes ermordet, der an seiner Stelle den Kaiserthron bestieg. Johannes I. (969—976) war ein nicht weniger genialer Feldherr, der halb Bulgarien eroberte, eine russische Invasion in Bulgarien niederzwang und mit seinen Truppen durch Syrien bis an die Peripherie von Jerusalem und Bagdad vorstieß. Nach seinem Tod blieb Basileios II. Anwärter auf den Thron.

Das Reich war von den Kaisern der syrischen Dynastie zu einem einheitlichen Verteidigungsorganismus durchgebildet worden, wodurch sich zwangsläufig in den Händen des Militärs große Macht konzentrierte. Während der letzten Kriege wurden die Heerführer von der grundbesitzenden Aristokratie gestellt. Die wachsende Sicherheit der Reichsgrenzen machte mehr und mehr den Grundbesitz als Quelle des Reichtums zu einem neuen, nicht zu unterschätzenden Faktor; das Machtpotential in den Händen der großen Magnatenfamilien, das sie erstens ihrem Landbesitz und zweitens ihrem Rang als Generäle verdankten, begann sich zu einer Bedrohung für die Zentralgewalt des Kaisers auszuwirken. Sowohl Romanos I. als auch Konstantin VII. hatten diese Entwicklung vorausgesehen und gegen die Anhäufung von Landbesitz Gesetze, allerdings mit unzulänglichen Bestimmungen, erlassen. Unter Johannes I. hatte der Umsturzversuch der Phokas gezeigt, in welche Bedrängnis eine einzelne Familie des mächtigen Hochadels den Kaiser bringen konnte. Während des ersten Jahrzehnts der Alleinherrschaft Basileios' II. verdeutlichen die ineinander verwickelten Rebellionen des Bardas Skleros und Bardas Phokas die Gefahr mit aller Schärfe. Daß Basileios II. schließlich aus dem Bürgerkrieg als Sieger hervorging, verdankte er großenteils einer glücklichen Fügung der Ereignisse; aber er zog daraus die Lehre, gegen den mächtigen Landadel mit aller Härte vorzugehen. Dank seiner zielstrebigen Energie gelang es ihm, die Übermacht des Adels vorübergehend zu brechen. Nach diesem Sieg verbrachte Basileios, obwohl er dazwischen einige Feldzüge zur Erweiterung der Reichsgrenzen im Osten führte, den Großteil seiner Regierungszeit mit Kämpfen auf dem Balkan.

Der Großadmiral Apokaukos. Miniatur aus einem Hippokrates-
Manuskript; um 1342. Paris, Bibliothèque Nationale.

Kaiser Justinian mit Bischof Maximian und Gefolge. Ausschnitt aus dem Apsis-Mosaik im Presbyterium San Vitale, Ravenna. 6. Jahrhundert.

Während der Revolten der beiden Bardas waren die Bulgaren wieder erstarkt, und ihr Zar Samuel beherrschte von dem
nie unterworfenen makedonischen Gebirge aus ein Reich, das
sich bis zum Schwarzen Meer erstreckte. Im Jahr 986 hatte
Basileios vergeblich versucht, den Bulgaren Einhalt zu gebieten. Während der Jahre 996 bis 1018 führte er gegen sie fast
ununterbrochen Krieg, bis er sie schließlich doch völlig niederwerfen konnte. Noch einmal gehorchte die gesamte Balkanhalbinsel südlich der Donau dem byzantinischen Kaiser,
und seine dankbaren Untertanen gaben Basileios den Beinamen Bulgaroktonos, »der Bulgarenschlächter«. Während dieser
Jahre hatte·sich dank seiner leidenschaftlichen Sparsamkeit
und asketischen Strenge die Schatzkammer wieder gefüllt,
die bei der kostspieligen Kriegführung seiner Vorgänger
ziemlich erschöpft worden war. Seit den Tagen des Herakleios hatte das byzantinische Kaiserreich niemals eine so
weite Ausdehnung und niemals eine so große Prosperität
erlebt wie am Ende der Herrschaft des Basileios. Mit seinem
Tod aber begann der Abstieg.
Sein Bruder Konstantin VIII. regierte drei Jahre lang (1025
bis 1028) mit großer Schwäche und Unzulänglichkeit und
hinterließ drei Töchter in mittlerem Alter: Eudokia, eine
pockennarbige Nonne, Zoe und Theodora. In den nächsten
Jahrzehnten übten Zoes kaiserliche Gemahle und Günstlinge
die Herrschaft im Reich aus. Der erste, Romanos III. Argy-
ros (1028—1034), war ein würdiger Herr, aber extravagant,
eitel und schwach. Als er unter mysteriösen Umständen gestorben war, vermählte sich Zoe unverzüglich mit einem schönen Jüngling aus Paphlagonien, der sieben Jahre lang (1034
bis 1041) als Michael IV. das Zepter führte. Michael war ein
fähiger und energischer Herrscher — erfolgreich schlug er
einen gefährlichen bulgarischen Aufstand nieder —, aber er

war Epileptiker. Wegen seiner ständigen Anfälle konnte er die Regierungspflichten nur sporadisch wahrnehmen. Nach seinem Tod wurde Zoe veranlaßt, seinen Neffen Michael, der nach dem Krämerhandwerk seines Vaters den Beinamen Kalaphates oder Kalfaterer trug, zu adoptieren und zum Kaiser zu krönen. Michael V. (1041—1042) hatte Reformpläne, die auch den Sturz seiner Wohltäterin Zoe vorsahen. Die makedonische Dynastie war jedoch zu beliebt, als daß sie von einem Kalfaterer hätte gestürzt werden können. Eine Volkserhebung in Konstantinopel entthronte Michael und erhob Zoe und ihre Schwester Theodora (1042) zu Alleinherrscherinnen. Die Schwestern beargwöhnten sich eifersüchtig, und um Theodoras Macht zu untergraben, ging Zoe erneut eine Ehe ein. Ihr dritter Gemahl war ein ältlicher Bonvivant, Konstantinos Monomachos.

Dieser Konstantin IX. (1042—1054) war nicht unfähig, aber lässig und korrupt, und er unternahm nichts, um die wachsende Macht der Kirche und Aristokratie einzudämmen. Der Patriarch Michael Kerullarios trat schon fast wie ein östlicher Papst auf, und im Jahr 1054 manövrierte er die östlichen Patriarchate in das endgültige Schisma mit Rom hinein. Unter Konstantin wurde das Territorium des Reiches durch die Annexion des unabhängigen Armenien vergrößert; aber zur gleichen Zeit begannen die Normannen auf ihren Eroberungszügen im Westen das byzantinische Süditalien und Sizilien (7) in ihre Hand zu bringen; die Versuche der Kaisertruppen, diese Provinzen zu halten, scheiterten. Nach Konstantins Tod zu Anfang des Jahres 1055 (Zoe war 1054 gestorben) übernahm die bejahrte Theodora die Alleinherrschaft und regierte zwei Jahre lang mit überraschend fester Hand. Mit ihrem Tod 1056 erlosch die ruhmreiche makedonische Dynastie.

In diesen Jahren hatte sich die byzantinische Kultur zu einem noch nie erreichten Höhepunkt aufgeschwungen. Sie fand ihren markantesten Repräsentanten in der Persönlichkeit des Michael Psellos, eines Historikers, Philosophen und Hofpolitikers, eines gescheiten,, wißbegierigen und in allen Disziplinen beschlagenen humanistischen Gelehrten und zugleich skrupellosen, zynischen und doch auch religiösen Politikers. Aber zur selben Zeit hatte der wirtschaftliche Wohlstand das Gleichgewicht der straff zentralisierten militaristischen Organisation des Kaiserreiches empfindlich ins Schwanken gebracht. Mit dem Verlöschen der großen makedonischen Dynastie waren die zersetzenden Kräfte frei geworden. Zwischen den Jahren 1056 und 1081 kam eine Zeit der Wirren, in der die Kirche und die zivile Bürokratie mit der hochgekommenen militärischen Aristokratie um die Macht rangen. Zu allem Unglück trafen mit diesen inneren Schwierigkeiten feindliche Angriffe neu erschienener kriegslustiger Völker an den östlichen und westlichen Reichsgrenzen zusammen. Die Normannen schlossen die Eroberung Süditaliens mit der Einnahme von Bari im Jahr 1071 ab und überquerten anschließend das adriatische Meer, um die Balkanküste anzugreifen. Im Grenzgebiet Armeniens sammelten sich die seldschukischen Türken und bereiteten sich auf den Einfall in Kleinasien vor. In dieser Zeit setzte auch mit dem Aufblühen der italienischen Seerepubliken jener welthistorische Umschwung in der Verlagerung der Handelswege ein, der mit der Epoche der Kreuzzüge zum Abschluß kam und die wirtschaftliche Hegemonie Konstantinopels aufs schwerste erschütterte.

Theodora hatte zu ihrem Nachfolger einen betagten Beamten, Michael Stratiotikos, berufen, aber nach einem Jahr wurde Michael VI. von den obersten Militärs unter der Leitung des Aristokraten Isaak Komnenos entthront. Isaak I. herrschte zwei Jahre (1057—1059), um dann unerwartet zugunsten seines Finanzministers Konstantin Dukas abzudanken, eines mehr mit der Kirche und der Zivilbürokratie als mit dem Militäradel verbündeten Aristokraten. Wirtschaftliche Erwägungen und die Furcht vor Erhebungen des Militärs veranlaßten Konstantin X. (1059—1067), den Bestand der Armee zu verringern und die Wehrkraft des Staates zu desorganisieren — und das in der denkbar ungeeignetsten Situation. Nach seinem Tod — er hinterließ einen jungen Sohn, Michael VII. — änderte die Kaiserinwitwe Eudokia Makrembolitissa seine Politik und gab ihre Hand und den Kaiserthron einem Feldherrn, Romanos IV. Diogenes (1068 bis 1071). Romanos bemühte sich um die Reorganisation eines starken Heeres, mit dem er im Jahr 1071 ins Feld zog, um einem gewaltigen Ansturm der Seldschuken in Armenien zu begegnen. Dank seiner unbesonnenen Strategie erlitt das byzantinische Heer bei der armenischen Stadt Mantzikert eine katastrophale Niederlage, von der sich das Reich niemals mehr erholen sollte. Das Jahr 1071 ist mit dem Verlust von Bari und der verlorenen Schlacht bei Mantzikert der kritische Wendepunkt in der byzantinischen Geschichte.

Romanos IV. geriet bei Mantzikert in Gefangenschaft. Als die Nachricht vom überwältigenden Sieg des Feindes Konstantinopel erreichte, übernahm Michael VII., nun im regierungsfähigen Alter, das Regiment. Er versuchte vergeblich, die innere Ordnung des Staates wiederherzustellen, die Macht der Adelsparteien in die Schranken zu weisen und die Türken zurückzutreiben. Diese hatten mittlerweile bei ihrem Vordringen ganz Kleinasien überflutet und zeigten sich entschlossen, das eroberte Land fest in Besitz zu nehmen. Sie waren ein primitives Volk, destruktiv, noch nomadisch und ohne Ackerbau. Wo immer sie sich niederließen, war es aus mit der Bodenkultur, sanken Straßen und Aquädukte in Trümmer. Der unaufhaltsame und rapide Verfall Kleinasiens zu einer Einöde machte die Rückeroberung zu einer noch schwereren Aufgabe für Byzanz, während gleichzeitig der Verlust dieser Provinz das Reich seines Hauptreservoirs für Truppenrekrutierung und seiner wichtigsten Kornkammer beraubte. Die gesamte Getreideversorgung mußte neu geregelt werden, und immer mehr mußte man sich auf fremde Söldner umstellen. Auch dadurch mehrten sich die finanziellen Belastungen des Staates gewaltig.

Im Jahr 1078 wurde Michael VII. gezwungen, zugunsten eines Militärs, des Nikephoros III. Botaneiates (1078 bis 1081), abzudanken; doch dieser wurde seinerseits von einem weit fähigeren General entthront, von Alexios Komnenos, dem Neffen Isaaks I., der sich durch eine Heirat im richtigen Moment das Bündnis mit der zivilaristokratischen Gegenpartei der Dukas sicherte. Alexios I. (1081—1118) rettete das Reich. Er mußte unausgesetzt an allen Fronten kämpfen, aber seine Feldzüge und seine raffinierte Diplomatie wehrten die Normannen vom Balkan ab, trieben barbarische Eindringlinge aus dem Norden, die Petschenegen, zurück und hielten die Seldschuken in Kleinasien in Schach. Im Jahr 1096 stellte das Einsetzen der Kreuzzüge den byzantinischen Kaiser vor neue Probleme. Die Kreuzfahrer, obwohl in ihrer Masse von religiöser Begeisterung getrieben, wurden von einer Gruppe von Politikern angeführt, die es ebenso stark nach Byzanz gelüstete wie nach dem Heiligen Land. Alexios löste die gefährliche Situation mit großem Geschick. Er nützte das Heer der Kreuzfahrer aus, um das von den Seldschuken besetzte Land in Kleinasien zurückzugewinnen, vor allem ihre Hauptstadt Nikaia; dann schickte er die Abendländer weiter, um den Islam in seiner Flanke zu bedrohen. Letztlich

fügten die Kreuzzüge, durch die ein neuer, direkter Handels-
weg von Syrien nach dem Westen erschlossen wurde, dem
Reich handelspolitisch einen kaum zu überschätzenden Verlust zu; und die verschlagene Diplomatie, in der sich beide
Seiten ungezügelt ergingen, vertiefte die Kluft zwischen dem
byzantinischen Reich und dem lateinischen Abendland, eine
Kluft, die sich bereits nachdrücklich in der Kirchenspaltung
manifestierte. Für den Augenblick zwar hatte sich Kaiser
Alexios der Kreuzfahrer zu seinen Zwecken bedient, aber die
Rettung, die sie brachten, hatte einen hohen Einsatz gefor-
dert: die finanziellen Anforderungen überstiegen die Kräfte
des Reichs. Die Unterstützung durch venezianische Schiffe
war durch die Gewährung von Handelsprivilegien erkauft
worden, die Steuern wurden zu einer so drückenden Last,
daß die Okkupation der Seldschuken dagegen fast weniger
grausam erschien; und schließlich ließ sich Alexios dazu verleiten, an der Währung zu manipulieren. Nachdem das byzantinische Münzgeld in seinem Wert durch alle Krisenzeiten der vorangegangenen sieben Jahrhunderte stabil geblieben war, verlor es nun seine Stellung als das einzige zuverlässige Zahlungsmittel im Wechselverkehr: Konstantinopel
war nicht länger das finanzielle Zentrum der Welt.
Unter der tüchtigen Regierung von Alexios' Sohn Johannes
II. (1118—1143) machte sich der Verfall kaum bemerkbar.
Seine Eroberungszüge gewannen große Gebiete von den Seldschuken zurück und flößten den Kreuzfahrern Furcht ein.
Aber obwohl die den ausländischen Kaufherren gewährten
Handelsprivilegien zurückgezogen wurden, konnten die hohen Staatsausgaben nicht reduziert werden.
Hinter der glanzvollen Fassade der Hofhaltung unter Johan-
nes' Sohn Manuel I. (1143—1180) setzte ein noch schlimme-
rer Zerfallsprozeß ein. Manuel fühlte sich zu abendländi-

schen Sitten hingezogen und begann sich auf die Bundesge-
nossenschaft westlicher Seemächte, besonders der italienischen
Stadtrepubliken, zu verlassen. Aber diese Unterstützung bedeutete die Einräumung größerer Handelsprivilegien, und
was Venedig an Konzessionen gewährt worden war, das forderten und sicherten sich auch die Seerepubliken Genua und
Pisa. Konstantinopel blieb bis zuletzt ein Zentrum für den
Handel mit Luxuswaren, aber seine Zolleinnahmen schrumpf-
ten ständig, und sein Überseehandel ging immer mehr zurück.
Was das andere Problem des Reiches, die östliche Front, anbetraf, so hatte es unter der Herrschaft Johannes' II. und in den
ersten Regierungsjahren Manuels eine Zeitlang so ausgesehen,
als ob ganz Kleinasien den Seldschuken wieder abgenommen
werden könnte, aber Manuels furchtbare Niederlage bei Myriokephalon im Jahr 1176, die er selbst mit der schrecklichen
Katastrophe bei Mantzikert verglich, hatte zur Folge, daß
sich die Türken für alle Zeiten in Kleinasien festsetzen konnten.

Die Regentschaft der Witwe Manuels, der Lateinerin Maria
von Antiocheia (1180—1183), für ihren Sohn Alexios II.
löste ein inneres Chaos aus. Im Jahr 1183 ergriff Manuels
Vetter, Andronikos Komnenos, die Macht und ließ bald darauf den legitimen jungen Kaiser ermorden. Die Herrschaft
Andronikos' I. (1183—1185) war eine radikale Reaktion
gegen die Lateiner. Seine Thronübernahme war gekennzeichnet durch ein furchtbares Massaker unter den italienischen
Kaufleuten in Konstantinopel (1182) und die Annullierung
aller den Italienern zugebilligten Handelskonzessionen. Seine
administrativen Maßnahmen in den Provinzen setzte er mit
Sachkenntnis und exemplarischer Gerechtigkeit durch, aber in
Konstantinopel schuf ihm seine tyrannische Gewaltherrschaft
viele erbitterte Feinde, und die drohende Feindschaft der

Westmächte vergrößerte die Unhaltbarkeit seiner Position. Im Jahr 1185 wurde er durch einen Aufruhr in der Hauptstadt zu Fall gebracht und an seiner Stelle ein entfernter Verwandter, Isaak Angelos, inthronisiert.

Die Herrschaftszeit der Angeloi, Isaaks II. (1185–1195) und seines Bruders Alexios III., der Isaak absetzte und an seiner Stelle den Purpur annahm (1195–1203), ist eine Chronik trübseliger Schwäche, wachsender Mißwirtschaft, zunehmender Verarmung des Reiches und erweiterter Handelskonzessionen an die Italiener. Das Bulgarenreich erkämpfte seine Selbständigkeit, und Zypern revoltierte. Im Jahr 1203 schließlich wurde ein Kreuzzug auf seinem Weg in das Heilige Land durch die Habgier Venedigs nach Konstantinopel abgelenkt, und unter seinem Druck wurden für kurze Zeit Isaak II. und sein Sohn Alexios IV. als Kandidaten der Lateiner wieder eingesetzt; aber im Frühjahr 1204 brach unter der Bevölkerung der Hauptstadt ein Aufstand aus, der den Kreuzfahrern den Vorwand zur Besetzung und Plünderung der Stadt bot.

Der Verlust, den diese Plünderung der europäischen Zivilisation zugefügt hat, ist kaum zu überschätzen. Die Kostbarkeiten des reichsten Kulturzentrums der mittelalterlichen Welt, Bücher und Kunstwerke, die seit weit zurückliegenden Jahrhunderten hier gehütet worden waren, wurden allesamt verschleudert und zum großen Teil vernichtet. Das byzantinische Kaiserreich, das große östliche Bollwerk des Christentums, war als politische Macht vernichtet. Sein straff zentralistischer Staatsorganismus lag in Trümmern, und die Provinzen, die überhaupt noch überleben wollten, waren gezwungen, sich als Teilherrschaften abzuspalten. Die Eroberungen der Osmanen wurden erst durch das Verbrechen der Kreuzfahrer ermöglicht.

Hagia Sophia. Gesamtansicht von Südwesten, von einem Minarett der Sultan-Achmed-Moschee aus gesehen. 6. Jahrhundert; Istanbul.

Kirche Hagios Dimitrios. Außenansicht von Südwesten. 5.–7. Jahrhundert; Thessaloniki.

Die Landmauer des Kaisers Theodosius II. (Teilansicht, nahe Top Kapu). 5. Jahrhundert; Istanbul.

*Das Mausoleum der Galla Placidia. 1. Hälfte des 5. Jahrhunderts;
Ravenna.*

Venedig und die abendländischen Fürsten teilten sich in die Beute. Ein lateinischer Kaiser wurde auf dem Thron von Konstantinopel installiert. Lateinische Lehensherren fielen über die griechische Halbinsel her und verbreiteten ihre romantische Ruhelosigkeit über jene seit langem in Schlaf versunkene Provinz. Venedig eignete sich die wichtigsten Inseln an, baute ein Kolonialreich längs den Küsten auf und erwarb Privilegien, die ihm den gesamten Osthandel sicherten. Dagegen scheiterte der Versuch der Lateiner, das ganze Territorium des Reiches an sich zu reißen: Der noch byzantinische Teil Kleinasiens verblieb in griechischen Händen. Theodoros Laskaris, der Schwiegersohn Alexios III., etablierte seinen Hof in Nikaia (Nizäa), das zum politischen Hauptquartier der Exilbyzantiner wurde. In Trapezunt erklärte ein Komnenos sein Herrschaftsgebiet zum Kaiserreich und im Epiros ein Angelos, der seinen lateinischen Herren bald auch das Königreich von Thessalonike abnahm. Diese drei griechischen Reiche von eigenen Gnaden rivalisierten miteinander in ihrem Anspruch, das rechtmäßige byzantinische Imperium im Exil zu repräsentieren, aber das Kaiserreich Nikaia konnte stets die weiteste Anerkennung behaupten und trug schließlich den Sieg davon. Das Reich von Thessalonike kapitulierte vor der Macht Nikaias im Jahr 1246, und die Angeloi wurden in ihrer Macht auf das Despotat von Epiros eingeschränkt, das am Ende ebenfalls die Oberhoheit des nikäischen Imperators anerkennen mußte. Das Reich von Trapezunt blieb von der Eroberung verschont, bis es 1461 von den Osmanen ausgelöscht wurde; aber, weit im Osten, abgeschnitten durch die Nikäer und die Seldschuken, konnte der Großkomnene niemals einen überzeugenden Anspruch erheben, oikumenischer Kaiser zu sein.

In diesem Kampf der Rivalen verdankte das nikäische Reich

seinen Sieg den hohen staatsmännischen Fähigkeiten seiner Kaiser. Theodoros I. Laskaris (1204—1222) und sein Schwiegersohn Johannes III. Vatatzes (1222—1254) bauten das Exilreich zu einem mächtigen und blühenden Organismus auf. Beide Kaiser waren tüchtige Soldaten und vollendete Diplomaten. Unter Theodoros II. Laskaris (1254—1258), dem Sohn Johannes III., einem epileptischen und pathologischen Intellektuellen, erlangte das Reich eine noch weitere Ausdehnung, trotz der Unzufriedenheit der Adelsgeschlechter, die er Prozessen und Verfolgungen aussetzte. Als sein minderjähriger Sohn Johannes IV. (1258—1261) die Nachfolge antrat, revoltierten die Mächtigen des Reiches und ermordeten Georgios Muzalon, einen Mann von geringer Herkunft, den der sterbende Johannes III. zum Regenten seines Sohnes ernannt hatte. Die Regentschaft übertrug man dem angesehensten Vertreter der Aristokratie, Michael Palaiologos. Aber in Wirklichkeit vollzog sich ein Herrschaftswechsel: Am Neujahrstag 1259 nahm Michael VIII. (1259—1282) als Mitregent die Kaiserkrone an und ließ bald danach den jungen legitimen Kaiser blenden.

Mittlerweile sank das lateinische Kaiserreich, das »Reich von Romania« in Konstantinopel, in Armut und Verfall. Graf Balduin von Flandern, der erste lateinische Kaiser, war seiner Aufgabe in keiner Weise gewachsen. Sein Reich war nach strengen abendländisch-feudalistischen Grundsätzen organisiert, und die Stellung und das Ansehen dieses Kaisers überragten kaum die Würde eines ersten Barons. Vielleicht hätte er trotzdem die Unterstützung der Bevölkerung gegen seine Vasallen erringen können, wenn er ihr nicht die verhaßte lateinische Kirche aufgezwungen hätte. Im Jahr 1205 geriet Balduin in einem Krieg gegen die Bulgaren in Gefangenschaft, wo er ums Leben kam. Sein Nachfolger, sein Bruder Heinrich (1205—1216), nahm eine versöhnlichere Haltung gegenüber den Griechen ein, und unter seiner Herrschaft schien es eine Zeitlang, als ob das lateinische Kaiserreich sich zu einer stabilen Macht entwickeln könnte. Aber es war schon zu spät: Die Griechen hatten gelernt, ihre kirchliche Freiheit in Nikaia bewahrt zu sehen. Die lateinischen Lehensherren und die Venezianer, die nur ihren eigenen Profit im Auge hatten, konnten dem Reich keine wirklichen Stützen sein, und nach Heinrichs Tod setzte ein rapider Verfallsprozeß ein. Heinrichs Nachfolger waren seine Schwester Jolante und ihr Gemahl Peter von Courtenay. Peter verlor im Jahr 1217 sein Leben in epirotischer Gefangenschaft, ohne jemals Konstantinopel erreicht zu haben. Jolante übte zwei Jahre lang die Regentschaft aus (1217—1219), dann verzichtete sie auf die Regierung zugunsten ihres zweiten Sohnes Robert — der ältere hatte klugerweise abgelehnt. Robert wurde 1228 wegen Unfähigkeit abgesetzt; ihm folgte sein unmündiger Bruder Balduin II. unter der Regentschaft des Titularkönigs von Jerusalem, Johannes von Brienne (1231—1237), eines greisen Mannes, der mehr durch höfische Galanterie als geistige Qualitäten glänzte. Man hatte in Konstantinopel auch den Plan erwogen, dem Bulgarenzaren die Regentschaft anzutragen, um sich seine militärische Unterstützung gegen die Griechen von Nikaia zu sichern, aber der lateinische Klerus konnte den Gedanken an einen schismatischen Regenten nicht ertragen und vereitelte den Entschluß. Unter Balduin II. (1228 bis 1261) verschärfte sich die schwierige Lage des lateinischen Kaiserreichs. Die meisten Jahre seiner Herrschaft verbrachte der Kaiser auf der Suche nach Hilfe mit Reisen im Abendland. Aus Geldmangel verpfändete er sogar die Dächer seines Blachernenpalastes, seine Reliquien und seinen Sohn an die Venezianer. Konstantinopel wurde durch Verarmung und

Hunger fortschreitend entvölkert, so daß es eine wohltätige Befreiung war, als sich im Jahr 1261 die Truppen Michael Palaiologos' den Einlaß in die Stadt erzwangen. Balduin II., der lateinische Patriarch und der venezianische Podestà eilten fluchtartig zum Hafen und segelten nach Westen davon.

Der Schaden, den die Lateiner angerichtet hatten, war nicht wiedergutzumachen: Michael zog in eine halb zerstörte und entvölkerte Residenz ein. Die Rückeroberung der alten Hauptstadt war zwar ein wertvoller Gewinn — denn niemand im nahen Osten kann es sich leisten, Konstantinopel in der Hand seiner Feinde zu lassen —, und sie war ein Ruhmestitel für das Prestige des Reiches. Aber sie brachte Aufgaben und Kosten mit sich, die seine Kräfte weit überstiegen. Die Genuesen waren Verbündete gewesen, jetzt ließen sie sich mit Handelsprivilegien bezahlen, die die Einkünfte des Reiches empfindlich schmälerten.

Die Lateiner fanden einen Vorkämpfer und potentiellen Rächer in Karl von Anjou, der gerade König von Sizilien und Neapel geworden war; ihn mußte Byzanz ausmanövrieren. Man versuchte das durch Anbahnung einer Union mit der römischen Kirche, was wiederum den hartnäckigen Widerstand der Reichsuntertanen auslöste, ohne Karl von Anjou in seinen Plänen zu stören. Die byzantinische Reichswährung, die durch die Sparsamkeit der nikäischen Kaiser stabilisiert worden war, begann wieder im Kurs zu fallen; Michael konnte das alte System, nach dem die Grenztruppen mit steuerfreiem Siedlungsland entlohnt wurden, nicht länger aufrecht erhalten und mußte diese Soldatenlehen in Kleinasien abschaffen; damit schwächte er sein Defensivsystem entscheidend.

Bei Michaels Tod im Jahr 1282 zeigte sich die ganze Fragwürdigkeit dieser politischen Wiederbelebung. Die einzige positive Errungenschaft seiner Regierungszeit, außer der Einnahme der Hauptstadt, war in der Peloponnes gemacht worden, wo der Sieg von Pelagonia 1259 die Schlüsselfestungen Mistra, Monemvasia und Maina in die Hand des Kaisers gebracht hatte.

Die lange Regierungszeit seines Sohnes Andronikos II. (1282 bis 1328) stand im Zeichen eines langsamen Machtverfalls. Die Sizilianische Vesper im Jahr 1282 hatte zwar die Machtstellung Karls von Anjou erschüttert, und Andronikos konnte nun ohne Gefahr die Verhandlungen über die Kirchenunion mit Rom abbrechen, aber eine neue Drohung stieg im Osten herauf. Die mongolische Invasion im dreizehnten Jahrhundert hatte eine Reihe junger türkischer Stämme nach Kleinasien abgedrängt. Einer von ihnen setzte sich an der Reichsgrenze fest und wuchs während der letzten Jahrzehnte des Jahrhunderts zu einer starken Militärmacht heran, und zwar unter seinem Häuptling Osman, nach dem das Volk dann den Namen Osmanli oder ottomanische Türken bekam. Nachdem Michael die Militärgrenze hatte verfallen lassen, reichten Andronikos' Streitkräfte nicht mehr aus, um den Türken wirksam zu begegnen. Der Kaiser mußte sich auf fremde Söldnertruppen verlassen. In einem unglücklichen Moment nahm er eine Schar kriegstüchtiger Abenteurer, die Katalanische Große Kompanie, in seinen Sold (1302). Bald begehrten die Katalanen gegen ihre Vertragsherren auf, blockierten zwei Jahre lang Konstantinopel (1305—1307), zogen die Türken nach Europa herein und rückten schließlich ab, um Makedonien und das von fränkischen Lehensträgern beherrschte Griechenland zu verwüsten. Währenddessen wurden in Europa das Bulgarenreich unter der Dynastie der Aseniden-Zaren und das aufstrebende serbische Reich des Königs

Stephan Uroš' I. eine ständige Gefahrenquelle für Byzanz. In-
nenpolitisch brachte die Herrschaft Andronikos' II., obwohl sie
eine Ära hoher kultureller Aktivität war, eine Kette von
Finanzkrisen und Revolten. In den Jahren 1321 bis 1328
führte Andronikos Krieg gegen seinen Enkel und Thronerben
Andronikos III., und erst der Tod des alten Kaisers brachte
den Frieden.

Unter Andronikos III. (1328—1341) ging es im selben Sinn
weiter. Die osmanischen Türken hatten 1326 Brussa eingenommen, 1329 überwältigten sie Nikaia und 1337 Nikomedeia. Unter Stephan Dušan (1331—1355) erreichte
gleichzeitig das serbische Königreich den Höhepunkt seiner
Macht und bedrohte Konstantinopel aufs neue. Als Andronikos III. im Jahr 1341 starb und einen unmündigen Sohn,
Johannes V. (1341—1391), hinterließ, führte ein Streit um
die Regentschaft zwischen der Kaiserinmutter Anna von
Savoyen und dem Usurpator Johannes VI. Kantakuzenos
zum Bürgerkrieg. Kantakuzenos, eine geniale Persönlichkeit,
aber durch den Zwang der Umstände Opportunist, gewann
1347 die Krone, wurde aber 1355 durch den Sohn von Johannes V., Andronikos IV., gestürzt. Johannes V. kehrte
1379 auf den Thron zurück, wurde 1390 für einige Zeit von
seinem Enkel Johannes VII. vertrieben, starb aber schließlich
als Herrscher (1391). Die Lage war für Byzanz immer trost-
loser geworden. Nur die Peloponnes gewannen die Reichs-
truppen den Franken schrittweise wieder ab, aber an allen
anderen Fronten ging es gerade umgekehrt. Auch wurde immer deutlicher, daß von den Türken nur Zerstörung zu erwarten war. 1356 setzten sie sich erstmals auf dem europäischen Festland fest, 1357 nahmen sie Adrianopel, wohin
der Sultan bald darauf seine Residenz verlegte. Die Schlachten an der Marica 1371 und auf dem Amselfeld 1389 liefer-

ten ihnen Bulgarien und Serbien in die Hände. Mit dem Jahr
1390 reichte ihre Macht bis zur Donau, das Byzantinerreich
behauptete nur noch Konstantinopel, Thessalonike und auf
der Peloponnes das Despotat Mistra.

Johannes V. hatte vergeblich auf der Suche nach Beistand
ganz Italien bereist — um am Ende wie ein gemeiner Schuld-
ner in Venedig festgehalten zu werden. Immerhin fing unter
seinem jüngeren Sohn und Nachfolger Manuel II. (1391 bis
1425) das westliche Europa an, die drohende Gefahr zu begreifen, und entsandte eine starke Streitmacht auf den Balkan, die aber im Jahr 1396 von den Türken in der Schlacht
bei Nikopolis an der Donau vernichtet wurde.

Von 1394 an verhängten die Türken über Konstantinopel
eine mehrjährige Blockade, aber die Stunde des Untergangs
der Stadt war noch nicht gekommen. Die Türken wurden in
Kleinasien von dem Tataren Timur (Tamerlan) angegriffen,
und im Jahr 1402 wurde der Sultan bei Ankara völlig besiegt
und geriet selbst in Gefangenschaft. Hier hätte sich die einzigartige Gelegenheit ergeben, die Türken aus Europa zu vertreiben, aber das innerlich erschöpfte Byzantinerreich war dazu
nicht in der Lage, die serbischen Fürsten erwiesen sich als Verräter, und der Westen erklärte sich nicht zur Kooperation bereit. Nach dem Tod Timurs im Jahr 1405 hatten sich die
Türken wieder vollständig erholt. Indessen war auch Manuel, wie sein Vater, auf der Suche nach Bundesgenossen
persönlich nach dem Westen aufgebrochen und hatte sich
sogar längere Zeit in Paris und London aufgehalten — aber
ebenfalls vergeblich.

Manuels politischer Takt und seine Beliebtheit bei seinen Un-
tertanen und am Hof des türkischen Sultans bewahrten den
Rest des Reichs vor Schaden, solange er die Regierung führte.
Im Jahr 1420 übertrug er die Herrschaft seinem Sohn Jo-

hannes VIII. (1425—1448) als Mitkaiser und starb fünf
Jahre später. 1422 reizte Johannes' Ungeschick die Türken
zu einem Zug gegen Konstantinopel, aber eine Verschwörung
im Osmanenreich zwang den Sultan, die Belagerung aufzu-
heben. 1423 überantwortete der Despotes von Thessalonike
den Venezianern seine Stadt aus Furcht vor einem türkischen
Angriff; aber dieser Angriff erfolgte sieben Jahre später
trotzdem, und die Stadt fiel. Johannes VIII. reiste — getreu
der Tradition seines Vaters und Großvaters — nach Italien,
voll Hoffnung auf Hilfe. Auf dem Konzil von Florenz 1439
verpfändete er seine kaiserliche Autorität für die lateinisch-
griechische Kirchenunion, die jedoch von der überwältigenden
Mehrheit seines Volkes nicht anerkannt wurde. Als Gegenlei-
stung erschien nochmals eine abendländische Expeditionsar-
mee auf dem Balkan — um von den Türken 1444 bei Varna
vernichtet zu werden.

1448 starb Johannes VIII., und sein Bruder Konstantin XI.
folgte ihm auf dem Thron des zum Tod verurteilten Reichs.
Das Ende kam 1453. Nach einer siebenwöchigen hoffnungslosen, aber heroischen Verteidigung fiel die Stadt am 29. Mai
in die Hände der Ungläubigen. 1460 überrannten die Türken
auch die Peloponnes, ein Jahr später, 1461, löschten sie das
Kaiserreich der Komnenen in Trapezunt aus. Byzanz, das
Reich, das aus der Verschmelzung des kaiserlichen Rom und
des christlichen Griechenland entstanden war, gehörte einer
unwiederbringlichen Vergangenheit an.

Drittes Kapitel

DIE VERFASSUNG DES KAISERREICHES UND SEINE RECHTSSTAATLICHKEIT

Daß das byzantinische Kaiserreich elf Jahrhunderte überdauern konnte, verdankte es fast ausschließlich den hohen
Vorzügen seiner Staatsverfassung und seiner Verwaltungs-
ordnung. Wenige Staaten haben sich in ihrer Organisation so
sachgemäß an die jeweilige Zeit angepaßt und so sorgfältig
dagegen abgesichert, daß die Machtausübung in die Hände
Unberufener geriet. Diese Staatsorganisation war nicht etwa
das bewußte und überlegte Werk eines einzelnen Mannes
oder eines einzigen Augenblicks, sie war vielmehr in ihrer
Grundlage das Erbe der römischen Vergangenheit, das im
Lauf der Jahrhunderte immer wieder in Korrekturen und
Ergänzungen entsprechend den wechselnden politischen Zeit-
erfordernissen modifiziert wurde (1).

Das byzantinische Kaiserreich war eine unumschränkte Autokratie. Die Dyarchie, die Augustus mit dem Senat als seinem
Regierungspartner installiert hatte, behauptete sich nicht
lange. Ihre letzten Spuren verschwanden zwar erst gegen
Ende des neunten Jahrhunderts, aber nichtsdestoweniger
hatte der Kaiser seit den Tagen Diokletians faktisch allein
regiert. Der byzantinische Autokrator besaß die höchste
Autorität im Reich: Er konnte nach seinem Willen alle Mi-

nister ernennen und entlassen; ihm oblag die uneingeschränkte Verfügungsgewalt über die Staatsfinanzen; die Gesetzgebung lag allein in seinen Händen; er war der oberste Befehlshaber der gesamten Streitmacht des Reiches. Darüber hinaus
war er auch das Haupt der Kirche, der Hohepriester des Imperiums. Seine Politik und seine Launen prägten das Schicksal der Millionen Untertanen. Während der Frühzeit des römischen Reiches trug er den Titel »Imperator« oder »Augustus«. Der Name »Augustus« blieb als ein Kaiserprädikat bis
zum Untergang von Byzanz in Gebrauch, aber die Bezeichnung »Imperator«, die die Vorstellung vom militärischen
Oberbefehl unterstreicht, wurde allmählich — unter der Einwirkung orientalischer Auffassungen — vom Kaisertitel
»Autokrator« verdrängt, der den Absolutheitsanspruch des
Herrschers stärker impliziert. Seit Herakleios war für alle
byzantinischen Kaiser bis zum Ende des Reiches der gebräuch-
liche Titel »Basileus«, der alte griechische Königstitel, der in
jüngster Zeit im Sprachgebrauch des griechischen Volkes nur
für den König von Abessinien und für den großen Rivalen
des byzantinischen Kaisers und sein orientalisches Vorbild
als »Autokrator«, den sassanidischen König von Persien, angewandt wurde. Es ist bezeichnend, daß zum erstenmal der
Titel »Basileus« bei einem Kaiser im Jahr 629 auftaucht,
unmittelbar nach der endgültigen Besiegung der persischen
Sassaniden (2).
Obwohl es keine konstitutionelle Einschränkung seiner Macht
gab, waren der Autokratie des Kaisers trotzdem Grenzen gesetzt. Er erkannte stets seine Verpflichtung an, die elementaren Rechte des römischen Volkes zu achten (3); und tief im
Unterbewußtsein lebte noch die Vorstellung fort, daß die
höchste Staatsgewalt dem Volk gehörte und daß dieses seine
souveräne Macht nur an den Kaiser delegiert hatte. Justinian

konstatiert in der *Lex de imperio* ausdrücklich, daß das Volk
seine Souveränität auf den Kaiser übertragen habe (4). Es
ist unwahrscheinlich, daß dieses Souveränitätsrecht des Volkes in den späteren Jahrhunderten allgemein bekannt war,
aber trotzdem hielt sich die Vorstellung lebendig. Im Jahr 811
drohte der im Sterben liegende kinderlose Kaiser Staurakios,
hin- und hergerissen im Streit zwischen seiner Gattin und seiner Schwester um die Thronfolge, das Reich in die Gewalt des
Volkes zurückzugeben — zur Gründung einer christlichen
Demokratie —, aber sein Plan wurde als völlig undurchführbar verworfen (5). Dennoch lag es in der Macht des Volkes,
seinem elementaren Souveränitätsrecht Ausdruck zu verschaffen: Erstens erfolgte die Kaisererhebung durch Wahl;
zweitens gab es das, was Mommsen »das legale Recht zur
Revolution« genannt hat, ein Recht, dem der Patriarch Nikolaos Mystikos im zehnten Jahrhundert sich nicht scheute, Ausdruck zu verleihen (6).
Die Wähler des Kaisers waren der Senat, das Heer und das
Volk von Konstantinopel. Jeder byzantinische Kaiser mußte
durch diese drei politischen Körperschaften akklamiert werden und sich anschließend der Krönungszeremonie unterzie-
hen. Danach übte er die absolute Staatsgewalt aus, solange
seine Herrschaft die Zustimmung seiner Untertanen fand;
denn falls er sich in seiner Regierungsführung als untüchtig
erwies, stand es jeder der drei Wählergruppen offen, einen
neuen Kaiser auszurufen. In der Regel war es die Armee oder
eine Abteilung der Armee, die diese Funktion ausübte, wie in
den Fällen des Kaisers Phokas, des Syrers Leon III. und des
Armeniers Leon V. und vieler anderer Herrscher im Lauf
der byzantinischen Geschichte. Falls der durch das Militär
auf den Schild erhobene Kaiser den Senat und das Volk von
Konstantinopel zu seiner rechtlichen Anerkennung bewegen

konnte, war seine Thronusurpation offiziell legitimiert. Manchmal jedoch stürzte eine Palastverschwörung den regierenden Kaiser, und in diesem Fall bediente sich der Usurpator gewöhnlich der Intrige, um als Kandidat des Senats zu erscheinen, und ließ sich umgehend von den in Konstantinopel stationierten Truppen akklamieren, so im Fall von Nikephoros I. oder Michael I. Im Fall der Thronvakanz in Friedenszeiten installierte in der Regel die Proklamation des Senats den neuen Kaiser, aber der Senat agierte in solchen Situationen ausnahmslos als politisches Werkzeug irgendeines Feldherrn oder einer Machtclique, so zum Beispiel im Jahr 457, als der Senat auf das Geheiß General Aspars Leon I. als Kaiser berief (7). Gelegentlich jedoch nahm die Bevölkerung Konstantinopels die Staatsgeschicke in ihre eigenen Hände. Im Jahr 944 verhalf das tumultuarische Aufbegehren des Volkes Konstantin VII. zur Macht (8). Im Jahr 1042 war es das Volk, das Theodora aus ihrem Nonnenkloster herausholte, damit sie an der Seite ihrer Schwester Zoe regierte (9). Im Jahr 1185 stürzte die empörte Volksmenge den Gewaltherrscher Andronikos I. und inthronisierte an seiner Stelle Isaak II. Angelos (10).

Das Prinzip der byzantinischen Kaiserwahl kannte jedoch in der Praxis eine bedeutsame Modifikation. Es war ein wesentlicher Bestandteil der Souveränität des Kaisers, daß er Mitkaiser bestimmen konnte, weswegen niemals eine Vakanz an der Spitze des Reiches aufzutreten brauchte. Die drei Wählergruppen, der Senat und die Vertreter von Heer und Volk, mußten ihr formelles Einverständnis geben, und soweit bekannt ist, wurde die Zustimmung niemals verweigert. In der großen Mehrzahl gelangten die Kaiser in den Besitz der Herrscherrechte, weil sie bereits zu Lebzeiten ihrer Vorgänger gekrönt worden waren. Das Nachfolgeprinzip blieb des weitern auch dadurch gewahrt, daß im Fall der Vakanz des Thrones die Kaiserin das Zepter führen konnte. Es gab keine Begrenzung der Anzahl designierter Mitkaiser. Unter Romanos I. waren es fünf, unter Konstantin IV. forderte die Armee drei Kaiser, wobei sie mit bewundernswerter Pietät an die Nachahmung der dreieinigen Gottheit dachte (11). Aber nur ein Kaiser, der *Autokrator Basileus* (12), übte faktisch die Macht aus, während seine Mitkaiser zu seinen Lebzeiten nur stille Teilhaber an der Regierung waren. Nach dem Tod des Autokrators wurden automatisch dem nächstältesten Kaiser Krone und Amtsgewalt übertragen. So war es möglich, obwohl es keine gesetzliche Thronfolgeregelung gab, Dynastien zu etablieren, die so lange im Besitz des Purpurs blieben, als ihre Repräsentanten regierungsfähig waren — und sogar noch länger. Das Beispiel der Kaiserin Zoe verdeutlicht, wie stark ein dynastisches Legitimitäts- und Pietätsgefühl in dieser Form der Wahlmonarchie sich ausprägen und festigen konnte, auch dann noch, wenn das Objekt solcher Verehrung unwürdig war.

Nachdem ein Kaiser gewählt oder ein Mitkaiser designiert worden war, mußte die Krönung vollzogen werden (13). Diese verlieh seiner Autorität eine sakrale Weihe, so daß er die Funktionen seiner Stellvertreterschaft Gottes auf Erden wahrhaft erfüllen konnte. Das Herrschaftssymbol des Diadems und die religiöse Zeremonie des Krönungsaktes stammten aus Persien, dessen König vom obersten geistlichen Würdenträger, dem Hohepriester der Magier, mit den Herrschaftsinsignien gekrönt wurde. Als Diokletian den persischen Weiheakt übernahm, verzichtete er, da er bereits selbst Pontifex Maximus war, auf die Mitwirkung eines Priesters; diesem Beispiel Diokletians schlossen sich seine christlichen Nachfolger auf dem Thron an. Die Krönung des römischen Kaisers wurde statt dessen von einem bedeutenden Vertreter der Wählergruppen vorgenommen. Zum Beispiel wurden Valentinian I. die Kaiserinsignien vom Präfekten Roms verliehen. Allmählich gab man der Überzeugung statt, daß der Patriarch von Konstantinopel als Inhaber des höchsten Amtes unterhalb des Kaisers der geeignetste Repräsentant für den Vollzug der Krönung sei. Markian wurde wahrscheinlich und Leon I. mit Sicherheit vom Patriarchen gekrönt (14), und von da an wurde dies zur Regel. Die einzige Ausnahme bildete der letzte byzantinische Kaiser, Konstantin XI., aber seine Krönung war völlig außergewöhnlich, da sie in Mistra stattfand (15).

In der gesamten byzantinischen Ära vollzog der Patriarch den Krönungsakt als der prominenteste Bürger des Reiches, nicht in seiner Funktion als Oberpriester. In der Tat war Phokas der erste Kaiser, der in einer Kirche gekrönt wurde (16). Konsequenterweise wurde die Krönung eines Mitkaisers vom machtausübenden Autokrator vorgenommen, obwohl der Patriarch ihm dabei assistieren konnte, besonders, wenn der Hauptkaiser minderjährig war (17). Es konnte gelegentlich vorkommen, daß der Patriarch, bevor er dem Kaiser die Einwilligung gab, ihn zu krönen, von ihm die Zubilligung bestimmter Konzessionen forderte. In dieser Rolle fungierte der Oberpriester als offizieller Repräsentant des Volkswillens. Die einzige legitime Waffe des Patriarchen gegen den Kaiser war die Drohung der Exkommunikation, und sogar deren Legitimität wurde in Zweifel gezogen. Es gab jedoch Fälle, in denen von einem Kaiser vor seiner Krönung gewisse Versprechungen verlangt wurden. Anastasios I., dessen Orthodoxie in Zweifel gezogen wurde, mußte schriftlich garantieren, die bestehenden kirchlichen Bestimmungen des Konzils von Chalkedon aufrechtzuerhalten und keine Schi-

kanen gegen seine früheren Feinde zu veranlassen. Auch
spätere Kaiser, die im Ruf der Heterodoxie standen, wurden
genötigt, ähnliche offizielle Erklärungen abzugeben (18). Zur
Zeit der Palaiologen gab es einen regelrechten Krönungseid,
den die Kaiser schworen. Sie gelobten, die Dekrete des ökumenischen Konzils und die verschiedenen anerkannten religiösen Dogmen und Kirchenrechte zu befolgen, mit Gerechtigkeit und Güte zu herrschen und alles unter dem orthodoxen Anathema Stehende kraft ihrer kaiserlichen Autorität
mit dem Bann zu belegen (19). Nach dem fünften Jahrhundert wäre es für einen erklärten Häretiker unmöglich gewesen, zum Kaiser erhoben zu werden.

Seit dem siebten Jahrhundert fand der Akt der Krönung in
der Hagia Sophia statt; der Senat und die Vertreter der Armee und des Volkes nahmen als Zeugen teil, die den Neu-
gekrönten in der Kirche und draußen akklamierten.
Früher war das Hebdomon vor den Toren Konstantinopels
die Krönungsstätte gewesen. Die Zeremonie, von Konstantin VII. ausführlich beschrieben (20), erfuhr einige Ände-
rungen unter den Palaiologen, die das westliche Ritual der
Salbung einführten (21). Manchmal wurden zusätzliche Wei-
hehandlungen absolviert, um die Thronfolgerechte Minderjähriger sicherzustellen. So geschah es am Karfreitag im Jahr
776, dem Tag vor der Krönung Konstantins VI., daß die
Strategen der Themen, die Minister, Senatoren und das ganze
Heer der Kaiserresidenz sowie Vertreter aller hauptstädtischen Stände, besonders der Zünfte, in einem feierlichen Eid
verpflichtet wurden, dem designierten zehnjährigen Kaiser
die Untertanentreue zu wahren (22).
Man war überzeugt, daß die Krönungszeremonie dem Kaiser als dem irdischen Beauftragten des Allmächtigen die
Weihe eines Halbgottes verlieh. Der byzantinische Kaiser

hatte eine sehr hohe Meinung von seiner Funktion als Oberhaupt der christlichen Kirche. »Ich bin Kaiser und Priester«, schrieb Leon III. an den Papst, und er beanspruchte, der Stellvertreter zu sein, »dem Gott befohlen hat, seine Herde zu weiden, wie Petrus, dem Apostelfürsten«. Der Papst stimmte dem Führungsanspruch des Kaisers zu, solange dieser sich zur Orthodoxie bekannte (23). Zur Zeit Basileios' I. war es Brauch, dem Kaisersohn und Thronerben bald nach seiner Geburt, gleichsam als Symbol einer Priesterweihe, eine Tonsur zu schneiden (24). Justinian I. erwarb dem Kaiser das theologische Recht, dogmatische Lehrsätze zu verkünden. In leitender kirchlicher Funktion präsidierte er bereits in den ökumenischen Kirchenkonzilien, oder er ernannte einen Vorsitzenden als seinen Bevollmächtigten (25). Der Patriarch wurde in der Praxis vom Kaiser als Kandidat vorgeschlagen und ernannt. Sogar die Päpste wurden, solange das byzantinische Exarchat Ravenna existierte, nur gewählt, nachdem die Erlaubnis des kaiserlichen Vizekönigs in Italien eingeholt worden war (26). Sein theokratisches Amt führte den Kaiser zu der Auffassung, daß ihm das Reich von Gott gegeben sei. »Du empfingst die Krone von Gott aus meiner Hand«, sagte Basileios I. zu seinem Thronerben Leon VI. (27). Das hieß keineswegs, daß die *Lex de imperio* in Vergessenheit geraten wäre. Das Volk war noch unbestritten der Wähler des Monarchen und konnte nach wie vor die Staatsgewalt wieder an sich nehmen. Aber das Volk bildete die christliche Ökumene, und der Kaiser führte die Rechtmäßigkeit seiner Gewalt auf seine Würde als Repräsentant ebendieser christlichen Ökumene zurück und war durch seine Krönung zu ihrem Oberhirten bestellt. So konnte er einen begründeten Anspruch erheben, in einer direkten Beziehung zu Gott zu stehen, dem Ursprung aller irdischen Macht. Die Vorstellung

von der Theokratie des Kaisertums stand in Einklang mit
der mystischen Neigung des Zeitalters, und kein Reichsbe-
wohner würde sie jemals angefochten haben. In dieser ent-
rückten Position war es für den Kaiser eine Notwendigkeit,
ein hohes Prestige zu wahren. In seiner Gegenwart mußte
sich jeder Untertan in den Staub werfen, sogar die ausländischen Gesandten. Es konnte ihm zwar letzten Endes das
Geschick widerfahren, entthront zu werden, aber bis zu diesem Umsturz war eine Majestätsbeleidigung ein schweres
Sakrileg. Ein eindringlicher Beweis dafür ist der Fall jenes
unglücklichen Dienstmädchens, das aus einem höher gelegenen Fenster zufällig auf den Sarg der Kaiserin Eudoxia
spuckte, als sich der Leichenzug vom Palast zu ihrem Grabmahl bewegte, und daraufhin auf ebendiesem Grabmahl
hingerichtet wurde (412) (28). Um diese Ehrfurcht vor der
Person des Kaisers zu intensivieren, wurden die unzähligen
Formen des Hofzeremoniells entwickelt, das in der Beschreibung Konstantins VII. überliefert ist und das einen findigen
Kaiser wie Theophilos dazu animierte, die Vertreter von
Kunst und Wissenschaft zu Rate zu ziehen beim Entwurf
seines Thrones, der bis zur Decke auffahren konnte und von
singenden Vögeln und brüllenden Löwen aus Gold umgeben
war (29).
Das allmächtige Hofzeremoniell und die hohen Anforderungen seiner Regierungstätigkeit, denen der Kaiser als Lei-
ter der Kirche und des Staates genügen mußte, nahmen ihn
voll in Anspruch und verlangten von ihm eine gewissenhafte
und tatkräftige Bewältigung seiner Aufgaben. Ein Eunuch
galt als physisch disqualifiziert für das Amt des Kaisers, und
jeder Geblendete wurde als regierungsunfähig betrachtet, obwohl Isaak II. Angelos seinen Thron als Blinder wiedergewann. Ein minderjähriger Dynast konnte Alleinherrscher

werden, aber unter der Führung eines Regenten. Es mochte scheinen, daß die Aufgabe einer Regentschaft über die Kraft einer Frau ging, besonders da sie weder grundsätzlich die priesterlichen Funktionen noch praktisch die Führung des Heeres übernehmen konnte. Dennoch gab es keinen konstitutionellen Ausschließungsgrund, der eine Frau an der Ausübung der autokratischen Herrschergewalt hinderte. Die Stellung der Kaiserin, der Augusta (30), war nach modernen Auffassungen zumindest ungewöhnlich. Die zeremoniösen Repräsentationspflichten erforderten die Existenz eines weiblichen Pendants zum Kaiser (31), aber die Kaiserin war nicht notgedrungen des Kaisers Gemahlin. Ihre Krönung und Akklamation wurde in einem besonderen Zeremoniell vollzogen; wenn sie jedoch nicht an der Seite des Kaisers die Krone empfing, fand ihre Krönung im Palast, nicht aber in einer Kirche statt. Fast ausnahmslos wurde die Gattin des Kaisers bei ihrer Vermählung oder seiner Machtübernahme zur Kaiserin erhoben, aber die Anzahl der Kaiserinnen war unbegrenzt und konnte andere kaiserliche Verwandte einschließen. Pulcheria, die Schwester Theodosios' II., wurde in der Anfangszeit der Regierung ihres Bruders gekrönt. Theophilos und Leon VI. krönten ihre Töchter (32) und Alexios I. seine Mutter (33). Durch die Krönung bekam die Kaiserin Anteil an der Souveränität des Herrschers und übernahm sogar eine gewisse Verpflichtung in der Regierungsführung. Theodora nahm an Justinians Ratsversammlungen teil, wenn sie sich auch entschuldigte, daß sie in ihnen das Wort ergriff (34).

Falls nach dem Tod eines Kaisers keine Thronerben existierten, wurde das Imperium voll der Macht der Kaiserin übertragen, und sie konnte den Nachfolger nominieren. So ernannte Pulcheria den Kaiser Markian und Ariadne den Kaiser Anastasios I., und von dieser Kompetenz leiteten auch die

drei aufeinanderfolgenden Gatten Zoes ihre Kaiserrechte ab.
Die Souveränität der Kaiserin manifestierte sich auch im
Fall der Regentschaft. War der Hauptkaiser nicht regierungsfähig, aufgrund seines unmündigen Alters oder infolge
Krankheit, und gab es außer ihm keine anderen Mitkaiser,
dann übte mit großer Selbstverständlichkeit die Kaiserin die
volle Souveränität aus. Pulcheria übernahm die Herrschaft
für ihren jungen Bruder, und Sophia regierte für ihren gei-
steskranken Gemahl Justin II. bis zur Ernennung eines Cä-
sars (35). Während der ganzen Geschichte des byzantinischen
Reiches fiel die Regentschaft, zumindest für einen Übergangs-
zeitraum, wenn nicht für die gesamte Dauer der Minderjährigkeit des jungen Thronerben, der Kaiserinmutter zu, falls
eine solche existierte.

Was geschah aber, wenn die Kaiserin im Fall der Thronvakanz nicht den üblichen Weg wählte und keinen neuen Kaiser nominierte? Die Rechtslage blieb ungeklärt. Irene traf,
nachdem sie ihren Sohn abgesetzt und den Unglücklichen
hatte blenden lassen, die Entscheidung, künftig die Alleinherrschaft auszuüben. Darin lag eine gewisse Neuerung, und
man hielt es für das Beste, wenn man in rechtsgültigen Urkunden der kaiserlichen Kanzlei Irene als Kaiserin titulierte (36). Von der Verfassung her erhob sich keinerlei Widerstand, und sie wurde schließlich mehr ihrer schwachen
Gesundheit als ihres Geschlechts wegen gestürzt. Ihre Cousine
Theophano, die Gemahlin des Staurakios, beabsichtigte, nach
dem Tod ihres Mannes Alleinherrscherin zu werden, scheiterte aber mit ihren Plänen. Jedoch im Jahr 1042 finden wir
zwei Kaiserinnen, Zoe und Theodora, die gemeinsam die
höchste Gewalt innehaben, so daß die eine oberste Instanz
der Autokratie auf zwei gleichrangige Repräsentanten verteilt ist. Als aber Zoe ihren dritten Gemahl als Kaiser Kon-

stantin IX. berief, überließen ihm die beiden Schwestern automatisch den Herrscherthron. Nach dem Tod Konstantins übte Theodora noch einmal die volle Macht aus und ernannte auf ihrem Sterbebett einen Nachfolger. Diese Regierungen in Frauenhänden galten in Byzanz niemals als illegal.

Versagte die regierende Kaiserin oder die Kaiserin-Regentin in ihrer Amtsführung, so entledigte man sich ihrer in einer Palastrevolution. So wurde Irene gestürzt, als sie die Kontrolle über ihre Minister verloren hatte, und die Regentin Zoe Karbonopsina, als ihre Politik eine Katastrophe heraufbeschwor. Um einer Situation wie der letzten, einer Notlage des Staates während der Minderjährigkeit des Thronerben, vorzubeugen, bemühte man sich um eine sinnreiche Lösung des Problems. Einige Kaiser ernannten auf ihrem Sterbebett einen Regentschaftsrat. Theophilos berief zwei Hofbeamte zur gemeinsamen Führung der Regierungsgeschäfte neben Theodora, und Alexander nominierte sieben Ratsmitglieder unter dem Vorsitz des Patriarchen Nikolaos Mystikos (37).

Diese Regentschaftsräte erwiesen sich als unzulänglich. Seit dem zehnten Jahrhundert setzte sich im Fall der Minderjährigkeit eines Dynasten das häufig praktiziertes Vorgehen durch, daß mächtige Feldherren oder Admirale als Kaiserregenten den Thron besetzten in voller Autokratie und im Genuß absoluten Vorrangs, jedoch unter Wahrung der Thronfolgeansprüche des legitimen Kaisers. In der Regel legitimierte der Usurpator seine Herrschaft wenigstens teilweise durch eine Heirat mit Mitgliedern der Kaiserfamilie. Romanos I. Lakapenos, der Schöpfer des ersten Modellfalls, vermählte seine Tochter mit dem purpurgeborenen Kaiser, ein Beispiel, das Johannes VI. Kantakuzenos nachahmte. Nikephoros II. Phokas und Romanos IV. Diogenes heirate-

ten jeweils die Witwe ihres Vorgängers, mit deren Hilfe sie
sich den Thron sicherten. Johannes I. Tzimiskes wollte den
gleichen Weg beschreiten, aber die byzantinische Kirche pro-
testierte — denn die Dame war Theophano, seine Komplizin
beim Mord an ihrem Gemahl und Kaiser Nikephoros Phokas —, so daß Johannes statt dessen sich mit der Tante des
kleinen Erbkaisers vermählte. Diese Usurpationen wurden
in Byzanz anerkannt, aber nichtsdestoweniger als zeitlich
begrenzte Lösungen betrachtet. Als die Lakapenoi und die
Kantakuzenoi versuchten, ihre eigenen Dynastien zu etablieren, machte die Mißbilligung der Öffentlichkeit ihre Pläne
zunichte, denn nach der Überzeugung der Byzantiner hatte
der legitime Kaiser — der Porphyrogennetos, d. h. der im
Purpurzimmer, dem Entbindungsraum der Kaiserinnen, geborene Erbe — ein Recht auf die Thronfolge, das nicht über-
gangen werden durfte. Die konstitutionellen Rechte des Senats, des Heeres und des Volkes beim Akt der Kaiserwahl
gingen nicht völlig verloren; das Militär bewahrte sich natürlich einen weitgehenden direkten Einfluß, Senat und Volk
dagegen hatte aus der Vergangenheit nur unbestimmte und
theoretische Rechte überkommen, die in früheren Jahrhunderten schon einmal klareren Ausdruck gefunden hatten.
Die Bevölkerung Konstantinopels hatte sich, zu einem uns unbekannten Zeitpunkt, in vier Parteien oder Demen (dē-
moi) (38) organisiert, die sich die Blauen, Grünen, Weißen
und Roten nannten, wobei die letzten beiden allmählich in
den ersten zwei Gruppen aufgingen. Diese Demen können
wohl am besten als kommunale Selbstverwaltungskörper-
schaften definiert werden, die sich wiederum in zivile und
militärische Körperschaften gliederten. Die zivile Organisation, die *politikoi* genannt, stand unter der Führung eines
dēmarchos, die militärische Behörde, als *peratikoi* bezeichnet,

wurde von einem *dēmokratēs* geleitet. Die *politikoi* kümmerten sich wahrscheinlich um bürgerliche Aufgaben, wie die Pflege der öffentlichen Gärten oder Aufbau der Feuerwehr; die *peratikoi* waren aller Wahrscheinlichkeit nach eine Art Stadtmiliz. Der Zirkus von Konstantinopel geriet irgendwann in die Hand der Demen, und alle Zirkusveranstaltungen liefen damals in einen Wettstreit der Blauen und Grünen aus, die beide gewaltige Zirkusorganisationen manipulierten, während die ganze Bevölkerung der zirkusbesessenen Hauptstadt sich in die beiden Parteien spaltete. Die Demen entwickelten sich als Körperschaften, durch die sich das Eigenleben der Stadt zum Ausdruck brachte, gegen Ende des fünften Jahrhunderts zu äußerst mächtigen Organisationen, und im Lauf des sechsten Jahrhunderts bedrohten sie immer wieder den Staat. Zum Glück herrschte aber Eifersucht zwischen Blauen und Grünen, die sie oft in entgegengesetzte Lager trieb: So setzten sich zum Beispiel die Grünen für den Monophysitismus ein, in Opposition zu der Orthodoxie der Blauen. Diese Rivalitäten ermöglichten es dem Kaiser — der bestrebt sein mußte, selbständige Körperschaften außerhalb seiner Verfügungsgewalt zu unterdrücken —, eine Partei gegen die andere auszuspielen. Aber gelegentlich verbanden sich die beiden Demen zu gemeinsamer Aktion gegen die Zentralregierung. Zusammen mit der Armee setzten sie im Jahr 518 die Akklamation Justins I. zum Kaiser durch. Im Jahr 532 vereinigte sie der Widerstand gegen Justinians I. hohe allgemeine und kommunale Steuern in dem Nika-Aufstand. Justin II., von der Gunst der Aristokratie abhängig, versuchte die Demen politisch zu knebeln, aber Tiberios I. hielt es für weiser, sie zu unterstützen und sie gegen die Aristokratie auszuspielen. Maurikios verursachte seinen Sturz großenteils dadurch, daß er das Mißfallen und den Zorn der Demen erregte, als er versuchte, den Peratikern militärische Dienstleistungen aufzuzwingen, die über ihre Milizverpflichtungen hinausgingen. Die starke Stellung der Demen in jener Zeit zeigt sich in der Art, wie Justinian im Hippodrom, ihrem Versammlungsort, offiziell mit ihnen verhandeln und sich ihre Meinungen anhören mußte. Im Verlauf des siebten Jahrhunderts war die Macht der Demen im Schwinden begriffen, und nach der Regierungsübernahme der syrischen Dynastie zu Anfang des 8. Jahrhunderts wurden sie zu rein formalen Organisationen degradiert, die man als dekorative Repräsentanten des Volkes bei feierlichen Anlässen heranzuziehen pflegte. Die *dēmarchoi* der Blauen und der Grünen erscheinen nun nur noch als Inhaber von Sinekuren in der höfischen Beamtenhierarchie. Die *peratikoi* dagegen wurden zum Kern der Palastgarden und der Stadtmiliz, aus denen die kaiserlichen Truppen im Gegensatz zu den Provinzarmeen formiert wurden. Mit dem Verfall der Demen verlor das Volk von Konstantinopel das letzte verfassungsmäßige Mittel, seinem Willen Ausdruck zu geben; von nun an konnte es diesen Willen nur noch durch Unruhe und Empörung äußern.

Der Senat dagegen ist nie ganz von der politischen Bühne verschwunden, obwohl auch er seinen Höhepunkt im sechsten und siebten Jahrhundert erreicht hatte (39). Der Senat von Konstantinopel war niemals mit dem alten römischen Senat zu vergleichen. Obwohl ihm im Jahr 359 alle Privilegien des römischen Senats — also auch das Recht der Wahl und Bestätigung des neuen Kaisers — zugestanden wurden, unterschied er sich doch durch seine Struktur und das Fehlen aller Tradition immer von seinem großen Vorbild. Schon sein Name klang weniger ehrwürdig; denn er wurde auf griechisch nicht mit *gerusia* übersetzt, sondern mit *synklētos*, was

einfach »Versammlung« heißt. Die *synklētos* von Konstantinopel setzte sich aus allen gegenwärtigen und ehemaligen
kaiserlichen Beamten und Standespersonen von einem bestimmten hohen Rang an aufwärts sowie aus deren Nachfahren zusammen. So bildete der Senat eine aufgeblähte Korpo-
ration ohne eigenes Profil, die alles umfaßte, was im Reich
durch Prominenz, Reichtum oder verantwortliche Position
zur Gesellschaft gehörte.

Die tatsächlichen Machtbefugnisse des Senats waren nicht
klar definiert. Die Mitglieder der senatorischen Gesellschafts-
schichten genossen gewisse Rechte und Privilegien, die in der
alten römischen Gesetzgebung verankert und in ihrer Mehrzahl im *Corpus iuris* Justinians nochmals bestätigt waren. In
dem Bemühen, das gesellschaftliche Ansehen ihres Standes
auf seiner Höhe zu erhalten, hatte man ihnen verboten,
Schauspielerinnen zu heiraten, bis Justinian I., mit der ehemaligen Komödiantin Theodora verlobt, seinen Onkel Justin I. veranlaßte, diese Verfügung außer Kraft zu setzen.
Die wirkliche Macht des Senats lag aber darin, daß er seinem
Status nach eine halb-konstitutionelle Körperschaft darstellte,
die die politischen Zielvorstellungen der wohlhabenderen
und einflußreicheren Elemente im Staat zum Ausdruck brachte. In dieser Eigenschaft trat der Senat, besonders in Zeiten
schwacher Kaisergewalt, offenbar als gewichtigste Autorität
im Reich auf. Am Ende des sechsten und während des siebten
Jahrhunderts war sein Einfluß besonders stark. Justin II.
war nur ein Werkzeug in den Händen der senatorischen
Machtpolitik. Herakleios, der als Prätendent des Senats auf
den Thron kam, behandelte ihn mit großer Ehrerbietung. Als
er in den Krieg gegen Persien auszog, ließ er seinen zehnjährigen Sohn als Regenten zurück, unter der Vormundschaft
des Patriarchen und eines Senators, der allerdings auch *ma-*

Erzengel Gabriel. Serbische Ikone, um 1380.
Kloster Chilandári, Athos, Griechenland.

gister officiorum war (40). Ja, man schickte sogar im Jahr
614 eine kaiserliche Gesandtschaft nach Persien im Namen
des Senats, da man annahm, dieser wirkte gewichtiger als der
Name des Kaisers (41). Im Jahr 641 dankte Konstans II. bei
seinem Regierungsantritt dem Senat ausdrücklich für seine
aktive Unterstützung gegen die Kaiserin Martina und bat
ihn auch um künftige Zusammenarbeit (42). Aber mit dem
Ende des siebten Jahrhunderts kam der Niedergang. Der tyrannische Despotismus Justinians II. war großenteils gegen
die senatorischen Aristokraten gerichtet, und obwohl der Sieg
Leons des Syrers (717) den Triumph des Adels bedeutete,
duldete Leon III. selbst als Kaiser niemals eine Einmischung
in seine Regierungsführung von seiten des Senats. Dessen
Vorrechte verfielen nach und nach, bis sie zuletzt von Leon
VI. aufgehoben wurden, der damit aber nur die tatsächlichen
Verhältnisse legalisierte (43). Der Senat lebte kümmerlich
weiter als ein Gremium, das der Kaiser in wichtigen Staatsangelegenheiten als angesehenen Zeugen hinzuziehen konnte.
So ließ Theodora im Jahr 856, als sie von der Regentschaft
für ihren Sohn zurücktrat, den Senat zusammenrufen und
sich Menge und Wert des angehäuften Staatsschatzes bezeugen, und Basileios I. ließ elf Jahre später bei seiner Regierungsübernahme wieder die Schatzkammer in Anwesenheit
des Senats öffnen, zur offiziellen Bestätigung, daß diese leer
sei (44). Bis zum Untergang des Reiches war der Senat praktisch bei jedem bedeutsamen politischen Anlaß in Konstantinopel zugegen, wie beispielsweise bei der Unterredung Romanos' I. mit dem Zaren Symeon von Bulgarien (45). Alexios I. konsultierte den Senat zeitweilig in Fragen der Politik (46). Seine formelle Zustimmung war notwendig zur
Krönungszeremonie. »In den Senatorenstand eintreten« war
eine in Byzanz übliche Redewendung, die die Volljährigkeit

eines jungen Aristokraten immer noch mit diesem wichtigen Statussymbol verband (47). Aber seine ehemals große politische Bedeutung hat der Senat niemals mehr erlangt. Die neue Aristokratie des elften Jahrhunderts war überwiegend ein Militäradel, der es vorzog, mit Hilfe der Armee Politik zu treiben.

Es gab aber eine Schranke für die konstitutionelle Autorität des Kaisers, die sich als weit mächtiger und dauerhafter erwies als der Senat und die Demen — nämlich das Recht (48). Der Kaiser war zwar die Quelle allen Rechts, jedoch blieb paradoxerweise das Recht etwas, das über ihm stand. Weil ihn keine menschliche Autorität zur Rechenschaft ziehen konnte, wurde Justinian von Papst Agapetus dringend aufgefordert, um so sorgfältiger die Gesetze zu achten (49). Der Syrer Leon erklärte, es sei des Kaisers oberste Pflicht, die Glaubensdinge der Heiligen Schrift, die Dekrete der Kirchensynoden und das römische Recht aufrechtzuerhalten, und Basileios I. erkannte die Souveränität des Rechts sogar mit noch nachdrücklicheren Worten an (50).

Angesichts der hohen Verehrung, die das Recht bei den Byzantinern genoß, ergab sich für sie die wesentliche Aufgabe, es sorgfältig und klar zu kodifizieren. Eine Ära der Rechtskodifikation hatte unter Diokletian begonnen, als um das Jahr 300 zwei römische Juristen, Gregorianus und Hermogenianus, fortlaufende Kompilationen der Gesetzgebung des letzten Jahrhunderts veranstalteten. Etwa ein Jahrhundert später ließ sich Theodosios II. auf das gewaltige Unterfangen einer allgemeinen Kodifikation der gesamten römischen Rechtsüberlieferung ein, aber in Wirklichkeit gedieh er über die Sammlung einer Reihe von kaiserlichen Verordnungen nicht hinaus, womit er nur eine vergleichsweise schmale Rechtsgrundlage schuf. Schließlich entschloß sich Justinian, gereizt durch die Wiederholungen und Widersprüche, die Unverständlichkeiten und die Verstaubtheit eines Großteils der bestehenden Gesetze, den gesamten Komplex der Rechtsüberlieferung neu zu ordnen. Mit sachkundiger Unterstützung seines Quaestors, des Juristen Tribonian, ernannte er zehn Mitglieder einer juristischen Kommission mit der Aufgabe, so rasch wie möglich einen Kodex zu verfassen, der die gesamte geltende Rechtsprechung enthalten sollte. Dieser *Codex Iustinianus* wurde im Jahr 529 veröffentlicht. Für die Inangriffnahme seines nächsten Werkes bestellte Justinian eine neue Kommission von 16 Kompilatoren. Sie sollten aus den zweitausend Schriften der klassischen römischen Juristen alle Passus, die für die Gegenwart noch von Relevanz und Nutzen sein konnten, systematisch geordnet zusammenstellen, um so für alle Zeiten die Rechtsmeinungen der anerkanntesten Autoritäten über die legalen Grundlagen des römischen Staats zu sichern. Diese umfangreiche Gesetzessammlung, bekannt unter dem Titel *Digesten,* wurde im Jahr 533 publiziert, und ihre Autorität als letzte Instanz in allen Fragen der Jurisdiktion blieb unbestritten. Im gleichen Jahr wurden die *Institutiones,* ein Leitfaden für das juristische Studium, herausgegeben, der in Auswahl die wichtigsten Teile der beiden Hauptwerke zusammenfaßte. Im Jahr 534 erschien eine neue und vervollständigte Ausgabe des *Codex Iustinianus.* Damit war aber Justinians legislatorische Tätigkeit noch längst nicht erschöpft. Vom Jahr 534 an bis zum Ende seiner Regierungszeit publizierte er eine lange Folge von ergänzenden Verordnungen zum bestehenden Recht, die sogenannten *Novellae.* Mit dem Ende seiner Herrschaft hatte das römische Recht eine vollständige Revision und Orientierung nach dem neuesten Stand erfahren.

Das Recht, das Justinian verkündete, war in seinen Grundzügen römisches Recht. Auch seine Ergänzungen und Neufassungen verrieten eher römischen als christlichen Geist. Gegen den heftigen Einspruch der Kirche wurden die Ehescheidung und die Sklaverei beibehalten. Als seine Leitmotive bei der Gesetzgebung bezeichnete Justinian »Humanität, gesunden Menschenverstand und öffentlichen Nutzen«, wobei seine »Humanität« im wesentlichen auf praktischer Menschlichkeit basierte. Er beseitigte die *noxae deditio,* aufgrund deren Kinder als Schadenersatz für Unrecht, das sie irgend jemandem zugefügt hatten, von ihren Eltern in die Sklaverei verkauft werden konnten. In seiner Begründung beruft sich Justinian darauf, daß »nach dem Gerechtigkeitsempfinden der modernen Gesellschaft Strafmaßnahmen von dieser Härte abgelehnt werden müssen«. Er förderte im besonderen die Rechte der Frauen, wie beispielsweise das Recht einer Ehefrau auf eigenen Besitz entsprechend der Höhe ihrer Mitgift, und das Recht einer Witwe, die Vormundschaft über ihre Kinder zu übernehmen; aber diese Neuerungen, die Verbesserungen der alten römischen Gesetzgebung darstellten, wurden mehr im Sinn der Kaiserin Theodora als im Sinn des Apostels Paulus eingeführt. Bemerkenswert ist die Hochachtung, in der die Byzantiner vor der sakrosankten Geltung des römischen Rechts verharrten, so daß sie, obwohl sie sich fanatischer Frömmigkeit hingaben, noch für lange Zeit keine ernsthafte Beeinflussung der römischen Gesetze durch die Ansprüche der christlichen Kirche duldeten.

Seinem Gesetzeswerk verschaffte der Kaiser den nötigen Rückhalt durch die Reformierung der Rechtsakademien, von denen viele geschlossen wurden. Es setzte sich die Überzeugung durch, daß die Regierung nur durch eine Konzentration der juristischen Lehrstühle auf die Universitäten von Konstantinopel, Berytos (Beirut) und Alexandreia sicher sein konnte, das hohe Niveau des Rechtsstands aufrechtzuerhalten. Die arabischen Eroberungen einige Jahrzehnte später hatten jedoch zur Folge, daß das Rechtsstudium im byzantinischen Reich praktisch auf die Hauptstadt allein beschränkt war.

Nach genauem Plan hatte Justinian seine Rechtsreformen so umfassend und durchgreifend angelegt, daß sie keiner weiteren Kommentare mehr bedürfen sollten. Sein Verbot ergänzender und korrigierender Gesetztätigkeit wurde jedoch mißachtet, und während des folgenden Jahrhunderts sind anscheinend mehrere Rechtsbücher geschrieben worden. Dessen ungeachtet blieb Justinians *Corpus iuris civilis* bis zur Herrschaftszeit des Syrers Leon uneingeschränkt in Kraft. Leon III. war ein gottesfürchtiger Christ. Im Bereich der Theologie führte ihn seine tiefe Frömmigkeit in die ikonoklastische Häresie hinein; im Bereich des Rechtswesens dagegen veranlaßte sie ihn dazu, das gesamte Gesetzwerk zu humanisieren. Während der Stürme des siebten Jahrhunderts war die Jurisprudenz stark abgesunken, und ein neues Gesetzbuch erwies sich als sinnvoll. Im Jahr 726 publizierte Leon seine *Ekloge*, die nach seinen Worten dazu bestimmt war, das römische Recht durch Grundsätze christlicher Moral zu revidieren.

Im Strafrecht setzten sich christliche Auffassungen in der allgemeinen Einschränkung der Todesstrafe durch, an deren Stelle immerhin die Verstümmelung trat. Im Privatrecht kam Christliches besonders im Eherecht zur Geltung. Nur die christliche Eheschließung fand vor dem Gesetz Anerkennung, die Ehescheidungsgründe wurden — obwohl nicht völlig abgeschafft, wie die Kirche verlangt hatte — so doch auf vier reduziert (51), und die blutschänderischen Verwandtschaftsgrade wurden von vier auf sechs erweitert: Auch Vettern und

Cousinen zweiten Grades traf das Heiratsverbot. Die *Ekloge*
brachte auch weitere Verbesserungen im Rechtsstatus der
Frauen und der Kinder. Die Ehefrau hatte nun einen gleich-
wertigen Anteil an der ehelichen Gütergemeinschaft und in der
Vormundschaft über ihre Kinder, während die Kinder von
den Verfügungen der *Patria potestas* noch weiter befreit
wurden. Der Kirche wurde das Vormundschaftsrecht für
Waisenkinder zugesprochen.

Etwa zur gleichen Zeit erschienen drei inoffizielle Handbücher, die zusätzliche Bereiche der Rechts- und Gerichtspraxis
erfaßten: das Militärgesetz (*nomos stratiōtikos*), das Seege-
setz von Rhodos (*nomos Rhodiōn nautikos*) und das Bauerngesetz (*nomos geōrgikos*), die die Gebräuche und Bedürfnisse
dieser Zeit widerspiegelten.

Die nächste große Ära schöpferischer Gesetzgebungstätigkeit
setzte nach der Thronbesteigung des Makedoniers Basileios I.
ein. Um alles, was die verhaßten Kaiser der syrischen Dynastie geleistet hatten, außer Kraft zu setzen und gleichzeitig
den Einfluß der Kirche zu schwächen, plante Basileios eine
Rückwendung zum Justinianischen Recht. Zu Beginn seiner
Herrschaft veröffentlichte er ein für den praktischen Gebrauch bestimmtes Handbuch, das *Procheiron*, das die *Ekloge*
Leons III. bis zur Ausarbeitung eines neuen, umfassenden
Codex durch Basileios' Gesetzgebungskommissare ersetzen
sollte. Kurze Zeit später hatte Basileios in einer erneuten
Rechtsrevision ein zweites Handbuch, seine *Epanagoge*, zusammengestellt, die seine geplante, doch niemals vollendete
große Gesetzsammlung einleiten sollte. Es blieb seinem Sohn
Leon VI. vorbehalten, in den *Basilika*, einer Sammlung des
bürgerlichen, öffentlichen und kanonischen Rechts, das gesamte revidierte und verbesserte Gesetzwerk zu veröffent-
lichen, das von nun an das maßgebliche legislatorische Werk

der Kaiserrechte bis zum Fall des Reiches blieb, obwohl Leon
seine *Basilika* noch durch mehrere *Novellae* ergänzte.

Die Gesetzgebung der Makedonier war eine bewußte Rückkehr vom Justinianischen Recht, aber in Wirklichkeit blieb
vieles vom geschmähten legislatorischen Werk der syrischen
Kaiser erhalten. Das Strafrecht ging noch weiter in der ver-
gleichsweisen Milde der Bestrafungsarten. Im Zivilrecht behielten praktisch die familienrechtlichen Verordnungen der
Ekloge ihre Gültigkeit, obwohl die alten Rechte des Ehe-
manns und Vaters teilweise restituiert wurden. Der Kirche
gegenüber verhielt sich Basileios weniger entgegenkommend.
Das Recht der Obhut und Vormundschaft über Waisenkinder wurde ihr entzogen, und — was ihr Trauma bildete —
die Ehescheidung wurde erleichtert.

Nach den *Basilika* wurde kein neuer Gesetzeskodex mehr
publiziert. Bei den Aufgaben der Rechtsprechung standen
den Juristen der folgenden Jahrhunderte nur eine Reihe von
Abrissen der bestehenden Gesetzeswerke zur Verfügung, be-
ginnend mit der ausführlichen und interessanten *Ekloga le-
gum* vom Jahr 920 und gipfelnd in dem unsystematisch und
schlecht kompilierten *Hexabiblion* des Harmenopulos (etwa
gegen 1345). Die legislatorische Tätigkeit der Kaiser beschränkte sich auf isolierte Konstitutionen, die sich in den
meisten Fällen gegen die Großgrundbesitzer richteten, und
auf Erlasse, die gegen die Kirche oder zu ihren Gunsten entschieden. Schließlich begann die Kirche sich selbst als legislatorische Autorität des kanonischen Rechts geltend zu machen. Während der Regierungszeit Leons VI. siegte die
Kirche in der Frage der wiederholten Eheschließungen über
den Kaiser (52). Konstantin VII. billigte der Kirche das
Recht auf ein Drittel des Besitzes kinderloser Hinterlassen-
schaften ohne testamentarische Verfügung zu. Die Versuche

Nikephoros' II., in einem Gesetz Schenkungen an die Kirche zu untersagen, scheiterten. Unter den Komnenen gewann die Kirche die Befugnis, in verstärktem Maß Fälle von Rechtsverletzung in ihren eigenen Gerichtshöfen zu untersuchen, wie überhaupt die Tendenz zu erweiterter geistlicher Jurisdiktion zunahm. Als Konsequenz ergab sich eine Intensivierung des Studiums des kanonischen Rechts. Als Sammlung der Kirchensatzungen existierte bereits das *Syntagma,* eine dem Patriarchen Photios zugeschriebene Kompilation; aber das große kanonische Gesetzeswerk war die um 1175 publizierte *Exegesis canonum* Balsamons, des Patriarchen von Antiocheia, unter Manuel I. Diese Schrift erlangte — ähnlich wie die *Basilika* — im Osten maßgebliche Geltung, die sie auch heute noch in der griechisch-orthodoxen Kirche beansprucht; auch ihr folgten in späterer Zeit eine Reihe von Kompendien, von denen aber keines größere Bedeutung erlangte, mit Ausnahme des im Jahr 1335 entstandenen *Syntagma canonum* des Mönchs Matthäus Blastares (53).

Kenntnis der Gesetze galt in Byzanz als eine wesentliche Qualifikation jedes kaiserlichen Beamten. Aber die Möglichkeiten zu ihrer Aneignung existierten nicht immer. Wie lange die von Justinian inspirierten Rechtsakademien weiterbestanden, wissen wir nicht; es läßt sich auch nicht feststellen, wie weit das juristische Studium an der Universität vertreten war, die der Caesar Bardas im neunten Jahrhundert in Konstantinopel errichtet hatte. Im elften Jahrhundert, als das akademische Studium in Byzanz seine höchste Blüte erlebte, erschien dem Kaiser Konstantin IX. Monomachos das Niveau der Rechtswissenschaft so gering, daß er im Jahr 1045 eine speziell juristische Hochschule in Konstantinopel gründete, die eine ausgezeichnete juristische Bildung vermittelte und wahrscheinlich bis zum Januar 1204 bestand. Welche Möglichkeiten für das Studium der Rechte unter den Palaiologen bestanden, ist dagegen nicht bekannt.

Das römisch-byzantinische Recht war etwas, das sich mit der Zeit wandelte. Seine grundlegenden Konzeptionen und seine späteren Korrekturen stießen bei den Bürgern des Imperiums ebensooft auf Unkenntnis wie auf Mißverständnisse, aber dennoch behauptete sich das römisch-byzantinische Recht immer als ein Eckpfeiler des Kaiserreiches, als die eine mächtige Autorität, der selbst der Kaiser sich beugen mußte. Die Gerichtshöfe hatten sogar Vorrang vor dem Kaiserhof: Der Senator, der mit Kaiser Justin II. dinierte, anstatt sich in einem Prozeß vor dem Richter zu verantworten, wurde für sein absichtliches Fernbleiben vom Gericht ausgepeitscht (54). Im vierzehnten Jahrhundert, als der alte Kaiser Andronikos II. seinen Enkel als Empörer vor seinen Thron zitierte, gewann der junge Andronikos III. die Sympathie aller Anwesenden, weil er, Einspruch erhebend, darauf bestand, nur von der Autorität gerichtet zu werden, die jenseits der Macht des alten Kaisers lag — nämlich vom Recht (55).

Die Reichsverfassung, identisch mit der Person des Kaisers, der von Senat, Armee und Volk von Konstantinopel gewählt wurde, um Statthalter Gottes auf Erden zu sein, gleichzeitig aber nach römischem Recht zu regieren —, war wohl in vielem unlogisch und unvollkommen, aber sie hatte den einen überragenden und entscheidenden Vorzug: Sie funktionierte. Ihre Leistungsfähigkeit wird am markantesten durch eine Tatsache veranschaulicht: Während im Abendland unzählige Autoren hervortraten, um die schwierigen Probleme von Kirche und Staat, von Kaiser, König und Papst und ihren Wechselbeziehungen zu untersuchen, hat Byzanz jahrhundertelang nicht einen einzigen Staatstheoretiker hervorgebracht; das byzantinische Herrschaftssystem funktionierte in der politischen Realität zu gut, um theoretischer Diskussionen über die Grundlagen seiner Staatsordnung zu bedürfen. Erst in den letzten Jahren, am Vorabend des Untergangs, erschienen Theoretiker mit Idealvorstellungen über die Weltverbesserung. So planten die Zeloten von Thessalonike einen Stadtstaat zu gründen, der, so scheint es, die theokratischen Ideale des Athos mit dem Merkantilismus der italienischen Seerepubliken verbinden sollte. Und Gemistos Plethon träumte von der Errichtung eines neuen Staates in der Peloponnes und von dessen Lenkung durch den Platonismus und die Glorie des alten Hellas.

VIERTES KAPITEL

DIE VERWALTUNG

DER KAISER war von seinen Pflichten voll in Anspruch genommen. Fast täglich mußte er irgendeiner Zeremonie beiwohnen, einem kirchlichen Fest, dem Empfang eines Gesandten, der Investitur eines Ministers, oder er mußte dem Hippodrom einen Besuch mit Pomp und Gepränge abstatten. Dazwischen hatte er Besprechungen mit Sekretären und Beamten und präsidierte den Sitzungen der Räte (1). Gewöhnlich zog er auch an der Spitze seiner Armee ins Feld; Konstantin V. und Nikephoros II. zum Beispiel pflegten jeden Sommer an irgendeiner der Grenzen Krieg zu führen. Tatsächlich gab es kaum einen Kaiser, der nicht wenigstens versuchte, sich dem Volk auch als Soldat zu präsentieren. Zeit für private Zerstreuungen blieb ihm kaum. Wer wie Michael II. seinem Vergnügen lebte, verlor bald die Kontrolle über die Administration und wurde gestürzt. Leon VI. und sein Sohn Konstantin VII., beide keine Soldaten, brachten es fertig, während ihrer Regierungszeit mehrere Bücher zu schreiben, wenn sich auch heute nicht mehr feststellen läßt, wieviel davon auf das Konto ihrer Sekretäre geht. Der Kaiser hatte kaum die Möglichkeit, Konstantinopel zu verlassen. Zwar empfiehlt Kekaumenos in seinem im 11. Jahrhundert für einen Kaiser verfaßten Handbuch, der Herrscher solle seine

Provinzen auf Reisen inspizieren (2); tatsächlich fehlte ihm dazu jedoch die Zeit.

Abgesehen davon wäre es unklug gewesen, Konstantinopel, das Schaltzentrum der Macht für das gesamte Imperium, zu verlassen, es sei denn an der Spitze einer Armee. Kekaumenos erwähnt an anderer Stelle, daß stets derjenige Kaiser den Bürgerkrieg gewinne, der Konstantinopel hält (3).

In praktischen Fragen assistierte dem Kaiser bei wichtigen Entscheidungen ein kleiner Kreis von Räten, eine Art inoffizieller Unterausschuß des Senats. Gelegentlich sehen wir ihn in Aktion treten, wie zum Beispiel bei jener berühmten Zusammenkunft während des Nika-Aufstands, als Theodoras Rede Justinian den Thron rettete (4), oder im Jahr 812, als Michael Rhangabe die Frage erörtern ließ, ob er als Antwort auf Bulgariens Angriff auf Mesembria den Bulgaren den Krieg erklären solle. Die Sprecher dieses Rats scheinen sämtlich Kleriker gewesen zu sein: der Patriarch, die Metropoliten von Nikaia und Kyzikos und der Abt vom Studioskloster (5).

Der Kaiser war in allen Bereichen oberste Instanz. Nach ihm kamen in streng abgestuftem Rangsystem alle Würdenträger und Beamten des Reichs. Es gab Titel, wenn auch keine erblichen, die ihrem Träger, wie heute in England, Privilegien einräumten, ohne ihm Pflichten aufzuerlegen, während umgekehrt jedes hohe Staatsamt mit einer gewissen Rangstufe verbunden war. Einige dieser Ehrentitel waren offiziell käuflich und sicherten ihrem Inhaber ein bestimmtes Gehalt, das heißt, er besaß eine Art Staatspapiere. Die Würden und Ämter änderten sich während der Jahrhunderte, die das Imperium bestand, und wir besitzen nur drei vollständige Berichte darüber: einen aus dem 5. Jahrhundert (die *Notitia Dignitatum*), einen aus dem frühen 10. (das *Kleterologion* des Philotheos) und einen aus dem 14. Jahrhundert (das fälschlich Kodinos zugeschriebene *De officiis*). Aus diesen und einigen weniger genauen Darstellungen in anderen Quellen läßt sich eine ungefähre Vorstellung von der kaiserlichen Administration gewinnen, ohne daß wir freilich die verschiedenen Wechsel und Entwicklungen im Detail nachzeichnen könnten. Überall herrschte jedenfalls die Tendenz, daß offizielle Ämter im Zuge der Bürokratisierung zu Ehrenposten wurden: in gleichem Maß, wie die Zahl der Titel zunahm, sank ihr Rang, und an der Spitze entstanden neue Titel.

Die Mitglieder der kaiserlichen Familie bekleideten kein Amt im eigentlichen Sinn, vielmehr blieb ihre Macht auf ihren inoffiziellen Einfluß beschränkt — ein Einfluß, vor dessen Gefahren Kekaumenos seinen kaiserlichen Auftraggeber warnte (6). Selten erhielten sie einen Posten in der Verwaltung, außer in der Armee, wurden aber gewöhnlich durch hohe Titel entschädigt. Fast ausnahmslos noch zu Lebzeiten seines Vorgängers empfing der gesetzliche Erbe die Kaiserkrone, obwohl Diokletian für ihn ursprünglich nur den Titel eines Caesar vorgesehen hatte. Mit der Zeit jedoch verbanden sich mit diesem Titel keine genauen Vorstellungen mehr, der Caesar wurde gekrönt, trug aber eine Krone ohne Kreuz und stand in der Rangordnung unter dem Patriarchen (7). Für hohe Prinzen von Geblüt, Regenten oder sogar den präsumptiven Thronerben war dies eine angemessene Stellung. Tiberios trug während seiner Regentschaft für den wahnsinnigen Justin II. den Titel »Caesar« (8), Herakleios und Konstantin V. bestimmten ihre zweiten und dritten Söhne für diesen Rang – wahrscheinlich in der Absicht, ihnen eine friedliche Thronfolge zu sichern, sollte ihr kränklicher älterer Bruder sterben (9) –, und Theophilos machte seinen

Schwiegersohn Alexios Musele zum Caesar; er hatte zu jener
Zeit keinen Sohn und wollte ganz offensichtlich Alexios als
Erben einsetzen. Doch Alexios' Gemahlin Maria starb, und er
selbst zog sich in ein Kloster zurück. Daraufhin krönte Theophilos seine zweite Tochter Thekla zur Kaiserin, damit deren
zukünftiger Gatte Thronanwärter werden konnte, doch die
Geburt seines Sohnes Michael änderte die Lage (10). Michael
erhob seinen Onkel Bardas, der die Regentschaft führte, zum
Caesar; Romanos Lakapenos betrachtete den Caesaren-Rang
als eine Vorstufe zum Thron, Nikephoros Phokas belehnte
seinen alten Vater damit (11). Unter Alexios I. fiel der Titel
in der Rangliste einen Platz zurück, und der neugeschaffene
des »Sebastokrator« erhielt den Vorrang. Unter den Palaiologen rückte »Despot« (12) als höchster Prinzen-Titel an die
Spitze, wenn auch gewöhnlich mit territorialer Bedeutung,
während »Caesar« erst an dritter Stelle folgte. Die anderen,
bis zu den Tagen der Komnenen den kaiserlichen Verwandten
vorbehaltenen Titel waren »Nobilissimos« und »Kuropa-
lates«. Letzterer wurde von Leon VI. als erblicher Titel an
den König von Iberia vergeben und im 11. Jahrhundert
sogar nicht-königlichen Anwärtern zugänglich (13). Alexios I. führte neue Titel ein, die unter dem Caesar rangier-
ten: den Sebastos, den Protosebastos und den Panhyperse-
bastos (14), während ehrgeizige Schwiegerväter des Kaisers
in den Rang eines Basileopator erhoben werden konnten (15). Die Inhaber dieser Titel und ihre Gemahlinnen
durften an der kaiserlichen Tafel speisen ebenso wie die Zoste
Patrikia, die erste Hofdame, die im allgemeinen ebenfalls ein
Mitglied der kaiserlichen Familie gewesen zu sein scheint (16).
Der Zuname Porphyrogennetos für die Kinder der Kaiserin
war offensichtlich mit keinem offiziellen Rang verbunden, dafür mit um so mehr Ansehen.

Der höchste allgemein zugängliche Titel (17) blieb durch
Jahrhunderte der eines Patrikios (Patricius), von Konstantin
dem Großen einst für eine zahlenmäßig eng begrenzte Klasse
geschaffen. Allmählich wuchs die Zahl der Patrikioi, und
einige erhielten Vorrang als Patrikioi Anthypatoi; im 10.
Jahrhundert kam als nächsthöhere Stufe der Magister dazu.
Aber auch die Magistri wurden zu zahlreich, und Nikephoros II.
erfand als nächste Rangstufe den Proedros (18). Unterhalb der
Patrikioi gab es im 10. Jahrhundert noch elf andere Titel, die
aber zur Zeit der Palaiologen zum großen Teil schon wieder
verschwunden waren. Dafür erschienen die zahlreichen Titel
jetzt in Form früherer Ämternamen. Von fast allen wird gesagt, sie hätten früher eine Funktion bezeichnet, nun aber
nicht mehr (19). Eunuchen wurden mit eigens für sie reser-
vierten Titeln dekoriert oder genossen, bei gleichlautenden
Titelnamen, Vorrang vor dem gewöhnlichen Träger. So rangierte etwa der Eunuchos Patrikios vor dem normalen Patrikios (20). Im 10. Jahrhundert existierten acht Titel für
Eunuchen, alle mit ihren speziellen Insignien: Der Spatharios
zum Beispiel hatte ein Schwert mit goldenem Griff, der Patrikios ein Schreibtäfelchen mit Elfenbeinschrift, der Magister eine weiße, goldbestickte Tunika (21).
Die Rangordnung wurde dadurch kompliziert, daß sowohl
Ämter als auch Titel eine Rangstufe bezeichneten. Im 4.
Jahrhundert war das Reich in vier riesige Präfekturen unterteilt worden, jede von einem Praetorianerpräfekten regiert.
Diese fungierten als höchste Mitglieder der Regierung, genossen vizekönigliche Machtbefugnisse mit voller administra-
tiver, finanzieller und richterlicher Autorität, in weniger
wichtigen Angelegenheiten verkörperten sie sogar die Legislative. Sie ernannten und entließen — vorbehaltlich der
Zustimmung durch den Kaiser — die Provinzgouverneure

und kontrollierten die Verwaltung der Diözesen und Provinzen, in die sich die Präfekturen unterteilten. Die Prokonsuln der Provinzen Afrika und Asien wurden allerdings direkt vom Kaiser überwacht, der auch direkten Kontakt mit den Vikaren oder Gouverneuren der Diözese aufnehmen konnte. Nicht den Präfekten unterstand die Armee, wenn auch die Offiziere vor den Präfekten das Knie beugen mußten (22). Die Hauptstädte Rom und Konstantinopel unterstanden je einem Stadtpräfekten — einem ohne Einschränkung zivilen Amt —, der in der Hierarchie gleich hinter den Praetorianerpräfekten rangierte und für die Aufrechterhaltung von Polizeikontrolle und Ordnung in der Stadt sowie für die Verteilung von Brot an die Armen verantwortlich war. Am Hof selbst umgaben die Person des Kaisers der oberste Justizminister, der Quaestor des Heiligen Palastes und die beiden obersten Finanzminister, der *Comes sacrarum largitionum*, der Staatseinnahmen und -ausgaben verwaltete, und der *Comes rerum privatarum*, der, wie sein Name sagt, die riesigen persönlichen Besitztümer des Kaisers beaufsichtigte. Der oberste Minister bei Hof war der *Magister officiorum*, das Haupt der gesamten Staatsverwaltung, Direktor der Staatspost, Chef des Geheimdienstes, kaiserlicher Zeremonienmeister und, als zuständiger Minister für den Empfang von Gesandten, Außenminister des Kaiserreichs. Der Kaiser hatte außerdem eine Reihe von Sekretären um sich, die *Magistri scriniorum*, Staatsminister, die der *Magister officiorum* mit Kanzlisten aus seinen zahlreichen Schreibstuben unterstützte. Eunuchen scheint man bis zu jener Zeit nur als Diener für die Person des Kaisers verwandt zu haben. Es ist geschätzt worden, daß im 5. Jahrhundert der gesamte Staatsapparat in Illyricum und im Osten (das heißt, dem von Konstantinopel aus regierten Kaiserreich) 10 000 Beamte umfaßte. Die Armee wurde getrennt verwaltet von den *Magistri militum,* von denen unter Theodosios I. im gesamten Ostreich fünf amtierten.

Dieses Verwaltungssystem der Frühzeit blieb nicht sehr lange intakt. Invasionen der Barbaren ließen im 5. Jahrhundert das Imperium zusammenschmelzen, während reiche Provinzen verarmten und arme zu blühen begannen. Justinian unternahm den Versuch, den Apparat angesichts einer weitgehend korrumpierten Verwaltung zu reorganisieren. Während des 5. Jahrhunderts hatte sich das System der sogenannten *Suffragia* in den Provinzen eingebürgert: Der Provinzgouverneur kaufte seinen Posten mit Geldern, die zum Teil in die Kassen des Kaisers, zum Teil in die des Praetorianerpräfekten wanderten, und hielt sich während seiner Amtszeit äußerst gewinnbringend an den lokalen Steuergeldern schadlos. Justinian schaffte auf Drängen Theodoras den Ämterkauf ab und setzte den Gouverneuren Gehälter aus, mit denen sie ihren Lebensunterhalt bestreiten mußten. Ein altes Gesetz erhielt neue Gültigkeit, wonach sie fünfzig Tage nach Beendigung der Amtszeit in ihrer Provinz verbleiben und sich gegen Beschuldigungen verteidigen mußten, außerdem wurden sie von einem lokal gewählten Beamten, dem *Defensor civitatis,* kontrolliert, der auch kleinere Vergehen juristisch untersuchte.

In den Jahren 536/537 folgte die Neueinteilung der Provinzen, wobei ein seltsames System arme mit reichen Provinzen koppelte, damit die reichen für die armen aufkommen konnten. So befanden sich etwa Karien, die Kykladen und Zypern im Verband mit den oft verwüsteten Distrikten Moesia Inferior und Skythien. Justinian vermied jede Uniformität. Die Gouverneure von Pontos und Kappadokien zum Beispiel erhielten besondere disziplinarische Befugnisse, im ersten Fall wegen der zahlreichen Räuberbanden, die die Provinz heimsuchten, im zweiten wegen der riesigen kaiserlichen Ländereien. Auf der anderen Seite wurden lokale Gesetze, etwa die der Armenier, unterdrückt — teilweise vielleicht deshalb, weil dem armenischen Gesetz zufolge der älteste Sohn den gesamten väterlichen Besitz erbte, während der Kaiser darauf bedacht war, die großen Landbesitze zu zerschlagen.

Justinian folgte Diokletians Grundsatz, die Leute an den Beruf ihres Vaters zu binden, besonders in der Landwirtschaft (23). Er ernannte sogar einen eigenen Beamten, den Quaesitor oder Quaestor, der darüber zu wachen hatte, daß kein Provinzbewohner seinen Fuß in die Hauptstadt Konstantinopel setzte, es sei denn aus geschäftlichen Gründen, und daß die Müßiggänger der Stadt in den staatlichen Bäckereien oder Fabriken arbeiteten (24).

Aufsehenerregender, aber weniger bedeutsam war die Abschaffung des Konsulats durch Justinian. Seit den frühen Tagen des Imperiums wurden jährlich zwei Konsuln ernannt, mit denen das alte republikanische System wenigstens dem Namen nach fortleben sollte; aber der hohe Rang war ein Ehrenamt und kostete seine Inhaber ein Vermögen. Das Jahr wurde zwar noch nach den Konsuln benannt, aber alles, was sie zu tun hatten, war, Almosen zu verteilen und Spiele und Schaustücke zu finanzieren. Ein Konsul mußte im Lauf seines Amtsjahres etwa 1 Million Mark auf den Tisch legen; da keine Privatperson soviel Geld aufbringen konnte, mußte jedesmal fast unweigerlich die kaiserliche Schatzkasse einspringen. Justinian versuchte zunächst, die Almosenverteilung für freiwillig zu erklären, aber niemand besaß die Kühnheit, nicht freigebig zu sein; so wurden nach 542 keine Konsuln mehr ernannt (25). Einige Jahrzehnte lang rechnete man die Jahreszahlen vom letzten Konsulat ab, dann führte

Justinian ein neues, wahrscheinlich von den Vandalen übernommenes Datierungssystem ein, das vom Regierungsantritt
des Kaisers ab rechnete und vom Jahr der *indictio* ab, dem
von Diokletian zum Zweck der Steuerfestsetzung eingeführ-
ten Fünfzehn-Jahreszyklus. Die Datierung nach der *indictio*
wurde von da an für die ganze Reichsgeschichte üblich, später
setzte man jedoch anstatt des Regierungsjahrs des Kaisers
oder zusätzlich dazu den *Annus mundi* (5508 v. Chr. ist die
Welt geschaffen worden) ein (26).

Die Unruhen, die das Imperium im späten 6. und im 7. Jahrhundert erschütterten, machten eine neue Organisation notwendig. Bereits Justinian hatte mit dem Gedanken gespielt,
die Provinzgouverneure zu militarisieren. Bei der Wiedereroberung Afrikas setzte er dort einen Mann ein, der die
Aufgaben eines *Magister militum* und eines Präfekten in seiner Person vereinigte. Italien unterstellte er einem Vizekönig,
dem sogenannten Exarchen, der ebenfalls bald zu einem Militärbeamten mit zivilen Befugnissen wurde. Solche Ernen-
nungen waren zunächst jedoch nur in Provinzen üblich, wo
Kriege oder Invasionen drohten. Die persischen und arabischen Kriege des 7. Jahrhunderts zeigten dann, daß praktisch
alle Provinzen bedroht waren; selbst Kleinasien, das Herz
des Imperiums, mußte in ständiger Verteidigungsbereitschaft
gehalten werden. Es wurde zur Gewohnheit, bestimmte Regimenter oder *themata* in bestimmten Distrikten fest zu stationieren, und der General der Streitkräfte erhielt zivile
Machtbefugnisse über die dort ansässigen Bewohner. Allmählich liefen die Distrikte insgesamt unter der Bezeichnung
themata, »Themen«, und jedes »Thema« trug den Namen
seines Regiments (27). So waren am Ende des 7. Jahrhunderts große Gebiete Kleinasiens als Thema Bukellarion, Thema Anatolikon, Thema Opsikion, Thema Thrakesion usw.

bekannt, nach den Regimentern der Bucellarii, der Anatoliken, des Opsikion (Obsequium) und der Thrakesier. Leon
der Syrer baute das System aus, indem er die asiatischen Themen weiter unterteilte und die Themenverfassung auch auf
Europa übertrug. Diese späteren Themen, die nicht mehr auf
Regimenter zurückgingen, erhielten geographische Namen —
wenn auch die historische Entwicklung die Geographie gelegentlich zu Irrtümern verleitete: So schrumpfte das Thema
Makedonien infolge bulgarischer Invasionen auf den Distrikt
rund um Adrianopel zusammen, während die im eigentlichen
Makedonien etwas später geschaffenen Themen die Namen
Thessalonike und Strymon erhielten; ebenso trug Kalabrien
im 10. Jahrhundert die Bezeichnung »Sizilianisches Thema«,
da es vor der Eroberung Siziliens durch die Araber zu diesem Distrikt gehört hatte. Als die Feldzüge des 9. und 10.
Jahrhunderts dem Imperium neue Provinzen einbrachten,
wurden weitere den neuen Verhältnissen angepaßte Themen
geschaffen.

Wir wissen aus Philotheos' Beschreibung der kaiserlichen Organisation sowie aus zwei arabischen Themenlisten jener Zeit,
daß gegen Ende des 9. Jahrhunderts fünfundzwanzig Themen existierten, die sich in zwei Gruppen, die östlichen und
die westlichen, gliederten. Zu den östlichen gehörten alle
asiatischen Themen einschließlich Thrakiens und »Makedoniens«, aber ohne die sogenannten maritimen Themen, nämlich die *themata* der Kibyraioten und Samos an der ägäischen Küste; die westlichen umfaßten die übrigen europäischen Themen einschließlich der maritimen, Cherson (die
Krim), Dalmatien und »Sizilien«. Die Generale oder *stratēgoi* der ersten Gruppe bezogen ein festes Gehalt von der
Zentralregierung und genossen höheres Ansehen als die der
zweiten Gruppe, die aus den lokalen Steuern bezahlt wurden.

Eine Sonderstellung nahm der *stratēgos* der Krim ein (28). An der Spitze der *stratēgoi* stand der des Themas Anatolikon, der sich auf seinem Posten als Abkömmling des *Magister militum* des Ostens fühlen durfte. Stets erfreute er sich besonderer Privilegien, und während des 8. und frühen 9. Jahrhunderts galt sein Amt als das höchste militärische Amt überhaupt.

Ein Thema gliederte sich in zwei bis drei *turmai*, diese wiederum in drei *moirai* oder *drungoi*. Der *stratēgos* beschäftigte in seinen Kanzleien elf verschiedene Klassen von Beamten für die zivile und militärische Verwaltung seines Distrikts. In allen lokalen Belangen besaß er fast uneingeschränkte Macht, doch der Kaiser konnte ihn nach Belieben ernennen oder degradieren, und Beschwerden konnten gegen ihn eingereicht werden, während der rangniederere *chartularios*, der zuständige Beamte für die Besoldung der Beamten und Soldaten, und der ebenfalls unter dem *stratēgos* rangierende Steuereinzieher des Themas ihre Anweisung direkt von der Zentralregierung empfingen. Darüberhinaus wurden alle Rechtssachen von einiger Wichtigkeit in der Hauptstadt verhandelt. Zusätzliche *stratēgoi*, sogenannte *stratēgoi ek prosōpōn*, konnten in Notfällen an jeden beliebigen Ort entsandt werden (29).

Obwohl die Provinzen einer Militärregierung unterstanden, behielt die Zentralregierung ihren zivilen Charakter. Die höchsten Militärbeamten, die *domestikoi* und die Stratarchen, hatten keinen Sitz in der Verwaltung; hier arbeiteten zwei andere große Gruppen von Beamten, die *kritai* und die *sekretikoi* (30). Der *Magister officiorum* war verschwunden, nur der leere titel »Magister« zeugte noch von seiner einstigen Größe. Der wichtigste Beamte aus der Gruppe der *kritai* war der Präfekt der Hauptstadt, der sogenannte Eparch (31).

Sein Amt war so alt wie Konstantinopel selbst und hatte immer zu den angesehensten Posten im Staat gehört — im übrigen einer der wenigen, der nicht von Eunuchen bekleidet werden konnte. Der Präfekt rangierte in der Stadtverwaltung an oberster Stelle, unmittelbar nach dem Kaiser, und wurde gewöhnlich bei dessen Abwesenheit als Regent der Stadt eingesetzt. Ihm oblag die Aufrechterhaltung von Gesetz und Ordnung. Seine Kanzlei bestand aus zwei Abteilungen, der des *symponos*, der die Zünfte kontrollierte und die zahlreichen Handelsbestimmungen sowie die bürgerlichen Pflichten der Einwohner überwachte, und der des Logotheten des Praetoriums, der das Gerichtswesen und die Gefängnisse unter sich hatte. Beiden stand ein umfangreicher und vielfach gegliederter Beamtenapparat zur Verfügung. Dem Präfekten assistierte der Quaestor (32), der Züge des altrömischen Quaestorenamts mit solchen des justinianischen verband. Teils gehörte er der Legislative an und arbeitete neue Gesetze aus, teils amtierte er als Vorsitzender eines Berufungsgerichts gegen Magistrat und Adel, teils fungierte er als öffentlicher Treuhänder, versiegelte, öffnete und überwachte die Erfüllung von Testamenten und beaufsichtigte die ordnungsgemäße Verwaltung des Eigentums von Minderjährigen. Aufgrund seiner Eigenschaft als Treuhänder fielen auch alle Fälle von Fälschungen unter seine Gerichtsbarkeit; außerdem hatte er darauf zu achten, daß arbeitsfähige Beschäftigungslose Arbeit fanden und daß niemand ohne triftigen Grund die Hauptstadt besuchte. Bei der Ausführung seiner vielseitigen Pflichten unterstützte ihn ein ausgedehnter Apparat von Untergebenen. Der dritte führende *kritēs*, der als *epi tōn deēseōn* bekannte Beamte, befaßte sich mit Bittgesuchen an den Kaiser; ihm unterstand eine Kanzlei, aber kein Gerichtshof (33).

Die *sekretikoi* waren in der Hauptsache Finanzbeamte (34). Neben den beiden wichtigsten Abteilungen, der Staatskasse und der kaiserlichen Privatkasse, hatten sich im Lauf der Zeit neue Schatzämter gebildet. Im 6. Jahrhundert gab es sieben Schatzkammern: den Fiskus, das heißt die frühere Kasse der *sacrae largitiones* oder Staatskasse, die Kassen der beiden Praetorianerpräfekten und des Quaestors von Moesien und Syrien sowie drei kaiserliche Privatkassen. Während der nächsten Jahrhunderte verzweigten sich die Finanzdepartements weiter, und neue Kanzleien entstanden zu ihrer Kontrolle, alle unter der Oberaufsicht des sogenannten *sakellarios*, der das Amt des früheren Comes der kaiserlichen Domänen innehatte und wahrscheinlich von Leon dem Syrer eingesetzt worden war. Unter ihm arbeiteten die vier Logotheten: *tōn dromōn*, *tōn genikōn* (der zentrale Steuereinzieher), *tōn agelōn* (Verwalter der kaiserlichen Domänen) und *tōn stratiōtikōn* (Zahlmeister der Truppen), daneben die zahlreichen Steuereinnehmer der Provinzen (*epoptai*), die für die staatlichen Fabriken zuständigen Beamten (*epi tōn eidikōn*), die Aufseher für die Minen (Comes der Lamia), für die Aquaedukte (Comes des Wassers), die Zollbeamten (*kommerkiarioi*) sowie die sämtlichen *kuratorioi*, die die kaiserliche Privatschatulle und die Armenkasse verwalteten, schließlich die kaiserlichen Sekretäre, die *prōtoasekretai*. Das wichtigste dieser Ämter war das des *logothetēs tu dromu*, der zugleich als Postminister, Minister des Auswärtigen und Verbindungsmann zwischen anderen Ministern und dem Kaiser, mit dem er täglich zusammenkam, amtierte. Gelegentlich hieß er nur Logothet, erhielt aber im späten 11. und während des 12. Jahrhunderts den Namen Großlogothet und wurde Großkanzler des Reiches. Unter den Komnenen trat der Großlogariast (*Megas logariastēs*) an die Stelle des *sakellarios*.

Ämter in der Umgebung des Kaisers und der Kaiserin und im Bereich des Hofes waren Eunuchen vorbehalten (35), ein Brauch, der unter Diokletian aufgekommen war und sich seitdem weiter entwickelt hatte. Jeder Palast stand unter seinem Papias; dem Papias des Großen Palasts assistierte ein Deuteras, der die Aufsicht über die Zeremoniengewänder und die Möbel des Hofs führte. Nirgends wird uns allerdings genauer gesagt, wieviel Bedienstete der unteren Ränge die Hofhaltung beschäftigte und was ihre Aufgaben waren. Kaiser und Kaiserin hatten jeder ihre Tafelmeister und ihre Gewandmeister. Als Haupt aller Eunuchen galt der Hohe Kammerherr, der *parakoimomenos*, der im späten 9. und während des 10. Jahrhunderts höchster Minister des Kaiserreichs war. Samonas unter Leon VI., Theophanes unter Romanos I. und Basileios während nahezu der ganzen zweiten Hälfte des 10. Jahrhunderts hatten praktisch die Stellung von Großwesiren. Allerdings war der Posten nicht immer besetzt; unter Michael III. bekleidete — einmalig in seiner Geschichte — nicht ein Eunuch das Amt, sondern Basileios der Makedonier (36). Es liegt auf der Hand, welche Vorteile die Gewohnheit mit sich brachte, hohe Vertrauensposten mit Eunuchen zu besetzen: Sie besaßen keine Nachkommen, für die sie hätten intrigieren können, und ein ungeschriebenes, aber stets eingehaltenes Gesetz schloß sie von der Kaiserwürde aus. Es sollte sich auch erweisen, daß die Beschäftigung von Eunuchen, wie sie besonders für das Imperium in seinem Zenith während des 10. Jahrhunderts charakteristisch war, zu einer höchst wirksamen Waffe im Kampf gegen feudale Dezentralisation wurde.

Es gab bestimmte Ämter, die sogenannten *axiai eidikai*, die wir nicht genau klassifizieren können. Als wichtigstes wäre der »Rektor« zu nennen, dessen Pflichten wir überhaupt nicht kennen, und der *synkellos*, ein kaiserlicher Beamter, der als Verbindungsoffizier zwischen dem Kaiser und dem Patriarchen fungierte und offensichtlich Fälle von Häresie untersuchte (37) (Häresie galt als Vergehen gegen den Staat); gewöhnlich wurde er Nachfolger des Patriarchen. Für Rom und die östlichen Patriarchate gab es wohl ebenfalls einen solchen *synkellos*, und Konstantin VIII. ernannte einen für den armenischen Katholikos, nämlich seinen Neffen und designierten Nachfolger (38). Die übrigen zu den *axiai eidikai* gehörenden Beamten waren Adjutanten und persönliche Sekretäre des Kaisers, von denen einer, der *prōtostratōr*, in späteren Zeiten zu einer hohen Position aufstieg. Dieses zentrale Verwaltungssystem erfuhr praktisch keine Veränderungen, bis ihm die Eroberung Konstantinopels durch die Kreuzfahrer im Jahr 1204 ein unsanftes Ende bereitete. Die Verwaltung der Provinzen mußte den Umständen entsprechend flexibler sein und sich dem wechselnden Grenzverlauf anpassen. An der Ostgrenze standen mehrere kleinere Distrikte unter Kriegsrecht, sogenannte Kleisuren, in denen die großen Militärs der Grenzstreifen, wie etwa Digenis Akritas, eine fast unumschränkte Herrschaft führten. Mit dem Zurückweichen der Grenze wurden die Kleisuren zu Themen, und ihre *stratēgoi* mußten der kaiserlichen Hierarchie eingegliedert werden (39). Antiocheia wurde nach seiner Eroberung einem speziellen Militärgouverneur unterstellt, dem Dux oder Dukas. Unruhige Provinzen wie das langobardische Thema mußten reorganisiert werden: Um das Jahr 975 erhielt der *stratēgos* von Langobardia das neugeschaffene Amt eines Katepan und vizekönigliche Befugnisse über das Thema Kalabrien und die italienischen Vasallenstaaten (40). Der gleiche Titel wurde einige Jahre später dem Gouverneur des neueroberten armenischen Themas

Vaspurkan verliehen (41). Als Basileios II. Bulgarien eroberte, gründete er dort die beiden Themen Bulgarien und
Paristrion und unterstellte ersteres einem *pronoētēs*. In
Übereinstimmung mit den von Konstantin Porphyrogennetos angewandten Richtlinien durften die Bulgaren allerdings
ihr Gerichts- und Steuerwesen weiterpraktizieren (42). Auf
der Halbinsel Griechenland machten Slaven und Albaner
der Verwaltung der Themen Hellas und Peloponnes besonders zu schaffen. Erst unter Irene war endlich eine wirksame
Kontrolle des Peloponnes erreicht, aber noch im 10. Jahrhundert gab es dort Stämme, die zwar einen jährlichen Tribut
entrichteten, sonst aber von den kaiserlichen Beamten unbe-
helligt blieben. Als unter Romanos I. der Tribut erhöht werden sollte, revoltierten sie solange, bis man sich mit der ursprünglichen Summe zufrieden gab. Wann sie schließlich ab-
sorbiert wurden, ist nicht mit Sicherheit festzustellen (43).
Die Eroberungszüge der Seldschuken ließen das Reich zusam-
menschrumpfen, so daß unter den Komnenen eine Neugliede-
derung der Themen nötig wurde. Man verkleinerte die Distrikte, und die Gouverneure erhielten die Bezeichnung
dukes, möglicherweise mit eingeschränkten Befugnissen.
1204 brachte die Eroberung Konstantinopels die gesamte
Verwaltungsmaschinerie zu Fall. Über das Regierungssystem
der Kaiser von Nikaia wissen wir nur sehr wenig. Sie versuchten, in Nikaia eine zentrale Verwaltung nach dem Vorbild der byzantinischen zu errichten, waren aber zu arm und
zu sparsam, um sie in ähnlich großzügigem Maßstab aufzie-
hen zu können. Der Frage nach Provinzregierungen waren
sie ohnehin enthoben, jedes Provinzzentrum hatte jetzt den
Rang einer politischen Hauptstadt. Als die nikäischen Kaiser
nach Europa vordrangen, scheinen die eroberten Territorien
einer Art Militärokkupation unterstanden zu haben. Die

Rückkehr nach Konstantinopel bedeutete zugleich auch eine gewisse Rückkehr zu einstiger Größe. Kodinos' *De officiis* enthält eine Liste aller Funktionäre mit ihren Pflichten und Insignien um die Mitte des 14. Jahrhunderts, ist wahrscheinlich bis zu einem gewissen Grad aber nur ein Wunschbild. Die Staatskasse der Palaiologen leerte sich mehr und mehr, und zahlreiche Ämter scheinen unbesetzt gewesen zu sein. Daneben war von vielen ehemaligen Posten nur der leere Titel übriggeblieben: Der Präfekt, der Quaestor und nicht wenige Logotheten werden zusammen mit solchen genannt, die keine Ressorts hatten. Auch einige unbekannte Ämterbezeichnungen tauchen auf, die im wesentlichen, wie der Großtzausios, Posten in der Umgebung des Kaisers gewesen zu sein scheinen. An der Spitze der Administration stand der Großlogothet, ihm assistierten der Großdomestikos, der Armeeminister, und der Großdrungarios, der Führer der Flotte (44). In der Praxis besaß offenbar auch der Patriarch ministeriellen Einfluß, jedenfalls betrachtete unter Andronikos II. der Patriarch Athanasios das Finanzwesen als seine Domäne und unternahm sogar den Versuch, das Amt des Stadtpräfekten für seine Person neu zu beleben (45).

Tatsächlich umfaßte das Reich der Palaiologen nicht mehr Territorium, als von den Hauptstädten Konstantinopel und Thessalonike aus regiert werden konnte, dazu kam die Morea, d. h. die Peloponnes. Die Bezeichnung »Thema« war weiterhin gebräuchlich, und zwar für den Distrikt um Thessalonike, bis von der Mitte des 14. Jahrhunderts an sowohl Thessalonike wie die Morea unter die Herrschaft von Despoten kamen, meist jüngeren Mitgliedern der kaiserlichen Familie. Diese besaßen offensichtlich absolute Machtbefugnisse in ihren Provinzen, hatten aber wohl dem Kaiser den Untertaneneid zu schwören, dessen diplomatische Agenten sie im Ausland vertraten. Ein Despot von Thessalonike war es auch, der seine Provinz an Venedig auslieferte, während das Despotat Morea trotz der ständigen Umsturzversuche durch den einheimischen Adel, der sich die schlechten Gewohnheiten des Feudalismus von den Franken angeeignet hatte, das Kaiserreich überlebte, und Mistra, Residenz der Despoten, am Ende über die intellektuellen Reize einer echten Kapitale gebot (46).

Seine weitverzweigte Bürokratie kostete das Imperium hohe Summen, und die zusätzlichen Ausgaben für ein stehendes Heer und diplomatische Missionen konnten nur mit Hilfe hoher Einkünfte aufgebracht werden. Leider besitzen wir keine Anhaltspunkte, die es uns erlauben würden, die Höhe der kaiserlichen Einkünfte in irgendeiner Epoche der Reichsgeschichte zu schätzen. Vermutungen bewegen sich zwischen Größenordnungen wie 105 bis 120 Millionen Goldfranken unter Justinian und 640 Millionen Goldfranken im 10. Jahrhundert (47). Der erste Betrag ist zweifellos weitaus zu niedrig angesetzt. Benjamin von Tudela berichtet, daß Manuel Komnenos ein jährliches Einkommen von 106 Millionen Goldfranken allein aus Konstantinopel bezog (48), ohne Zweifel eine Übertreibung, aber die Berechnungen der meisten westlichen Zeitgenossen sind noch höher. Nur soviel läßt sich sagen, daß Anastasios, ein sparsamer Finanzmann, während siebenundzwanzig Regierungsjahren immerhin Rücklagen in Höhe von 355 600 000 Goldfranken für den Staatsschatz anhäufen konnte, daß die kaiserliche Regentin Theodora 140 Millionen Goldfranken in die Schatzkassen fließen ließ und daß Basileios II. nach einer kostspieligen Regierung — obwohl er die Kosten der Hofhaltung niedrig hielt — 250 Millionen Franken gespart hatte (49).

Die ganze Frage, wie sich Einkünfte und Ausgaben zusammensetzten, ist ebenfalls dunkel und umstritten. Byzantinische Geschichtsquellen enthalten viele indirekte Anspielungen, doch keinen konkreten Hinweis, der irgendeine genaue Kalkulation erlauben würde (50). Die direkte Besteuerung erfolgte unter zwei Rubriken, Bodensteuern und Personensteuern. Die grundlegende Bodensteuer, das *zeugaratikion*, wurde aufgrund der alle fünfzehn Jahre, d. h. im ersten Jahr jeder Indiktion, erfolgenden Bodenschätzung erhoben. Aller Grundbesitz, sogar die kaiserlichen Domänen, waren steuerpflichtig, allerdings genossen unter Irene und Manuel Komnenos die Klöster Steuerfreiheit. Die Details der Schätzungen wurden in den Katasterbüchern oder Registern festgehalten — ein vollständiges Register befand sich im Besitz der zentralen Finanzbehörde, lokale Katasterbücher in den Hauptstädten der Provinzen.

Wir wissen nicht, inwieweit sie auf dem neuesten Stand gehalten wurden; von Basileios I. wird berichtet, er habe sich vergeblich um eine Neufestlegung bemüht. Ursprünglich entrichtete man die Steuer in Form von Naturalien, später in Bargeld. Für die kaiserliche Steuerbehörde lag die Schwierigkeit darin, die Einkünfte auf gleicher Höhe zu halten, auch wenn ein Grundbesitzer oder Pächter zahlungsunfähig war. Jahrhundertelang praktizierte man zu diesem Zweck das sogenannte *epibolē*-System: Die gesamte Gemeinde war dafür verantwortlich, daß die erforderliche Summe zusammenkam. Nikephoros I., der einzige ausgebildete Finanzmann, der je den Kaiserthron bestiegen hat, reformierte dieses System, da in weiten Teilen des Landes Notstand herrschte und die Dorfgemeinden die Steuerlasten nicht mehr aufbringen konnten. Nikephoros führte statt dessen das sogenannte *allēlengyon* ein, das den nächsten reichen Nachbarn verpflichtete, für die Steuer eines Zahlungsunfähigen aufzukommen, ein unfaires, aber wirkungsvolles System. Michael der Amorier hob diese Verfügung wieder auf und kehrte zu der *epibolē* zurück, Basileios II. ließ das *allēlengyon* wieder aufleben, um den reichen Grundbesitzern einen Schlag zu versetzen, bis es im 11. Jahrhundert erneut aufgehoben wurde. Große Domänen hatten stets eine festgesetzte Summe zu entrichten, auch wenn Teile des Besitzes zeitweise unfruchtbar waren, dagegen erloschen die geheimen Obligationen, wenn der Großbesitz aufgeteilt wurde. Weitere Steuern oder Abgaben lagen auf Vieh, Gütern und Geräten, die Armee mußte unterhalten und Quartiere zur Verfügung gestellt werden.

Besonders wenig erforscht ist die Frage der Kopfsteuer; jedenfalls existierte das sogenannte *kephalētion*, das aber möglicherweise nur von nichtchristlichen Untertanen erhoben wurde (51). Kaum weniger genau zu definieren ist das *kapnikon* oder die Herdsteuer. Wir wissen nur, daß es zur Zeit von Nikephoros I. ein *kapnikon* von 2 *miliaresia* (2,40 Goldfranken) pro Kopf gab und daß Nikephoros auf seiner strikten Bezahlung bestand, ja sogar Steuerzahler, die unter Kaiserin Irene davon befreit worden waren, die Rückstände jetzt nachbezahlen mußten. Michael II. gewann Popularität, indem er das *kapnikon* reduzierte (52). Dem Araber Ibn Hauqal zufolge lag im 10. Jahrhundert eine Abgabe in Höhe von 2 Denaren auf jedem Haus in einem maritimen Thema und von 10 Denaren pro Familienvater in anderen Themen, eine Steuer zur Ausrüstung von Armee und Flotte (53). Ein zypriotischer Text berichtet, daß die Zyprioten im 10. Jahrhundert mit einer Herdsteuer für ihre Verteidigung aufkommen mußten, offensichtlich in Höhe von 1 *nomisma* (14,40 Franken) in den Städten und 3 *nomismata* auf dem Land (54). Niketas Choniates sagt witzelnd über die Steuer, daß die Korfioten am Ende des 12. Jahrhunderts das Feuer fremder

Sklaverei (bei den Normannen) dem Qualm der Steuern vorzogen (55). Über die sogenannte *aërikon*-Steuer, die Justinian eingeführt hatte und die jährlich 3000 Goldpfund einbrachte, wissen wir ebenfalls nichts, obwohl sie auch in den
Taktika Leons VI. erwähnt wird (56). Wahrscheinlich stellte
sie eine Art Bodensteuer auf städtischen Grundbesitz dar, doch
jeder Byzantinist steuert eine andere Erklärung hierfür bei.
Daneben existierte ein System von Erbschaftssteuern, das
Augustus für Erbschaften eingeführt hatte, die nicht aus der
Familie stammende Verstorbene hinterließen; Justinian hob
die Steuer offensichtlich wieder auf, doch später wurde sie
erneut erhoben, nun auch von direkten Erben. Nikephoros I.
sah auch hier auf strikte Bezahlung und führte außerdem eine
Steuer auf nicht durch Arbeit verdientes Kapital ein, indem
er es als Schatz deklarierte, an dem der Staat rechtmäßig beteiligt werden mußte (57).
Die indirekten Steuern bestanden aus Zöllen, Hafengebüh-
ren, Marktgebühren, Weg- und Brückenzöllen, zeitweise auch
aus gebührenpflichtigen Quittungsstempeln. Verläßliche Informationen besitzen wir nur über die Zölle: Sie waren im
vierten Jahrhundert auf eine einheitliche Rate von 12,5%
festgesetzt worden und wurden offensichtlich in der Zukunft nicht verändert. Importzölle wurden in Abydos am
Hellespont oder in Hieron am Bosporus, Exportzölle in Konstantinopel erhoben. Um den Schmuggel mit Sklaven zu unterbinden, dachte sich Nikephoros einen speziellen Tarif von
2 *nomismata* (28,80 Franken) aus für Sklaven aus dem Süden, die in irgendeiner westlich von Abydos gelegenen Stadt
des Reiches verkauft wurden. Die Zölle müssen der Staatskasse erhebliche Summen eingebracht haben, denn Irenes Einkünfte wurden durch ihren Flirt mit dem Freihandel — in
Abydos konnten die Waren zollfrei eingeführt werden —

ernsthaft in Mitleidenschaft gezogen. Nikephoros kehrte zu
festen Zolltarifen zurück, hielt aber trotzdem die Preise auf
raffinierte Weise niedrig, indem er den Geldumlauf ein-
schränkte (58). Als unter den Komnenen die italienischen Republiken das Recht erhielten, mit nur 4% Zoll ihre Waren
zu importieren, erlitt der Kaiser erneut schwere finanzielle
Verluste, ganz abgesehen von dem Schlag, den diese Maß-
nahme dem byzantinischen Handel zufügte.

Gelegentlich mußten auch unvorhergesehene Steuerzuschläge
bezahlt werden, wie etwa das *dikeraton*, ein Extra von
einem Zwölftel, mit dessen Hilfe Leon der Isaurier die Mauer um Konstantinopel ausbessern ließ; oder die Steuereinnehmer setzten selbst die Abgaben herauf, um ihre Provision zu
vergrößern (59). Weitere Einnahmequellen des Staates waren
die staatlichen Manufakturen, das Seidenmonopol und der
Verkauf von Titeln. Zudem kontrollierte der Kaiser den Ge-
treidehandel, und Nikephoros II. zum Beispiel wurde angeklagt, sich persönlich daran bereichert zu haben. Nikephoros I. kam auf die geniale Idee, Wucher und jeglichen Geld-
verleih zu untersagen, um dann seinerseits mit $16^{2}/_{3}\%$ Zin-
sen Geld aus der Staatskasse zu verleihen, eine Gepflogenheit,
die seine Nachfolger allerdings nicht übernahmen (60). Als
unter den Palaiologen die Lage des Reiches verzweifelt geworden war, unternahm Johannes Kantakuzenos den Versuch, von allen Ständen eine freiwillige Abgabe für Kriegs-
zwecke zu fordern, fand aber so gut wie niemanden, der dazu
fähig oder willens gewesen wäre (61).

Der ständige Strom von Bargeld, der mit Hilfe des komplizierten Steuersystems in die Staatskasse floß, ermöglichte dem
Kaiser den Unterhalt seines immensen Beamtenapparates und
seines stehenden Heeres und versetzte ihn damit in eine weit
stärkere Position, als sie irgendein westlicher Monarch oder

Blick auf den südlichen Abschnitt der Südwestempore in der Hagia Sophia. 6. Jahrhundert; Istanbul.

*Yerebatan-Zisterne (Cisterna Basilica), erbaut unter Justinian I.
(527–565). Istanbul.*

auch der Kalif innehatte. Auf der anderen Seite bewirkten die hohen Steuern ständige Unzufriedenheit bei seinen Untertanen und benachteiligten diese empfindlich gegenüber kommerziellen Rivalen, da sie kein Kapital für neue Unternehmen zur Verfügung hatten. Als dann unter den Komnenen das gesamte Finanzwesen zusammenbrach, wurde die Last unerträglich, und manch einem schien die Herrschaft der Seldschuken oder Normannen ein beinahe erträglicheres Los (62).

Wie erwähnt, wissen wir im einzelnen nichts über die Staatsausgaben; keine Quelle berichtet etwa, wie hoch die Unterhaltskosten für die Armee waren oder wieviel Geld die Bürokratie verschlang. Die einzigen Zahlen, die wir besitzen, betreffen die Bezüge einiger hoher Beamter im 10. Jahrhundert. Konstantin VII. erwähnt in *De ceremoniis* die Summen, die die *stratēgoi* der Themen unter Leon VI. jährlich erhielten: Die Befehlshaber des Themas der Anatoliken, des Armeniaken und Thrakesier bezogen die hübsche Summe von 40 Goldpfund (43,200 Goldfranken), die der Themen Opsikion, Bukellarion und Makedonien 30 Goldpfund, und so weiter die Stufenleiter abwärts; die *stratēgoi* der Grenzprovinzen erhielten weniger, da sie Grenzzölle eintrieben, die in Europa gar nichts, da sie aus den einheimischen Steuern bezahlt wurden (63). Der italienische Gesandte Liutprand war Augenzeuge, wie Konstantin VII. die schmalen Gehälter der Titelträger ausbezahlte. Die Zeremonie fand in den Tagen vor Palmsonntag statt. Die vierundzwanzig Magister erhielten je 24 *nomismata* (345,6 Franken) und 2 *scaramangia* oder Zeremoniengewänder, die *patrikioi* 12 *nomismata* und 1 *scaramangion* und die restlichen Titelträger je nach Rang 7, 6, 5, 4, 3, 2 und 1 *nomismata*. Gehälter von weniger als 1 *nomisma* bezahlte der *parakoimōmenos* aus (64). Der Doyen der Juristischen Fakultät — die Universität war eine staatliche Einrichtung — bezog im elften Jahrhundert 4 Goldpfund jährlich zusätzlich zu seinen Nebeneinkünften (65).

Der byzantinische Verwaltungsapparat war teuer und schwerfällig, besaß aber genügend Elastizität und, solange die Finanzen des Imperiums intakt blieben, eine außerordentliche Durchschlagskraft. Er mußte diese riesenhaften Ausmaße haben, da jede Kleinigkeit im Leben des Staates und seiner Bewohner als Angelegenheit der Regierung betrachtet wurde. Niemand hätte sich eine Lebensweise nach dem *laissez-faire*-Gedanken auch nur träumen lassen. Erziehung, Religion, sämtliche Handels- und Finanzgeschäfte, alles unterstand staatlicher Kontrolle. Aus dem 10. Jahrhundert existiert ein Handbuch, das die Aufgaben des Präfekten von Konstantinopel erklärt (66). Er hatte alle kommerziellen Unternehmungen innerhalb der Stadt zu überwachen, Preise, Löhne und Zeiten festzusetzen, Lizenzen für die Eröffnung neuer Läden zu vergeben, für die Einhaltung der Ausfuhrbestimmungen zu sorgen, ebenso für die strikte Beachtung des Sonntags. Der gleichen Reglementierung unterlag das Leben auf dem Land. Um die Steuererhebung zu erleichtern und die allgemeine Stabilität zu erhöhen, unterband man so weit wie möglich das Reisen und Umherziehen der Bewohner. Die lokalen Behörden gaben Pässe für echte Reisende aus, der Quaestor der Hauptstadt kontrollierte, ob alle Besucher einen dringenden Grund anzugeben hatten. Konstantinopel mußte ernährt, und während der Hungersnöte, die das flache Land in regelmäßigen Abständen heimsuchten, mußten Hilfswerke gegründet werden. Für die arbeitsfähigen Beschäftigungslosen mußte Arbeit gefunden, und karitative Unternehmungen mußten unterhalten werden.

Die gleiche paternalistische Staatsauffassung spricht aus der

Überwachung der Religion durch die Regierung. Seit dem 5. Jahrhundert mußte ein guter Bürger orthodoxen Glaubens sein. Häresie galt als Verbrechen gegen den Staat. Der häretische Philosoph Johannes Italos und die Führer der Bogumilen unter Alexios I. wurden von den staatlichen Behörden verfolgt. In Distrikten mit einem großen Anteil von Häretikern konnte es vorkommen, daß Regierungsbeamte erschienen und die Bevölkerung ganzer Dörfer zwangsweise in andere Teile des Reiches umsiedelten, wo sie in der Masse ihrer neuen Nachbarn untergehen oder, wie man eher hoffte, bekehrt werden würden. Auf diese Weise siedelte man die Mardaïten, syrische Monotheletiker, im siebten Jahrhundert vom Libanon an die kleinasiatische Küste um, und während des ganzen 9. Jahrhunderts wurden die als besonders paulikianisch verschrienen Armenier zwangsweise in Europa seßhaft gemacht. Da Häresie gewöhnlich politische Ursachen hatte, waren die Aktionen seitens der Regierung hinreichend gerechtfertigt. Der Monophysitismus in Ägypten und Syrien entsprang weit eher der Feindseligkeit gegen den kaiserlichen Steuereinnehmer als der Abneigung gegen die Theologie des Konzils von Chalkedon. Obwohl auch die Orthodoxie eine gewisse Rolle dabei spielte, wurden einige der höchsten Steuern erhoben, um ein Darlehen der Kirche von Konstantinopel an Herakleios wieder einzutreiben. Die armenische Kirche war in erster Linie Herd der separatistischen Bestrebungen gegen das byzantinische Reich. Dieses System der Zwangsevakuierung ganzer Dörfer erfüllte — abgesehen von dem Problem der Häresie — den praktischen Zweck, aufsässige Völkerstämme in den Provinzen auseinanderzusprengen: Die Slaven in Makedonien waren weniger gefährlich, wenn Armenier zwischen ihnen siedelten, und das notwendige Kräftegleichgewicht blieb gewahrt.

Man könnte die Ideale der byzantinischen Verwaltung beinahe sozialistisch nennen. Jedermann sollte ein guter Staatsbürger sein. Verehrung des Staates, des Kaisers als Haupt
und Symbol desselben und der Gesetze, auf denen der Staat
beruhte, galten als die unabdingbare Basis der Gesellschaft.
Und tatsächlich war es diese strenge Religion, die das Reich
durch Jahrhunderte zusammenhielt. Byzanz hat eine ganze
Reihe ehrgeiziger Staatsmänner hervorgebracht, und kaum
einer davon hat seine Pflichten gegenüber dem Staat vernachlässigt. Noch Basileios der Makedonier oder Basileios Parakoimomenos oder Johannes Kantakuzenos stellten, auch
wenn sie bedenkenlos nach Krone oder Reichtum strebten,
die Interessen des Reiches über ihre eigenen.

Eine Klasse gab es allerdings, die sich diesem Zwang zur
Staatsverehrung nicht endgültig unterwerfen wollte: die
Landaristokratie. Die Existenz der Großgrundbesitzer war
ein Problem der alten römischen Kaiser gewesen, doch die
Unruhen zwischen dem 5. und 8. Jahrhundert, als keine
Provinz von den Verwüstungen oder Einwanderungen der
Barbaren verschont geblieben war, hatten den Boden wertlos
gemacht und die meisten großen Güter zerstört. Doch um die
Mitte des 9. Jahrhunderts konnte man sich in den asiatischen
und ein Jahrhundert später auch in den europäischen Provinzen wieder mehr oder weniger sicher fühlen, und der Besitz
von Grund und Boden wurde, im Hinblick auf die staatlichen
Handelsrestriktionen, zur einträglichsten Kapitalsanlage. Es
entstand eine Klasse von Aristokraten, die aus ihren ständig
sich vergrößernden Landgütern immensen Reichtum zog. Die
freien Kleinbesitzer wurden mehr und mehr aufgekauft und
verdingten sich entweder als Pächter oder verließen die Gegend. Diese Entwicklung beeinträchtigte das Steuerwesen
ebenso wie das auf den Grundbesitz gestützte System der

Rekrutierungen für die Armee; darüber hinaus stellten die reichen Adligen mit ihrem Heer von Dienern und bewaffneten Gefolgsleuten eine nicht zu übersehende Bedrohung für den Staat dar. Die Administration unterschied deutlich zwischen den Reichen — den *dynatoi* oder Mächtigen — und den Armen, den *penētes*, und versuchte im allgemeinen, den Adel nur für militärische Zwecke heranzuziehen, während der Staatsdienst demokratisch und unabhängig bleiben sollte. Durch das ganze 10. Jahrhundert hindurch waren die Kaiser bemüht, Gesetze auszuarbeiten, die die reichen Magnaten daran hindern sollten, das Land der Armen aufzukaufen. Romanos I. untersagte ihnen grundsätzlich den Ankauf von Land in einer Dorfgemeinde, und er sowohl wie Konstantin VII. und Basileios II. opferten Zeit und Energie für die Verschärfung und Ausweitung solcher gesetzlichen Maßnahmen. Besonders Basileios II. ließ nicht locker. Wie Heinrich VII. von England machte er auf einer Inspektionsreise die Entdeckung, daß seine Gastgeber zu mächtig waren; er erniedrigte und bestrafte sie und schreckte selbst vor Maßnehmen gegen *Selfmade*-Grundbesitzer nicht zurück.

Dennoch erwies sich die Politik der Regierung auf die Dauer als Fehlschlag. Alte Familien vergrößerten ihre Domänen, und neue Familien gelangten zu Reichtum. Selbst die Wiedereinführung des *allēlengyon* durch Basileios II. mit dem Zweck, die Großgrundbesitzer zur Kasse zu bitten, konnte ihre Macht nicht brechen. Schon Nikephoros II., selbst Mitglied einer einflußreichen Großgrundbesitzerfamilie, war kein überzeugender Vertreter der kaiserlichen Politik gewesen. Um die Mitte des 11. Jahrhunderts hatte der Landadel, mit dem zusammen jetzt auch die kirchliche Hierarchie genannt werden muß, genügend Macht gesammelt, um inmitten der Wirren, die die Seldschukensiege auslösten, die Regie-

rungsgewalt an sich zu bringen. Von nun an wurde die Administration von den Aristokraten beherrscht, obwohl feindliche Invasionen und Eroberungen deren Besitzungen zusam-
menschrumpfen ließen. Die Aufnahme in den Verwaltungsdienst hing jetzt weniger von den Verdiensten als vom Einfluß der Familie ab, und der Verlust so großer Territorien
bedeutete, daß es kaum noch Aufstiegsmöglichkeiten für neue
Familien gab. Die Aristokratie schloß ihre Reihen. In den
Provinzen tendierte ihre Entwicklung bereits zu halbfeuda-
ler Unabhängigkeit, ein Prozeß, der dann durch die lateinische Eroberung mit einem Schlag zum Durchbruch und Abschluß kam. Nach wie vor lagen die Kaiser im Krieg mit den
Magistern, und die stärkeren unter den Komnenen und den
Kaisern von Nikaia hielten diese behutsam in Schach. Nur
Michael Palaiologos im 13. und Johannes Kantakuzenos im
14. Jahrhundert ließen sie ihre Stärke fühlen. Die im 14.
Jahrhundert in Thessalonike berühmt gewordene Bewegung
der »Zeloten« war weitgehend eine Reaktion auf die Arroganz der Oberschicht und versuchte — vergeblich — deren
Macht herauszufordern. So stellte die Aristokratie, nachdem
sie ihre Besitzungen längst an fremde Eroberer verloren
hatte, kurz vor dem Untergang des Reiches ein beinahe schon
erblich zu nennendes Staatsbeamtentum und war damit ein
wichtiger Faktor für die Regierung. Doch der Schaden ließ
sich nicht wiedergutmachen. Trotzdem stand auch jetzt noch
der Staatsdienst allen offen, und jeder verdienstvolle Pleje-
jer konnte es zu Ansehen bringen. Und bis zum Ende arbeitete die Verwaltungsmaschine mit einem für Westeuropa un-
vorstellbaren Erfolg. Die Steuern mochten drückend oder
unergiebig sein; sie wurden eingetrieben. Und die Wünsche
des Kaisers wurden von seiner Staatskanzlei aus in dem ganzen, ständig kleiner werdenden Herrschaftsbereich bekannt-

gemacht und, soweit sie die öffentliche Meinung nicht gerade mit Füßen traten, auch respektiert.

Die eingefleischte Ehrfurcht vor dem Gesetz — römisches Erbteil der Byzantiner — erleichterte der Regierung die Arbeit, und ihre Leistungsfähigkeit demonstrierte überdies die Praxis der Rechtsprechung. Der Kaiser war die letzte Instanz, und man konnte jederzeit an ihn appellieren. Einige Herrscher pflegten Beschwerden persönlich anzuhören: So gefiel sich Justinian in dieser Rolle, und Theophilos empfing Bittsteller während seiner allwöchentlichen Prozession durch die Stadt zum Blachernenpalast. Gewöhnlich war es jedoch der Minister *epi tōn deēseōn*, der Gesuche entgegennahm und für den Kaiser vorbereitete. Übrigens war es Teil der vizeköniglichen Privilegien der Praetorianer-Präfekten gewesen, daß in ihrem Regierungsbezirk die Berufung an den Kaiser ausgeschlossen war. Dieses Recht dürfte in der Folge der italienische Exarch geerbt haben. In Konstantinopel teilten sich der Präfekt der Stadt (und dessen Nachfolger, der Groß-Drungarios) und der Quaestor in die richterliche Gewalt. In den Provinzen saßen Richter in den Hauptstädten der einzelnen Themen; sie behandelten Fälle von lokalem Interesse oder von geringerer Wichtigkeit, während schwerwiegendere Prozesse an einen Hohen Gerichtshof von zwölf Richtern in der Reichshauptstadt überwiesen wurden. Ein Rechtsstreit galt als eine der wenigen zulässigen Entschuldigungen für einen Besuch in Konstantinopel, und fromme Kaiser wie Romanos I. erbauten sogar Herbergen, in denen die Kontrahenten für die Dauer ihres Aufenthalts Unterkunft fanden. Streitfälle, in die Kleriker verwickelt waren, kamen vor kirchliche Gerichtshöfe; auf Wunsch beider Parteien konnte dort auch jeder Zivilprozeß verhandelt werden. Alexios I. dehnte die kirchliche Gerichtsbarkeit auch auf Ehesachen und Prozesse

um fromme Stiftungen aus; in diesem Zusammenhang muß
jedoch daran erinnert werden, daß die Kirche ein Teil des
Staates war und daß gerade Alexios sie sehr streng unter
Kontrolle hielt. Zur Zeit der Palaiologen, unter denen die
Patriarchen eine zunehmend größere Rolle in der Verwaltung
spielten, wuchs auch der Einfluß der kirchlichen Gerichtshöfe,
und die türkische Eroberung traf sie so gut vorbereitet und
organisiert, daß sie die gesamte Rechtsprechung für die christlichen Bevölkerungsteile übernehmen konnten.

Die Urteile im Strafprozeß lauteten entweder auf Geldstrafe
bzw. Vermögenseinzug oder auf Verstümmelung. Die Todesstrafe stand seit Leon III. ausschließlich auf Verbrechen
wie Verrat, Überlaufen zum Feind, Mord und widernatür-
liche Unzucht. Vollstreckt wurde sie nur selten (67); unter
Johannes II. gab es kein einziges Todesurteil (68). Die Verstümmelung galt als humaner Ersatz, überdies gerechtfertigt
durch die Worte Christi über das Ausreißen bzw. Abhacken
Ärgernis erregender Augen oder Gliedmaßen. Sie wurde erst
von Leon III. in größerem Umfang eingeführt, von da an
aber häufig angewandt. Wir sind heute geneigt, sie für einen
empörend barbarischen Brauch zu halten; aber die Tatsache
bleibt bestehen, daß die meisten Menschen nach wie vor die
Verstümmelung dem Tod vorziehen. Gemildert wurde der
Strafvollzug ferner durch das Asylrecht in Kirchen, ein
Recht, das nach Leon III. nur einigen wenigen Kategorien
von Verbrechern versagt blieb (69). Konstantin VII. gestand
es selbst dem Mörder zu, wenn dieser bereit war, Mönch zu
werden; in diesem Fall fiel sein Vermögen zur einen Hälfte
an die Erben des Ermordeten, zur andern an seine eigenen,
wenn auch manche von diesen es vorzogen, mit ins Kloster zu
gehen (70). Sogar Verrat zog immer seltener die Todesstrafe
nach sich. Die Einweisung in ein Kloster, die den Delinquen-

ten für die Gefangenschaft im Diesseits mit künftigem Seelenheil entschädigte, galt in der Regel als ausreichend, wenngleich es oft geraten schien, ihn außerdem zu verstümmeln.
Gefängnishaft, die dem Staat nur Kosten verursacht und
nichts eingebracht hätte, war praktisch unbekannt. Das
Staatsgefängnis, das Praetorium, diente nur als Untersu-
chungsgefängnis.

Wie weit sich Korruption in die Rechtspflege einschleichen
konnte, läßt sich schwer abschätzen. Man könnte sagen, daß
es bis zum Erscheinen der *Ekloge* Leons III. offiziell ein Gesetz für die Reichen und eins für die Armen gab, und Geschichten wie die aus dem 7. Jahrhundert von der Witwe,
die der Adlige Vutelinos tyrannisierte (71), legen den Schluß
nahe, daß zwar Gerechtigkeit herrschte, wenn der Fall bis
zu den zuständigen Gerichten durchdrang, daß aber einflußreiche Leute dies oft verzögern oder verhindern konnten. Im
Vorwort zu seiner *Ekloge* klagt Leon darüber, daß Bestech-
lichkeit und Korruption zunähmen; doch für den größten
Teil der byzantinischen Geschichte gibt es bemerkenswert wenige Klagen über die Rechtsprechung, und aus diesem Schweigen dürfen wir schließen, daß der Byzantiner, zumindest im
Vergleich zu seinen Nachbarn und Zeitgenossen, wenig
Grund zur Unzufriedenheit hatte.

FÜNFTES KAPITEL

RELIGION UND KIRCHE

DAS PRAKTISCHE FUNKTIONIEREN von Verfassung und Verwaltung hätte den Bürgern des Reichs die Freuden der politischen Diskussion und Auseinandersetzung rauben können, hätte ihnen nicht auf dem Gebiet der Religion ein weites Feld offengestanden. Wesentlich für das Verständnis der byzantinischen Geschichte ist es, sich klarzumachen, wie wenig dem Byzantiner das Leben im Diesseits bedeutete. In einem Zeitalter der Desillusion feierte das Christentum Triumphe, weil es eine bessere Welt in der Zukunft und einen mystischen Weg der Flucht aus dieser Welt versprach. Aber das ewige Heil und die richtigen Ekstasen waren nur auf dem Weg vollkommener Rechtgläubigkeit zu erlangen. Folglich waren die feinen Einzelheiten theologischer Lehre unendlich viel wichtiger als schwerwiegende Fragen weltlicher Politik, da diese nur die irdische Welt, jene aber die Ewigkeit betrafen. Die weltliche Begehrlichkeit nach einem angenehmen Leben und gesellschaftlichem Aufstieg konnte zwar nie ganz verdrängt werden. So konnten finanzielle Sorgen, die Last der Überbesteuerung immer heftige, wenn auch negative Empfindungen auslösen. Aber sein Hauptaugenmerk richtete der Byzantiner auf jene kleinen Details, die ihm nach seinem Glauben das Himmelstor öffnen oder verschließen würden.

Als Konstantin der Große das Christentum zur Staatsreligion machte, nützte er diese Einstellung für den Staat und erhob den Kaiser praktisch zum Schlüsselhüter und zum Oberhirten der Gläubigen; er sollte dem Apostelfürsten Petrus gleichgestellt sein, wie das dann Leon der Syrer für sich in Anspruch nahm. Die Stellung des Kaisers *als solche* wurde im Osten nie ernsthaft in Frage gestellt. Die Kirche blieb bis zum Schluß ein Teil des Staates. Dies hatte allerdings seine Nachteile: Der Kaiser wurde oft in Streitfragen und Kämpfe verwickelt, von denen ein anderer Herrscher frei geblieben wäre. Für die frühen Christen war klar, daß sich die Kirche die Organisation des weltlichen Staates zum Vorbild nehmen müsse, wenn sie den größtmöglichen Einfluß gewinnen wollte. Und so hatte man seit den Tagen der Apostel die Hauptsitze des Christentums in die drei Hauptstädte der mediterranen Welt, Rom, Alexandreia und Antiocheia verlegt, während andere größere und kleinere Städte entsprechend ihrer politischen Bedeutung ihre Bischöfe und Hierarchen bekamen. Als Diokletian den Staat neu organisierte, handelte die Kirche entsprechend. Die Hierarchie wurde neu geordnet und den neuen Provinzen angepaßt. Die Gründung der neuen Hauptstadt durch Konstantin revolutionierte die kirchliche Verwaltung nicht weniger als die weltliche. Byzanz war ein unbedeutender Bischofssitz gewesen, der der Gerichtsbarkeit des Metropoliten von Herakleia unterstand, eine Stellung, die für die neue christliche Hauptstadt der Welt natürlich nicht mehr angemessen war. Der Bischof von Byzanz stieg bald zum Patriarchen von Konstantinopel auf. Aber die älteren Bischofssitze innerhalb der Kirche waren eifersüchtig und trieben Obstruktionspolitik, und die häretischen und heidnischen Kaiser aus dem Haus Konstantins waren nicht in der Lage, die neue Autorität des Staates auch auf kirchlichem Gebiet durchzusetzen. Erst unter dem orthodoxen Theodosios I. wurde der neue kirchliche Status von Konstantinopel öffentlich anerkannt. Das Zweite Ökumenische Konzil wies dem Patriarchen von Konstantinopel den zweiten Platz unter den Patriarchen zu, »weil Konstantinopel Neu-Rom ist«. (1) Der Bischof von Alt-Rom hatte den Vorrang vor ihm, aber die Patriarchen von Alexandreia und Antiocheia und ihr später eingesetzter Kollege von Jerusalem kamen nach ihm im Rang. Die nunmehr vom Bischof von Konstantinopel regierten Provinzen waren Kleinasien und der größere Teil der Balkanhalbinsel.

Rom erkannte den Anspruch Konstantinopels auf den zweiten Platz nie an, weil es mißtrauisch war gegen Schlußfolgerungen, die aus einer solchen Bestätigung hätten gezogen werden können (2); auch Alexandreia tat es nur unter Protest — es wartete immer auf die Gelegenheit, seine Unabhängigkeit und strengere Rechtgläubigkeit geltend zu machen. Die Geschichte der Häresien der folgenden Jahrhunderte ist von Anfang bis Ende von dem Motiv der Patriarcheneifersucht durchzogen, das Rom bei seinem Versuch, die Oberherrschaft über Konstantinopel zu gewinnen, ebenso zu Hilfe kam wie Alexandreia bei dem seinen, sich als einzigen Hort der Rechtgläubigkeit zu erweisen. Im 7. Jahrhundert jedoch spielte das Schicksal Konstantinopel in die Hände. Die Patriarchen von Alexandreia, Antiocheia und Jerusalem sahen sich plötzlich in der Rolle von Bischöfen *in partibus*. Die sarazenischen Eroberungen, die gerade durch den Haß jener Patriarchen gegen die Behörden von Konstantinopel unterstützt worden waren, beraubten sie der Hälfte ihrer Gläubigen und fast aller Bedeutung und machten sie zu Sklaven eines ungläubigen Herrn. Zur selben Zeit wurde Rom durch Barbareneinfälle isoliert und konnte — frei von jeder strengen weltlichen

Kontrolle — seine eigenen Begriffe von Theokratie entwikkeln. Mit Ausnahme gewisser Distrikte, die dem römischen Bischof unterstanden und erst unter Leon dem Syrer zu Konstantinopel kamen, deckten sich nunmehr Reich und Patriarchat von Konstantinopel in ihrer geographischen Ausdehnung. Von nun an war der Patriarch von Konstantinopel das unbestrittene Oberhaupt der christlichen Ostkirche, und seine Gerichtsbarkeit umfaßte das mächtigste Reich der Christenheit in seiner Gesamtheit. Um seine effektive Macht mochte ihn selbst der römische Pontifex trotz all seiner größeren Unabhängigkeit wohl beneiden. Allerdings mußte der Patriarch für seine Macht auch bezahlen. Es war ihm nie für lange Zeit gestattet zu vergessen, daß er der Diener des Kaisers war.

Die Rückeroberung Antiocheias Ende des 10. Jahrhunderts änderte die Lage kaum. Denn Antiocheia war damals schon zu sehr gedemütigt und konnte nur noch als Erzbistum mit besonderem Rang und halbautonomen Vorrechten gelten. Die Kirche von Zypern erfreute sich eines schon lange bestehenden Rechts auf Autonomie, doch war diese nicht sehr bedeutend.

Die Organisation der Kirche von Konstantinopel blieb bis zum Schluß eine Kopie des weltlichen Staates (3), obwohl man nicht mehr feststellen kann, wie genau die großen Diözesen mit den Themen des Reichs übereinstimmten. Ihre Verfassung war im Jahr 681 auf der Synode »in Trullo« festgelegt und später nie ernstlich abgeändert worden: Dem Patriarchen unterstanden die Metropoliten und Erzbischöfe der großen Städte und der Provinzzentren, diesen wiederum die verschiedenen Bischöfe, die ihrerseits den örtlichen Klerus bis hinunter zum bescheidenen Dorfpriester oder -popen kontrollierten. Aber zwischen dem örtlichen Klerus und den höheren Rängen bestand ein großer Unterschied: Während der

Dorfpope verheiratet sein sollte, um von sexuellen Anfech-
tungen und den Mühen des Haushalts frei zu sein, rekrutierte
sich der höhere Klerus, die Bischöfe und ihre Vorgesetzten,
insgesamt aus den Klöstern, von denen es verschiedene Arten
gab. Die bescheidensten unterstanden jeweils dem örtlichen
Bischof oder adligen Herrn, während andere von höheren
Geistlichen abhängig waren; wieder andere erkannten nur
die Oberhoheit des Patriarchen an und manche, noch höher
gestellte, nur diejenige des Kaisers. Das berühmteste Beispiel für die letztere Kategorie waren die Klöster auf dem
Berg Athos, wo es seit Ende des 10. Jahrhunderts eine sich
selbst regierende Republik von Klöstern verschiedener Grün-
dungen und sogar verschiedener Nationalitäten gab, die allein den Kaiser zum Oberherrn hatten.

Die Klöster befolgten mehr oder weniger streng die Regel des
heiligen Basileios aus dem 4. Jahrhundert, die geistige und
körperliche Arbeit miteinander verband. Es gab aber auch
Lauren, d. h. Eremitengemeinschaften, die ausschließlicher
dem Quietismus anhingen und eher noch mehr verehrt wurden. Ähnlich den Klöstern konnten auch diese Lauren Herr-
schaftsprivilegien haben. Der für sich lebende Einsiedler oder
Säulenheilige unterstand genaugenommen der Herrschaft
des jeweils für seine Gegend zuständigen Bischofs, obwohl
er wahrscheinlich unendlich viel mächtiger war als dieser —
so groß war die Verehrung, die man asketischer Frömmigkeit
entgegenbrachte. Die Frauenklöster befolgten dieselben
Richtlinien wie die Männerklöster.

Sowohl die weltliche Kirche als auch die Klöster waren ungeheuer reich. Im 10. Jahrhundert konnte es sich der Bischof
von Patras leisten, ein weit größeres Kontingent für den
Krieg auszurüsten als irgendein Laie in diesem Thema (4);
und die Häufigkeit, mit der vom 10. Jahrhundert an Ge-

setze gegen die Einsetzung von Klöstern als Erben erlassen wurden, zeigt, was für mächtige Grundbesitzer die Klöster waren. Die spätere Ikonoklastenbewegung richtete sich in ihren Zielen weitgehend gegen die Klöster. Aber die Macht der Klöster nahm weiter zu, und ihre Äbte, *hēgumenoi* und Archimandriten, vor allem diejenigen der Klöster in Konstantinopel, waren oft Männer von erheblicher politischer Bedeutung. Theodoros vom Studios-Kloster galt als einer der größten Staatsmänner seiner Zeit (5).

Die ganze Kirchenorganisation wurde streng vom Hof des Patriarchen aus gelenkt. Im Briefwechsel der großen Patriarchen sind oft Briefe an ganz unbedeutende Geistliche zu finden, die Befehle oder Klagen hinsichtlich geringfügiger Fragen des Verhaltens oder der Disziplin enthalten. Der Patriarch wurde offensichtlich über alle Ereignisse in seiner Kirche ausgezeichnet auf dem laufenden gehalten, und sein Wille wurde überall durchgesetzt; er selbst unterstand jedoch der Macht des Kaisers. Nominell wurde er zwar von den Bischöfen gewählt, in Wirklichkeit aber ernannte ihn der Kaiser, der ihn auch jederzeit wieder absetzen konnte, indem er die Synode mit Leuten besetzte, die ihm zu Willen waren. Die einzige Waffe des Patriarchen gegen den Kaiser war die Exkommunikation. Manchmal, wie im Fall von Polyeuktes und dem Mörder Johannes Tzimiskes, genügte die Drohung, um den Kaiser einzuschüchtern (6); wenn aber ein Patriarch sie wirklich durchführte, wie Nikolaos Mystikos, so war er bald abgesetzt und auf dem Weg ins Exil (7), selbst wenn der Kaiser offenkundig Gottes Gesetze brach. Der Kaiser übte seine Macht über die Kirche durch seinen Beamten, den *synkellos*, aus.

Im großen und ganzen arbeitete die kaiserliche Kirchenführung geschmeidig. Die Kaiser mischten sich nicht viel in kirch-

liche Angelegenheiten, da sie, wie Johannes Tzimiskes es
bei der Ernennung Basileios' zum Patriarchen aussprach, der
Ansicht waren, daß »Gott zwei Mächte eingesetzt hat«, den
Kaiser für den Staat und den Patriarchen für die Kirche (8).
Einige energische Patriarchen lehnten sich gegen den Caesaropapismus auf, aber selbst Photios kam weniger zu Fall, weil
er dem Kaiser getrotzt, als weil er eine atemberaubende Kirchenpolitik betrieben hatte; Chrysostomos fiel, weil er die
Sitten des Hofes kritisiert hatte, was seiner Ansicht nach
ganz in seine Zuständigkeit gehörte, andere Patriarchen — wie
Germanos oder Arsenios — wurden hauptsächlich deswegen
entthront, weil sie sich dem entgegenstellten, was sie als ein
Vergehen des Kaisers gegen die Kirche oder ihre Lehre betrachteten. Michael Kerullarios war der einzige, der die
purpurnen Stiefel trug und für sich in Anspruch nahm, Kaiser zu ernennen und abzusetzen; sein Ziel war es, die Kirche
ganz von staatlicher Kontrolle zu befreien, aber seine ehrgeizigen Wünsche wurden als verstiegen und undurchführbar
angesehen (9).
Die Kaiser kamen fast alle ihren Pflichten sehr gewissenhaft
nach und ernannten geeignete Patriarchen. Basileios I. war
allerdings zynisch genug, seinen eigenen jungen Sohn auf den
Patriarchenthron heben zu wollen, der Knabe starb jedoch
bald nach seiner Einsetzung (10); Romanos I. folgte seinem
Beispiel, indem er seinen jugendlichen Sohn Theophylaktos
zum Patriarchen ernannte, einen gutartigen Jüngling mit
einer Leidenschaft für den Rennstall. Theophylaktos jedoch,
der sich seine Langeweile damit zu vertreiben suchte, daß er
Mirakelspiele beim Gottesdienst einführte, löste durch seine
offensichtliche Gleichgültigkeit gegenüber der Kirche einen
Skandal aus, obwohl er sonst in vielen Dingen seinen Pflichten nachkam (11).

Mittelschiff der Kirche Hagios Dimitrios. 5.–7. Jahrhundert;
Thessaloniki.

*Ausschnitt aus der Fassade des Tekfur-Saray, der einzigen aus
byzantinischer Zeit erhaltenen Palastruine in Istanbul. 13. Jahrhundert.*

Manchmal, besonders wenn die kaiserliche Kontrolle sehr streng durchgeführt wurde, machten sich bis zu einem gewissen Grad Bestechung und Pfründenschacher breit. Der heilige Lukas Stylites (der Säulenheilige) schwatzte seinen Eltern eine Summe von 100 *nomismata* (1,420 Goldfranken) ab unter dem Vorwand, er wolle versuchen, sich den freistehenden Bischofssitz von Sebasteia zu sichern (12). Dies trug sich wahrscheinlich während jener Zeit zu, als die Kirche von den Kreaturen Leons VI. regiert wurde, dessen Beamte notorisch bestechlich waren.

Seit dem 5. Jahrhundert galt im Kaiserreich Häresie als ein Verbrechen gegen den Staat; folglich waren es die staatlichen Behörden und nicht die Kirche, die dagegen einschreiten mußten. In der Regel traten sie dann in Aktion, wenn die Häretiker politisch gefährlich waren, wie die Bogumilen, die den Ungehorsam gegen den Staat predigten, oder wenn sie verantwortliche Stellungen innehatten, wie der Professor Johannes Italos. Wenn der der Häresie Verdächtigte Geistlicher war, war es — nach der Lebensgeschichte des heiligen Symeon, des »Neuen Theologen«, zu schließen — anscheinend der *synkellos,* der ihn, nachdem er ihm Prüfungsfragen gestellt hatte, beim Patriarchen anzeigte, der dann gegen ihn vorging. Es gab aber das Recht auf Berufung beim Kaiser — so gab z. B. der Patriarch nach, als Symeons mächtige Freunde damit drohten, den Fall vor Basileios II. zu bringen (13).

Als Häresie galt offiziell jede Verwerfung eines der auf den ökumenischen Konzilien aufgestellten kanonischen Grundsätze. Ein ökumenisches Konzil, eine Versammlung unter Vorsitz des Kaisers, bei der alle miteinander in Verbindung stehenden Kirchen vertreten waren, galt als die erleuchtete Gemeinschaft, deren Beschlüsse für die Christenheit verbind-

lich waren. Schon früh konnte der Bischof von Rom als Senior aller Bischöfe dogmatisch verbindliche Äußerungen von
sich geben, und Justinian erwarb dem Kaiser eine ähnliche
Stellung; es war jedoch ein allgemeines Konzil nötig, um die
Bestätigung solcher Äußerungen im Osten für das Imperium
zu sichern.

Die sieben ökumenischen Konzilien wurden, zusammen mit
der Heiligen Schrift, als die Grundlage des orthodoxen Glaubens angesehen. Jedes von ihnen war wegen irgendeines speziellen theologischen Problems oder gegen eine besondere
Häresie einberufen worden. Die Lehre von der Dreieinigkeit
ist schwer begreiflich, und die Lehre von der Inkarnation
macht sie nicht einfacher. Der Pfad der fehlerfreien Christologie war sehr schmal, und selbst ein Theologe mit den besten
Absichten konnte darauf ausgleiten, nach der einen oder der
anderen Seite. Die Christenheit hatte über das Heidentum
triumphiert, mitten in einem ihrer eigenen Bürgerkriege, als
nämlich die Arianer, indem sie die volle Göttlichkeit Christi
leugneten, eine einheitlichere Konzeption der Gottheit einzuführen versuchten. Das Erste Ökumenische Konzil, das Konzil von Nikaia, hatte sie mit dem Bannfluch belegt; aber
das ganze 4. Jahrhundert hindurch hatte der arianische
Glaube in vornehmen Kreisen Konstantinopels viele Anhänger. Erst nach dem Zweiten Ökumenischen Konzil, im Jahr
381, ging es im Osten mit ihm zu Ende, und im Westen überlebte er noch jahrhundertelang als die Religion der Goten.
Der Triumph der Orthodoxie war der Triumph Alexandreias
unter Athanasios gewesen. Das ganze 5. Jahrhundert hindurch suchte Alexandreia seinen Sieg weiter auszubauen, indem es dem Christentum seine ganz spezielle Theologie aufzwang.

Alexandreias günstiger Augenblick kam, als der Patriarch

Nestorios von Konstantinopel Christus eine doppelte Natur zuschrieb, eine menschliche und eine göttliche. Mit diesem Schritt machte er sich unbeliebt, da er logischerweise einen Angriff auf die geliebte Schutzherrin Konstantinopels, die Jungfrau Maria, nach sich zog, die ihren Titel der »Mutter Gottes« zu verlieren drohte. Alexandreia verband sich gegen Nestorios mit Rom und dem Volk von Byzanz. Das Dritte Ökumenische Konzil in Ephesos sprach sich unter dem beherrschenden Einfluß der Persönlichkeit des Patriarchen Kyrillos von Alexandreia gegen Nestorios aus. Einige Kirchen in Nordsyrien fielen daraufhin ab und bildeten unabhängige Gemeinschaften unter dem Schutz der Perser. Die Theologie und die praktische Ethik der Nestorianer waren von einem Puritanismus, mit dem ihr Gründer kaum einverstanden gewesen wäre. Sie waren übrigens tüchtige Missionare, die sogar bis China reisten; ihre Glaubensrichtung hat sich noch bis vor kurzem in den Bergen von Kurdistan gehalten.

Aber Alexandreia ging zu weit. Dioskoros, sein nächster Patriarch, hing der Christologie der Eutychianer oder Monophysiten an. Das stieß auf Ablehnung in Rom, und der kaiserliche Hof zog es vor, Rom zu Gefallen zu sein. So wurde Dioskoros auf dem Vierten Ökumenischen Konzil in Chalkedon verdammt, und die Monophysiten waren nunmehr Häretiker und der Verfolgung ausgesetzt.

Die theologischen Probleme, die im Monophysitenstreit auf dem Spiel standen — der Unterschied zwischen einer Natur Christi und zwei unzertrennlichen Naturen — waren relativ geringfügig, aber die politischen Folgen waren ungeheuer. Fast zwei Jahrhunderte lang beherrschte das Monophysitenproblem die Geschichte des Imperiums. Auf dem Fünften Ökumenischen Konzil in Konstantinopel, im Jahr 553, gab

Justinian zu, daß er nicht in der Lage sei, einen Kompromiß zu verkünden. Im Jahr 680 verdammte das Sechste Ökumenische Konzil in Konstantinopel den als Monotheletismus bekannten Kompromiß, der von den Kaisern aus der Dynastie des Herakleios begünstigt worden war. Aber da war es schon zu spät: Die monophysitischen Kirchen waren bereits abgefallen, die meisten ihrer Anhänger waren zum Islam übergetreten.

Das 8. Jahrhundert war vom Bilderstreit ausgefüllt (14). Nordsyrien war immer eine Heimstatt des Puritanismus gewesen. Die Nestorianer hatten daher dort als puritanische Bewegung viel Anklang gefunden. Auch ihre Gegenspieler, die Monophysiten, gewannen dort Anhänger unter der puritanischen Führung von Jakob Baradaeus. Und nun versuchte ein Nordsyrer, Leon mit dem — irrigen — Beinamen »der Isaurier«, dem Reich den Puritanismus aufzuzwingen. Der Bilderstreit war im Grunde eine Frage der Christologie, bei der es darum ging, ob die Göttlichkeit Christi bildlich dargestellt werden konnte. Wenn nicht, war es dann nicht Götzendienst, Bilder von ihm zu verehren? Es war nicht schwer, der Theologie der Bilderstürmer entweder Monophysitismus oder Nestorianismus nachzuweisen, und bei der Art der Verehrung wurden sehr feine Unterschiede gemacht. Der Ikonoklasmus scheiterte aber in Wirklichkeit daran, daß er dem Volk die geliebten Bilder zu rauben drohte. Wie seinerzeit Nestorios die Jungfrau anzugreifen schien, so beschimpften jetzt nach Meinung des Volks Leon und seine Nachfolger Christus und alle Heiligen. Der Ikonoklasmus hielt sich nur deshalb so lange, weil er geschickt geführt und von der Armee unterstützt wurde, deren Mitglieder größtenteils asiatischer Herkunft waren, sowie von allen, die sich gegen die zunehmende Macht der Kirche und der Klöster stellten. Auf

dem Siebten Ökumenischen Konzil, das im Jahr 787 in Nikaia stattfand, wurde die Bilderstürmerei verdammt; und
wenn sie auch im nächsten Jahrhundert wieder auflebte, so
war sie dann doch überwiegend politisch ausgerichtet und
hielt sich nicht mehr lange.

Nach dem Bildersturm wurde die Kirche von keiner ernsthaften inneren Häresie mehr erschüttert. Die Möglichkeit,
einem Irrtum zu verfallen, war jedoch immer noch gegeben,
wenn man nicht auf der Hut war. So machte sich z. B. Demetrios von Lampe, als er im 12. Jahrhundert von einer Reise
nach Deutschland zurückkehrend, über die Deutschen lustig,
weil sie behaupteten, der Sohn sei dem Vater ebenbürtig,
aber niedriger gestellt als er. Seine Ansicht, daß dies absurd
sei, fand beträchtlichen Anklang, bis die kirchlichen Behörden
ihn darauf hinwiesen, daß er die Feinheiten der Dreieinigkeit
doch nicht verstehe (15).

Es gab aber keinen ernsthaften Versuch mehr, die Christologie der sieben Konzilien umzustürzen. Theologische Streitfragen drehten sich mehr um die Theologie und die Praktiken
der Mystik. Die griechische Kirche hatte den Mystizismus immer begünstigt und war stolz gewesen auf ihre mystischen
Autoren, wie Dionysios Areopagites und Maximos den Be-
kenner, dessen Werke während der ganzen byzantinischen
Epoche offen gelesen wurden; sie war jedoch in Verlegenheit,
was die theologische Bedeutung der mystischen Ekstase anbetraf. Daß das Problem die Behörden schon zu Anfang des 11.
Jahrhunderts beschäftigte, sehen wir am Beispiel das Lebens
von Symeon, dem »Neuen Theologen«; endgültig gelöst wurde es erst nach dem Hesychastenstreit im 14. Jahrhundert, als
die extremen Quietisten unter Führung des Athosmönchs Palamas schließlich die Kirche dazu brachten zuzugestehen, daß
der Mystiker wirklich vom selben Licht erleuchtet werde, das

Christus auf dem Berg Tabor umgeben hatte (16). Die Häresien, die das Imperium nun hauptsächlich zu bekämpfen hatte, kamen außerhalb der Kirche auf und richteten sich gegen sie: Es waren Häresien der manichäischen Tradition. Der Manichäismus selbst gewann nie festen Boden innerhalb des Reiches; aber im 9. Jahrhundert breitete sich bei den Armeniern des Oberen Euphrat eine dualistische Sekte, die sogenannten Paulikianer, aus und konstituierte dort eine religiöse Republik (17). Basileios I. vernichtete sie politisch und suchte sie aus der Welt zu schaffen, indem er sie in kleinen Gruppen entlang der bulgarischen Grenze ansiedelte. Aber dort wurden sie vom Geist der bulgarischen Häretikerbewegung erfaßt, die nach ihrem Begründer Bogomil benannt wurde, und verbanden sich mit ihr (18). Bis zur Eroberung Bulgariens machten die Bogumilen dem Imperium keine Schwierigkeiten; aber von da an waren sie ein Problem, dem man begegnen mußte, da sie ja glaubten, daß die irdischen Dinge des Fleisches — einschließlich Arbeit, Gehorsam gegen die Obrigkeit und Zeugung von Kindern — alle gleichermaßen vom Übel seien. Alexios I. entdeckte sogar in der Hauptstadt selbst eine Clique von Bogumilen und verhörte und richtete ihre Anführer mit begreiflicher Strenge (19). Die Bogumilenfrage war jedoch für das Reich erst gelöst, als das Reich den Großteil seiner Balkanprovinzen am Ende des 12. Jahrhunderts verlor.

Jedoch sollte noch öfter ein Schisma die Kirche spalten. In den frühen Zeiten war das Schisma die natürliche Folge der Häresie. Die Einführung des Ikonoklasmus z. B. schuf im Reich ebenso einen Block von abgesetzten den Eid verweigernden Geistlichen wie von offiziell eingesetzten Nachfolgern, und zwischen ihnen gab es keinen Frieden. Vom 9. Jahrhundert an nahmen die Ursachen für Schismen mehr per-

sonellen Charakter an, da sie gewöhnlich daraus entstanden,
daß ein Kaiser versuchte, seine Rechte zu überschreiten. Als
z. B. der Patriarch Ignatios von Michael III. und dem Caesar Bardas ungerechtfertigterweise abgesetzt wurde, ging die
Hälfte des Klerus lieber ins Exil, als seinen Nachfolger Photios anzuerkennen; und auf dem Konzil von 879, das einberufen worden war, um Frieden zwischen den beiden Patriarchen zu stiften, waren viele Bischofssitze durch je zwei Bischöfe vertreten. Das Schisma wurde erst kurz nach Ignatios' Wiedereinsetzung durch seinen Tod aufgehoben (20).
Ein ähnliches Schisma gab es einige Jahre später, als Leon VI.,
nachdem er das Gesetz und das moralische Empfinden durch
eine vierte Heirat gröblich verletzt hatte, den Patriarchen
Nikolaos absetzte, da dieser ihn exkommuniziert hatte. Die
eine Hälfte der Kirche folgte Nikolaos, die andere war mit
seinem Nachfolger, dem frommen Euthymios, der Meinung,
daß der Kaiser im Recht sei (21). Das dritte derartige Schisma trat unter Michael Palaiologos ein, der eine Reihe von fa-
denscheinigen Vorwänden fand, um den Patriarchen Arsenios abzusetzen, weil dieser ihm den Mord an dem rechtmäßigen Kaiser Johannes IV. nicht verzeihen wollte. Arsenios
behielt seinen Anhang, und Michael mußte schließlich fast zu
Kreuz kriechen und nach Arsenios' Tod beim Patriarchen
Joseph um Absolution bitten (22).
Es gab jedoch ein Problem, das die orthodoxe Kirche während ihrer ganzen Geschichte beunruhigte; manchmal entstanden Schismen daraus, manchmal erschien es als Frage
der Häresie: Es war das Problem der Beziehung zu Rom (23).
Seine Wurzel war in der Eifersucht der alten auf die jüngere
Hauptstadt zu suchen. Zur Zeit der Apostel war es klar,
daß Rom, die weltliche Hauptstadt, auch als religiöse Hauptstadt die besten Voraussetzungen bot; und Petrus, der höchste

der Apostel, beendete seine Laufbahn als Bischof von Rom. Als Rom aufhörte, das politische Zentrum der Welt zu sein, klammerte sich seine Kirche an das Argument ihrer Gründung durch Petrus, das ihr die führende Stellung sichern sollte. Wenig großzügig, wollte sie Konstantinopel nicht einmal den zweiten Platz zugestehen, den es als Neu-Rom beanspruchte, und sie ließ nur den Anspruch auf eine apostolische Gründung gelten — obwohl nie klargelegt wurde, warum der Bischofssitz des Markus in Alexandreia eigentlich den Vorrang vor dem des Petrus in Antiocheia haben sollte.

Die großen Häresien des 5. und 6. Jahrhunderts verschärften die Lage und zeigten, wie weit die Anschauungen bereits auseinandergingen. Die Hauptrollen spielten dabei Alexandreia und Konstantinopel, und jede Seite pflegte Rom um Unterstützung anzurufen. Rom erhielt stets den Anspruch aufrecht, daß seine Ansicht bedingungslos den Vorrang haben müsse. Konstantinopel pflegte zu akzeptieren, was Rom verkündete, wenn ein allgemeines Konzil es bekräftigte; Alexandreia dagegen wollte lieber eine Sonderkirche bilden, als seine eigene Theologie aufgeben. Konstantinopel, das im Besitz der weltlichen Macht des Imperiums war, suchte fortgesetzt den Kompromiß mit den Monophysiten; aber Rom, für das keine politischen Interessen auf dem Spiel standen, war entschlossen, das nicht zu dulden. Obwohl zunächst die Macht des byzantinischen Staats Papst Vigilius dazu bewogen hatte, jede Art von Kompromiß zu versprechen, während Papst Honorius I. so unweise war, einen häretischen monotheletischen Satz *ex cathedra* zu verkünden, triumphierte doch schließlich die römische Unbeugsamkeit; die Christologie, die Papst Leo I. in seinem *tomus* im 5. Jahrhundert diktiert hatte, wurde als wesentlicher Teil des orthodoxen Glaubens akzeptiert. Während aber Rom der Ansicht war, daß das

neue Dogma erst durch Leos Verkündigung für die Recht-
gläubigen verbindlich geworden sei, nahm Konstantinopel
diese Christologie an, weil drei ökumenische Konzilien so
entschieden hatten. Als mittlerweile Konstantinopel immer
ausschließlicher die große christliche Stadt wurde, wurden
seine Bischöfe selbstsicherer und arroganter. Provoziert durch
die Ansprüche Roms, nahm schließlich 595 der Patriarch Johannes der Faster den Beinamen Oikumenikos an — »der
Weltweite«. Papst Gregor der Große war natürlich aufgebracht und verkündete offen, der Antichrist sei nahe. Kein
Bischofssitz habe, so erklärte er, vor irgendeinem anderen
einen Rechtsvorrang, sondern alle seien gleich vor Gott (24).
Diese Ansicht behielt Rom allerdings in späteren Jahren nicht
bei. Inzwischen entstanden aus der sprachlichen Entwicklung
weitere Antipathien und Anlässe zu Mißverständnissen. In
Rom war jetzt kaum mehr jemand zu finden, der noch griechisch konnte, und in Konstantinopel geriet das Lateinische
zunehmend in Vergessenheit.
Der Bilderstreit führte zu einem offenen Bruch zwischen
Rom und der kaiserlichen Regierung. Bisher hatten die Päpste die Oberhoheit des Kaisers anerkannt, und tatsächlich
mußte bis zum 7. Jahrhundert erst die Erlaubnis von Konstantinopel eingeholt werden, bevor ein neuer Papst gewählt
werden konnte; aber Konstantin IV. erklärte, daß die Zustimmung des Exarchen von Ravenna ausreichend sei (25).
Im Lauf des 8. Jahrhunderts brachte das Zusammenwirken
von Bilderstreit und Langobardenkriegen Rom zu dem Entschluß, sich von dieser Bindung freizumachen. Die Päpste,
schon durch die Konfiszierung ihrer Einkünfte aus Sizilien
und Kalabrien durch den Kaiser reichlich gereizt, suchten nun
im Westen nach Verbündeten und fanden sie in den Franken.
Aber es gab noch immer weite Kreise in Konstantinopel, die

ungern mit Rom brachen. Viele waren mit dem Patriarchen
Germanos der Ansicht, daß eine solche Neuerung wie der
Ikonoklasmus auf keinen Fall ohne ein ökumenisches Konzil
eingeführt werden dürfe, und später, im Jahr 784, legte der
ikonoklastische Patriarch Paulos sein Amt nieder, weil »die
Kirche von Tyrannen regiert werde und von den anderen Bi-
schofsstühlen der Christenheit getrennt sei«. (26) Diese Dissi-
denten appellierten an Rom als den ersten dieser Bischofs-
stühle. Einige von ihnen gingen sogar weiter: Theodoros
vom Studios-Kloster in seiner Abneigung gegen den Erastia-
nismus trat dafür ein, daß Rom in Sachen der Doktrin entscheiden solle, da es — frei von kaiserlicher Kontrolle — dafür besser geeignet sei; allgemein war man der Ansicht, daß
der Stuhl Petri auf jeden Fall zu Rat gezogen werden müsse.
Aber noch während Theodoros dies schrieb, ließ sich Rom
seine Chance, sich im Osten zu etablieren, durch einen politisch äußerst unklugen Schritt entgehen: Papst Leo krönte
Karl den Großen, und zwar zu einem Zeitpunkt, zu dem die
Kirchen gerade wieder in gute Verbindung zueinander getre-
ten waren. Diese Krönung machte es der kaiserlichen Regierung unmöglich, dem Papsttum weiterhin auch nur im minde-
sten zu trauen, denn Konstantinopel konnte nicht umhin,
dies als einen Akt des Verrats anzusehen.

Kaum war der Bilderstreit beendet, als ein neuer Streit aus-
brach; von der besiegten Seite ermutigt, versuchte Papst Nikolaus I., sich in einen Disput innerhalb der Kirche von Konstantinopel einzuschalten. Wenn ein neuer Patriarch für irgendeinen der großen Patriarchensitze gewählt wurde, war
es üblich, daß er bei seinen Mitpatriarchen eine Glaubenser-
klärung zirkulieren ließ und um ihre Bestätigung bat. Nikolaus weigerte sich, den Inthronisationsbrief des Patriarchen
Photios zu bestätigen, nicht aus Glaubensgründen, sondern

weil die Gesetzlichkeit seiner Ernennung in Frage stand.
Aber Photios war ihm gewachsen. Einige Monate danach
hatte jeder Pontifex den andern feierlich exkommuniziert,
und etwas später ertappte Photios zu seiner freudigen Entrüstung den Papst dabei, daß er eine Häresie unterzeichnete.
Theologisch ist es nun freilich nicht von sehr großer Bedeutung, ob das Wort *filioque* dem Glaubensbekenntnis hinzuge-
fügt wird oder nicht, die Tatsache blieb jedoch bestehen, daß
es ein Zusatz zu der Lehre der sieben Konzilien war; und
Rom hatte selbst diesen Zusatz früher verdammt. In den
Augen Konstantinopels und der Ostkirchen war es unver-
zeihlich, das *Credo* zu verfälschen, und Photios informierte
sie sorgfältig über die römischen Freveltaten. So leicht der
Unterschied sein mochte, er war vorhanden. Durch die sorg-
lose Einführung dieser Abweichung schnitt sich Rom selbst
von der Gemeinschaft der orthodoxen Kirche ab. Mochten
auch die Theologen erklären, daß das Wort *filioque* im *Credo*
implizit immer schon dagewesen sei: Von nun an war es dieses
Wort — mehr als alle rituellen Unterschiede —, das einen
dauernden Frieden zwischen Rom und Konstantinopel unmöglich machte. Rom wollte es nicht aufgeben und hielt
daran fest, daß die römische Fassung korrekt sei, und Konstantinopel wollte, was es nun einmal für Häresie hielt, nicht
etwa nur aus dem Grund annehmen, daß Rom diesen Zusatz
eingeführt hatte.
Photios' Streit mit Rom wurde noch verschärft durch den
Kampf um die Oberhoheit über die im Entstehen begriffene
Kirche von Bulgarien — ein Kampf, aus dem Konstantinopel
siegreich hervorging (27). Aber der Friede, taktvollerweise
unpräzise, wurde nach dem zweiten Sturz von Photios geschlossen; und mehr als eineinhalb Jahrhunderte lang lebten

die Kirchen in vollem Einverständnis, und das Wort *filioque* wurde ignoriert. Kaiser Leon VI. nahm sogar die Autorität des Papstes in dogmatischen Fragen zu Hilfe, um sie gegen die des Patriarchen auszuspielen, als es um seine vierte Heirat ging (28).

Während dieser Jahre war Rom in schwachen Händen, und Konstantinopel befand sich auf dem Gipfel seines Ruhms. Die Byzantiner kümmerten sich jedoch nicht um Rom. Als die päpstliche Gesandtschaft Nikephoros II. als Kaiser der Griechen anredete, zeigte der kaiserliche Hof seine Verachtung damit, daß er die Gesandten gefangensetzte und die Botschaft des päpstlichen Briefes ignorierte (29). Mit der cluniazensischen Reformbewegung im 11. Jahrhundert lebten indessen die Ansprüche des Papsttums auf weltweite Suprematie erneut auf; ein Bruch mit Konstantinopel war unvermeidlich. Der Patriarch Eustathios versuchte 1024 ihn abzuwenden, indem er den Papst bat, die byzantinischen Ansprüche auf Autonomie unter Beibehaltung der römischen Vorrangstellung anzuerkennen. Papst Johannes XIX. hätte dies zugestanden, hätten nicht seine cluniazensischen Ratgeber ihn daran gehindert. Die Beziehungen blieben jedoch freundschaftlich; Johannes XIX. stimmte dem Reformvorschlag des Patriarchen für die süditalienische Kirche zu, und in Konstantinopel verhielt man sich freundlich, wenn dort Kirchen mit lateinischem Ritus eingerichtet wurden (30).

Der endgültige Bruch erfolgte während der Amtszeit des französischen Reformpapstes Leo IV. und des Patriarchats des Michael Kerullarios. Durch die Normanneneinfälle in Süditalien gestalteten sich die Beziehungen zwischen Rom und Konstantinopel noch komplizierter und wurden schließlich sehr gespannt. Kerullarios, gereizt darüber, daß der Papst ihn als Untergebenen behandelte, und entschlossen, nie-

mandem den geistlichen Vorrang zuzugestehen, fiel wieder in
die unter Photios übliche Stichelei mit der Häresie zurück.
Die Briefe und Botschaften wurden immer schärfer, bis sich
im Mai 1054 wie in den Tagen des Photios und Nikolaos
die beiden großen Bischöfe des Christentums wieder gegen-
seitig mit dem Bannfluch belegten. Und wieder folgten auch
diesmal die Kirchen des Ostens Kerullarios als ihrem Rufer
im Streit. Diesmal war das Schisma endgültig. Doch die Byzantiner kümmerten sich jetzt so wenig um Rom, daß sich
keiner der zeitgenössischen Chronikschreiber auch nur die
Mühe nahm, das Ereignis zu erwähnen (31).
Die Kreuzzüge brachten Ost und West wieder in näheren
Kontakt, freilich mit unglücklichen Ergebnissen. Den Kom-
nenenkaisern paßte es gut in ihr diplomatisches Spiel, daß
sie die Hoffnung auf eine Kirchenunion als Schachzug in Re-
serve halten konnten, aber von Jahr zu Jahr wurde diese
Wiedervereinigung unwahrscheinlicher. Politisches Mißtrauen
ließ die Lateiner die griechischen Schismatiker hassen und
verdächtigen, während die Griechen die rohen lateinischen
Häretiker verachteten und verabscheuten. Die Verfolgung
der syrischen Christen durch die Lateiner verschärfte noch
die Lage, denn die Syrer sahen den Kaiser als ihren Schutz-
herrn an. Diese Feindschaft wurde erst recht erbittert, als in
Konstantinopel 1182 das große Blutbad unter den Italienern
erfolgte, und sie erreichte schließlich ihren schrecklichen Höhepunkt im Vierten Kreuzzug.
Der Vierte Kreuzzug zerstörte die letzte Chance einer
echten Wiedervereinigung. Papst Innozenz III. war ehrlich
entsetzt über die Nachricht von der Plünderung Konstantinopels, doch beschloß er gleichzeitig, die Vorteile, die sich
daraus für Rom ergaben, voll zu nutzen. Überall in den neu-
gewonnenen lateinischen Herrschaften kam die Kirche in la-

teinische Hände, und die schismatischen Griechen mußten
»untertauchen«. Eine kleine Minderheit beugte sich der
päpstlichen Autorität und behielt ihre Stellungen; aber sie
wurden als Verräter angesehen und von der Mehrheit exkommuniziert, die stolz ins Exil ging und nun mit Niketas
Choniates (32) überzeugt war, daß trotz all seiner Proteste
in Wirklichkeit der Papst der Drahtzieher beim Vierten
Kreuzzug gewesen sein mußte. Michael Choniates hielt
noch Beziehungen zu den Schwankenden aufrecht, obwohl
er ihre Schwäche sehr mißbilligte; solche Nachsicht war aber
sehr selten (33). Innozenz III. nahm einen milderen Ton
an, tadelte den neuen lateinischen Bischof von Athen wegen
seines übergroßen Verfolgungseifers und versprach Verhandlungen. Seine Gesandten, der taktvolle Kardinal Benedikt
und der taktlose Kardinal Pelagius, waren jedoch dahingehend instruiert, keine Konzessionen zu machen (34). Die
Griechen ihrerseits waren genausowenig zu Kompromissen
geneigt. 1207 schrieben die führenden Griechen von Konstantinopel einen Brief an Innozenz, der eine Zusammenfassung
des gesamten griechischen Standpunkts enthielt. Darin hieß
es, sie würden die Herrschaft des »Sireris« (Sir Henrys, d. h.
Heinrichs von Flandern), des fähigsten der lateinischen Kaiser, anerkennen und würden dem »Herrn Papst vom älteren
Rom« ihre Ehrerbietung bezeugen, aber sie mißbilligten die
filioque-Klausel und die Art der Oberhoheit, wie sie der
Papst verlangte; sie forderten, daß Innozenz ein Konzil einberufen solle (35).
Die zwei Haltungen blieben unvereinbar. Und solange das
lateinische Reich andauerte, verhinderten politische Rücksichten jeden auch nur annähernd ernsthaften Versuch einer
Einigung. Die nikäischen Kaiser bestanden auf der Autonomie und fanden ihre stärkste Unterstützung im Westen bei

Kaiser Friedrich II. Johannes Vatatzes nahm die Frage der Wiedervereinigung so leicht, daß er vorschlug, von seiten der Griechen den lateinischen Brauch des ungesäuerten Brotes zuzulassen, wenn der Papst seinerseits die Klausel *filioque* aufgebe (36).

Die Wiedereroberung Konstantinopels änderte die Situation. Sie hatte Rom zunächst beunruhigt, und der Papst beeilte sich im Jahr 1262, allen, die gegen den Kaiser Michael Palaiologos kämpften, denselben Ablaß anzubieten wie denjenigen, die auf Kreuzfahrt gegen die Moslems zogen (37). Aber Michael, der mit seiner eigenen Kirche auf schlechtem Fuß stand und sich vor Angriffen aus dem Westen fürchtete, glaubte wirklich daran, daß eine Vereinigung, was immer sie kosten möge, ein kluger Schritt sei. Auf dem Konzil in Lyon im Jahr 1274 erkannten seine Gesandten in seinem Namen die Suprematie Roms an. Konstantinopel wollte ihm aber nicht folgen, die Antwort dort war ein allgemeiner Schrei der Entrüstung. Der Patriarch Joseph und sogar Michaels eigene Schwester Eulogia, seine intimste Ratgeberin, brachen mit ihm und führten die Opposition gegen ihn an (38). Er konnte die Wiedervereinigung nicht durchsetzen. Rom wurde jetzt ärgerlich und nahm einen drohenden Ton an. Falls er die Union dem Imperium nicht bis zum 1. Mai 1282 aufgezwungen habe, werde man ihn exkommunizieren und seinen Gegner Karl von Anjou moralisch und materiell gegen ihn unterstützen. Michael war verzweifelt. Da brach im März 1282 die Sizilianische Vesper die Macht des Anjou und rettete ihn. Diese Episode hat das Papsttum in Konstantinopel nicht gerade beliebt gemacht. Michael fühlte sich zwar sein ganzes Leben hindurch an die Union von Lyon gebunden; aber seine Nachfolger kehrten zur Unabhängigkeit zurück (39). Die Wiedervereinigung blieb jedoch während des 14. Jahrhunderts im Gespräch. Johannes Kantakuzenos schlug vor, daß ein Konzil, das so allgemein wie nur möglich sein sollte, in irgendeiner Stadt am Meer zwischen Rom und Konstantinopel, das Problem lösen solle, aber es wurde nichts unternommen (40). Inzwischen schwächten das Exil in Avignon und das große Schisma den Einfluß des Papsttums.

Als das Imperium Anfang des 15. Jahrhunderts offensichtlich in seinen letzten Zügen lag und das Papsttum einiges von seinem Prestige zurückgewonnen hatte, riefen verzweifelte kaiserliche Politiker die Reunionsbewegung wieder ins Leben. Manuel II. hielt dem Westen großzügig Hoffnungen auf Wiedervereinigung als Köder hin und wies seinen Sohn an, Verhandlungen zu versprechen, sie aber unbestimmt in die Länge zu ziehen. Der Stolz der Lateiner und die Hartnäckigkeit der Griechen würden ja doch niemals zusammenkommen, sagte er; und ein Versuch der Vereinigung würde die Spaltung nur um so tiefer machen (41). Aber Johannes VIII. wollte den Rat nicht annehmen. Gegen das Versprechen eines Kreuzzugs gegen die Türken lieferte er das Imperium dem Konzil von Florenz aus, wo unter seinem Druck die Mehrheit einer Delegation des griechischen Klerus nach endlosen Diskussionen damit einverstanden war, daß *ex filio* dasselbe bedeutete wie *per filium* und daß die ökumenische Oberhoheit des römischen Bistums anerkannt werden sollte, wobei die Rechte und Vorrechte der Ostkirchen gewahrt bleiben sollten — was immer das in der Realität bedeuten mochte.

Wenn auf das Unionsversprechen von Florenz nun tatsächlich der versprochene Kreuzzug des Westens gefolgt wäre, hätte Konstantinopel wahrscheinlich dankend angenommen. Aber der Papst versprach etwas, was er nicht halten konnte. Niemand dachte jetzt noch daran, Kreuzzüge nach dem Willen

*Wagenlenker mit Quadriga im Hippodrom. Seidenstoff aus dem
Grab Karls des Großen. 8. Jahrhundert; Aachen, Domkapitel.*

des Papstes zu unternehmen. Die einzige Expedition nach Osten führten der König von Ungarn und seine Verbündeten, die dort ihre eigenen Interessen zu wahren hatten; und diese Expedition endete im Jahr 1444 mit der Katastrophe von Varna. Wie die Dinge lagen, brachte die Union Johannes VIII. nichts als den Haß seiner Untertanen ein. Die in Florenz getroffene Vereinbarung bestand bis zum Fall des Imperiums; aber sie wurde von der großen Mehrheit der Bürger von Konstantinopel niemals akzeptiert. Obschon im Todeskampf des Kaiserreichs die Unterschiede vergessen waren und Unionisten und Nationalisten einmütig an jener letzten feierlichen Messe in der Hagia Sophia teilnahmen, so stand doch der Megas Dux (Großadmiral) Lukas Notaras nicht allein mit seiner Erklärung, daß der Turban des Sultans besser sei als der Hut des Kardinals. Das war auch gar nicht so unbegründet, denn der Sultan ließ den Griechen ihre kirchliche Autonomie, in der sie ihren Geist durch die Jahrhunderte politischer Finsternis lebendig erhalten konnten, während Rom sie dessen beraubt haben würde.

Die Geschichte der Beziehungen zwischen den beiden großen Kirchen macht dem Christentum wenig Ehre. Es wäre aber ein nutzloser Versuch, bestimmen zu wollen, was moralisch oder historisch richtig und was falsch war, und Verteidiger, die lange Werke schreiben, um die eine oder die andere Seite zu rechtfertigen, verschwenden ihre Zeit. Die unüberbrückbare Schwierigkeit war, daß jede Kirche ihre eigene Auffassung von christlicher Organisation und Autorität hatte. Während Rom immer weiter ging auf dem Weg, der zur päpstlichen Unfehlbarkeit führte, blieb Konstantinopel hartnäckig den demokratischen Ideen des frühen Christentums treu. »Wie können wir Beschlüsse akzeptieren, zu denen wir nicht befragt worden sind?«, fragte Niketas von Nikomedeia den

Anselm von Havelberg, als sie die Frage der Einigung im 12. Jahrhundert diskutierten (42); und Roms Forderung der absoluten Unterwerfung war keine Antwort darauf.

Jene Autonomie, die Rom Konstantinopel verweigerte, gab Konstantinopel seinerseits den nationalen Kirchen innerhalb seines Bereichs. Die zypriotische Kirche forderte die Autonomie seit dem Konzil von Ephesos (431) (43); und Konstantinopel strebte niemals danach, sie zu beherrschen, obwohl es versuchte, Einfluß auf die Patriarchate des Ostens zu gewinnen. Die auswärtigen Kirchen, die durch Konstantinopels eigenen Missionseifer geschaffen worden waren, die verschiedenen kaukasischen und slavischen Kirchen, wurden zum Gebrauch ihrer eigenen Sprache ermutigt und durften sich nach einer angemessenen Zeit selbst regieren. Das byzantinische Ideal war eine Reihe autokephaler (eigenständiger) Staatskirchen, die untereinander dank wechselseitigem Austausch und durch das in sieben Konzilien erarbeitete gemeinsame Glaubensbekenntnis verbunden waren. Selbst ein unterworfenes Land konnte seine Kirche behalten. Als Basileios I. Bulgarien eroberte, ließ er der bulgarischen Kirche ihre eigenen Priester und ihren slavischen Ritus; er bestand lediglich darauf, daß der Primas ein Grieche war, um sicher zu gehen, daß die Kirchenorganisation nicht für nationalistische Propaganda ausgenützt wurde (44).

Es gab viele dieser autokephalen Tochterkirchen; denn die byzantinische Kirche war eine lebendige missionarische Macht. Der Kaukasus, die Balkanhalbinsel, die russischen Ebenen, alle verdankten sie ihr Christentum Konstantinopel; und Kyrill und Method, die Apostel, die ihre erste Tätigkeit in Zentraleuropa begonnen hatten, wurden ursprünglich vom kaiserlichen Hof ausgesandt. Es scheint, daß es unter Photios in Konstantinopel eine eigene Schule gab, die Missio-

nare für die Slaven ausbildete (45). Die weltliche Regierung
befürwortete natürlich eine Tätigkeit gern, die der Vergrö-
ßerung ihrer Einflußsphäre diente. Es besteht jedoch kein
Grund, die altruistischen Absichten der Kirche anzuzweifeln
oder den Wert der kulturellen Errungenschaften herabzuset-
zen, die sie den bekehrten Völkern gebracht hat.
Die byzantinische Kirche ist von den Historikern unfreund-
lich behandelt worden. Ihre Frömmigkeit war nicht die
Frömmigkeit des Westens. Ihr Mönchtum tendierte in seiner
Entwicklung immer mehr zum Quietismus; sie übersteigerte
in fast hysterischer Weise den Trieb zur Buße. Ihre Leidenschaften waren leicht zu erregen, und viele ihrer Synoden und
Konzilien waren von Szenen einer recht unziemlichen Ge-
walttätigkeit belebt. Während die Christen im Westen hauptsächlich das eschatologische Problem beschäftigte, war der
Christ des Ostens begierig, hier und jetzt in den Stand der
Gnade, des rechten Verhältnisses zu Gott, zu gelangen. Von
da aus gesehen, war das Wesen der Inkarnation Christi, seines Fürsprechers, von größter Wichtigkeit. Und von da aus
gesehen, waren alle anderen Formen der Religion vergleichsweise wertlos, wenn man auf diese Weise eine mystische Vereinigung mit Gott erlangen konnte. Allzuoft hat man die
orthodoxe Kirche beschuldigt, zu wenig intellektuell und
fortschrittlich gewesen zu sein. Keiner dieser Vorwürfe ist gerechtfertigt. Es ist richtig, daß weder der Quietismus noch die
Gnadenlehre einer Unterstützung durch den Verstand bedürfen, aber die lange Reihe von Autoren vom Apostel Paulus
bis auf Gennadios ist Gegenbeweis genug für ihre geistige
Qualität.
Die Kirche des Ostens brachte in der Tat keinen Thomas von
Aquin hervor; ihre Lehre wuchs nie weit über die sieben
Konzilien hinaus. Der Grund dafür war aber eine gewisse

Toleranz, ein Gefühl, daß der Christ innerhalb der bloßen Grenzen des orthodoxen Glaubens der Konzilien sein Heil sich selbst erarbeiten müsse. Dort sollte es keine starre Scholastik geben, die ihm sagte, was und wie er denken dürfe. Viele Punkte der Lehre blieben ungeklärt, besonders eschatologische wie etwa die Existenz des Fegfeuers. Das Studium der griechischen Philosophie wurde gefördert, solange es nicht zur Heterodoxie führte wie das Neuheidentum des Johannes Italos. Der Mann auf der Straße hatte allerdings das Gefühl, daß dies manchmal etwas weit ging und daß diese Philosophiestudenten eine Bedrohung für den Staat bedeuteten (46); aber Johannes Mauropos, der fromme Bischof von Euchaïta, schrieb im 11. Jahrhundert ein Gedicht, in dem er Christus bat, Platon und den Neuplatoniker Plutarch unter die Christen zu zählen, weil ihre Lehren so edel seien (47). Psellos, der sich eingehend mit Wundertätigkeit und Astrologie befaßte, fand es zwar ratsam, den kirchlichen Behörden zu versichern, daß er nichts tue, was gegen die christliche Lehre verstoße, aber sein Wort genügte (48). Gemistos Plethon, der hoffte, daß das Christentum in einigen Jahren verschwinden würde, opponierte, als es zu einer Kontroverse zwischen der griechischen und der lateinischen Kirche kam, heftig gegen die letztere, weil sie ihm die weitaus größere Bedrohung für das Denken zu sein schien. Nach dem Fall des Kaiserreichs wurde allerdings Plethons letztes Buch von der griechischen Kirche in den Bann getan; und Gennadios war sehr traurig darüber, daß ein so edles Werk des Geistes zerstört werden müsse (49).

Die Kirche war auch nicht intolerant und starr, was ihre Bräuche anbetraf. Die Orthodoxen mochten sich wohl über die Lateiner erregen, weil sie ungesäuertes Brot verwendeten und an Samstagen fasteten; aber gute Kirchenmänner wurden gelehrt, daß man oft Zugeständnisse machen müsse und daß Regeln unter gewissen Umständen auch gebrochen werden dürften. Der heilige Symeon, der »Neue Theologe«, tadelte seinen Schüler Arsenios streng, als dieser sich darüber empörte, daß der Heilige einem Magenkranken an einem Fasttag das Taubenfleisch gab, das dieser verlangte (50). Nichtchristen gegenüber waren die Behörden weniger freundlich. Insbesondere die Juden waren regelmäßig wiederkehrenden Verfolgungen ausgesetzt. Herakleios war besonders hart gegen sie wegen einer Prophezeiung, daß das Kaiserreich von einer beschnittenen Rasse zerstört werden würde (51); und spätere Kaiser betrachteten es auch wieder als ihre Aufgabe, sie zu unterdrücken. Es galt als ein Zeichen der bewundernswerten Frömmigkeit von Romanos I., daß er den Befehl zu ihrer Verbannung gab (52). Die Verfolger waren die weltlichen Behörden, nicht die Kirche.

Mit den Mohammedanern stand die Kirche oft auf freundschaftlichem Fuß. Manche Kalifen und Kaiser förderten friedliche Debatten zwischen Vertretern der beiden Religionen. Dem Kaiser Manuel Komnenos gelang es sogar, die Kirche dazu zu bewegen, den Kirchenbann von dem Gott des Islam zu nehmen; das wurde ihm aber als Häresie ausgelegt (53). Der Patriarch Arsenios im 13. Jahrhundert war großzügig genug, dem Seldschukensultan zu erlauben, in einem der Kirche gehörenden Bad zu baden, und einem Mönch zu befehlen, daß er seinen Kindern das Abendmahl reichte, ohne vorher genau festgestellt zu haben, ob sie auch richtig getauft waren (54). In Kriegszeiten mochten die Wogen der Erregung hochschlagen und auf beiden Seiten Verfolgungen an der Tagesordnung sein, im ganzen waren aber die Beziehungen zwischen Byzanz und dem Islam vergleichsweise besser als die zwischen Byzanz und Rom.

Wie die meisten religiösen Gemeinschaften des Mittelalters war auch die byzantinische Kirche ringsum von Aberglauben umgeben. Die Leidenschaft, mit der sie ihre Bilder verteidigte, hat bewirkt, daß diese Neigung zum Aberglauben in der Geschichte übertrieben wurde. Dem Osten erschien nämlich der Westen weit abergläubischer. Im Osten waren plastische Statuen als Götzenbilder schon vor dem Bilderstreit verboten worden, und nur flache Bilder waren erlaubt, weil sie eine rein geistige Reaktion auslösten. Die puritanische asiatische Tendenz verschwand nie bei den Byzantinern. Im 14. Jahrhundert meinte der Burgunder La Brocquière, daß sie ihre Reliquien weit geringer achteten, als seine Landsleute das täten (55). Trotzdem bestand im Herzen des Volks eine große Liebe für die Ikonen und für die riesige Sammlung von Reliquien, die die Frömmigkeit von Generationen von Kaisern angehäuft hatte. Der Glaube an die wundertätige Macht der Porträts, der Embleme und sogar der Gebeine und alles Zubehörs Gottes und seiner Heiligen war weit verbreitet. Selbst höchst gebildete Intellektuelle, wie Anna Komnene, waren davon überzeugt, daß daran etwas sein müsse. Das Wunder- und Zauberwesen, das für die letzten heidnischen Jahrhunderte Roms charakteristisch gewesen war, lebte in Byzanz in christlicher Form weiter. Die Kranken wallfahrteten nun zu den Kirchen des St. Kosmas und St. Damian oder des Erzengels Michael, wie sie einst zu den Tempeln des Asklepios gezogen waren; und Wunder retteten immer noch heilige Festungen, nur daß jetzt an die Stelle des Palladiums der Mantel der heiligen Jungfrau oder die Gebeine irgendeines Heiligen traten. Diese sehr lebensnahe Frömmigkeit war einer der auffallendsten Züge im byzantinischen Leben. Die Kirche machte vollen Gebrauch davon.

Alles in allem war die byzantinische Kirche, genau wie die weltliche Verwaltung, den Umständen ihrer Zeit gut angepaßt. Sie hatte ihre finsteren Perioden. Unter Justinian und unter den Komnenen war sie ein fast lebloses Ressort des Staates geworden; aber nicht selten drohte, als das andere Extrem, Anarchie ihre Disziplin zu untergraben. Besonders die Klöster hatten ständige Kontrollen nötig. Nachdem der Bildersturm über sie hinweggegangen war, hatte der heilige Platon alle Hände voll zu tun, die so notwendigen Gesetze des Zölibats wieder einzuführen; damals mußte er sogar das Halten weiblicher Tiere innerhalb der Klostermauern verbieten (56). Im Chaos zu Ende des 11. Jahrhunderts war es sogar noch schlimmer. Der heilige Christodulos konnte seine Mönche nicht dazu bringen, auf ihrer Insel Patmos ruhig unter sich zu bleiben, und Alexios I. mußte ihm raten, dort die Ansiedlung einiger Laienfamilien zu erlauben, um so die Strenge ihres Lebens zu mindern (57). Sogar Mönche vom Athos erschienen am kaiserlichen Hof, um sich darüber zu beklagen, daß die Gegenwart walachischer Hirtenknaben auf dem heiligen Berg zu unnatürlichem Laster verführe, bis Kaiser Alexios entdeckte, daß sie den Skandal nur erfunden hatten, um einen Vorwand für einen Besuch Konstantinopels zu haben. Der Patriarch versuchte, solchen Laxheiten mit Eifer Einhalt zu gebieten, aber die Metropoliten unterstützten ihn nicht immer genügend (58).

Derartige Episoden waren jedoch eine Ausnahme. Im großen und ganzen bot die personelle Auswahl des höheren Klerus dagegen eine sichere Gewähr. Denn die Kirche war eine demokratische Institution: Für jeden orthodoxen Christen, so niedrig auch seine Herkunft sein mochte, bestand die Chance, auf den Patriarchenthron zu gelangen; Verdienste waren theoretisch das einzige Kriterium, und in der Praxis stellten

die Patriarchen tatsächlich eine Auslese befähigter Persönlichkeiten dar, außer wenn ein Kaiser in bewußter Absicht
einen unbedeutenden Mann ernannte — ein Akt, der niemals populär war; selbst wenn ein unbedeutender Mann ernannt wurde, wie z. B. im Fall des farblosen Arsenios, den
Johannes Vatatzes anstelle von Blemmydes einsetzte, so
wuchs dieser irgendwie an seiner Aufgabe und machte seinem
Amt in keiner Weise Unehre. Fast alle nahmen ihre Rolle als
Hüter des imperialen Gewissens sehr ernst und deckten
furchtlos Laster an höchster Stelle auf, wie Chrysostomos oder
Polyeuktes, oder sie versuchten, die Opfer der Volkswut zu
retten, wie Joseph, der die verhaßten Katalonier vor dem
Massaker im Jahr 1307 zu retten versuchte (59).
Die Metropoliten und Bischöfe erscheinen seltener im Licht
der Öffentlichkeit, und daher ist es nicht so leicht, ein allgemeines Urteil über sie abzugeben. Im Lauf der byzantinischen Geschichte waren Männer unter ihnen wie Gregorios
von Nazianz, Georgios von Pisidien, Johannes Mauropos von
Euchaïta und Michael Choniates von Athen; und trotz
gelegentlichen Fällen von Simonie gibt es keinen Grund zur
Annahme, daß der allgemeine Durchschnitt ungebildet oder
inkompetent gewesen sei. Schon die Verwaltung weltlicher
Besitzungen, die ihnen oblag, verlangte in der Tat eine gewisse Kompetenz, die erst recht in Zeiten fremder Invasionen
auf die Probe gestellt wurde; denn wenn die militärische und
die zivile Macht vor dem Feind abgezogen waren, blieb es
dem Bischof überlassen, die Interessen seiner Gemeinden zu
wahren; Demetrianos, Bischof in Chytri auf Zypern, reiste
sogar nach Bagdad, um dort seine zypriotischen Christen
unter sarazenischem Joch zu vertreten (60).
Sogar die lokalen Heiligen und Einsiedler übten oft einen
wohltätigen moralischen und politischen Einfluß aus. Der

heilige Lukas Minor von Phokis, der heilige Nikon Metanoeite von Argos oder der kalabrische Sankt Nilus — dessen Laufbahn mehr in das Italien der sächsischen Kaiser fällt: Sie alle waren bedeutende und wertvolle Diener der Kirche und des Staats. Über die Qualitäten der Dorfpriester wissen wir praktisch nichts. Wahrscheinlich waren sie damals wie heute anspruchslos und demütig in ihrer Lebensweise und selten gebildet, versahen aber ihre Pflichten, so gut sie nur konnten.

So war die byzantinische Kirche in der Tat eine Staatskirche, die man bewundern darf. Ihr prächtiger Ritus erhöhte den majestätischen Glanz des Imperiums, ihre Heiligen und Ikonen brachten sie gleichzeitig dem Volk nahe, ihre hartnäckige Weigerung, sich fremder Diktatur zu beugen, stärkte das Nationalgefühl, und es war genug Freizügigkeit in ihrer Theologie, um nicht die geistige Aktivität zu ersticken, auf die das Kaiserreich so stolz war. Jahrhunderte türkischer Unterdrückung sollten später die orthodoxen Christen dazu zwingen, die erniedrigende Kunst eines Lebens im Dunkel zu erlernen; aber solange Konstantinopel eine freie christliche Stadt war, blieb ihre Kirche die kultivierteste religiöse Organisation, die die Welt bis heute gekannt hat.

Sechstes Kapitel

DAS HEER – DIE FLOTTE –
DER DIPLOMATISCHE DIENST

1. Das Heer

Die Verwaltung von Byzanz stand in enger Verbindung mit seinen Streitkräften. Das Reich war von Feinden umgeben, und die Regierung konnte sich keinen Augenblick sicher fühlen vor der Gefahr einer fremden Invasion, vor einem plötzlichen Einbruch, der die Hauptstadt selbst unmittelbar bedrohen konnte. Ihre ganze Existenz hing davon ab, daß die sie umgebenden Völker unter Kontrolle gehalten wurden; daher war eine immer einsatzbereite Armee und Marine und eine wachsame Diplomatie unabdingbar (1).

Die Byzantiner waren von Haus aus kein kriegerisches Volk. Tapferkeit vor dem Feind galt zwar als bewundernswert, aber nicht, wie im ritterlichen Westen, als die allein erstrebenswerte Eigenschaft; auch der siegreiche Heerführer blieb nur ein geschätzter Diener des Staates. Harte Notwendigkeit war es, die die Byzantiner im Lauf der Zeit zwang, sich unter militärischen Gesichtspunkten zu wandeln und der Kriegskunst wissenschaftliche Aufmerksamkeit zuzuwenden. Dies allerdings führte dann zu ihrer Überlegenheit. Byzanz war der einzige Ort während des ganzen Mittelalters, wo man die Methoden der Kriegführung, Strategie und Heeres-

organisation mit Sorgfalt und Ruhe studierte. Aus Byzanz
ging eine Reihe von fähigen Militärschriftstellern hervor, und
viele seiner Geschichtsschreiber nahmen an militärischen Fragen lebhaft Anteil. In ihren Werken kann man — freilich
nicht lückenlos — die Entwicklung der byzantinischen Waffen verfolgen. Für die frühen Jahrhunderte haben wir im 4.
Jahrhundert den Italiener Vegetius (2) und im späten 5.
Jahrhundert den pedantischen Theoretiker Urbicius (3). Prokop im 6. Jahrhundert schrieb in erster Linie Militärgeschichte. Einige Jahrzehnte nach ihm verfaßte Kaiser Maurikios sein *Stratēgikon*, eine unschätzbare Abhandlung über
das Heer jener Zeit (4). Um das Jahr 900 stellte Kaiser
Leon VI., einer der wenigen Kaiser, die niemals persönlich in
den Krieg zogen, eine erschöpfende Sammlung aller Mili-
tarien zusammen, die als die *Taktika* bekannt wurde (5); um
960 widmete einer von Nikephoros Phokas' Generälen seinem Herrscher ein Handbuch, das sich mit dem Krieg an der
Ostfront befaßte (6), und etwas später erschien ein ähnliches
Handbuch, dessen Verfasser unbekannt geblieben ist (7). Im
11. Jahrhundert schrieb der alte Soldat Kekaumenos zwang-
los einige seiner Erfahrungen auf (8), während im frühen
12. Jahrhundert Anna Komnene in all ihrer Weitschweifigkeit
Interesse und Verständnis für militärische Dinge verrät. Aber
zu dieser Zeit war das byzantinische Heer bereits im Abstieg
begriffen.

Als Konstantin seine Stadt am Bosporus gründete, befand
sich das römische Heer in einer Periode der Umwandlung (9).
Das 3. Jahrhundert war unheilvoll gewesen. Es hatte sich
gezeigt, welche Gefahren in der bisherigen Organisation der
Armee lagen. Die Praetorianergarde »machte« Kaiser und
setzte sie wieder ab, und die mächtigen Provinzgouverneure,
unter deren Kommando ganze Legionen standen, waren

nahezu im Dauerzustand der Rebellion. Diokletian und nach
ihm Konstantin versuchten, die Armee zu reformieren. Sie
stellten eine richtige Grenztruppe auf, deren Stand erblich war
und deren Löhnung in Landbesitz bestand — die *limitanei*;
daneben gründeten sie eine bewegliche zentrale Armee unter
dem direkten Befehl des Kaisers — die *comitatenses* —, die
rasch an jedem gewünschten Punkt eingesetzt werden
konnte.

Aber das genügte nun nicht mehr. In Bewaffnung und Taktik war das Heer völlig veraltet. Der schwerbewaffnete Le-
gionär war für den berittenen Kämpfer der Barbarenvölker
kein ebenbürtiger Gegner. Der Sieg Julians über die Germanen bei Straßburg im Jahr 357 war der letzte Triumph
der römischen Infanterie. 21 Jahre später, bei der vernich-
tenden Niederlage von Adrianopel, erwies sich ihre Hilf-
losigkeit gegenüber den gotischen Reitern. Schon längst hatte
man die Vorzüge einer Kavallerietruppe klar erkannt und
die vorhandene Kavallerie verstärkt. Aber jetzt stand der
Nachschub in keinem Verhältnis mehr zum Bedarf. Theodosios I., auf den Thron berufen, um das Reich so rasch wie
möglich wieder aufzubauen, entschloß sich, Barbarenreiter ins
Land zu holen, um die berittenen Barbaren zu besiegen. Von
ihm stammt die Einrichtung der *foederati*, einzelner Bar-
barenhaufen oder ganzer Stämme, die unter der Führung
ihres Fürsten in römische Dienste traten. Es war eine verzweifelte Kur, und sie führte das Ende Westroms herbei. Die
foederati konnten tatsächlich einem Attila Widerpart bieten,
aber ihre Führer, einmal zu großen, römischen Heerführern
geworden, wurden bald zu mächtig. Barbaren wie Rikimer
und Odoaker verfügten nach Belieben über die römische
Krone, bis sie schließlich fanden, daß es einfacher wäre, überhaupt in Italien keinen Kaiser mehr zu haben. Im Osten

konnte die kaiserliche Familie nach dem Scheitern des Goten-
fürsten Gainas als *Magister militum* die *foederati* gerade noch
im Zaum halten, bis es Leon I. und seinem Schwiegersohn Zenon gelang, ihre Macht auf ein kontrollierbares Maß zu reduzieren, indem sie Heerhaufen aus noch wilderen Stämmen des
Reiches als Gegengewicht heranholten, nämlich die Isaurier
und Armenier aus den Gebirgen Kleinasiens.

Um das 6. Jahrhundert (10) waren die *foederati* auf eine
vertretbare Zahl vermindert. Schwere Reitertruppen aus
Kleinasien, die *kataphraktoi,* die Prokop so sehr bewunderte,
bildeten ein Gegengewicht zu ihnen. Diese berittenen Truppen — gepanzerte Bogenschützen — waren es, die Justinians
Siege erfochten. Die *foederati* hatten jedoch ein schlimmes
System der Truppenrekrutierung hinterlassen, das vom ganzen Heer übernommen wurde: Die Generäle, nicht die Zentralregierung in Byzanz, übernahmen nun die Aushebung
und Versorgung der Mannschaften. Regimenter oder Legionen mit feststehendem Namen gab es jetzt nicht mehr; jede
Einheit wurde nach ihrem Befehlshaber genannt. Ihr allgemeiner Name war *bukellarioi.* Dieses System wurde noch
verschlechtert durch Justinians Bestreben, keinem seiner Generäle viel Geld oder viel Macht anzuvertrauen. Die Folge
war, daß alle seine Feldzüge durch Meuterei und Unzufriedenheit gehemmt wurden; seine Siege verdankte er nur dem
überragenden Genie seiner beiden Heerführer, Belisars und
des Eunuchen Narses.

Die finanziellen Schwierigkeiten der späteren Regierungs-
jahre Justinians und der Regierung Justins II. hatten zur
Folge, daß die Zahl der fremden Söldner vermindert wurde.
Das Reich konnte sich die *foederati* nicht mehr leisten. Diese
Tatsache mochte die zahlenmäßige Stärke des kaiserlichen
Heeres vermindern, aber sie setzte die folgenden Kaiser, Ti-

berios und Maurikios, in den Stand, das System der *bukellarioi* überhaupt aufzugeben — der Name hielt sich jedoch
noch längere Zeit als Regimentsbezeichnung — und die ganze
Armee zu reorganisieren, die nun dem Kaiser direkt unterstellt wurde. Das *Stratēgikon* gibt uns ein klares Bild der
neuen Armee: Die Einheit ist die Kompanie, der *numerus*,
arithmos oder das *tagma* (der Übergang vom Lateinischen
zum Griechischen war noch nicht ganz vollzogen, und besonders die Kommandos waren noch aus beiden Sprachen ge-
mischt). Die Kompanie bestand aus 300 oder 400 Mann, die
von einem *comes* oder Tribunen angeführt wurden. 6, 7 oder
8 Kompanien bilden eine *moira* unter einem Moirarchen oder
Dux. Die Zahlen wurden absichtlich unbestimmt gehalten, so
daß der Feind nie die Größe des Heeres abschätzen konnte.
Die Zusammenstellung der Kompanien bei Kriegsausbruch
war Aufgabe des Oberkommandierenden. Es gab keine stehenden Regimenter außer den *bukellarioi*, den *foederati* und
den *optimates,* während die Reste der fremden Söldner nun
eine Art kaiserlicher Leibwache bildeten. Etwas später hatte
Maurikios einen Plan zur Einführung einer bodenständigen
Streitmacht. Er verlangte, alle freigeborenen Männer sollten
das Bogenschießen erlernen und Bogen und Wurfspieß besitzen, um bei einem feindlichen Einfall ihren Heimatbezirk
verteidigen zu können (11). Wieweit diese Verordnung
durchgeführt wurde, läßt sich nicht mehr feststellen. In den
Grenzfestungen jedenfalls wurden jeweils die Bürger zur
Verstärkung der Verteidigung aufgerufen.
Es war die von Tiberios und Maurikios neuaufgebaute
Armee, die Herakleios in den langen Perserkriegen zum
Sieg führte und die dann später im Zustand der Erschöp-
fung von den Arabern überwältigt wurde.
Die sarazenischen Eroberer entrissen dem Reich Ägypten,

Afrika und Syrien, und nur unter größter Anstrengung konnte, nach Jahren der Panik, die Grenze von Kleinasien gegen sie gehalten werden. Im Lauf dieser Jahre wurde die Reorganisation des Heeres weiter vorangetrieben; die einzelnen Stadien lassen sich nicht mehr verfolgen; schließlich, im 8. Jahrhundert, wurde unter der syrischen Dynastie das System der *themata* vollends ausgebaut.

Das Themensystem war daraus entstanden, daß bestimmte Regimenter oder *themata*, reguläre feststehende Kompanieverbände, zum Zweck der Verteidigung in bestimmten abgegrenzten Bezirken stationiert wurden und daß dann der Kommandeur des Themas oder *stratēgos* gleichzeitig zum Chef der Zivilverwaltung ernannt wurde. Die Verwaltungsbezirke liefen daher ebenfalls unter dem Namen *themata*; und anfangs hieß jedes *thema* nach seinem eigenen Besatzungsregiment, z. B. *Thema optimatikon* oder *Bukellarion*. Als aber das Reich allmählich wieder in Ordnung kam und das bürgerliche Leben sich erholte, wurden in Bezirken, wo sie angefordert wurden, und an den Grenzen zusätzlich neue Themen eingerichtet. Diese Themen erhielten geographische Bezeichnungen, wie charsianisches oder seleukisches, nach ihren Hauptstädten, oder kappadokisches oder peloponnesisches, nach den alten Provinznamen. Die Themen waren unterteilt in 2 bis 3 *turmarchiai* oder *merē*, wobei der Unterbezirk von jeweils einer *turma* oder Hauptabteilung des Regiments unter einem *turmarchos* oder *merarchos* besetzt war. Die *turma* ihrerseits war zu militärischen Zwecken in 3 *moirai* eingeteilt, jede unter einem *drungarios*, die *moira* wiederum in 10 Kompanien oder *tagmata* unter einem *comes*. Wenn die Grenze sich nach vorn erweiterte, wurden Turmarchien oft von ihrem alten *thema* abgetrennt und unter Zuteilung neuen Gebiets zu selbständigen Themen befördert.

So schuf z. B. Leon VI. das *thema* von Seleukeia. Bestimmte Grenzbezirke, vor allem die Pässe, blieben aus der Themenorganisation ausgenommen und standen unter dauernder militärischer Besetzung. Sie hießen *kleisurai* oder *clissurae*, ihr Kommandeur war der *klissurarchos*. Auch sie konnten in den Rang von Themen erhoben werden.

Die Thementruppe war primär eine Defensivwaffe; und in jenen Tagen, als das Reich ständig in die Defensive gedrängt war, war sie die wichtigste Waffe. Der *stratēgos* des anatolischen Themas, der *Senior stratēgos*, war bis zum 9. Jahrhundert der Oberkommandierende von Asien, und auch noch im 10. Jahrhundert rangierte er außerordentlich hoch in der Beamtenhierarchie. An die *clissura*-Truppen angegliedert, möglicherweise oft unter ihrer Kontrolle, waren die Grenzbarone, die *akritai*, wie z. B. der Eposheld Digenis, der auf eigene Faust einen dauernden Partisanenkrieg gegen die Araber führte, aber sich wahrscheinlich bei größeren planmäßigen Unternehmungen an die reguläre Truppe anschloß.

Im Lauf des 9. Jahrhunderts kam ein neuer Zweig des Heeres zu größerer Bedeutung, die *tagmata*, nämlich 4 Regimenter der kaiserlichen Leibwache: die *scholae*, die *excubitores*, der *arithmos* oder die *vigla* (die Nachtwache) und die *hikanatoi* (12). Die letzteren waren offensichtlich eine Gründung des Kaisers Nikephoros I., die anderen gingen aus den Palastwachen der früheren Reichsperiode hervor. Es waren Kavallerieregimenter, vermutlich zahlenmäßig nicht sehr stark — die *scholae* hatten im 10. Jahrhundert nur eine Stärke von 1500 Mann —, jedes stand unter einem *domestikos*, außer der *vigla*, die von einem *drungarios* befehligt wurde. Ihnen angegliedert waren die *numeri*, Fußtruppen in einer Stärke von etwa 4000 Mann, und die *hetairia*, die sich aus fremden

Söldnern rekrutierte (sie war die Nachfolgerin der *foede-rati*). Diese Einheiten waren gewöhnlich in Thrakien oder Bithynien stationiert und begleiteten den Kaiser auf seinen Feldzügen. Nach und nach, als der Kaiser nicht mehr selbst ins Feld ging, fungierte der *domestikos* der *scholae* als Oberkommandierender. Während der langen Periode — sie dauerte fast hundert Jahre — von Basileios I. bis Nikephoros II., als keiner der Kaiser sich soldatisch betätigte, war der *domestikos* der weitaus wichtigste militärische Beamte im Reich, obwohl er im Rang noch unter dem *stratēgos* des anatolischen *thema* eingestuft war; als Byzanz dann im Lauf dieser Periode zum Offensivkrieg überging, erhöhte sich seine Position noch weiter: im Jahr 963 schließlich wurde der *domestikos* der *scholae*, Nikephoros Phokas, der gegebene Thronanwärter während der Minderjährigkeit der »purpurgeborenen« Kaiser.

Die Aufgaben der einzelnen Truppenteile waren sorgfältig gegeneinander abgegrenzt. Der Themen-Armee war der Schutz gegen feindliche Einfälle übertragen. Wenn z. B. die Araber die Grenze überschritten, meldete dies der örtliche Kommandeur sofort dem *stratēgos* des *thema*. Dieser ließ sofort die Nachbarthemen alarmieren, inzwischen ging seine Reiterei in Einsatz, um die Eindringlinge zu verfolgen und in ständiger Berührung mit ihnen zu bleiben, und das Fußvolk besetzte gleichzeitig die Pässe, durch die der Rückzug des Feindes voraussichtlich führen mußte. Die benachbarten Themata brachten unterdessen ihre Kerneinheiten zusammen und machten sich bereit, konzentriert auf einen Punkt vorzugehen, auf den der Feind erwartungsgemäß marschieren mußte (13). Wenn diese Zangenbewegung zeitlich richtig funktionierte, konnten die Eindringlinge gefaßt und eingekreist werden; so ging 863 der arabische Heerführer Omar

am Halysfluß in die Falle der Themen-Armee von Asien (14).
Auch Gegeneinfälle waren jeweils vorgesehen; die Flotte
sollte den Befehl erhalten, die arabischen Küsten heimzu-
suchen (15).

Wenn die byzantinische Armee einen aktiven Gegenstoß in
Feindesland machen wollte, dann führte der Kaiser oder der
domestikos der *scholae* die *tagmata* aus Konstantinopel heraus; an festgesetzten Punkten der großen Militärstraße durch
Kleinasien stießen Abteilungen von den einzelnen Themen
zum Heer (16). Sie bestanden in der Hauptsache aus Infanterie, jedoch stellte jedes *thema* auch einen Teil seiner Kavallerie ab — so wissen wir, daß der Kaiser von mindestens
8200 Reitern begleitet sein mußte, während die *tagmata*
wahrscheinlich nicht mehr als 6000 Mann im ganzen zähl-
ten (17). Über das unmittelbare Vorgehen bei solch einer
Offensive im Feindesland haben sich nur sehr dürftige Nachrichten erhalten. Zu der Zeit, als Kaiser Leon VI. schrieb,
waren aktive Vorstöße selten, und er erwähnt sie kaum.
Selbst der »Soldat« des Nikephoros Phokas beschreibt nur
die alte Verteidigungsstrategie, wenn er dabei auch bemerkt,
daß seine Erfahrungen heutzutage schon nicht mehr ver-
wendbar seien (18). Nur in dem kleinen anonymen Handbuch, dem *Liber de re militari*, wird die Invasion in Feindesland dargestellt; aber selbst hier sind, obwohl doch Johannes
Tzimiskes damals seine Heere bis Palästina und bis in die
Vorstädte Bagdads geführt hat, die wenigen festgehaltenen
Regeln vorsichtig und vage gehalten und betreffen in erster
Linie die Belagerung feindlicher Städte.

Vorsicht war überhaupt der Grundton der byzantinischen
Strategie. Die Angriffe der Barbaren und der Ungläubigen
erfolgten so häufig und oft so unerwartet, daß eine eigene
kühne Offensivpolitik kaum jemals zu verwirklichen war.

Das Heer von Byzanz war nicht unermeßlich wie das der Araber, und es war kostspielig. Es mußte daher immer so effektiv wie möglich eingesetzt werden, ohne jede Verschwendung von Menschenleben und Ausrüstung. Alle byzantinischen Handbücher warnen inständig vor der Torheit der Waghalsigkeit; die Generäle müssen auf der Hut sein vor Hinterhalten und Überraschungsangriffen und dürfen ihre Flanken niemals ungesichert lassen. Sie müssen zuverlässige Aufklärer einsetzen und soweit irgend möglich Kriegslisten und Kniffe anwenden. Tatsächlich stand die Moral in Byzanz damals auf einer recht niederen Stufe. Ein einmal gegebenes Ehrenwort zwar muß gehalten werden, das Leben von Gefangenen muß geschont, Frauen dürfen nicht geschändet werden, einem ritterlichen Feind gegenüber dürfen die Friedensbedingungen nicht zu hart sein. Aber andererseits werden empfohlen trügerische Verhandlungen, um Zeit zu gewinnen und den Gegner auszukundschaften; feindlichen Generälen soll man verleumderische Briefe zuspielen, um sie mit ihren Vorgesetzten in Konflikt zu bringen; die Kampfmoral der eigenen Truppe soll durch erfundene Siegesnachrichten gestärkt werden (19).

Solche Kniffe mögen immerhin von Nutzen gewesen sein; die wirkliche Stärke der Byzantiner lag aber in der überlegenen Intelligenz, mit der sie ihren so verschiedenartigen Feinden gegenübertraten. Sie setzten alles daran, bei jedem ihrer Gegner die besondere Eigenart seiner Kriegsführung zu erforschen sowie die beste Methode, ihr zu begegnen. So waren für sie die fränkischen Ritter Opfer ihrer eigenen Tollkühnheit; man konnte sie leicht in einen Hinterhalt locken. Ihre Nachschuborganisation war schlecht, und Hunger konnte sie zur Fahnenflucht verleiten. Sie kannten keinen militärischen Gehorsam und sie waren korrupt. Wenn man ein regelrechtes Gefecht vermeiden konnte, wo ihre Tapferkeit und ihre physische Kraft zur Geltung kamen, dann waren sie leicht durch eine Ermüdungsstrategie zu besiegen. Die Türken dagegen, zu denen auch Magyaren und Petschenegen gerechnet wurden, waren ihrerseits listige Kämpfer, und sie bestanden aus Horden leichter Reiter. Es war für den byzantinischen General geraten, seinerseits sich vor Hinterhalten in acht zu nehmen, sie so rasch wie möglich einzuschließen und zum Kampf zu stellen. Seine Panzerkavallerie konnte sie dann niederreiten, und sie konnten seine Infanteriefront nicht durchbrechen (20). Die Slaven, leichte Fußtruppen, waren nur in schwierigem Hügelgelände gefährlich. Für den Kampf in der Ebene waren sie zu schlecht bewaffnet und zu undiszipliniert, um den Reichsherrn standzuhalten. Die gefährlichsten Gegner blieben die Sarazenen. Sie konnten gewaltige Armeen zusammenballen, sie bewegten sich mit größter Schnelligkeit, und sie hatten ebenfalls eine Art wissenschaftlicher Kriegskunst ausgebildet. Aber sie waren nach wie vor bis zu einem gewissen Grad leicht in Unordnung zu bringen, und in der Niederlage schnell demoralisiert. Ein nächtlicher Überfall, wenn sie, mit Beute beladen, sich in ungewohnter Langsamkeit vorwärtsbewegten, konnte sie in Panik versetzen; auch waren sie sehr wetterempfindlich, bei Regen oder Kälte verloren sie den Mut. Im Kampf Mann gegen Mann waren ihre Reiter den Byzantinern in keiner Weise gewachsen; und so brauchte man eine regelrechte Schlacht nicht zu fürchten, wenn das Stärkeverhältnis nicht zu ungleich war.

In ähnlicher Weise kannte man auch für die Kunst des Belagerungskriegs eigene Regeln, entsprechend der Art der zu belagernden Stadt und ihres Hinterlandes (21). Diese Regeln wurden sorgfältig fixiert, waren aber niemals starr.

Neue Entdeckungen waren immer willkommen. Kekaumenos drängt die Generäle geradezu, neue Methoden zu erfinden (22); und Anna Komnene rühmt ihren Vater Alexios I. wegen seiner neuen Errungenschaften (23). Auch im Zustand der Belagerung sollte Wert darauf gelegt werden, Stärke und Stimmung des Feindes zu erkunden. Kekaumenos empfahl hierzu Ausfälle und ein gewisses Maß an Kriegslist (24); die Fortifikationstechnik war ohnedies längst ein Gegenstand intensiven Studiums.

Die Stärke der byzantinischen Armee lag in ihrer schweren Reiterei, den *kaballarioi*. Sie trugen Stahlkappen und Panzerhemden, mit stählernen Visieren für die Offiziere und die Vorkämpfer in der vordersten Linie; je nach dem Wetter zogen sie leinene oder wollene Mäntel über die Rüstung. Ihre Bewaffnung bestand aus Schwert, Dolch, Bogen und Köcher und einer Lanze. Helmbusch, Lanzenwimpel und Mantel waren einheitlich in den Regimentsfarben gehalten. Das Fußvolk bestand überwiegend aus leichten Bogenschützen — einige Provinzen stellten an ihrer Statt Speermänner; es gab aber auch schwere gepanzerte Infanterie mit Streitaxt, Lanze, Schwert und Schild. Sie wurde eingesetzt, wenn schwierige Gebirgspässe zu halten waren, wo Kavallerie kaum zu verwenden war. Das Griechische Feuer, im byzantinischen Seekriegswesen die charakteristische Waffe, wurde vom Heer nur zur Vertreibung von Belagerern abgeschossen.

Über die Löhnung der Truppen liegen reichlich Angaben vor (25). Die Gehälter der *stratēgoi* der kleinasiatischen Themen bewegten sich zwischen 20 und 40 Goldpfund im Jahr. Die *turmarchoi* erhielten, soweit ersichtlich, mindestens drei Pfund und untere Offiziersränge zwei bis ein Pfund. Innerhalb der Mannschaft bekamen Rekruten anscheinend 1 *nomisma* im ersten Dienstjahr, 2 im nächsten usw., bis 12 oder in einigen Fällen sogar 18 *nomismata* erreicht waren. Kekaumenos empfiehlt mit großer Eindringlichkeit, niemals an der Löhnung des Soldaten zu sparen. Man hat ausgerechnet, daß die Heere im Bereich der östlichen Themen, einschließlich Thrakiens und Makedoniens, die Reichskasse mindestens 500 000 Pfund im Jahr gekostet haben. Der Sold wurde in jedem Thema von dem *chartularios* ausgezahlt, einem Beamten, der von der Zentralregierung kontrolliert wurde (26). Die Soldaten wurden aber oft auch mit Landbesitz entlohnt. So kamen die Kavalleristen zum großen Teil aus kleinen Bauerngütern, deren Besitzer erblich dienstverpflichtet und dafür von allen Steuern außer der Grundsteuer befreit waren (27). Diese Dienstpflicht konnte indessen umgangen werden: Die verwitwete Mutter des heiligen Euthymios des Jüngeren (geb. um 820) verheiratete ihren Sohn so früh wie möglich, um ihn vom Militär freizubekommen, weil er dann zwei Frauen zu versorgen und einen Bauernhof zu verwalten hatte (28). Andererseits wurden die *hetairioi* (die Reitertruppe) so gut besoldet, das Ausländer noch dafür zahlten, in ihre Reihen eintreten zu dürfen (29).

In ihrer besten Zeit zählte die Armee von Byzanz wahrscheinlich nicht über 120 000 Mann, von denen 70 000 von den östlichen Themen und der Rest von den Themen Europas und den Regimentern der Zentraltruppe gestellt wurde (30). Dazu muß man allerdings noch die erhebliche Anzahl derer rechnen, die das Heer begleiteten. Dem Soldaten war es erlaubt, Sklaven und Diener mitzunehmen, um seine Kraft nicht durch Zeltbau und Schanzarbeit zu sehr zu schwächen. Das Verpflegungswesen lag ebenfalls in den Händen von Nichtsoldaten, und eine Truppe von unbewaffneten Pionie-

ren war überall zur Hand, um für die Nacht das Lager auf-
zuschlagen (31). Ferner gab es noch eine äußerst tüchtige Sa-
nitätstruppe mit einer Verbandplatzorganisation, auf die
jede heutige Armee stolz sein könnte (32); und nicht zuletzt
baute man in den großen Garnisonen wie z. B. Dorylaion
enorme Badehäuser für die Soldaten (33).

Im Jahr 1071 indessen führte der Kaiser Romanos Diogenes unter Mißachtung aller Regeln byzantinischer Strategie
sein Heer in die vernichtende Niederlage von Mantzikert.
Von ihr hat sich die Armee von Byzanz nie wieder erholt,
weniger infolge der großen Katastrophe auf dem Schlachtfeld selbst als vielmehr, weil durch sie fast ganz Kleinasien
verlorenging und damit die ganze Themenorganisation zusammenbrach. Dem Eunuchen Nikephoros Logothetes und
nach ihm Alexios I. gelang es zwar nochmals, eine Armee zu-
sammenzubringen, die die Normannen und die Petschenegen
zurückschlug und auch unter Alexios' Sohn Johannes gute
Dienste tat, dann aber von seinem Enkel Manuel in Armenien und Ungarn nutzlos vergeudet wurde und schließlich
bei Myriokephalon unterging. Das war jedoch eine Zufalls-
armee, die von einem Tag zum andern zusammengelesen
worden war, so gut es eben ging, ohne festen Aufbau und
Kontinuität; aus Sparsamkeitsgründen mußte sie jeden Winter aufgelöst werden.

Immer mehr mußten sich die Kaiser von nun an auf fremde
Söldner verlassen. Ausländer waren zwar von jeher angeworben worden, um die Leibwache des Kaiserhofs zu bilden
— auch der Rebell Bardas Phokas hatte eine Garde von aus-
gesuchten Georgiern, alle gleich hochgewachsen und in wei-
ßer Rüstung (34). Die berühmte Varägergarde wurde irgendwann in der ersten Hälfte des 11. Jahrhunderts gegründet (35). Während Alexios' Regierung waren in ihr Auslän-

der jeder Gattung vertreten: Russen, »Kolbingier«, Türken, Alanen, Engländer, Franken, Deutsche und Bulgaren (36); zusammen mit den *hikanatoi*, den *vestiantes*, den »Unsterblichen«, den Resten der alten *tagmata*, die nach Mantzikert 1078 durch den Eunuchen Nikephoros gesammelt worden waren, und den *archontopuloi*, die Alexios für die Söhne der gefallenen Adligen gegründet hatte, bildeten sie den Kern des ganzen Heeres. Die Varägergarde, die damals zum größten Teil aus Engländern bestand, war es auch, die von den Normannen bei Dyrrhachion zersprengt wurde. Eine Themen-Armee gab es damals nicht mehr. Die Themen waren desorganisiert, und die Komnenen zogen es vor zu zentralisieren. So blieben jetzt anstelle der verschiedenen *stratēgoi* nur mehr zwei leitende Kommandostellen, der *domestikos* des Ostens und der *domestikos* des Westens. Zusätzliche Einheiten wurden aus ausländischen Söldnern gebildet (37).

Zu Beginn des 11. Jahrhunderts war es eine feste Regel gewesen, daß ein Fremder kein höheres Kommando haben durfte. Peter, »der Neffe des deutschen Königs«, der unter Basileios II. in die byzantinische Armee eintrat, erhielt für all seine Verdienste keinen höheren Rang als den eines Provinz-*domestikos* (38). Unter den Komnenen jedoch wurden Ausländer sogar in die höchsten verantwortlichen Positionen eingesetzt: So war der Groß-Hetairiarch des Kaisers Alexios ein Skythe. Bohemund galt allerdings als maßlos unverschämt, weil er den Posten eines *domestikos* des Ostens verlangte (39): Doch Manuel I. und Maria von Antiocheia übertrugen eine ganze Reihe der wichtigsten Kommandos an Lateiner.

Das Funktionieren des Söldnersystems hing davon ab, daß große Beträge von Bargeld in der Schatzkammer bereitlagen. Unter den Angeloi begann das Geld auszubleiben,

*Silberne Kosmetikdose aus dem 5. Jahrhundert. Oben: Auferweckung
des Lazarus (Deckelgravur); unten: Die Huldigung der Magier.
Paris, Louvre.*

Zwei Steinsarkophage aus dem 6./7. Jahrhundert. Oben: Truhen-
sarkophag; unten: Sarkophag mit dem Relief Christus zwischen den
zwölf Aposteln. Paris, Louvre.

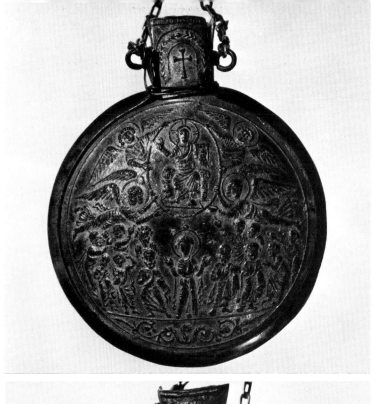

Zwei Ölampullen aus Palästina; Silber, graviert. Oben: Christi Himmelfahrt; unten: Anbetung der Hirten und der Magier. Um 600. Monza, Domschatz.

Vase aus Emesa mit Christus- und Apostelmedaillons. Silber;
6. Jahrhundert. Paris, Louvre.

und schließlich war, als in der Krise des Jahres 1204 die fremden Söldner ihren Sold verlangten, nichts mehr zu beschaffen. Als daraufhin die Söldner, deren Treue nur auf dem Geld beruhte, sich weigerten zu kämpfen, war Konstantinopel schutzlos preisgegeben.

Die nikäischen Kaiser brachten es mit ihrem rigorosen Sparsystem fertig, ein kleines Heer aufzubauen und in den Grenzgebieten wieder eine Landwehr anzusiedeln, die sie nach dem alten System mit kleinem Grundbesitz entlohnten. Aber die Palaiologen schafften es nicht mehr, eine einheimische Truppe aufrechtzuerhalten. Die Geschichte der Katalanischen Kompanie warnte sie zwar vor den Gefahren des Söldnersystems, aber es blieb ihnen kein anderer Weg. Der Posten des Großdomestikos, ihres Oberbefehlshabers, war oft kaum mehr als eine Sinekure. Das Menschenpotential des Reichs ging mit beängstigender Schnelligkeit zurück; in Friedenszeiten ein Heer zu unterhalten, wäre eine unvorstellbare Extravaganz gewesen. Lange vor der Einnahme der Hauptstadt durch die Türken gehörte die byzantinische Armee schon der Vergangenheit an. Das einzige Vermächtnis, das die großen Krieger ihren verarmten Nachfahren hinterlassen hatten, war jene lange Mauer, die so viele Jahrhunderte hindurch das Bollwerk des christlichen Ostens geblieben ist.

2. Die Flotte

Das Landheer war die weit bevorzugte Waffengattung in Byzanz. Der Flotte wurde nie dieselbe Bedeutung und Aufmerksamkeit zuteil (1). Bis zu den *Taktika* Leons VI. war in Byzanz überhaupt noch kein Buch über die Methoden des Seekriegs erschienen, und auch er widmete ihm nur wenige und ganz kurze Kapitel (41). Auch in der Folgezeit kam nur ein einziger Schriftsteller auf diesen Gegenstand zurück, der Parakoimomenos Basileios, dessen *Naumachia* jedoch niemals veröffentlicht wurde. Konstantin VII. gibt nur einzelne zufällige Informationen; auch Historiker wie Anna Komnene bringen offenbar den Seekriegsproblemen im Verhältnis zum Heerwesen nur geringes Interesse entgegen. Die Folge davon ist, daß wir nur wenig über das byzantinische Seekriegswesen und seine Geschichte wissen, und man ist in Versuchung, ihre Bedeutung zu niedrig einzuschätzen.

In den großen Epochen des Römerreichs, damals als das Mittelmeer noch ein römischer Binnensee war, bestand kein Bedürfnis für eine große Flotte. Die Seefestung Byzanz konnte die Seeräuber vom Schwarzen Meer gut am Eindringen in zivilisierte Gewässer hindern, und dort benötigte man nur eine kleine Polizeiflotte. Selbst noch bei den ersten Goteneinfällen hatten wenige Schiffe genügt, um die Küsten zu blokkieren und die Barbaren zum Abzug zu zwingen. Erst als die Vandalen in Afrika erschienen und eine Flotte bauten, kam die Unzulänglichkeit von Roms Marinepolitik an den Tag. Jedoch machten die Kaiser des 5. Jahrhunderts weder im Osten noch im Westen mehr als halbherzige Versuche, diesem Mangel abzuhelfen, und selbst Justinian verdankte seinen Erfolg mehr dem Verfall der vandalischen Seemacht als der eigenen Flotte.

Die byzantinische Marine als realer Faktor nahm ihren Anfang unter der Herakleiosdynastie. Die wachsende Seemacht der Araber verlangte dringend nach einer wirksamen Gegenkraft; auch erschwerten die zahlreichen feindlichen Einfälle den Überlandhandel derart, daß ein Ausweichen auf gut bewachte Seewege geraten schien. Als die Themen-Organisation aufgebaut wurde, bezog man daher auch zwei maritime Themen ein, deren Befehlshaber kein General, sondern ein

Admiral wurde. Es waren dies: das kibyraiotische *thema*, das die Südküste Kleinasiens deckte, und das ägäische, das die griechischen Inseln und Teile der Westküste Kleinasiens umfaßte. Jedes stand unter einem *drungarios*, die beiden *drungarioi* wieder unter dem Oberbefehl des *stratēgos* der Karabisianer. Diese Flotte schlug zweimal den Angriff der Araber auf Konstantinopel ab und rettete dem Reich Sizilien. Bald aber wurde sie übermächtig. Im Jahr 698 setzte sie den Kaiser Leontios ab und erhob dafür einen Admiral namens Apsimar auf den Thron. 711 entthronte sie Justinian II. (42). Die Soldatenkaiser der syrischen Dynastie bekamen es mit der Angst zu tun. Dazu kam noch, daß sich die Flotte weitgehend aus bilderfreundlichen Provinzen rekrutierte — diese Art der Frömmigkeit paßt gut zur abergläubischen Seemannsseele —, während die asiatischen Krieger die ikonoklastische Tendenz der Regierung stützten. Da nun die arabische Seemacht im Verfall begriffen war, hielten es die Kaiser für angezeigt, das Flottenoberkommando abzuschaffen, die maritimen *themata* zu degradieren und die Zahl der Schiffe beträchtlich zu verringern (43).

Dies war eine verfehlte Politik. Im 9. Jahrhundert erschienen von neuem arabische Flotten und nahmen Sizilien und — was noch schlimmer war — Kreta ein, das sie zu einem Stützpunkt für ihre Piraterie ausbauten, die von nun an alle ägäischen Küsten bedrohte. Jetzt mußte die Flotte wieder ins Leben gerufen werden. Ihre Wiedergeburt traf, möglicherweise nicht unbegründet, mit dem endgültigen Ableben des Ikonoklasmus zusammen. Theodora und Michael III. und nach ihnen Basileios I. bauten die Flotte völlig neu auf: Die Organisation der Flottenthemen wurde wiederhergestellt; etwas später wurde noch das *thema* Samos, das auch Smyrna einschloß, in ihren Verband aufgenommen; die europäischen

Themen Hellas, Peloponnes, Kephallonia und die italienischen Themen bekamen eigene Flottenabteilungen. Auch in
Konstantinopel mußte eine starke kaiserliche Flotte stationiert werden, und zwar unter dem Großdrungarios, einem
der höchsten Reichsbeamten. Die Strategen der maritimen
themata bezogen aber immer noch ein Gehalt, das kleiner
war als das jedes Heeresoffiziers im gleichen Rang, nämlich
nur 10 Goldpfund jährlich (44).
Die neue Flotte war schlagkräftig und erfolgreich. Sizilien
konnte sie zwar nicht mehr retten, aber Süditalien eroberte
sie für das Reich zurück, und Unternehmungen nordwärts in
die Adria hinein unter Basileios' I. großem Admiral Oory-
phas veranlaßten die Küstenländer Dalmatiens dazu, eine
lang vergessene treue Ergebenheit zu bekunden (45). Dem
sarazenischen Seeräuber Leo von Tripolis gelang es zwar
trotzdem im Jahr 904, Thessalonike zu plündern, aber wenige
Jahre danach hetzte die kaiserliche Flotte ihn zu Tode (46).
Unter Zoe Karbonopsina zerstörte sie ein sarazenisches Räu-
bernest am Garigliano, und unter Romanos I. führte sie eine
ähnliche Aufgabe sogar im fernen Fréjus erfolgreich aus (47).
961 wurde schließlich auch Kreta zurückgewonnen, nach zwei
Mißerfolgen 902 und 949. Danach war es mit der arabischen
Seeherrschaft zu Ende, und Nikephoros Phokas sagte die
Wahrheit, als er zum italienischen Botschafter Liutprand
sagte: »Ich allein beherrsche die See«. (48) Schon Konstantin
VII. hatte die Oberhoheit über die Straße von Gibraltar für
Byzanz in Anspruch genommen (49).
Bald darauf aber ging es mit der byzantinischen Seemacht
erneut abwärts. Teilweise ist die Ursache auch diesmal darin
zu suchen, daß die Admirale zu leicht zu mächtig wurden —
Romanos Lakapenos sah in seinem Flottenkommando das
beste Sprungbrett zum Thron — und daß daher die unmili-

tärischen Kaiser des 11. Jahrhunderts ganz bewußt die Rüstungen einschränkten. Da es weit und breit zur See keinen ernsthaften Rivalen mehr gab, erschien eine Flotte als überflüssiger Luxus. Schon 992 hatte Basileios II. den Venezianern die Kontrolle über die Adria übertragen und mit ihnen vereinbart, daß sie im Bedarfsfall für die kaiserlichen Truppen den Seetransport übernehmen sollten. Im Osten brachten die seldschukischen Eroberungen die Marine-*themata* in Auflösung. Als unter Alexios Komnenos das Reich wieder eine Flotte zur Verteidigung brauchte, mußten italienische Söldner dafür angeworben werden. Alexios versuchte, erneut eine kaiserliche Flotte aufzubauen, und tatsächlich war diese schließlich imstande, den Pisanern und Genuesen Widerpart zu bieten; aber die späteren Komnenen konnten weder die nötigen Mannschaften noch das Geld für sie aufbringen. Manuel I. verbrauchte alles Verfügbare in seinen Feldzügen zu Land, die Flotte war zum Untergang verurteilt. Das Ergebnis war dann die Katastrophe des Jahres 1204.

Die Kaiser von Nikaia haben, wie es scheint, ihr Interesse wieder der Marine zugewendet. Es ist sicher, daß Michael Palaiologos bei seiner Rückeroberung Konstantinopels eine kleine, aber tüchtige Flotte zur Verfügung stand. Während der ganzen Palaiologenzeit jedenfalls war die Seemacht wahrscheinlich in besserer Verfassung als die Landtruppe; der Großadmiral, jetzt *Megas dux* genannt, war im Rang beinah dem *Megas domestikos* ebenbürtig, relativ höher als jemals der *Megas drungarios* (50). Um aber den mächtigen italienischen Seerepubliken standhalten zu können, war die Flotte zu schwach, und im Chaos der letzten Jahrzehnte verschwand auch sie fast völlig. Es gab aber doch ein paar griechische Schiffe, die in der letzten Belagerung tapfer gegen die Türken fochten, so die kaiserliche Transportflotte, die Ge-

treide in die eingeschlossene Stadt brachte und sich gegen eine
unglaubliche Übermacht den Weg ins Goldene Horn erkämpfte (51).

Das byzantinische Kriegsschiff war meist die *dromonē* (der
»Renner«) ein Zweiruderer, der von über 100 bis zu 300
Mann faßte. Daneben gab es Zweiruderer eines anderen
Typs, offenbar schneller, die sogenannten »Pamphylier«; das
Flaggschiff des Admirals war im 10. Jahrhundert ein großer
Pamphylier. Ferner waren Langboote mit Einzelruderbän-
ken vorhanden (52), zusätzlich konnten auch Handelsschiffe
für den Seekrieg eingezogen werden: Die Flotte, die Justi-
nian II. gegen Cherson aussandte, war von sämtlichen Zünften
der Hauptstadt ausgerüstet und bestand zum Teil aus Han-
delsschiffen (53); es war eine improvisierte Flotte aus alten
Kriegsschiffen und Handelsbooten, die 941 den russischen
Überfall abwehrte, als die kaiserlichen Seestreitkräfte gerade
weit entfernt in der Ägäis operierten (54).

Über die Größe der byzantinischen Marine in ihrer besten
Zeit haben wir einige Angaben: 300 Schiffe sollen demnach
853 gegen Ägypten ausgelaufen sein — aber viele davon waren vielleicht doch nur kleinere Boote (55). Für die kretische
Expedition von 902 brachte die kaiserliche Marine 60 Dromonen und 40 Pamphylier zusammen, dazu entsandten das
kibyraiotische, das ägäische und das samische *thema* zusammen 35 Dromonen und 35 Pamphylier, außerdem das hellenische noch 10 Dromonen (56). Das *thema* Kalabrien scheint
um 929 sieben Kriegsschiffe in Dienst gehabt zu haben (57).

Neben Rammvorrichtungen, die wohl meist vorhanden waren, war die berühmte Waffe der byzantinischen Schiffe das
Griechische Feuer oder Seefeuer (58), dessen chemische Sub-
stanz offenbar variierte und das in verschiedener Weise

angewandt wurde. Meist wurde es entweder in Form von
Handgranaten auf die feindlichen Schiffe geschleudert, wo es
beim Aufschlag explodierte und Flammen verbreitete, oder
man katapultierte es in ganzen Töpfen hinüber; es scheint
aber auch, daß man bereits Schießpulver verwendet hat, um
durch Röhren leicht entzündliches Material auf Objekte in
einiger Entfernung abzuschießen. Das Rezept des Griechischen Feuers, das in Magazinen in den großen Seestädten la-
gerte, wurde streng geheimgehalten und durfte niemals wei-
tergegeben werden (59). So war die Einnahme von Mesembria durch Krum im Jahr 812 eine gefährliche Panne, da
der Bulgarenkhan damit ein Vorratslager in die Hand bekommen hatte (60). Die Erfindung selbst ist angeblich von
einem gewissen Kallinikos von Heliopolis im 7. Jahrhundert
gemacht worden, und in irgendeiner Form wurde sie erstmals
zur Abwehr gegen die Araber bei den großen Belagerungen
von Konstantinopel verwendet. Aber wahrscheinlich wurden
ihre verschiedenen Formen erst im 9. Jahrhundert vervoll-
kommnet. Leon VI. spricht vom Griechischen Feuer als von
einer Neuentdeckung (61). Im 10. Jahrhundert notierte der
Grieche Markos das Rezept, allerdings in recht vager
Form (62); es scheint, daß die Araber seine Herstellung heim-
lich noch vor den Kreuzzügen in Erfahrung gebracht haben.
Erst als im 14. Jahrhundert Schießpulver und Geschütze ihm
den Rang abliefen, kam es völlig außer Gebrauch.
Die Taktik, die Leon VI. für die Marine empfiehlt, ist noch
vorsichtiger als jene, die er dem Heer vorschlägt. Die offene
Schlacht soll man vermeiden, außer wenn die gegnerische
Flotte im klaren Nachteil ist; weit klüger seien Geplänkel mit
kleineren Einheiten. Wenn die offene Seeschlacht unvermeid-
bar ist, rät er zur halbmondförmigen Aufstellung, wie sie
schon die alten Griechen bevorzugten. Signale sollen mit Flag-

gen oder bei Nacht mit Licht gegeben werden, man soll Wind-
und Meeresströmungen erforschen und Vorsorge gegen beide
treffen; gefährliche Küsten sind zu meiden. Wenn man dagegen mit Hilfe des Wetters ein feindliches Geschwader vernichten könne, so sei das die billigste und damit die beste Art
zu siegen (63).

Freilich war Leons Interesse am Seekrieg offensichtlich nur
gering, und er verstand auch nicht viel davon. Der dilettan-
tische Charakter seiner Kenntnisse tritt in seinem Marineka-
pitel weit deutlicher zutage als in irgendeinem seiner militärischen Exkurse. Von berufener Hand existiert keine Auf-
zeichnung über Aufgaben und Ziele des Seekriegs bei den Byzantinern. Ihre Flotte hat manche Großtat vollbracht; und
Kekaumenos hatte recht, wenn er sie »die Glorie der Rho-
manier« nannte (64). Aber die späten Römer betrachteten ihre
eigene Glorie ohne Begeisterung. Stürme und Klippen machten das Meer gefahrvoll, manch eine Armada war von Gottes
eigener Hand vernichtet worden. Die Byzantiner zogen eine
Wissenschaft vor, bei der ihre Intelligenz ihnen einen sichere-
ren Vorteil verschaffen konnte, und studierten daher lieber
den Landkrieg.

3. Der diplomatische Dienst

Bei aller ausgezeichneten Organisation ihrer Armee und
Flotte waren die Byzantiner doch eher geneigt, sie so sparsam
wie möglich einzusetzen. Ihre politische Aktivität hatte daher
traditionell das Ziel, die auswärtigen Nationen untereinander in Streit zu verwickeln und damit ein Gleichgewicht zu
erhalten, das jeden möglichen Feind vom Angriff auf ihr
Land fernhalten sollte.

Nur sehr dürftige Nachrichten sind uns über den Aufbau

*Die Verklärung Christi. Byzantinische Miniatur aus einem Lektionar;
11./12. Jahrhundert. Christus erscheint in Begleitung des jugendlichen
Moses und des Propheten Elias auf dem Berg Tabor den Jüngern Petrus,
Jakobus und Johannes. Kloster Panteleimonos, Athos, Griechenland.*

des diplomatischen Dienstes von Byzanz überliefert. Der
Außenminister des Reichs war der *Logothetēs tu dromu*; er
genoß, wie es scheint, den engsten Kontakt zum Kaiser und
durfte täglich mit ihm konferieren (65). Die Außenpolitik
wurde also ebenfalls weitgehend vom Kaiser selbst geleitet.
Dem Logotheten oblag es, sich um den Empfang der ausländischen Gesandtschaften zu kümmern. Wahrscheinlich stellte
er auch die kaiserlichen Gesandtschaften an fremde Höfe auf
und wählte ihre Mitglieder aus. Manche diplomatischen Ge-
schäfte wurden aber auch von den Städten draußen im Reich
wahrgenommen. So gehörten zum Ressort des Strategen von
Cherson auf der Krim die Missionen zu den Steppenvölkern.
In der Geschichte von Justinians II. Abenteuern erscheint
Cherson als der Ausgangspunkt der Gesandtschaften an die
Chasaren (66). Unter Zoe Karbonopsina suchte der Stratege
Johannes Bogas die Petschenegen auf, um sie gegen Bulgarien aufzuhetzen (67); auch Konstantin VII. sah in Cherson
die geeignete Basis für die Steppendiplomatie (68). Möglicherweise war der *toparchos* des Krimgotenlands, ein Beamter, der im frühen 10. Jahrhundert bezeugt ist, der Chef der
diplomatischen Dienststelle von Cherson (69). In Italien verhandelte anscheinend der örtliche *stratēgos* oder *katepan* mit
den Arabern (70), größere Gesandtschaften wurden jedoch in
Konstantinopel ausgerüstet (71). In der Mitte des 10. Jahrhunderts reiste nicht der *stratēgos*, sondern der Erzbischof
von Otranto, Vlattos, nach El-Mahdia, um christliche Gefangene loszukaufen; damals genoß er dort einigen Einfluß, da
seine Schwester im Harem des Kalifen war; als er aber die
Reise ohne offizielle Mission wiederholte, um sein gutes Werk
fortzusetzen, wurde er von den Arabern getötet (72).
Von einem diplomatischen Dienst im modernen Sinn kann
man bei alledem nicht reden; ständige Botschaften wurden in

keinem einzigen Land unterhalten: Nur der *stratēgos* von Cherson leitete ein umfangreiches Büro, das Nachrichten über die politischen Bewegungen bei den Steppenvölkern sammelte. Vermutlich saßen dort mehrere Beamte, die jeweils in Missionen dorthin gesandt wurden, wo gerade Bedarf war. Unter Leon VI. wurde so der Magister Leon Choirosphaktes als Botschafter nach Bagdad und später zum bulgarischen Hof geschickt (73). Üblicherweise reisten immer dieselben Minister, wenn mit den Arabern ein Waffenstillstand ausgehandelt wurde, um den Gefangenenaustausch an der Grenze zu leiten — man darf annehmen, daß es Spezialisten für die arabische Sprache waren. Unter Romanos I. übernahm der *patrikios* Konstans die wiederholten Gesandtschaften zum Kaukasus, bevor er Großadmiral wurde (74).

Äußerlich war die byzantinische Diplomatie durch steife Förmlichkeit gekennzeichnet, die bewußt auf Steigerung des kaiserlichen Ansehens berechnet war. Ein fremder Gesandter wurde sofort bei seiner Ankunft in Konstantinopel in die engen Schranken der Etikette gezwängt — womit in erster Linie sichergestellt werden sollte, daß er keinerlei Kontakt mit Leuten bekam, die nicht dazu autorisiert waren. Wenn er zur Audienz hereingeführt wurde, begrüßte man ihn nach einer feststehenden Formel und reihte ihn rangmäßig nach der Bedeutung seines Landes ein. Nach dem Vertrag von 927 wurde den bulgarischen Gesandten, als Vertretern eines mit dem Kaiserhaus verwandten Monarchen, der höchste Rang unter allen Botschaftern eingeräumt; so blieb es bis zur Unterwerfung der bulgarischen Dynastie durch Johannes Tzimiskes (75). Während der gesamten ersten Audienz blieb der Basileus unbewegt und teilnahmslos: eine Gottheit. Vom Gesandten erwartete man, daß er die Proskynese vor dem Herrscher vollzog. Später konnte er bei einem Staatsbankett in persönlichen Kontakt mit dem Kaiser kommen, oder möglicherweise konnte ihm eine persönliche Audienz gewährt werden. Kam er von einer Barbarennation, so wurden die mechanischen Spielzeuge des Palastes in Gang gesetzt, um auf ihn tiefen Eindruck zu machen: Die goldenen Löwen mußten brüllen und die goldenen Vögel singen, und während der Gesandte bei der Proskynese im Staube lag, pflegte sich der Thron himmelan bis zur Saaldecke zu erheben, und seine Majestät erschien, auf geheimnisvolle Weise in neue und reichere Gewänder gekleidet. Einen anspruchsvolleren Botschafter konnte man mit einer Führung durch die Schatzkammer oder die Vorführung von Reliquien unterhalten — Besichtigungen, bei denen ihm wohl der Atem stocken konnte angesichts so vieler unschätzbarer Kostbarkeiten —, oder man konnte ihn bei Gelegenheit zu den Zirkusspielen mitnehmen (76). Aber überall wurde er aufs schärfste überwacht; er mußte in sein Land heimkehren, ohne irgendetwas erfahren oder gesehen zu haben, was nicht von der kaiserlichen Regierung eingeplant und genehmigt gewesen wäre. Benahm er sich nicht respektvoll genug oder war sein Akkreditiv nur an den Kaiser »der Griechen« adressiert, wie das der päpstlichen Legaten von 968, dann pflegte man ihn ohne weiteres Federlesen ins Gefängnis zu werfen (77). Für Leute, die die kaiserliche Majestät und die beim Hof vorgeschriebene Etikette nicht mit letzter Ehrfurcht behandelten, gab es keine diplomatische Immunität.

Byzantinische Gesandtschaften ihrerseits reisten mit prächtigem Gefolge, beladen mit reichen Geschenken, Juwelen, Gold, Seiden und Brokatstoffen. Diese waren in erster Linie für den Monarchen bestimmt, an dessen Hof die Gesandtschaft ging, doch mußte man auch einflußreiche Minister mit Geschenken umwerben (78). Vom kaiserlichen Geheimdienst

konnte man erwarten, daß er wußte, wen zu gewinnen sich
lohnte, sei es in Pavia oder Bagdad. Als Nikephoros Uranos
980 als Botschafter nach Bagdad ging, bekam er die Instruk-
tion, besondere Liebenswürdigkeit gegenüber Adhoud ed-
Dauleh zu zeigen, als dem wichtigsten aller Ratgeber des Kalifen (79).

Hinter dieser pomphaften Fassade wirkte eine feingesponne-
nene, weitsichtige und ziemlich skrupellose Diplomatie. Ver-
tragliche Verpflichtungen wurden zwar stets sorgfältig ein-
gehalten, aber man sah in Byzanz nichts Unrechtes darin,
irgendeinen fremden Stamm gegen seinen Nachbarn, mit
dem man selbst in bestem Einvernehmen stand, aufzuhetzen.
Leon VI. zum Beispiel war zu fromm, um selbst gegen seine
christlichen Glaubensbrüder, die Bulgaren, Krieg zu führen,
er zögerte aber nicht, den heidnischen Ungarn Subsidien zu
zahlen, damit sie ihnen in den Rücken fielen (80). Ganz ähnlich hetzte Nikephoros Phokas die Russen gegen die Bulgaren, obwohl er selbst mit den Bulgaren in Frieden lebte (81).
Es war geradezu ein Grundgesetz der byzantinischen Außenpolitik, jeweils eine andere Nation dem eigenen Feind ent-
gegenzustellen und damit Kosten und Risiko eines Kriegs auf
ein Minimum zu reduzieren. So waren es eher die fränkischen
Krieger Kaiser Ludwigs II., des Deutschen, als byzantinische
Truppen, die die Sarazenen aus Süditalien vertrieben und
871 Bari zurückeroberten (82). Die Byzantiner brauchten
nur rechtzeitig zur Stelle zu sein, um die Früchte dieses Sieges
zu ernten und die Franken aus der wiedereroberten Provinz auszumanövrieren. In ähnlicher Weise zog sich in Süditalien ein Jahrhundert später — als Kaiser Otto II. sich hier
mit Eroberungsplänen trug, während Basileios II. mit den
Wehen einer großen Revolte zu tun hatte — die kleine byzantinische Garnison zurück, nachdem man die Saraze-

nen dazu ermuntert und vielleicht sogar mit Geld bestochen hatte, den deutschen Angriff zu vereiteln. Als dann die deutsche Sache in der Schlacht bei Stilo gescheitert war und die Sarazenen mit Beute beladen abzogen, rückte die byzantinische Besatzung wieder ein (83). Und Kaiser Alexios I., der ja die Kreuzritter nicht dazu eingeladen oder auch nur ihre Hilfe erbeten hatte, funktionierte deren erste Siege über die Seldschuken in seinen ganz persönlichen Erfolg um.

Im Umgang mit den Steppenvölkern waren solche Praktiken an der Tagesordnung. Zu oft in der Vergangenheit hatten Umwälzungen innerhalb der barbarischen Stämme gewaltsame Einbrüche ins Reich nach sich gezogen; nach dem 7. Jahrhundert jedoch gelang es keinem von ihnen mehr, südlich der Donau Fuß zu fassen. Invasionsverdächtige Völker wurden schon in der Steppe zerschlagen oder, wie die Magyaren, seitlich nach Mitteleuropa abgelenkt. Konstantin VII. verrät uns das Rezept, nach dem man solche Erfolge im 10. Jahrhundert erreichte: Gegen die Chasaren beispielsweise konnte man die Petschenegen oder die Schwarzen Bulgaren herbeirufen, gegen die Petschenegen die Russen und die Magyaren usw. (84). Jede Nation hatte ja ihre potentiellen Feinde, die als Gegengewicht benutzt werden konnten. Zuletzt waren die Byzantiner Meister geworden in dieser Kunst, ein Volk gegen das andere auszuspielen.

Auch Heiraten spielten eine große Rolle in der byzantinischen Diplomatie. Selbst die Kaiser waren nicht darüber erhaben, eine ausländische Braut heimzuführen, wenn es notwendig war. Zwei Chasaren-Prinzessinnen bestiegen den kaiserlichen Thron, die Frauen von Justinian II. und Konstantin V. Romanos I. verheiratete seinen Enkel, den späteren Kaiser Romanos II., mit einer Bastard-Prinzessin aus Italien. Michaels VII. Gemahlin war die schöne Maria von Alanien.

Unter den Komnenen und den Palaiologen wurden Frauen aus dem Westen geradezu die Regel; es gab nun eine lange Reihe von schlecht ins Milieu passenden westlichen Kaiserinnen, die beim hochmütigen byzantinischen Volk nie beliebt wurden. Aber auch diplomatisch waren diese Heiraten Mißgriffe: Sie brachten dem Kaiser keinerlei Vorteile, sondern nur den Haß der Bevölkerung ein. Der letzte Kaiser, Konstantin XI., sah das Törichte dieser Praxis ein und suchte noch am Vorabend des Untergangs eine Braut aus dem Osten (85). Die Verheiratung byzantinischer Damen mit fremden Herrschern dagegen war oft sehr lohnend. Konstantin VII. betonte zwar, daß ein Kaiser drei Dinge keinem Fremden überlassen dürfe: eine Krone, das Geheimnis des Griechischen Feuers und die Hand einer purpurgeborenen Prinzessin (86); und dieser Vorschrift wurde selten zuwider gehandelt. Romanos I. gab seine Enkelin Maria zum großen Mißfallen Konstantins dem Zaren von Bulgarien in die Ehe, und Konstantins eigene Enkelinnen Theophano und Anna wurden deutsche Kaiserin und russische Großfürstin. Die zweite Heirat erschien besonders erniedrigend, da der Großfürst Vladimir ein unverbesserlicher Barbar war; Basileios II. gab seine Zustimmung zur Opferung seiner Schwester nur, um dringende diplomatische Ziele zu sichern, nämlich um die Russen zu bekehren, sie in Verbündete zu verwandeln und um Cherson zu retten. Erst unter den nikäischen Kaisern und den Palaiologen wurden Kaisertöchter häufiger nach dem Ausland vergeben, in erster Linie an slavische Fürsten.

In den letzten Jahrhunderten entdeckten die Kaiser von Trapezunt, daß die weitberühmte Schönheit ihrer Töchter einen nicht zu unterschätzenden Vorteil darstellte; die Art allerdings, wie sie ihn ausspielten, wurde von der traditionellen byzantinischen Diplomatie aufs höchste mißbilligt. Damen von nicht ganz so hoher Geburt dagegen wurden häufig und mit gutem Erfolg von Konstantinopel ausgesandt, um fürstlichen Gatten in fernen Ländern Kultur beizubringen. Als die armenischen und kaukasischen Dynastien allmählich in die Reichweite byzantinischer Politik gerieten, wurden ihre Vertreter dazu ermuntert, sich eine Braut in der großen Hauptstadt zu suchen. Ein hübsches Mädchen aus gutem Hause, vorzugsweise eine Verwandte des Kaiserhauses, wurde, versehen mit einer kostbaren Mitgift und vielleicht einer Reliquie von mittlerem Wert als Hochzeitsgeschenk des Kaisers, nach Taron oder gar bis nach Ani ausgesetzt —, so gab Romanos III. seiner Nichte einen Nagel vom echten Kreuz Christi mit, als sie den König Bagrat von Abasgien (87) heiratete, und in ähnlicher Weise war auch Theophano mit der vollständigen Reliquie des heiligen Pantaleon von Nikomedeia in den Westen gereist (88). Der dankerfüllte Gatte schaute dann natürlich erneut voll Ehrfurcht auf den Hof von Byzanz. Langobardische Fürsten aus Süditalien hatten bereits im späten 8. Jahrhundert Frauen aus der östlichen Hauptstadt bekommen, so Grimoald von Benevent die Schwägerin Konstantins VI. (89). Auch zwei Dogen von Venedig heirateten im 11. Jahrhundert byzantinische Bräute, Domenico Orseolo und Domenico Silvio; byzantinische Damen saßen im 11. Jahrhundert auf russischen Fürstenthronen (90). Im 12. Jahrhundert, unter den Komnenen, wurde ihr Aktionsradius noch erweitert: Maria Komnene und Theodora Komnene, beide Nichten eines Kaisers, wurden Königinnen von Jerusalem; eine andere Nichte Manuels I. heiratete den Herzog von Österreich — dem wilden Tier des Westens geopfert, wie der Hofpoet ihrer Mutter sich ausdrückte (91). Aber damals war die alte Exklusivität der Purpurgeborenen bereits aufgegeben, mit dem Ergebnis, daß die Ehre, eine Braut aus dem

Kaiserhaus heimzuführen, im Wert sank und damit ihre diplomatische Verwendbarkeit ausfiel.

Zur gleichen Zeit war es auch eine beliebte Praxis von Byzanz, Anwärter auf ausländische Throne bei sich zu versammeln. Prätendenten für den bulgarischen und den serbischen Thron konnte man zu jeder Zeit beim kaiserlichen Hof finden, sie wurden üblicherweise mit Damen der Konstantinopler Gesellschaft verheiratet. So traf Romanos I., obwohl Peter von Bulgarien seine eigene Enkelin zur Frau bekommen hatte, Maßnahmen, um sich der Person von Peters älterem Bruder Michael zu versichern, und hielt diesen in ehrenvoller Stellung am Hof von Konstantinopel fest (92). Als Karl der Große das langobardische Reich ausgelöscht hatte, floh der Thronfolger Adelgis nach Konstantinopel, wo er Unterstützung für alle seine Pläne fand (93). Und noch ein halbes Jahrhundert vor dem Fall des Reichs hielt man sich in Byzanz einen türkischen Thronprätendenten und versuchte, ihn gegen den Sultan Murad II. ins Spiel zu bringen (94).

Byzantinische Diplomatie war eine kostspielige Sache. Mitgiften, Geschenke, Hilfsgelder für ganze Völker, alles das nahm den Thronschatz mit enormen Summen in Anspruch. Auch Handelsblockaden, die man manchmal mit Erfolg gegen die Araber anwandte, kamen dem Reich teuer zu stehen. Darüber hinaus war die Regierung aber auch durchaus bereit, ihre Feinde direkt dafür zu bezahlen, daß sie von Einfällen ins Reich Abstand nahmen. So wurde mancher gesetzlose Barbarenfürst hinter der Grenze zum byzantinischen Kunden, um nicht zu sagen zum Lohnempfänger, der weit lieber ein regelmäßiges Einkommen in byzantinischem Gold einstrich, als daß er sich auf unsichere Überfälle eingelassen hätte. Es gab sogar Zeiten, wo Byzanz aus irgendeinem

Grund keine Lust hatte, einen Krieg zu führen und wo statt dessen Jahrgelder nach Bagdad oder Preslav flossen (95). Mochte sie der Kalif oder der Zar ruhig als Tribut bezeichnen, wenn er dazu Lust hatte, für den Kaiser war das nur eine kluge Investition: Wenn er erst zum Kampf gerüstet war, dann hörten die Zahlungen auf. Aber diese ganze Politik stand und fiel mit einer vollen Schatzkammer; solange Gold da war, blieb die byzantinische Diplomatie erfolgreich. Als aber Konstantinopel nicht mehr das Finanzzentrum der Welt war, kam das Ende.

Siebentes Kapitel

DER HANDEL

Wenn Byzanz seine Stärke und Sicherheit der Leistungsfähigkeit seiner staatlichen Einrichtungen verdankte, so war es doch sein Handel, der ihm den finanziellen Rückhalt dafür lieferte. Die Geschichte von Byzanz ist im wesentlichen die Geschichte seiner Finanzpolitik und die Geschichte des mittelalterlichen Handels überhaupt.

Wenige Städte haben sich einer so glänzenden Handelslage erfreut wie Konstantinopel, das eine Meeresstraße vom Norden nach dem Süden und eine Landbrücke vom Osten nach dem Westen beherrschte. Auch wenige Völker waren solche Meister im Handeln wie die Griechen und Armenier, aus denen sich die Bürgerschaft von Byzanz zusammensetzte. Es ist kaum ein Wunder, daß der Name Konstantinopel auf Jahrhunderte hinaus ein Zauberwort war, das Reichtum bedeutete: Es war eine Stadt, für deren Schätze es »weder Ende noch Maß« gab. Aber all diese Schätze waren nicht durch Zufall zusammengekommen. Sorge und Mühe waren ebenso notwendig gewesen wie glückliche Umstände, um diese Großstadt so reich zu machen.

Bis Columbus und Vasco da Gama das Tor in ein neues Zeitalter aufstießen, verlief die Haupthandelsstraße vom Fernen Osten zum Mittelmeer. Der Mittelmeerraum konnte sich selbst ernähren und seine Bedürfnisse autark befriedigen; aber immer, wenn er prosperierte, stieg auch der Wunsch nach jenen Luxuswaren, die nur der Osten liefern konnte. In den letzten Jahrhunderten vor unserer Zeitrechnung stand der Osthandel in vollster Blüte. Rom importierte eifrig Gewürze, Kräuter und Sandelholz aus Indien, vor allem aber Seide, speziell Rohseide aus China. Für all dies mußte bezahlt werden, und die Exporte von Glas, Emaille und Fertigwaren aus dem Mittelmeerraum reichten dafür bei weitem nicht aus. Eine gewaltige Menge von ungemünztem Gold ging alljährlich in den Osten ab, und dieser Abfluß führte zu der Depression, die allmählich auf der ganzen römischen Welt lastete. Aber die Nachfrage nach Seide hielt auch dann noch an; und es war eine der vornehmsten Sorgen der Regierungen, den billigsten Weg zu ihrer Beschaffung zu finden.

Es gab verschiedene Routen für den Handel mit dem Osten (1): Man konnte vom Osten quer durch Turkestan zum Kaspischen Meer ziehen und dann entweder seinen Weg nach Norden zur Wolga und nach Cherson zum Schwarzen Meer nehmen oder aber eine südliche Route durch Nordpersien nach Nisibis an der Reichsgrenze oder die Straße durch Armenien nach Trapezunt einschlagen. Man konnte quer durch Indien und Afghanistan und durch Mittelpersien nach Nisibis oder Syrien gelangen. Man konnte schließlich zur See den Persischen Golf hinauffahren und von da zu Land nach Syrien reisen, oder man konnte den ganzen Weg zur See machen und über das Rote Meer nach Ägypten gelangen. Nur zwei Handelswege umgingen Persien: der nördlichste, dessen Sicherheit aber ständig durch die Steppenvölker gefährdet war, oder der südlichste, der Seeweg, für den man östlich von Suez aus eine zweite Handelsflotte brauchte. Persien war eine Bedrohung des Handels. Es verlangte hohe Zölle, und in Kriegszeiten schnitt es den ganzen Nachschub ab. Im Grund war eine von Zeit zu Zeit erzwungene Restriktion nicht einmal schlecht für die Handelsbilanz des Reichs, aber sie verursachte Arbeitslosigkeit in den Seidenfabriken im ganzen Land. Die Reichsdiplomatie während des 5. und besonders des 6. Jahrhunderts suchte die beiden freien Wege zu schützen, indem sie mit den hunnischen und türkischen Fürstentümern der Steppe verhandelte und ebenso mit den Abessiniern, deren Königreich Axum das Rote Meer beherrschte.

Das 6. Jahrhundert war die große Zeit des Osthandels. Die Regierung des Anastasios und die frühen Jahre von Justins Herrscherhaus waren durch eine aufblühende Prosperität gekennzeichnet, und der Weg von Osten führte durch das Gebiet gesitteter, friedlicher Völker. Die Seide reiste noch hauptsächlich zu Land durch Persien zu den Reichszollstationen von Nisibis und Dara. Von da kam sie zur Verarbeitung nach Konstantinopel oder in die Fabriken von Tyros und Berytos (Beirut). Ein Teil der Seide wurde auch zur See zusammen mit den Gewürzen von Indien angeliefert. Ein Seemann im Ruhestand, Kosmas mit dem Beinamen Indikopleustes, »der Indienfahrer«, schrieb ein Buch, in dem er mit seiner weltweiten Erfahrung beweisen wollte, daß die Erde flach sei; in diesem Buch beschreibt er auch den Indienhandel (2).

Die Verrechnungsstelle für den ganzen Osten war Ceylon. Hier wurden die sämtlichen Güter des Ostens, Seide aus China, Seide, Aloe, Gewürznelken und Sandelholz von Indochina, Pfeffer von Malabar, Kupfer von Calliana bei Bombay, Muskat und Rizinus von Sind, gesammelt, zusammen mit den Edelsteinen von Ceylon. Die Seide wurde gewöhnlich von den persischen Kaufleuten übernommen, die sie auf

dem persischen Golf weiterbeförderten. Die übrigen Güter
wurden vor allem von abessinischen Schiffen bis nach Adulis
am Roten Meer, die Hauptstadt von Axum, transportiert
und von da hauptsächlich durch byzantinische Schiffe zur
Zollstation von Jotabe, am Ende der Sinai-Halbinsel, und
weiter bis Klysma bei Suez gebracht, wo ein Reichsbeamter,
der *logothetēs,* seinen Sitz hatte, der alljährlich Indien visi-
tierte. Kaiserliche Schiffe suchten eigentlich selten Ceylon auf,
obwohl dort und auch in Malabar und Calliana christlich-
nestorianische Kolonien bestanden und ebenso in Sokotra
viele Menschen griechischer Sprache wohnten.
Jedenfalls war die von den Kaufleuten aller Rassen des
Ostens bevorzugte Währung die kaiserlich-byzantinische, und
dies war ein Faktor, der den Handel des Reichs gewaltig förderte.
Die Abessinier trieben auch Handel mit Zentralafrika, wobei sie oft von byzantinischen Kaufleuten begleitet wurden:
Alle zwei Jahre segelten sie weit südwärts, zogen dann ins
Innere Afrikas und kehrten beladen mit Goldbarren zurück,
die sie für allerhand Fertigwaren eingetauscht hatten. Kos-
mas selbst hat auf einer solchen Südreise einmal Albatrosse
gesehen (3). Über die ganze Mittelmeerwelt hin wurde die
Ware des Ostens durch syrische Kaufleute verteilt, die in
jedem Hafen ihre festen Sitze hatten und von Fall zu Fall
auch als Nachrichtenträger fungierten. Es war ein syrischer
Händler, der Symeon dem Säulenheiligen die Geschichte der
Genoveva erzählte (4).
Im Lauf von Justinians Regierung änderte sich allmählich die
Situation. Seine Kriege mit Persien störten die Seidenzufuhr,
und sein Versuch, den Seidenpreis niedrig zu halten, ruinierte
nur die private Seidenindustrie. Dadurch, daß er daraufhin
deren Manufakturen aufkaufte, machte er, fast ohne es zu

wollen, die Seide zum kaiserlichen Monopol. Justin II. fand
bei seinem Regierungsantritt ein Land vor, das in seinem Sei-
denbedarf durch die Perserkriege geradezu ausgehungert
war, und er versuchte in aller Form die Seidenstraße durch
die Steppe zu eröffnen, aber diese Aufgabe ging über die
Kräfte der kaiserlichen Diplomatie. Inzwischen aber waren
zwei Nestorianermönche in Konstantinopel eingetroffen, die
die geheimnisvollen Seidenraupen und ihre Eier in ihren
hohlen Pilgerstäben mitbrachten (5). Es dauerte nicht lange,
und die Seidenzucht war über das ganze Reich verbreitet,
während der Import vom Osten allmählich verfiel (6).

Die nächste Phase war die Eroberung von Syrien und Ägypten durch die Araber, für das Reich als Ganzes ein schwerer
Schlag, aber die Stadt Konstantinopel selbst hatte Vorteil
davon. Die syrische Handelsflotte war vernichtet, der Ostmittelmeerhandel gehörte jetzt den Griechen ganz allein. Zunächst war der direkte Verkehr zwischen Syrien und dem
Reich unterbrochen. Sogar noch im 8. Jahrhundert ging der
Handel im Bogen über Ägypten, Nordafrika, Sizilien und
über Monemvasia in die Ägäis — denselben Weg nahm auch
die Seuche, die Konstantinopel unter Konstantin V. ver-
heerte (7). Aber nach und nach entdeckten die Güter des
Orients den Landweg über Kleinasien aufs neue oder gingen,
noch öfter, zum Schwarzen Meer und nach Trapezunt, von
wo die griechischen Schiffe sie dann abholten, um sie in Konstantinopel auszuladen. Während alldem gedieh die Seidenindustrie im Reich, und die kaiserlichen Fabriken in Konstantinopel erlangten bald ein Weltmonopol für kostbare Seidenstoffe. Die Araber im Osten und die Chasaren im Norden
so gut wie die Nationen im Westen: alles schrie nach den
Brokaten aus Byzanz.

Im 9. und 10. Jahrhundert war Konstantinopels Handel auf

seinem Höhepunkt. Dabei befuhren die griechischen Schiffe vornehmlich die Küsten, besonders die des Schwarzen Meers, während der Ostmittelmeerhandel noch bescheiden blieb. Denn der Getreideimport von Ägypten und Afrika fand mit der arabischen Eroberung dieser Länder und der fortlaufend günstigen Entwicklung des Ackerbaus in Kleinasien sein Ende; dazu raubte die arabische Freibeuterei im Ägäischen Meer den Schiffahrtsunternehmern den Mut. Dagegen ging der Import von Waren aus Fernost und von indischen Gewürzen weiter: Er suchte sich seinen Weg über Persien und Armenien nach Trapezunt oder den Persischen Golf aufwärts nach Bagdad und dann nordwärts wieder bis Trapezunt. Die Araber hatten den ganzen Indischen Ozean in Besitz genommen — das Reich von Axum war zugrunde gegangen —, aber sie wollten die Suez-Route nicht wieder eröffnen. Harun al-Raschid hatte daran gedacht, dort einen Kanal zu bauen, aber er befürchtete, daß die griechischen Schiffe dann den Roten-Meer-Handel in die Hand bekommen könnten (8). Dies wiederum trug aber nur dazu bei, die Bedeutung von Trapezunt zu steigern, das nun zum großen Hafen des Ostens wurde. Nach der Wiedereroberung von Antiocheia wurde ein Teil des Osthandels von Aleppo nach Antiocheia abgeleitet und ging dann zur See nach Seleukeia.

Inzwischen aber begann sich der Nordhandel zu entwikkeln. Pelzwerk, Sklaven und Trockenfisch aus den Steppenländern wurden von den Chasaren und ihren Nachbarn nach Cherson auf der Krim oder von russischen Schiffen vom Dnjepr direkt nach Konstantinopel gebracht (9); Ostseebernstein und mitteleuropäische Pelze und Metalle fanden ihren Weg nach Thessalonike, dem Umschlagplatz für die griechischen Schiffe (10). Griechische Schiffe besorgten auch einen Teil des byzantinischen Westhandels. Bari, die Hauptstadt des oströmischen Italien, war damals ein blühender Hafen, er wurde hauptsächlich von der byzantinischen Flotte angelaufen.

Allmählich verdrängten die Flotten der italienischen Seestädte die Griechen aus den italienischen Gewässern (11); der wachsende Reichtum Westeuropas bedeutete neue Aktivität für alle italienischen Häfen. Um das 10. Jahrhundert hatten Amalfi und in geringerem Ausmaß auch Neapel und Gaeta weite Überseebeziehungen angeknüpft, nur wenig später erschienen auch Pisaner und Genuesen auf den Märkten. Im 10. Jahrhundert hatte ein Resident von Amalfi seinen ständigen Sitz in Konstantinopel, um den sich eine blühende Kolonie von Amalfitanern ansiedelte: Im Jahr 1060 besaß der Patrizier Pantaleon aus Amalfi dort einen prächtigen Palast. Der Haupthafen des Westens aber war Venedig, dank seiner großartigen, für den deutschen und den lombardischen Handel gleich günstigen Lage. Am Ende des 10. Jahrhunderts hatten die Venezianer die ganze Adria in ihre Gewalt gebracht. Nominell waren sie noch Vasallen des oströmischen Reichs, und die kaiserlichen Behörden erließen immer wieder, mit wechselndem Erfolg, Edikte, in denen ihnen der Handel mit den Arabern untersagt wurde. Basileios II. verlieh ihnen besondere Privilegien: sie brauchten nur beim Verlassen Konstantinopels eine ermäßigte Ausfuhrsteuer zu erlegen, unter der Bedingung, daß sie die Überwachung der Adria übernahmen und die kaiserlichen Truppen bei Bedarf auf ihren Schiffen beförderten. Die Güter, die von ihnen ins Reich eingeführt wurden, waren hauptsächlich Waffen, Sklaven, Holz und ungewalkte Tuche. Der Sklavenmarkt von Venedig war besonders berühmt; Basileios' Gesandter kaufte dort einige Slavenmissionare, und ständig hörte man Proteste gegen den Verkauf von Christen an die Ungläubigen (12). Botschafter des Westens, wie etwa Liutprand, reisten gewöhnlich auf venezianischen Schiffen; diese beförderten auch die Post (13).

Mit dem 11. Jahrhundert begann es mit dem byzantinischen Handel abwärtszugehen. Im letzten Viertel des Jahrhunderts kam ein Unglück nach dem anderen über das Reich. Durch den Verlust des Kernlandes von Kleinasien an die Seldschuken wurde das Wirtschaftsleben schwer erschüttert, der ganze Aufbau der Reichsheere und der Flotte und die Lebensmittelversorgung der Hauptstadt waren in Frage gestellt. Normannische Einfälle brachten im Westen Verwirrung, und 1147 nahm Roger II. Theben und Korinth und entführte Seidenraupen und Seidenweber nach Italien, womit das alte Reichsmonopol erledigt war (14). Schließlich wurden durch die Kreuzzüge zum Schaden von Konstantinopel die Handelsstraßen der damaligen Welt verlegt. Von jetzt an gingen die Handelswaren nicht mehr nach Trapezunt oder quer durch Kleinasien — dort sperrten die Seldschuken die Wege —, sondern sie wurden in den Häfen des jetzt lateinischen Syrien verladen und auf italienischen Schiffen direkt in den Westen verfrachtet, um den Zoll von Byzanz zu umgehen.

Für Konstantinopel blieb nur noch der Handel mit dem Norden übrig. Auch der hätte ihm genügen können: Denn der Fernosthandel hatte sich allmählich ganz auf eine Nordroute verlagert, die auf dem Landweg über Turkestan zum Schwarzen Meer führte. Aber die politische Entwicklung spielte auch den Nordhandel in die Hand der Italiener. War es nun zur Belohnung für die seinerzeit unentbehrliche Hilfe ihrer Flotte oder zur Abwendung ihrer künftigen Piratenüberfälle: die Kaiser der Komnenendynastie gewährten ihnen ein Privileg nach dem anderen, zuerst nur den Venezianern, dann auch den Pisanern und Genuesen. Ihren Kaufleuten wurde die Zollgebühr auf nur 4 Prozent herabgesetzt, gegenüber 10 Prozent, die sogar Reichsbürger zahlen mußten. Bald bekamen sie auch eigene Stadtviertel in Konstantinopel und in anderen Häfen zugewiesen, wo sie Kommunen mit Selbstverwaltung einrichteten. Um 1180 befanden sich nicht weniger als 60 000 Menschen aus dem Westen in Konstantinopel. Die Reaktion kam unter Kaiser Andronikos: Rings im Reich wurden unter den Italienern große Massaker veranstaltet, und die Privilegien wurden ihnen entzogen. Aber es war schon zu spät. Die haßgeladene Atmosphäre führte zum Vierten Kreuzzug und zum Zusammenbruch des Reichs (15).

Das lateinische Kaiserreich starb schon in den Kinderjahren, auch die lateinischen Fürstentümer hatten keine lange Lebensdauer. Dagegen legte Venedig den Grund zu einer Handelsmacht, die bald den ganzen Osthandel kontrollieren sollte. Seine Kolonien hatten sich überall im Ostmittelmeerraum, in der Ägäis und am Schwarzen Meer festgesetzt.

Die Palaiologen richteten das Reich mit Hilfe der Genuesen wieder auf; dafür mußten die Genuesen bezahlt werden. Ihr Lohn war der noch übrige Rest des Schwarzmeerhandels und die Vorstadt Pera auf der anderen Seite des Goldenen Horns. Nur mit zwei Städten am Schwarzen Meer durften sie keinen Handel treiben: Matracha (wahrscheinlich auf der Taman-Halbinsel) und Rosia (Kertsch) waren den Griechen vorbehalten. Der Konkurrenzkampf wurde aber für die griechische Flotte tödlich. Der große Aufschwung des Schwarzmeerhandels, der durch die Blüte des Mongolenreichs verursacht wurde, füllte nur die Schatzkammern der Genuesen. Unter den Palaiologen blühte Pera auf und wuchs, während Konstantinopel von Stufe zu Stufe sank und schrumpfte.

Seine Fabriken stellten noch immer weltberühmte Luxuswaren her, aber seine Märkte standen leer, seine Kais waren
verlassen, soweit nicht Boote dort anlegten, die die Waren zu
den genuesischen Laderampen hinübertransportierten.
Thessalonike konnte seine Prosperität länger halten. Dort
beherrschten noch griechische Kaufleute den Export aus dem
Balkan; die Verschiffung der Waren lag aber auch schon
überwiegend in italienischen Händen. Dasselbe galt für Trapezunt, wo der persische und kaukasische Handel noch Gold
in die Schatzkammer des Großkomnenen einbrachte — aber
die Genuesen beförderten es weiter nach dem Westen (16).
Seiner Lage am Schnittpunkt der Welthandelswege hatte
Konstantinopel die große Zeit seiner Wirtschaftsblüte verdankt. Auf jede Art von Ausfuhr und Einfuhr erhob man
eine pauschale Zollgebühr von 10 Prozent. Die Einfuhrzölle
wurden in Abydos am Hellespont oder in Hieron am Bosporus, die Ausfuhrzölle in Konstantinopel selbst vereinnahmt. Bis zu dem Zeitpunkt, wo die Italiener ihre Sonder-
vorrechte erwarben, konnten keinerlei Güter die Meerengen
passieren, ohne daß diese Abgaben entrichtet wurden (17).
Damit floß ein ununterbrochener Strom von Reichtum in die
kaiserliche Schatzkammer, solange die Nachbarn des Reichs
wirtschaftlich stark genug waren, um diesen Aufschlag auf den
Preis von der Ware aufzubringen. Geriet aber die ganze
Welt, wie im 7. Jahrhundert, oder auch nur der Osten, wie
im 11. Jahrhundert, in Unordnung und wirtschaftliche Not,
dann wurde das Reich sofort in Mitleidenschaft gezogen,
denn seine Zölle schreckten durch ihre Höhe den Durchgangs-
verkehr ab.
Das Reich bekam die allgemeine Wirtschaftslage auch deshalb
zu spüren, weil seine eigene Industrie Luxuscharakter hatte.
Die Manufakturen befanden sich in der Hauptsache in Kon-

stantinopel; die größte unter ihnen war wahrscheinlich das kaiserliche Gynaikeion, wo große Scharen von Arbeitern und Frauen mit der Herstellung jener Seiden, Brokate und Goldstoffe beschäftigt waren, die das Entzücken der ganzen Welt hervorriefen. Fast ebenso wichtig waren die Arbeiten der Goldschmiede und Juweliere: Byzantinische Goldbecher, Reliquienschreine in Emailtechnik, Elfenbeinschnitzerei oder Arbeiten aus Halbedelsteinen waren gleichermaßen berühmt; gelegentlich konnten sogar solche Kabinettstücke entstehen wie die brüllenden goldenen Löwen des Kaiserpalastes. Verschiedene Gegenden des Reiches produzierten auch Weine, die an die Stämme im Norden verkauft wurden. Alle diese Exporte wurden streng kontrolliert. Es lag nicht im Sinn der Behörden zuzulassen, daß die byzantinischen Luxusgüter außerhalb des Reichs allgemein ausgestreut wurden; ihr Preis und ihre Seltenheit mußten aufrechterhalten werden. Bestimmte Stoffe kamen überhaupt nicht auf den Markt; sie gingen nur als gelegentliche Geschenke ins Ausland an fremde Höfe. Dem deutschen Gesandten aus Italien, Liutprand, der 969 versuchte, ein paar Seidenstoffe aus Konstantinopel herauszuschmuggeln, wurde an der Grenze alles von den Zollbehörden abgenommen. Alle Handelswaren mußten staatlich versiegelt sein, bevor sie exportiert werden durften (18).

Auch manche anderen Städte hatten ihre Manufakturen. Tyros, Beirut und Alexandreia produzierten alle vor der Eroberung durch die Araber Seide (19); im 11. Jahrhundert waren Theben und Korinth Mittelpunkte der Seidenindustrie. Auf der Peloponnes stellte man Teppiche her, die von Sparta nach Italien ausgeführt wurden (20).

Die Haupteinfuhr bestand aus: Rohseide, besonders bis zum 7. Jahrhundert, doch war das, was man »indische Ware« nannte, auch noch im 11. Jahrhundert beliebt; Bauholz und

Pelzwaren aus dem Norden; Waffen — arabische Lanzen waren sehr gesucht, und die Venezianer brachten Mengen von Waffen aus dem Westen —; einige wenige Fertigwaren wie Perserteppiche und kostbare Gewürze aus dem Osten; wichtiger als alles andere waren Sklaven von Venedig und aus den Steppenländern im Norden. Auf alle diese Importe kam ein Zoll von 10 Prozent, der in Abydos oder Hieron erhoben wurde. Die Kaiserin Irene ließ eine Zeitlang freie Importe zu; aber ihr Nachfolger Nikephoros I. erneuerte den Zoll und verschärfte die Bestimmungen sogar dahingehend, daß Waren, vor allem Sklaven, die auf Märkten westlich von Abydos verkauft wurden, nicht mehr wie bisher den Zoll umgehen konnten (21). Während der nikäischen Epoche verhängte Johannes Vatatzes ein völliges Embargo über Auslandswaren (22). Die Zollbeamten hießen *kommerkiarioi* und gehörten zum Büro des *sakellarios* (23).

Ausländische Händler wurden vom Stadtpräfekten sorgfältig überwacht. Sie mußten sich bei ihrer Ankunft in seinem Amt melden und hatten nur drei Monate Aufenthaltserlaubnis in der Hauptstadt. Alle Waren, die nach Ablauf dieser Zeit übrig waren, ließ der Stadtpräfekt in ihrem Auftrag verkaufen und bewahrte den Erlös bis zum nächsten Jahr für sie auf. Die Bilanzen wurden von den Behörden genau geprüft, um Zollvergehen zu unterbinden. Einige Nationen wie die Russen und später die Italiener erwarben sich als Belohnung für politische Dienste spezielle Privilegien und Zollfreiheit. Im 10. Jahrhundert hatten die Russen freies Quartier und Bad in St. Mamas unmittelbar vor den Toren, die Stadt durften sie aber nur in Begleitung einer Eskorte betreten, die sie während ihres ganzen Stadtaufenthaltes begleitete; Spezialerlaubnis erhielten die Kommissionäre des Großfürsten von Kiew unter dessen Führung (24).

Der Binnenhandel des Reichs erstreckte sich hauptsächlich auf die Güter des täglichen Bedarfs. Bis zur arabischen Eroberung kam das Getreide aus Ägypten und Afrika, später wurde es in Kleinasien und noch später in Thrakien angebaut und kam nach Konstantinopel hauptsächlich im Seetransport von den örtlichen Hafenstädten. Den Fleischbedarf deckten dieselben Gebiete. Durch die Seldschukeneroberungen wurde die Anbaufläche in Kleinasien stark reduziert; der Rückgang der Bevölkerungszahl von Konstantinopel in der Spätzeit des Reiches wurde zweifellos durch die wachsenden Schwierigkeiten beschleunigt, die Ernährung einer Großstadt zu sichern, besonders als der Staat für große Importe nicht mehr aufkommen konnte (25).

Das Geschäftsleben im Reich war durch unzählige Bestimmungen von allen Seiten eingeengt. Man hat Byzanz das Paradies der Monopolprivilegien und der Protektion genannt — dieser Vorwurf ist nicht in vollem Umfang berechtigt. Protektion war ohne Zweifel ein byzantinisches Ideal. Staatliche Interventionen zugunsten der Industrie waren häufig, die Tarife dienten aber auch zur Hebung der Staatseinkünfte. Ausländischen Handelsleuten wurden Privilegien gewährt, in hohem und verhängnisvollem Maß vom 12. Jahrhundert ab; und es gab Staatsmonopole wie den Seidenhandel und, aus naheliegenden Gründen, die Waffenfabrikation. Aber es gab wenig offiziell geduldete Bestechung, soweit sich das übersehen läßt. Als Leons VI. Günstling besondere Privilegien für den Thessalonike-Handel bekam, wurden diese Manipulationen als so skandalös betrachtet, daß man annehmen kann, daß solche Vorkommnisse nicht das übliche waren (26). Die Beschränkungen und Vorschriften, die die Regierung erließ, verhinderten auch größere private Unternehmungen korrupten Charakters.

Alles war bis ins Letzte vorgeschrieben. Geld konnte nur nach festen Zinssätzen ausgeliehen werden. Vor Justinian war der Höchstsatz 12 Prozent gewesen. Justinian ließ 12 Prozent nur für überseeische Unternehmungen zu; berufsmäßige Geldverleiher — es waren meist die Goldschmiede — durften 8 Prozent nehmen, der gewöhnliche Bürger 6 Prozent und die reichen Magnaten nur 4 Prozent. Diese Berechnungen beruhten aber darauf, daß ursprünglich 100 *nomismata* gleich einem Goldpfund waren. Konstantin hatte diesen Satz auf 72 *nomismata* herabgesetzt; während der ganzen byzantinischen Geschichte ging die Tendenz der Gläubiger dahin, diesen festliegenden Zinsfuß an die neue Währung anzupassen, bis schließlich im 10. Jahrhundert die 6 Prozent sich in 6 *nomismata* pro Goldpfund verwandelt hatten, tatsächlich also 8,33 Prozent waren, bei Überseegeschäften sogar 16,66 Prozent (27). Aber dies war in der Tat zu wenig; Stürme, Seeräuber und fehlerhafte Seekarten brachten allzu viele Risiken auf diesem Weg mit sich. Dazu kam, daß die gesetzliche Prozedur der Schuldeneintreibung schwerfällig und langwierig war und daß ein allgemeines Vorurteil gegen Zinsnehmer bestand. Wer also sein Gold investieren wollte, legte es naturgemäß lieber in Land an, letztlich zum Schaden des Reichs. Die Risiken des Seehandels werden noch deutlich illustriert durch den *Kodex von Rhodos*, das Handelsgesetz der syrischen Dynastie: Es beruht auf der Annahme, daß der Kaufmann und der Schiffseigentümer, gewöhnlich der Kapitän selbst, als Geschäftspartner handeln und sich in jeden Verlust der Schiffsladung teilen; allerdings können auch die Passagiere Teilhaber einer solchen Kapitalgesellschaft sein. Diese Bedingungen bestanden wahrscheinlich auch noch weiter, nachdem die Gesetzgebung des syrischen Kaiserhauses nicht mehr in Kraft war (28).

Die staatliche Kontrolle von Handel und Industrie wurde durch ein System von Zünften ermöglicht. Ein um 900 verfaßtes Handbuch, das sogenannte *Eparchikon biblion* oder *Buch des Präfekten,* ist erhalten und gibt eine ungefähre Vorstellung von diesem System (29). Der Stadtpräfekt war der verantwortliche Beamte für die ganze Kontrolle; unmittelbar mit den öffentlichen Arbeiten war der Quaestor betraut, und ihm waren eine oder zwei Zünfte direkt unterstellt. Jeder Erwerbszweig hatte seine eigene Zunft, und niemand konnte zwei Zünften angehören; jede Zunft wählte ihren Vorstand, dessen Ernennung wahrscheinlich vom Präfekten bestätigt werden mußte. Die Zunft als Körperschaft kaufte die vom Handwerk benötigten Rohmaterialien ein und teilte sie unter ihre Mitglieder auf. Diese verkauften die fertigen Waren an einem festgelegten öffentlichen Platz mit einem Gewinn, der im Amt des Präfekten festgesetzt wurde. Auch die Arbeitszeit und die Lohnanteile der Arbeiter waren genau fixiert. Zwischenhändler wurden dadurch überflüssig; jeder Versuch, große Mengen von Waren aufzukaufen und im günstigen Augenblick im Kleinhandel abzugeben, war streng verboten. Die Bäcker und Metzger, von deren Leistungsfähigkeit die Versorgung der Hauptstadt abhing, waren einer besonders peinlichen Aufsicht unterworfen, und die Lebensmittelpreise wurden zwangsweise niedrig gehalten, selbst in Zeiten von Hungersnot. Das Bäckergewerbe war ein Staatsmonopol, das vom Quaestor beaufsichtigt wurde, bis Herakleios die Brotspenden an das Volk abschaffte; die Tradition der staatlichen Einmischung lebte aber fort. Nikephoros Phokas wurde angeklagt, als Kaiser einen hübschen Profit gemacht zu haben, indem er die Kornreserven des Reichs während einer Hungersnot aufkaufte und dann zu einem erhöhten Preis an die Zünfte verkaufte (30).

Jeder Verstoß gegen die Regeln wurde mit Ausstoßung aus der Zunft bestraft, was gleichbedeutend mit einer zwangsweisen Aufgabe des Berufs war. Verschiedene Grade von Verstümmelung konnten zusätzlich verhängt werden, wenn die Übertretung besonders schwerwiegend war. Die Zünfte konnten auch, wie es scheint, aufgerufen werden, gewisse öffentliche Dienste ohne Bezahlung abzuleisten. Schiffseigentümer zum Beispiel mußten bei entsprechendem Bedarf der Flotten einspringen; und wahrscheinlich gingen die Pflichten der Demen hinsichtlich der Geldbußen auf die Zünfte über, als die Demen mehr oder weniger nur noch dem Namen nach existierten.

Arbeitslosigkeit gab es nicht, denn Arbeiter konnte man nur unter größten Schwierigkeiten entlassen, und wenn je ein körperlich leistungsfähiger Mann ohne Arbeit dastand, so wurde er sofort veranlaßt, eine Arbeit in öffentlicher oder karitativer Tätigkeit unter dem Quaestor anzunehmen (31). »Müßiggang«, sagt Leon der Syrer in der *Ekloge*, »führt zu Verbrechen, und jeder Überschuß, der sich aus der Arbeit anderer ergeben hat, sollte den Schwachen, nicht den Starken gegeben werden«. (32) Die Seidenweberzunft hatte eine Sonderstellung, da die Seidenindustrie ja Staatsmonopol war. Ihr Vorstand war ein Regierungsbeamter von beachtlichem Rang (33). Leon Phokas versuchte bei seiner Verschwörung 972, die Unterstützung dieses Mannes zu gewinnen, wegen seines großen Einflusses auf die arbeitenden Massen (34).

Das System blieb in Kraft, solange das Reich bestand. Konstantinopel hielt es, wie es scheint, bis zuletzt durch, und in Thessalonike ist es ebenfalls noch im 14. Jahrhundert festzustellen. Das System schützte die Interessen des Verbrauchers und räumte dem Kaufmann einen gewissen Gewinnspielraum ein, doch konnte er dabei nie ein Vermögen verdienen; jeder Anreiz zu besonderen Unternehmungen fiel damit weg. Das System konnte aber auch für den Staat außerordentlich kostspielig werden, und es war nur so lange durchführbar, wie Konstantinopel im damaligen Welthandel eine Monopolstellung genoß. Konkurrenz von außen mußte es zum Zusammenbruch bringen. Die fortschreitende Entwertung der Währung wurde vom 11. Jahrhundert an durch das Eingreifen der Italiener in den Handel des östlichen Mittelmeers, das bald darauf noch durch die Kreuzzüge intensiviert wurde, in ein immer schnelleres Tempo gedrängt. Dies war die entscheidende Ursache für den Niedergang und den endgültigen Fall von Byzanz.

Kosmas der Indienfahrer schrieb den Aufschwung des kaiserlichen Handels zwei Faktoren zu: dem Christentum und der byzantinischen Münze. Wenn man über die kommerziellen Vorteile des Christentums streiten kann, so war doch jedenfalls die Währung des Reichs ein unbestreitbarer Aktivposten. Von Konstantin I. bis Nikephoros Botaneiates, d. h. über 600 Jahre, hielt sie sich ungeschmälert im gleichen Wert. Byzanz kannte nur die Goldwährung; das Münzgeld hatte das Goldpfund zur Basis. Die Standardmünze, das *nomisma*, war seit Konstantins Zeiten der 72. Teil des Goldpfunds (35). Das *nomisma* war unterteilt in zwölf *miliaresia*, diese wiederum in zwölf *pholleis*. Nikephoros Phokas wurde beschuldigt, ein verschlechtertes *nomisma* eingeführt zu haben, wahrscheinlich zu Unrecht, denn es sind keine Spuren davon nachzuweisen. Botaneiates verringerte den Goldgehalt der Münze. Alexios I. suchte wieder ihren alten Wert herzustellen, sah sich aber gezwungen, seine eigenen Ausgaben in einer von ihm selbst erfundenen Münze auszuzahlen, nämlich in *nomismata*, die überwiegend aus Messing bestanden, mit einem Wert von zwei Dritteln des

Goldnomismas (36). Sein System funktionierte jedoch nicht. Unter den Komnenen begann das *nomisma* zu fallen, zunächst ganz langsam; noch nahm man den »Bezant« im Ausland in Zahlung. Nach 1204 und unter den Palaiologen ging es schnell und schneller abwärts mit ihm, bis er nur noch ein Sechstel seines ursprünglichen Werts besaß und als zu unsichere Währung außerhalb des Reichs überhaupt nicht mehr im Umlauf war.

Über die Kosten der Lebenshaltung in Byzanz haben wir wenig bestimmte Zeugnisse. Der Getreidepreis war 960 derselbe wie 1914 (1,85 Goldfranken je Scheffel), aber alle anderen Waren waren wahrscheinlich fünf- bis sechsmal billiger. Nikephoros I. versuchte, die Preise niedriger zu halten, indem er die im Umlauf befindliche Geldmenge beschränkte; aber wahrscheinlich lief mit der ganzen Geschichte des byzantinischen Reiches eine stufenweise Preissteigerung einher, wobei das Goldreservoir von der Zeit der syrischen Dynastie an sich im gleichen Maß ständig vergrößerte. Der Getreidepreis war unter den Palaiologen auf mehr als das Doppelte gegenüber der Makedonierepoche gestiegen; dies war aber in erster Linie der Vernichtung des Ackerbaus in Kleinasien durch die Seldschuken zuzuschreiben und der Verminderung des gespeicherten Getreides durch Kriege und Transportschwierigkeiten. Außerdem wuchs das finanzielle Desaster mit dem unaufhaltsamen Sturz der Währung (37).

In der Tat ist die Zeit der Palaiologen ein trauriges letztes Kapitel in der Reichsgeschichte. Die Goldmünze, die einst der König von Ceylon jeder anderen vorgezogen hatte, wurde jetzt schon in Pera nicht mehr angenommen. Die Ware, die einst an den Kais von Konstantinopel reiche Zölle gebracht hatte, wurde jetzt von den Genuesen verfrachtet, ohne überhaupt noch Konstantinopel anzulaufen, oder sie wurde auf einer weit abgelegenen Route über Syrien und die venezianischen Schiffe transportiert. Konstantinopels Lage war jetzt wertlos geworden und seine stolze Währung erniedrigt und ausgeschaltet. Die Tragödie von Byzanz' langsamem Untergang ist mehr als alles andere eine Finanztragödie.

ACHTES KAPITEL

STADT- UND LANDLEBEN

ÜBER DAS TÄGLICHE LEBEN der Einwohner des Kaiserreichs im allgemeinen etwas zu sagen wäre gewagt, da unsere Quellen hierzu sehr unzulänglich sind. Vom Leben der Großen, des kaiserlichen Hofs und des höheren Adels haben uns Historiker und Chronisten eingehende Schilderungen hinterlassen; über das Leben der Kaufleute und Bauern sowie der Armen in Stadt und Land besitzen wir jedoch nur bruchstückweise Informationen; meist stammen sie aus Lebensbeschreibungen bekannter Heiliger oder aus Gesetzeshandbüchern, nach denen sich das Leben dieser Menschen richtete. Außerdem änderten sich im Lauf der elf Jahrhunderte, die zwischen dem ersten und dem letzten Konstantin liegen, die äußeren Lebensumstände sehr oft. Bis zum Ende des Kaiserreichs blieben seine Bürger bewußt die kultiviertesten Repräsentanten der menschlichen Rasse; sie waren bewußt Römer und Orthodoxe und ebenso bewußt Erben der verfeinerten griechischen Kultur; aber der glattrasierte Adlige des 4. Jahrhunderts in seiner weiten, faltigen Toga und mit seinem klangvollen Latein hätte niemals seinen Erben aus dem 15. Jahrhundert anerkannt, der Bart und Turban und einen steifen Brokatmantel trug und ein Griechisch sprach, dessen Vokale längst ihre Vielfalt verloren hatten.

Selbst die nationale Zusammensetzung des Imperiums änderte sich ständig. Zu Beginn war das Reich kosmopolitisch-ökumenisch, wie die Griechen sagten — und umfaßte die gesamte zivilisierte Welt. Der Nationenbegriff war unbekannt. Als das alte römische Reich zu zerfallen begann, gründete sich nach dem 5. Jahrhundert das neue Imperium nicht auf eine nationale Einheit, sondern auf die Orthodoxie und vom 7. Jahrhundert an auf die griechische Sprache. Ethnisch blieb es weiterhin vielgestaltig, und der Prozentsatz an reinen Griechen war wahrscheinlich gering. Neue Stämme, Illyrer, Skythen und Asiaten, hatten sich schon in hellenistischer Zeit mit den Griechen vermischt. Unter den Römern heirateten die Volksstämme der gesamten mediterranen Welt untereinander und verschmolzen miteinander. Hamiten aus Ägypten und Semiten aus Syrien vereinigten sich mit den Völkern Europas. Kaiser Philippus war ein Araber, Heliogabal ein römisch-syrischer Mischling. Diese Universalität blieb auch in der byzantinischen Ära bestehen. Arkadios, seiner Herkunft nach ein Spanier, heiratete die Gotin Eudoxia und ihr Sohn Theodosios II. wiederum eine reinblütige Hellenin. Die Einwohnerschaft von Konstantinopel setzte sich aus Menschen aller Rassen zusammen, wenn auch der Adel gern für sich in Anspruch nahm, römischer Herkunft zu sein.

Der Verlust Ägyptens und Syriens im 7. Jahrhundert schränkte den Zustrom an fremdem Blut ein. Das Rückgrat des Imperiums war von nun an die Bevölkerung von Kleinasien, eine Mischung aus Phrygern, Hethitern, Kelten, Iraniern, Semiten und vielen anderen Stämmen; der prozentuale Anteil der einzelnen Völkerschaften ist unbekannt. Aber noch strömten neue Volksstämme ins Reich, von denen die wichtigsten die Slaven und die Armenier waren.

Die Slaveneinfälle im 6. Jahrhundert brachten zunächst nur

die Zusammensetzung der Bevölkerung in den Balkanprovinzen in Unordnung, etwas später dann die der griechischen
Halbinsel. Als sich die Lage wieder beruhigte, nahm die Zahl
der Mischehen zu, und zu Beginn des 9. Jahrhunderts nahmen Männer von teilweise oder sogar rein slavischer Abstammung hohe Stellungen im Reich ein. Der Thronprätendent
Thomas war ein Slave wie viele der Großen des 10. und 11.
Jahrhunderts, wie die Kaiserin Sophia, die Frau des Christophoros Lakapenos, oder der Patriarch Niketas. Nach der Eroberung Bulgariens vermischte sich der Adel durch Heiraten
mit bulgarischen Königs- und Adelsfamilien weiter mit An-
dersstämmigen. Gegen Ende des 11. Jahrhunderts waren
die Slaven entweder ganz im Reich aufgegangen oder in die
unabhängigen slavischen Staaten des Balkans abgewan-
dert.

Bei den Armeniern verlief die Entwicklung etwas anders.
Sie wanderten nicht in Gestalt ganzer Stammesverbände ein
— außer wenn sie zwangsweise verschleppt wurden —, sondern eher als einzelne Abenteurer, und ihre Rolle war der
der Schotten in der englischen Geschichte sehr ähnlich. Da das
armenische Volk sich in seinen engen Tälern zu stark vermehrte, suchten seine unternehmungslustigeren Söhne Reichtum und Macht in dem größeren Wirkungsraum, den das Imperium ihnen bot. Schon Justinians großer General Narses
im 6. Jahrhundert war Armenier gewesen; ihren Höhepunkt
erreichte diese Bewegung jedoch im 9. und 10. Jahrhundert.
Kaiser Leon V. war ein armenischer Abenteurer; Basileios I.
war der Sohn eines armenischen Deportierten; Johannes I.
Tzimiskes war ein armenischer Adliger. Als Romanos I. an
der Regierung, sein Sohn Theophylaktos Patriarch und Johannes Kurkuas Oberfeldherr war, befand sich das ganze
Reich in armenischen Händen. Immer wieder ist die Rede

von Prinzessinnen oder hohen Beamten armenischer Abstammung, und armenische Handwerker und Kaufleute waren in jeder Stadt zu finden. Der einzige Bereich, in den sie nicht eindrangen, war die Kirche (Theophylaktos war eine Ausnahme und seine Ernennung zum Patriarchen ein Akt zynischer Willkür).

Der armenische Einwanderer mußte, wenn er in kaiserliche Dienste trat, seiner Irrlehre abschwören und die Lehre von Chalkedon anerkennen. Die Konvertiten waren freilich bei den kirchlichen Behörden nie beliebt, da man ihrer Bekehrung mißtraute. Die Seldschukeneinfälle und die darauffolgenden Umwälzungen in Asien schnitten Armenien vom Reich ab, und der Einwandererstrom versiegte allmählich. Das war für das Imperium ein großer Verlust, denn die Armenier hatten nicht nur eine ganze Reihe tatkräftigster Herrscher gestellt, sondern auch einen hohen Prozentsatz der geschicktesten Kaufleute. Außerdem hatten sie einen großen, wenngleich zur Zeit noch nicht genau bestimmbaren Einfluß auf die byzantinische Kunst und das Kunsthandwerk.

Keine andere eingewanderte Völkergruppe war so einflußreich wie die Armenier. Aber der Strom von Abenteurern aus aller Herren Länder, die im Kaiserreich ihr Glück suchten, riß während der ganzen byzantinischen Geschichte nicht ab. Über die sarazenische Grenze vollzog sich ein ständiges Kommen und Gehen. Byzantiner wechselten zum Islam über und Araber zum Christentum, je nachdem, ob die Bedingungen beim Kaiser oder beim Kalifen günstiger waren. Der Vater des Eposhelden Digenis Akritas war ein konvertierter Sarazene; Kaiser Nikephoros I. war arabischer Abstammung (1). Die Einwanderer aus dem Norden und dem Westen strebten — besonders während der späteren Jahre des Imperiums — danach heimzukehren, wenn sie ihr Glück

*Verkündigung des Erzengels Gabriel an Maria. Byzantinische Miniatur
aus einem Lektionar; 11./12. Jahrhundert. Kloster Panteleimonos, Athos,
Griechenland.*

gemacht hatten — die Varäger ins neblige Skandinavien oder nach England, die Franken nach Flandern oder Katalonien. Aber sie hatten ebenso die Möglichkeit, zu bleiben und zu heiraten, und die Kinder aus solchen Mischehen konnten möglicherweise in der nächsten Generation schon das Reich regieren. Es gab bei den Byzantinern außerordentlich wenig rassische Vorurteile; die Bevölkerung war aus zu vielen Völkern zusammengemischt. Jeder wurde als Mitbürger akzeptiert, wenn er orthodox war und griechisch sprach. Ihre tiefe Verachtung richtete sich nur gegen solche Fremde, die Häretiker und ungeschliffene Barbaren waren, denen die verfeinerte Kultur des Kaiserreichs unbekannt war. Ausländer konnten ohne weiteres Byzantiner heiraten; sobald sie konvertiert und eingebürgert waren, war es gleichgültig, woher sie stammten. Byzantinische Edelfräulein wurden bereitwillig mit Abenteurern aus Franken oder aus dem Osten verheiratet. Unter den Kaiserbräuten waren zwei Chasarinnen rein türkischen Ursprungs und zahllose Prinzessinnen aus dem Westen. Als allerdings Justinian II. eine Dame aus Senatorenkreisen dazu zwang, seinen eigenen Negerkoch zu heiraten, war das Gefühl für Schicklichkeit stark verletzt, aber wahrscheinlich fast mehr aus Gründen des Snobismus als wegen eines Rassenvorurteils (2). Der zunehmende Kontakt mit dem Westen und der qualvolle Niedergang, den die italienischen Republiken dem Reich bereiteten, machten die Ausländer in Konstantinopel verhaßt. Aber es war mehr die fremde Kultur als die fremde Rasse, die verhaßt war. Die slavischen Völker, die ihre Kultur Byzanz verdankten, begegneten, außer in Kriegszeiten, keiner solchen Ablehnung; und sogar die Türken, die den byzantinischen Pomp übernommen hatten, kamen den Byzantinern immer noch besser vor als die christlichen Franken.

Die einzige Volksgruppe im Kaiserreich, die aus religiösen
Gründen nie mit den anderen verschmelzen konnte, waren
die Juden. In Kleinasien (3) gab es Siedlungen griechisch
sprechender Juden, und um das 12. Jahrhundert konnte man
in jeder byzantinischen Stadt (4) kleine jüdische Siedlungen
finden; sie waren jedoch im Handel nicht schlauer als die
Griechen und Armenier und anscheinend mit zusätzlichen
Steuern belastet sowie periodisch wiederkehrenden Verfolgungen ausgesetzt. Wenn sie sich jedoch bekehrten, konnten
sie sogar in die Aristokratie aufsteigen. So heiratete z. B. die
Schwester der Kaiserin Irene den Abkömmling eines gewissen
Sarantapechys, eines bekehrten Juden aus Tiberias (5).

Die Vermischung der Völker wie auch das Nationalgefühl
waren am augenfälligsten in der Hauptstadt Konstantinopel
selbst zu beobachten. Vom Augenblick seiner Gründung an
beherrschte Konstantinopel das Imperium. Bürokratie und
Finanz konzentrierten sich immer mehr in der Hauptstadt,
die durch ihre geographische Lage eine wirtschaftliche und
strategische Schlüsselposition zwischen zwei Kontinenten
hatte. Für die Regierung des Reiches war es vor allem wesentlich, Konstantinopel zu halten. Rom befand sich schon im
Abstieg, als die neue Hauptstadt gegründet wurde, und es
gab im Westen keine andere Großstadt; Karthago und Mailand waren beide weniger bedeutend. Die Patriarchenstädte
des Ostens, Alexandreia und Antiocheia, waren gefährlichere
Rivalen; bis zur arabischen Eroberung stand Alexandreia
Konstantinopel nur wenig nach, aber in seinem Haß gegen
die Reichsregierung neigte es immer mehr dazu, lokale Son-
derrechte und -wünsche zu begünstigen, und das schmälerte
seine ökumenische Bedeutung. Antiocheia dagegen sank allmählich aus geographischen Gründen ab. Als der Westen
mehr und mehr in Armut und Unordnung versank, schlug

der Warentransport, der bisher über Antiocheia zum Mittelmeer gegangen war, weiter nördlich einen neuen Weg ein und verlief jetzt durch Kleinasien zu der neuen Hauptstadt. Um das 7. Jahrhundert konnte sich keine Stadt mehr mit Konstantinopel vergleichen.

Schon im 5. Jahrhundert muß Konstantinopel ohne die Vorstädte etwa eine Million Einwohner gehabt haben, und es blieb ungefähr auf diesem Niveau bis zur lateinischen Eroberung; danach sank die Einwohnerzahl rasch ab, bis sie dann 1453 weit unter hunderttausend war (6). Das Stadtgebiet war sogar größer, als dafür nötig gewesen wäre. Die Basis des Dreiecks, auf dem es sich befand, maß etwa 7 bis 8 Kilometer; an ihr entlang erstreckte sich die von Theodosios II. erbaute Mauer in einer Doppellinie vom Marmarameer zum Goldenen Horn; sie war von elf Toren durchbrochen, wobei immer die militärischen mit den zivilen abwechselten. Die Länge der Seemauern, die von beiden Enden dieser Mauer ausgingen und die sich am spitzen Scheitelpunkt des Dreiecks am Bosporus trafen, betrug etwa 10 bis 11 Kilometer. Innerhalb der Mauern befanden sich verschiedene dichtbewohnte Städte und Dörfer, die durch Obstgärten und Parks voneinander getrennt waren. Wie das alte Rom konnte sich Konstantinopel seiner sieben Hügel rühmen. Sie stiegen steil über dem Bosporus und dem Goldenen Horn auf, nur zum Marmarameer hin waren die Abhänge sanfter und die Stadtanlage weitläufiger.

Der von Süden oder Westen kommende Schiffsreisende sah, wenn er sich der Stadt näherte, zu seiner Rechten die Kuppeln und die überdachten Säulenhallen des großen Palastes, im Hintergrund die Hagia Sophia und Gärten, die sich zum Bosporus hin erstreckten; er konnte die hohe geschwungene Mauer sehen, die heute noch das Hippodrom an seiner Südseite begrenzt und sich über dem reich geschmückten Palasthafen und der Kirche der Heiligen Sergios und Bakchos sowie einem tiefer liegenden Distrikt voll kleinerer Paläste erhebt. Nach links war die Seemauer mit ihren Türmen hie und da unterbrochen, um einem kleinen künstlichen Hafen Raum zu geben für diejenigen Schiffe, die nicht um die Landspitze zum Goldenen Horn herum fahren wollten. Um diese Häfen drängten sich dicht die Häuser; dahinter lagen, besonders im Tal des Lykosbaches, Obstgärten und sogar Kornfelder, und auf dem höchsten Punkt der Hügelkette erhoben sich die Kirche der Heiligen Apostel und andere große Bauten. Noch weiter nach links wurde die Landschaft flacher. An der Küste war der dichtbevölkerte Bezirk von Studios mit seinem berühmten Kloster. Dahinter konnte man den oberen Rand der Landmauern sich zum Meer hinunterziehen sehen; aber auch noch etwa zwei bis drei Kilometer weit jenseits der Mauern standen dicht gedrängt die Häuser der Vorstädte an der Küste entlang. Von dem großen Hafen des Goldenen Horns sah die Stadt wieder ganz anders aus. Dort sah man vor den Mauern ein mit den Jahrhunderten breiter werdendes Uferland, das mit Werften und Lagerhäusern bedeckt war; dort waren Kais, an denen die Handelsschiffe vor Anker lagen, und weiter außen konnte man sogar auf Pfähle gebaute Häuser über dem Wasser sehen. Zahlreiche Tore führten in die Geschäftswelt stadteinwärts. Auf dieser Seite gab es wenig Grünanlagen. Die steileren Abhänge, die zu der Hügelkette in der Mitte hinaufführten, waren mit Häusern bedeckt, bis auf das Zitadellenviertel im Osten und im äußersten Westen das weitläufigere Blachernenviertel, dem ein Kaiserpalast und eine besonders ehrwürdige Kirche ein würdiges Aussehen verliehen. Dazwischen lag das Handelszentrum der Stadt mit den Büros der Schiffseigentümer und der

Exporteure und den Niederlassungen der ausländischen
Händler. Hier wurde den italienischen Händlern zuerst erlaubt, sich anzusiedeln (7).

Das vornehmste Geschäftsviertel lag landeinwärts. An der
zentralen Hügelkette entlang zog sich vom Palasteingang
und vom Hippodrom aus zwei Meilen weit nach Westen die
Mesē, »die Mittlere« — eine breite Straße mit Arkaden auf
beiden Seiten; zweimal erweiterte sie sich zu einem Forum —
einem großen, mit Statuen geschmückten Platz: dem Kon-
stantinsforum nahe am Palast und dem größeren Forum des
Theodosios; schließlich teilte sie sich in zwei Hauptstraßen,
von denen eine über das Ochsenforum und das Forum des
Arkadios nach Studios, zum Goldenen Tor und dem Pege-
Tor, die andere an der Kirche der Heiligen Apostel vorbei
zu den Blachernen und zum Charisios-Tor führte. Unter den
Arkaden an der *Mesē* lagen die größeren Läden je nach ihren
Erzeugnissen in Gruppen beieinander — zuerst kamen die
Goldschmiede, daneben die Silberschmiede, dann die Tuch-
händler, die Tischler und so fort. Beim Zeuxipposbad, in der
Nähe des Palastes, waren die reichsten von allen. Dort be-
fanden sich die Seidenmagazine im großen Basar, den man
das Haus des Lichts nannte, weil seine Fenster nachts erleuchtet waren (8).

Es gab keine ausschließlich vornehme Wohngegend. Paläste,
Elendshütten und Wohnhäuser lagen jeweils dicht beieinander. Die Häuser der Reichen waren in römischem Stil gebaut; sie waren nach außen hin schmucklos und erhoben sich
zwei Stockwerke hoch um einen Innenhof; manchmal waren
diese Höfe überdacht, meistens hatten sie einen Brunnen oder
waren mit allem erdenklichen exotischen Zierat geschmückt.
Ärmere Häuser hatten Balkons oder Überhangfenster, von
wo aus die müßigeren Damen des Hauses das Leben ihrer

Nachbarn beobachten konnten (9). Die Straßen mit Wohn-
gebäuden waren hauptsächlich von privaten Bauherren errichtet worden; erst Zenon versuchte mit einem Gesetz etwas
Ordnung hineinzubringen. Die Straßen mußten 3,70 Meter
breit und die Balkone 4,60 Meter über dem Boden angebracht
sein; sie durften nicht näher als 3,05 Meter an die gegenüber-
liegende Wand heranreichen. Außentreppen waren verboten,
und dort, wo die Straßen bereits schmäler als 6,70 Meter gebaut waren, waren keine Aussichtsfenster, sondern nur Lüf-
tungsgitter zugelassen. Dieses Gesetz blieb grundlegend für
die byzantinische Städteplanung (10). Für die Kanalisation
gab es strenge Regelungen. Alle Kanäle wurden sorgfältig
ins Meer geleitet. Auch durfte niemand innerhalb der Stadt
begraben werden, es sei denn ein Mitglied des Kaiserhauses.
Sanitätsbeamte überwachten in jedem Sprengel die allgemeinen hygienischen Zustände.

Einen starken Kontrast zu den engen Straßen bildeten die
weitläufigen öffentlichen Anlagen, die auf Stadtkosten unterhalten wurden. Der Große Palast und der dazugehörige
Grund und Boden nahmen die Südostecke der Stadt ein, seine
Bauten erstreckten sich fast über anderthalb Kilometer weit.
Daran schloß sich der Patriarchenpalast mit all den seinem
Schutz unterstehenden Gebäuden an. Daneben gab es überall
in der Stadt noch weitere Kaiserpaläste. An fast jeder Stra-
ßenecke konnte man eine Kirche sehen: die großen Kirchen
der Hagia Sophia, der Heiligen Apostel, die Neue Basilika
Basileios' I. sowie etwa hundert kleinere Heiligtümer. An
viele von ihnen waren Klöster angebaut mit hohen, düsteren
Mauern, sowie Krankenhäuser, Waisenhäuser und Herbergen. Es gab Universitätsgebäude, Bibliotheken, Aquädukte,
Zisternen, öffentliche Bäder und vor allem das große Hippodrom. Ein Standbild der Aphrodite bezeichnete das einzige

Bordell der Stadt; es lag in dem Zeugma genannten Stadtviertel am Goldenen Horn (11). Die Hauptstraßen und besonders die großen Plätze sowie das Hippodrom waren Museen: Dort waren die erlesensten Exemplare antiker Bildhauerei aufgestellt. In den frühen Jahrhunderten hatte es ein
richtiges Museum gegeben, das Haus des Lausos; es war aber
im Jahr 476 (12) mit all seinen Schätzen einem Brand zum
Opfer gefallen. Die Standbilder auf den Straßen blieben erhalten, bis sie von den lateinischen Kreuzfahrern zerstört
oder gestohlen wurden.
Die Stadt war von Vororten umgeben, von denen einige —
wie Chalkedon oder das später gegründete italienische Galata — betriebsame Handelsstädte waren, andere, wie Theodoras Lieblingsaufenthalt Hieron oder die Dörfer am Bosporus, vor allem Wohnorte, wohin sich die wohlhabenden Leute
im Sommer zurückzogen. In Pege, gleich vor den Mauern der
Stadt, befand sich ein berühmter Schrein der heiligen Jungfrau. In Hebdomon, 11 Kilometer vom Meilenstein am gro
ßen Palasttor entfernt, war ein berühmter Paradeplatz, auf
dem sich viele für die byzantinische Geschichte bedeutungsvolle Szenen abspielten.
Wie die Stadt in ihrer Blütezeit wirklich ausgesehen hat, wird
man immer nur mutmaßen können. Die phantastischen Kuppeln, Giebel und bunten Arkaden, die auf den Bildern der
Handschriften im Hintergrund abgebildet sind, wirken zu
heiter, denn der byzantinische Architekt hob sich seine großartigsten Effekte für das Innere auf. Aber sogar unter den
Palaiologen, als riesige Teile der Stadt in Trümmern lagen
und der Große Palast selbst nicht bewohnbar war, waren die
Reisenden von dem Glanz überwältigt, den Konstantinopel
noch immer ausstrahlte.
Ebenso eindrucksvoll war auch die äußere Erscheinung der

wohlhabenden Bürger. An die Stelle der römischen Toga traten im 5. Jahrhundert lange Mäntel aus steifem Brokat. Das
skaramangion, das jeder Adlige bei feierlichen Gelegenheiten
trug — meistens wurden diese Gewänder im Palast aufbewahrt —, war ein von den Hunnen übernommenes Klei-
dungsstück, dessen Vorbild vor langer Zeit wahrscheinlich die
Roben der chinesischen Mandarine waren (13). Im Lauf der
Jahrhunderte wurde die Kleidung kunstvoller; Damen und
Herren trugen seltsamen Kopfputz, spitze Hüte mit Pelz-
rändern oder hohe sich bauschende Turbane. Vom 7. Jahrhundert an war es Sitte, einen Bart zu tragen; sich das Kinn
zu rasieren galt als westlich und vulgär. Die Kosmetik stand
besonders während der Regierungszeit der Palaiologen hoch
im Kurs. Selbst junge und hübsche Frauen überdeckten ihr
Gesicht mit Schminke. Der Burgunder La Brocquière war entsetzt über die Menge, die die Kaiserin Maria auftrug — und
sie war eine jener weltberühmten Schönheiten der Prinzessinnen von Trapezunt (14).
Das tägliche Leben war auf einem Fundament zeremonieller
Regeln aufgebaut, die genau so steif waren wie die Kleidung.
Überall hatten die Behörden ihre Hand im Spiel. Die Preise
und Gewinne, die Arbeitszeit, alles wurde vom Büro des
Stadtpräfekten aus überwacht. Die Kirche hatte ihre eigenen
Vorschriften für Feste und Fasten. Das Leben des Kaisers,
als des obersten Herrschers des Reiches, war noch stärker eingeengt als das seiner Untertanen. Abgesehen von den Regie-
rungsgeschäften, die, wenn er gewissenhaft war, den größten
Teil seiner Zeit in Anspruch nahmen, mußte er täglich an
Zeremonien teilnehmen, bei denen ihm göttliche Verehrung
entgegengebracht wurde; und gleichgültig, was er vom Sport
hielt, er mußte sich bei den Vorstellungen im Hippodrom
dem Volk zeigen. Ständig mußte er seine Roben wechseln;

mit einem schweren Diadem auf dem Kopf hatte er an langen Prozessionen teilzunehmen; er mußte Gesandte empfangen und dabei darauf gefaßt sein, mit seinem Thron
plötzlich hoch in die Luft gehoben zu werden, um die unzivi-
lisierten Ausländer zu beeindrucken. Im Sommer konnte er
sich in einen kühlen Vorortpalast zurückziehen; es war aber
viel wahrscheinlicher, daß er seine Armeen über das Hoch-
land von Kleinasien führen mußte. Leon VI. und sein Sohn
Konstantin VII. fanden Zeit, Bücher zu schreiben, aber keiner von beiden war Soldat, so wenig wie Theodosios II.,
der wie Konstantin VII. ein begabter Maler war (15).
Kaiser, die ihr Leben auf dem Thron genießen wollten, mußten entweder fähige und doch loyale Minister haben, oder sie
blieben nur ganz kurze Zeit auf dem Thron.
Bis zum 12. Jahrhundert lebten die Kaiser fast nur im Großen Palast, wenn sie auch gelegentlich ihre anderen Paläste
in der Stadt und rundherum besuchen konnten. Der Große
Palast (16), der von Reisenden aus dem Westen das Buko-
leon genannt wurde, nach dem gleichnamigen Palasthafen,
wo eine riesige Statue eines gegen einen Löwen kämpfenden
Ochsen stand, war ein Durcheinander von Gebäuden, Hallen,
Kapellen, Bädern und Wohnflügeln, die von verschiedenen
Kaisern nacheinander gebaut worden waren. Von dem Zustand des Palasts zur Zeit Justinians wissen wir wenig. Nach
dem 7. Jahrhundert mußten offensichtlich Teile repariert
werden. Theophilos baute die berühmte Empfangshalle, den
Trikonchos. Basileios I. machte viele Anbauten, während
Nikephoros Phokas einen Flügel am Meer errichtete, in dem
er gern residierte und in dem er dann auch ermordet wurde.
Mit Ausnahme von Alexios I. und Johannes I., die im allgemeinen dem Großen Palast treu blieben, bevorzugten die
Komnenen den Blachernenpalast in der Nordwestecke der

Stadt am Goldenen Horn. Manuel I. wohnte fast ausschließlich dort. Er war ein großer Jäger, und es lag ihm mehr, in
der Nähe der Stadtmauern zu wohnen, anstatt etwa 8 Kilometer weit durch die Straßen zu reiten, bevor er das Land
erreichte. Die ersten lateinischen Kaiser richteten sich im
Großen Palast ein; Balduin II. konnte es sich jedoch nicht
leisten, ihn instand zu halten. Während seiner Regierung
verfiel sogar der Blachernenpalast. Als Michael Palaiologos in
die Stadt einzog, befand sich der Große Palast in so schlechtem Zustand, daß es sich angesichts der allgemeinen Armut
nicht lohnte, ihn wiederaufzubauen; und sogar zur Reinigung
des Blachernenpalastes brauchte man mehrere Wochen, ehe er
wieder bewohnbar war (17). Die Palaiologen lebten alle in
Blachernai, und zur Zeit der türkischen Eroberung standen
vom Großen Palast nur noch wenige Gebäude (18).

Der ganze Reichtum von Konstantinopel versetzte die
Kreuzfahrer vom Jahr 1204 in größtes Erstaunen. Villehardouin konnte es nicht fassen, daß das Wirklichkeit war (19).
Während sie vom Blachernenpalast mit seinen Marmorkunst-
werken, Mosaiken, Fresken und seinen Brokatstoffen schon
über alle Maßen beeindruckt waren, fanden sie den Großen
Palast vollends überwältigend. Dort waren die meisten
Schätze, Münzbarren, Juwelen und kostbaren Stoffe aufbewahrt. Dort befanden sich die kaiserlichen Empfangsräume
mit den für den Kaiser Theophilos angefertigten brüllenden
goldenen Löwen und den singenden goldenen Vögeln. Hier
wurde auch die schönste Reliquiensammlung der gesamten
Christenheit aufbewahrt, zum Zeichen, daß dieser Ort vor
allen andern heilig sei. Zur Orientierung der Schiffe, die in
den Bosporus einfuhren, stand auf einem Hügel innerhalb
der Palastmauern ein Leuchtturm und daneben eine Kirche
der Muttergottes, in der sich diese unschätzbaren Kostbarkei-

ten befanden, bis die Kreuzfahrer sie unter sich verteilten
und Balduin II. die besten verpfändete, die noch übriggeblieben waren (20).

Der Palast war der Mittelpunkt Konstantinopels. Von dort
aus wurde das ganze Reich regiert. Wer im Palast herrschte,
hatte auch das Reich in der Gewalt. Er war außerdem das
reichste Kaufmannshaus des Imperiums. Der Seidenhandel
war ein kaiserliches Monopol, und die Webstühle, auf denen
die kostbarsten Stoffe gewebt wurden, standen im Gynaikeion, den Frauengemächern. Außer den offiziellen Räumen
und den weitläufigen Gemächern des Kaisers gab es noch
Gebäude, in denen die Kaiserin mit ihrem Gefolge residierte
— Räume, die nur ihrer Kontrolle unterstanden und die auch
der Kaiser nie ohne ihre Erlaubnis betreten durfte. So konnte
es geschehen, daß nach dem Tod Theodoras im Jahr 548 Justinian durch ihre Gemächer ging und in einem der inneren
Räume den häretischen Expatriarchen Anthimos fand, den sie
zwölf Jahre lang dort versteckt gehalten hatte (21). Wenn
auch das Gynaikeion von Eunuchen bewacht wurde und kein
Mann je hineindurfte, ging doch die Kaiserin ein und aus,
wann sie wollte. Sie pflegte den Kaiser in seinem Palast zu
besuchen und in seinen Sälen mit ihm zu dinieren. Als Regentin pflegte sie Gespräche mit ihren Ministern, wo sie wollte.
Innerhalb des Palastes war sie fast mächtiger als der
Kaiser.

Es war Tradition, daß zur Wahl der Kaiserin eine Brautschau stattfand. Dabei schwärmten Boten ins ganze Reich
aus, um schöne und wohlerzogene Mädchen auszusuchen, unter denen dann der Kaiser zu wählen hatte. Oft sorgten politische Rücksichten oder eine unberechenbare Leidenschaft des
Kaisers von selbst für eine Braut, und die Brautschau war
überflüssig; sie wurde aber beispielsweise durchgeführt, als

Irene ihren Sohn Konstantin VI. (22) verheiraten wollte —
damals scheint eher sie als der Kaiser die Wahl getroffen zu
haben; die Braut war zwar sittlich hochstehend, aber nicht
attraktiv, obwohl die Agenten sorgfältig ihre Größe und ihre
Füße gemessen hatten (23); desgleichen fand eine Brautschau
statt, als Staurakios verheiratet wurde, und — ein noch be-
rühmteres Beispiel — als Theophilos' Wahl auf Theodora fiel
und er die Dichterin Kasia wegen ihrer schnippischen Antwort verschmähte (24).

Neben dem Palast befanden sich zwei weitere Brennpunkte
im Leben der Stadt: die Kirche der Heiligen Weisheit, die
Hagia Sophia, und der Zirkus oder das Hippodrom (25). Das
Hippodrom war ein riesiger Bau mit etwa 40 000 Sitzplät-
zen. In den zahlreichen daran angebauten Gebäuden waren
die Ställe mit all den Tieren für die Gladiatorenkämpfe und
die Behausungen der unzähligen Zirkusdiener. Der Eintritt
zu den Zirkusvorstellungen war frei, sie wurden vom Staat
subventioniert. Den Spielen im Hippodrom zuzusehen,
Kämpfen mit wilden Tieren und Wagenrennen, war die
Hauptunterhaltung des Volkes, und an den Wettkämpfen
zwischen den Zirkusparteien, den Blauen und Grünen,
erhitzten sich die Gemüter so, daß daraus politische Kompli-
kationen und Tumulte entstanden. Der Kaiser und die Kaiserin mußten an den Vorstellungen teilnehmen; der Zugang
zur Kaiserloge, dem *kathisma*, erfolgte vom Palast aus. Ein
sorgfältig ausgearbeitetes Ritual bestimmte die Bewegungen
der Kämpfenden und schrieb die Einzelheiten des Rennens
und der Preisverteilung vor. Während der früheren Jahrhunderte war das Hippodrom der Ort, an dem der Kaiser Emp-
fänge abhalten und dem Volk Ankündigungen machen
konnte. Dort fanden die Huldigungen für den Kaiser statt.
Dort verkündete Ariadne ihren Untertanen, wen sie sich zum

Gatten und Kaiser erwählt hatte (26), dort setzte sich Justinian mit den zornigen Anführern des Nika-Aufstandes auseinander (27). Später jedoch spielten sich solche Szenen auf dem
großen Platz vor dem Palast ab. Auf ihm verlangte im Jahr
944 (28) die Volksmenge Konstantin VII. zum Kaiser und
im Jahr 1032 (28a) Zoe zur Kaiserin. Das Hippodrom verlor
an Popularität. Die Wagenlenker des 5. und 6. Jahrhunderts
waren wie etwa Porphyrios zur Zeit des Anastasios die Idole
der Stadt (29), und Zirkusintrigen wie jene, die Theodora in
ihrer Jugend erlebte, konnten die Politik des Imperiums beein-
flussen. Das änderte sich etwa seit dem 9. Jahrhundert. Der
professionelle Wagenlenker trat in den Hintergrund; statt-
dessen zogen eher Amateurreiter die Aufmerksamkeit auf
sich, wie der Makedonier Basileios oder Philoraios, ein Stall-
junge des 10. Jahrhunderts, der das Idol von ganz Byzanz
war, weil er auf seinem Pferd stehend um die Arena galop-
pierte und dabei mit beiden Händen mit seinem Schwert
spielte (30). Die Einführung westlichen Rittertums durch Manuel Komnenos machte das Hippodrom für einige Zeit zum
Schauplatz von Turnieren. Unter den Palaiologen blieb es
fast unbenützt; nur junge Fürsten und Adlige gingen hin, um
Reitkunststücke zu üben und Polo zu spielen (31).
Die Adligen, die es sich leisten konnten, hatten alle ihre
Stadthäuser, wenn sie auch im Sommer ihre Landsitze auf-
suchen konnten; wer jedoch gezwungen war, dauernd auf
dem Land zu wohnen, für den war das gleichbedeutend mit
Schande und Exil. Die Männer hatten gewöhnlich ein Regie-
rungsamt inne und verbrachten ihre Zeit mit der Arbeit.
Wenn nicht, dann hielten sie sich mit ihren Frauen am kaiserlichen Hof auf — an Festtagen defilierten die Männer
feierlich am Kaiser vorbei und die Damen an der Kaiserin —
und gaben sich der Intrige hin. Soweit es ihnen möglich war,

machten sie ihre eigenen Paläste zu kleinen Höfen und umgaben sich mit einem Kreis von heiligen Männern und Dichtern.
Der Adel aus der frühen Zeit des Imperiums hatte seinen
Reichtum während der Invasionen des 7. Jahrhunderts und
unter der Tyrannenherrschaft von Kaisern wie Phokas und
Justinian II. eingebüßt. Bis zum 9. Jahrhundert stellte der
Grundbesitz eine unsichere Geldanlage dar. Die einzige große Familie, die in dieser Beziehung in Erscheinung tritt, sind
die Melissenoi (32), die anscheinend aus Konstantinopel
stammten und ihren Reichtum wahrscheinlich aus Grundbesitz in der Stadt herleiteten; später allerdings ließen sie sich
auf der Peloponnes nieder und standen dort noch bis zum
Ende des byzantinischen Reichs in Blüte — die letzte Herzo-
gin von Athen war eine Melissena. Aber von der zweiten
Hälfte des 9. Jahrhunderts an weiß man von Familien mit
großen Gütern in Kleinasien, wie z. B. die Phokas, die Dukas, die Skleros, die Argyroi und die Komnenen. Etwas später, nachdem durch die Eroberung Bulgariens die europäischen Provinzen ihre festen Konturen gewonnen hatten,
erscheinen die großen europäischen Familien auf der Bildflä-
che, die Kantakuzenen, die Bryennioi, oder die Tornikai, ein
armenisches Fürstenhaus, das sich bei Adrianopel niedergelassen hatte; auch die Dukas erwarben europäische Besitzungen.
Den Stammbaum der großen byzantinischen Familien zu
erforschen ist jedoch schwierig, weil sie sich aus Snobismus
oder Abwechslungssucht oft nach ihren Müttern statt nach
ihren Vätern nannten. So hieß Anna Dalassenas Vater Cha-
ron — ihre Mutter war eine Dalassena (33); die späteren Dukas waren laut Psellos nur in der weiblichen Linie Dukas (34); Anna Komnenes Söhne erhielten die Beinamen
Komnenos und Dukas, obwohl ihr Vater ein Bryennios
war (35).

Die großen Familien lebten oft in Sippen beieinander und arbeiteten auch zusammen. Zu Anfang von Anna Komnenes Bericht begegnen uns die Brüder Komnenos als eine Einheit, die unter der Führung ihrer Mutter Anna Dalassena zusammenarbeitete und die Interessen des Alexios, d. h. des fähigsten, und nicht des ältesten unter ihnen, förderte. Dieselben Seiten der Historikerin führen uns auch vor Augen, wie aufregend und bewegt das Leben der Aristokratie in Krisenzeiten sein konnte, wenn die Männer ständig nachts aus der Stadt reiten mußten, um zu fliehen, oder die Hilfe der Armee zu erbitten, und die Frauen, die gewöhnlich die gefährlicheren Intriganten waren, ihre Zuflucht zum Heiligtum irgendeines Altars nahmen, wenn auch oft vergeblich (36). Selbst in friedlicheren Zeiten machte der Reichtum die Stellung der Adligen unsicher. Romanos Saronites, den man zur Regierungszeit des Nikephoros Phokas verdächtigte und überwachte, nur weil er der Schwiegersohn des früheren Kaisers Romanos I. und sehr reich war — ihm gehörte der Zirkusreiter Philoraios —, empfand dies als solchen Druck, daß er in seiner Verzweiflung an Rebellion dachte; er zog sich jedoch dann auf den Rat des heiligen Basileios Minor in ein Kloster zurück (37).

Es ist schwer, Vermutungen über das Ausmaß der Reichtümer in Byzanz anzustellen. Wir besitzen keine Informationen über den Wohlstand in der Frühzeit des Reiches. Kurz bevor Justinian die Konsulwürde abschaffte, kostete sie ihren Träger etwa 90 000 Goldpfund, also rund 1,8 Millionen Mark jährlich, und es ist kaum denkbar, daß ein Privatmann sich das leisten konnte (38). Im 7. und 8. Jahrhundert nahm der Reichtum ab. Theoktiste, die Mutter des Theodoros vom Studios-Kloster, die wohlhabend und sehr freigebig war, gab ihren Dienern Brot, Speck und Wein zu essen, nur an Feiertagen und Sonntagen auch Fleisch oder Huhn, und galt dabei eher als verschwenderisch; wir wissen allerdings nicht, wie viele Diener sie hatte (39). Von den sechzig Märtyrern von Jerusalem heißt es, daß sie im Jahr 730 mit fürstlichem Gefolge reisten. Der mit Basileios I. befreundeten Witwe Danielis gehörte der bessere Teil der Peloponnes; sie hinterließ dem Kaiser 3000 Sklaven (40). Der *parakoimōmenos* Basileios, der, obzwar der uneheliche Sohn eines Kaisers, ein *selfmade man* war, hatte, selbst als er in tiefster Ungnade stand, noch ein Gefolge von 3000 Dienern (41). Bei den im Epos von Digenis Akritas erwähnten Summen muß man leider mit der dichterischen Freiheit des Autors rechnen. Es fällt schwer zu glauben, daß die Mitgift seiner Frau wirklich 9 000 000 Goldfranken wert gewesen sein soll und noch größer hätte sein können, wenn der Held gewünscht hätte; auch der Palast des Helden, der ganz und gar mit Gold und Mosaiken ausgelegt war, stellt eher das Ideal eines Landhauses dar als eines wirklichen (42). Aber selbst der Landwirt Philaretes, der einfacher Herkunft war, gab in seinen reichsten Tagen Abendgesellschaften mit 36 Gästen an einem Tisch aus Elfenbein und Gold und besaß 12 000 Schafe, 600 Ochsen und 800 Pferde als Weidetiere, dazu für die Arbeit noch einmal 200 Ochsen und 80 Pferde und Maultiere sowie eine große Zahl Leibeigene. Sein Reichtum rührte von Gütern in der Umgebung der kleinasiatischen Marktstädte her; er mußte kein Haus in Konstantinopel unterhalten (43). Privaten Wohlstand gab es sogar noch unter den Palaiologen. Aus der Beschreibung, die Metochites von seinem während der Aufstände zerstörten Palast gibt, geht hervor, daß er von Marmor und kostbaren Metallen strotzte und mit einer Pracht ausgestattet war, wie sie damals in westlichen Ländern unbekannt war (44); und Lukas Notaras verbarg nach

Berichten seiner Feinde im Jahr 1453 so viele Goldbarren,
daß er damit eine komplette neue Armee zur Rettung der
Stadt hätte anwerben können (45). Bis zuletzt blieb der byzantinische Adel eine Geldaristokratie.

Er war infolgedessen nicht exklusiv. Jeder, der genug Geld in
Ländereien angelegt hatte — der einzig sicheren und dauerhaften Investition —, konnte eine Adelsfamilie gründen, indem er einen Titel kaufte, so daß seine Söhne Mitglieder der
Senatorenklassen wurden. Am ehrenvollsten war es, den Weg
des öffentlichen Dienstes zu gehen, wahrscheinlich als Soldat,
und dann mit großen Landschenkungen belohnt zu werden.
So wurde der Aufstieg der Phokas von einem großen Soldaten, dem älteren Phokas, begründet. Eine andere Möglichkeit
war, daß der Kaiser Interesse an den Kindern irgendeines
seiner Staatsmänner oder Freunde gewann. So war Theophanes, der heilig gesprochene Chronist, als Knabe der Schütz-
ling Kaiser Leons IV., weil sein verstorbener Vater als Stratege der Ägäischen Inseln ausgezeichnet worden war; wenn
Theophanes gewollt hätte, hätte er alle Güter der Welt besitzen können (46). So waren die Komnenoi, zwei junge Brüder aus Thrakien, Schützlinge von Basileios II., dem ihr Vater gedient hatte, und erhielten Land in Paphlagonien (47).
Auf etwas bescheidenere Weise wurde Romanos Lakapenos
durch kaiserlichen Einfluß in der Flotte gefördert, weil einst
sein Vater, ein Bauer namens Theophylaktos der Unerträgli-
che, Basileios I. das Leben gerettet hatte (48). Seine Besitzungen durch reines Finanzgeschick zu erwerben, wie es der Patrizier Niketas im 10. Jahrhundert tat, war anscheinend
etwas weniger ehrenvoll (49). Es war außerdem unsicherer.
Die Kaiser fürchteten solche Bestrebungen sehr, und der ehrgeizige Grundbesitzer konnte sich, wie der Protovestiarios
Philokales, gezwungen sehen, zur Armut zurückzukehren,

weil man ihm vorwarf, er habe das Gesetz des Vorkaufs-
rechts übertreten (50). Die Kaiser versuchten auch das Anwachsen von Landbesitz zu verhindern, dessen Kern auf eh-
renvolle Weise erworben worden war; aber das war nicht so
einfach.

Über die Annehmlichkeiten im Leben der byzantinischen Gesellschaft wissen wir sehr wenig. In Konstantinopel selbst
waren wahrscheinlich die Hofzeremonien die einzige offizielle Unterhaltung; doch scheint es zahlreiche private Feste
gegeben zu haben. Pulcheria pflegte jeden Sonntag nach dem
Gottesdienst mit dem Patriarchen zu speisen, um mit ihm
über Kirchenpolitik zu diskutieren (51). Bei einem Festessen
in kleinem Kreis, das Basileios der Makedonier und seine
Frau dem Kaiser Michael III. gaben, faßte Basileios den
Plan, den Kaiser zu ermorden (52). In den Lebensge-
schichten der Heiligen hören wir von Freunden, die mit den
Mönchen in deren Klöstern speisten, oder von Heiligen, die
es ablehnten, zu den Festmählern ihrer reichen Herren zu
kommen. Photios (53) und Jahrhunderte später Metochites (54) gaben Literatenparties, bei denen über Bücher disku-
tiert wurde. Landhausfeste kannte man nicht: Das Land-
haus war der Ort des Exils oder der selbstgewählten Einsam-
keit. Ausnahmen hiervon gab es nur, wenn hochgestellte Reisende, wie Gesandte, kaiserliche Minister oder der Kaiser
selbst, dort vorbeikamen. So mußte Philaretes die Abgesand-
ten aufnehmen, die auf der Suche nach möglichen Bräuten
für Konstantin VI. unterwegs waren (55). Alexios I. hielt
sich bei Verwandten seiner Frau auf, als er durch Thrakien
reiste (56). Als Eustathios Maleïnos Basileios II. zu Gast
hatte, führte die Großzügigkeit des Gastgebers — wie im
englischen Beispiel von Lord Oxford und Heinrich VII. —
zu seinem Untergang: Basileios war sich bis dahin nicht dar-

über im klaren gewesen, daß seine Untertanen so mächtig
waren (57). Kekaumenos war der festen Überzeugung, daß
es falsch sei, Hausfeste zu veranstalten. Gäste, so sagte er,
kritisierten nur die Haushaltung und versuchten einem die
Frau zu verführen (58).

Wie der Kaiserpalast, so hatten auch die Adelspaläste ihr
Gynaikeion, ihre Frauengemächer; aber die Frauen nahmen
voll und ganz am Leben der Männer teil. Unverheiratete
Mädchen lebten zwar etwas zurückgezogen und durften ihren zukünftigen Gemahl nicht sehen, bis die Heirat fest-
stand; aber wenn sie erst einmal verheiratet waren, bewegten sie sich völlig frei und beherrschten oft, wie Theoktiste,
die ganze Familie. Die Mutter hatte eine besonders geachtete
Stellung inne. Die Macht einer Anna Dalassena war berüch-
tigt, aber die Hochachtung ihrer Söhne vor ihr wurde nicht
als ungerechtfertigt angesehen. Wenn Digenis Akritas zu
Hause speiste — er speiste ohne viel Aufwand und ließ sich
nur von einem Lakaien bedienen, dem er zu klingeln pflegte
—, ging er mit seiner Frau ins Speisezimmer, sobald angerichtet war, und sie lagerten sich auf Ruhebetten; seine Mutter dagegen durfte etwas zu spät kommen und bekam einen
Sessel (59). Selbst in der Zeit des Niedergangs war es nur der
Einfluß der letzten Kaiserin, der verwitweten Helena Draga-
ses, der den Frieden zwischen ihren Söhnen Konstantin XI.
und seinen Brüdern aufrechterhielt (60).

Bei den häufigen Verschwörungen, die das Leben der Adligen
würzten, spielten immer wieder Frauen eine Rolle; gewöhnlich bekamen sie auch ihr Teil bei der Bestrafung ab, wobei
ihnen allerdings die schlimmsten physischen Entehrungen und
Leiden erspart wurden. Anna Dalassena wurde einmal ins
Kloster verbannt (61); Konstantin Dukas' Gemahlin wurde
nach dem Fehlschlag seiner Rebellion und nach seiner Blen-

dung gezwungen, sich auf ihre Güter zurückzuziehen (62).
Andrerseits wurde, soweit wir wissen, die Frau des Bardas
Phokas, die für ihren Mann die Festung Tyriaion gegen die
kaiserlichen Truppen verteidigt hatte, überhaupt nicht bestraft, nachdem die Sache ihres Gatten in Abydos gescheitert war.

Das Leben der Armen ist mehr oder weniger zu allen Zeiten
und in allen Ländern dasselbe: es erschöpft sich in der angst-
vollen Sorge um den nackten Lebensunterhalt. Die Armen
von Konstantinopel lebten in tiefem Schmutz, obwohl ihre
Slums unmittelbar an die Paläste der Reichen anstießen, aber
sie waren vielleicht doch besser daran als die Armen der meisten Völker. Der Zirkus, ihre einzige Erholung, stand ihnen
kostenlos offen. Die unentgeltliche Verteilung von Brot war
zwar von Herakleios abgeschafft worden (63), aber freie
Verpflegung stand nach wie vor für alle bereit, die für den
Staat arbeiteten, etwa bei der Instandhaltung der öffentlichen
Anlagen und Aquädukte oder in den staatlichen Bäckereien.
Es war Aufgabe des Quaestors, darüber zu wachen, daß Mittellose auf diese Art eine nützliche Arbeit bekamen und daß
niemand ohne Beschäftigung blieb (64). Um das zu garantieren, war es verboten, die Stadt ohne behördliche Arbeitsge-
nehmigung zu betreten. Außerdem gab es aber auch Altersheime und Hospitäler für die Alten und Kranken, meist von
Kaisern oder Adligen gegründet und einem Männer- oder
Frauenkloster zugeteilt, von dem sie betreut wurden. Die
Eigentumsurkunden von mehreren komnenischen Gründun-
gen dieser Art sind uns erhalten (65). Für die Kinder der Armen gab es staatliche Waisenhäuser. Der *orphanotrophos*,
der staatlich bestellte Direktor aller Waisenhäuser, war schon
bald ein wichtiger Posten in der Staatshierarchie geworden,
der für enorme Summen verantwortlich war. Unter den Iko-

noklasten nahm die Kirche eine Zeitlang die Verwaltung der Waisenhäuser in ihre Regie, aber die makedonischen Kaiser gaben sie an die zivile Administration zurück und erhöhten den Rang des *orphanotrophos* (66) noch weiter. Das größte Waisenhaus lag innerhalb der Mauern des Großen Palastes. Unter Romanos III. wurde es durch ein Erdbeben zerstört, aber Alexios I. baute es wieder auf und konnte über der Sorge für seine Waisenkinder sogar die Regierungssorgen vergessen (67).

Angesichts all dieser karitativen Einrichtungen ist es wahrscheinlich, daß es nur wenig wirklichen Hunger gab. Es ist auch wesentlich zu bemerken, daß niemals anarchistische oder kommunistische Ideen der Antrieb waren, wenn das Volk sich zu seinen Aufständen erhob. Dabei mochte es zum Beispiel um die Absetzung eines schikanösen Ministers gehen oder um die Ausrottung verhaßter Fremder, jedoch niemals um den Versuch einer gewaltsamen Veränderung der Gesellschaftsordnung. Wenn das Volk, wie nicht selten, seine ursprünglichen souveränen Rechte anmeldete, so geschah es tatsächlich eher zur Rettung des purpurnen kaiserlichen Blutes vor einem übermütigen Usurpator.

Neben den freien Armen gab es noch eine beträchtliche Sklavenbevölkerung. Wie groß sie tatsächlich war, läßt sich nicht mehr sagen; daß Christen versklavt wurden, hielt man schon bald für Unrecht — freilich waren auch die Freien auf dem flachen Land kaum mehr als Sklaven. Jedenfalls wurden bis zum 12. Jahrhundert islamische Ungläubige und heidnische Sklaven sowohl im privaten Dienst wie auch in den staatlichen Bergwerken und anderen staatlichen Unternehmen beschäftigt. Es waren entweder nicht zurückgekaufte sarazenische Gefangene oder öfter noch Menschenware, die die Händler aus den Steppen herbeischafften; vor allem die Russen verkauften regelmäßig die Beute ihrer Raubzüge auf dem Markt von Konstantinopel. Es bestand allerdings von Anfang an ein Ressentiment gegen die Sklaverei, das ständig zunahm. Theodoros vom Studios-Kloster verbot den Klöstern, Sklaven einzustellen. Auch gab es eine Sklavensteuer. Alexios I. erließ außerdem ein Gesetz, das den Sklaven die freie Heirat erlaubte (68). Doch besaß im späten 12. Jahrhundert sogar der Erzbischof Eustathios von Thessalonike noch eine große Zahl von Sklaven, die nach seinem Willen aber bei seinem Tod freigelassen werden sollten, denn Sklaverei sei gegen die Natur (69). Allmählich stieg infolge der Ausbreitung der kulturellen Errungenschaften der Preis für die menschliche Ware zu unerschwinglicher Höhe; doch wahrscheinlich waren noch im 14. Jahrhundert in Konstantinopel Sklaven zu finden. Soweit sie privaten Herren gehörten, war ihr Leben vermutlich durchaus erträglich und menschenwürdig; ihre Leidensgenossen in Staatsbesitz freilich wurden wohl immer noch wie Vieh behandelt (70).

Zwischen den Armen und der Aristokratie waren die Massen der mittleren Klassen in ständiger Bewegung. Diokletian hatte verordnet, daß jeder den Beruf seines Vaters weiterführen müsse — der Sohn des Soldaten sollte wieder Soldat, der Sohn des Bäckers wieder Bäcker werden. Bis zu einem gewissen Grad blieb diese Regelung bestehen; aber die Gesellschaft hielt sich nicht so starr an dieses Prinzip, wie Diokletian es gewünscht hatte. Wenn beispielsweise der eine Sohn das ererbte Handwerk weiterführte, dann konnten dessen Brüder die kirchliche, militärische oder zivile Laufbahn einschlagen, und wenn sie dabei Erfolg hatten, konnte die ganze Familie am neuen Glück teilhaben. Dann gab es finanzielle Unterstützung, man konnte Land kaufen, und so tauchte eines Tages eine neue Adelsfamilie auf. Johannes Orphanotrophos, ein Minister der Kaiserin Zoe, stammte aus dem Mittelstand, und seine Schwester heiratete einen Schiffskrämer. Aber Johannes gelang es, einen seiner Brüder und nach ihm seinen Neffen, den Sohn des Schiffskrämers, geradewegs auf den Kaiserthron zu befördern (71). Oder eine Schwester konnte eine glänzende Partie machen, denn Schönheit erhob ein junges Mädchen oft weit über seinen Stand. Theodora, die im Zirkus geborene Schauspielerin, und Theophano, die Tochter des Gastwirts, brachten es beide bis zur Kaiserin, und es gab noch andere Beispiele, die fast ebenso aufsehenerregend waren. In der Regel zog dann die neue Verwandtschaft des Kaisers in den Palast ein und begann eine Aristokratenlaufbahn, wie obskur ihre Herkunft auch sein mochte.

Ehrgeiz war eine typisch byzantinische Eigenschaft; und Eltern des Mittelstands taten in der Regel, was sie nur konnten, um ihre hoffnungsvollen Sprößlinge anzustacheln. Die Mutter des Psellos scheute keine Mühe, damit ihr Junge jene Erziehung bekam, die sie selbst nie hatte genießen dürfen, und ließ sich nicht von dem Gezeter ihrer ganzen Verwandtschaft aufhalten, die solche Investitionen für unnütz erklärte (72). Die Mutter des heiligen Theodoros Sikeotes träumte für ihn von einer großen militärischen Laufbahn und war zutiefst enttäuscht, als er den wenig lohnenden Pfad der Heiligkeit erwählte (73). Die Schwester der heiligen Maria der Jüngeren, selbst Frau eines Offiziers, verheiratete sie an einen vielversprechenden Kameraden ihres Mannes, der in kurzer Zeit vom *drungarios* zum *turmarchos* von Bizya avancierte und wahrscheinlich noch höher aufgestiegen wäre, wenn nicht der tragische und erschütternde Tod seiner Frau dazwischengekommen wäre, die als Opfer seiner Roheit starb. Von ihren Zwillingssöhnen war der eine für die Armee, der andere für die Kirche bestimmt worden (74).

Der Bericht des Psellos in der Leichenrede für seine Mutter zeigt eine festgefügte Familie, die völlig von der Mutter beherrscht wurde. Wirklich geliebt hat Psellos nur seine Schwester, die aber im Alter von 18 Jahren starb. Die Pselloi waren keineswegs wohlhabend. Dennoch hielten sie einen oder zwei Dienstboten, und die Mutter Theodota fand nach ihrer Heirat Zeit, sich selbst gründlich das Lesen und Schreiben beizubringen, da ihre eigene Erziehung ungewöhnlich vernachlässigt worden war. Der Vater der Familie war nur ein Kaufmann, aber Psellos mit seinen außergewöhnlichen Fähigkeiten war von vornherein als künftiger Gelehrter aufgezogen worden und wurde sogar auf Reisen geschickt, um bei den besten Lehrern zu studieren. Die ganze Familie war sehr fromm, besonders Theodota, die immer hoffte, daß sich bei Psellos noch kirchliche Ambitionen einstellen würden (75).

Der Haushalt des *turmarchos* von Bizya war um einiges besser gestellt. Es gab da mehrere Dienstboten und ein Gynaikeion; die Versuche des Turmarchen allerdings, seine Frau im Gynaikeion eingeschlossen zu halten, wurden mit Mißfallen zur Kenntnis genommen, und es war unchristlich von ihm, sie nicht zu der festlichen Gesellschaft mitzunehmen, die er am Sonntag vor den Fasten gab (76).

Um einem Knaben eine erfolgreiche Karriere zu sichern, war es nicht unklug, ihn kastrieren zu lassen; denn Byzanz war das Paradies der Eunuchen. Sogar sehr hochgeborene Eltern waren nicht darüber erhaben, ihre Söhne zu entmannen, um ihren Aufstieg zu sichern, und man fand darin nichts irgendwie Ehrenrühriges. Ein Eunuch konnte zwar nicht die Kaiserkrone tragen und konnte auch, natürlicherweise, keine Erbrechte weitergeben — aber gerade darin lag seine Macht. Ein Sohn, der allzunah am Thron geboren war, konnte auf diese Weise in Sicherheit gebracht werden und durfte dann

Säulenkapitell mit dem Monogramm Justinians I. Hagia Sophia, Istanbul.

Marmorkapitell mit vier geflügelten Pferden. Istanbul, Archäologisches Museum.

Kapitell mit Okeanos-Blattmasken. Istanbul, Archäologisches Museum.

Detail einer Säulentrommel mit plastischem Schmuck: Hirte mit Hund, Ziege und Stier. Istanbul, Archäologisches Museum.

ruhig so weit aufsteigen, wie er wollte. So wurde z. B. Niketas, der junge Sohn Michaels I., entmannt, als sein Vater gestürzt war, und stieg später trotz seiner gefährlichen Abstammung unaufhaltsam nach oben, bis er der Patriarch Ignatios
wurde (77). Ähnlich ließ auch Romanos I. nicht nur seinen
Bastard Basileios kastrieren, der dann als *parakoimōmenos*,
als Großkämmerer, das Reich mehrere Jahrzehnte lang regierte, sondern auch seinen jüngsten legitimen Sohn, Theophylaktos, den er für das Patriarchenamt vorgesehen
hatte (78). Ein großer Prozentsatz der byzantinischen Patriarchen waren Eunuchen. Man suchte Kastraten durch günstige
Bedingungen besonders für den Verwaltungsdienst anzulok-
ken, wo ein kastrierter Titelträger vor dem nicht kastrierten
Titelkollegen den Vortritt hatte und wo viele hohe Ränge
überhaupt nur für Eunuchen reserviert waren. Selbst das
Kommando über Heer und Flotte war oft in den Händen
eines Kastraten: Die glänzendsten Beispiele dafür waren
wohl im 6. Jahrhundert Narses und im 10. Nikephoros Uranos. Alexios I. hatte einen Kastraten als Flottenchef, Eustathios Kymineanos (79), und nach der Katastrophe von Mantzikert war es ein Eunuch, Nikephoros Logothetes, dem ein
Wiederaufbau des Heeres gelang (80). Nur ganz wenige Stellen waren den Eunuchen traditionell nicht zugänglich, darunter die des Eparchen, des Stadtpräfekten von Konstantinopel.
Aber erst als westliche Begriffe von Erotik und ritterlicher
Lebenshaltung allmählich auch Byzanz ansteckten, drückte
die öffentliche Meinung dem Kastraten ein Brandmal auf.
Tatsächlich war gerade die Verwendung von Eunuchen und
eine streng durch Eunuchen kontrollierte Bürokratie Byzanz'
stärkste Waffe im Kampf gegen die feudale Tendenz, die
Macht in den Händen eines erblichen Adels zu konzentrieren,
was den Westen schwere Konflikte kostete. Die Bedeutung

der Kastraten im politischen Leben von Byzanz lag darin,
daß sie dem Kaiser eine herrschende Klasse lieferten, auf die
er unbedingt vertrauen konnte. Es gibt übrigens keinerlei
Anzeichen dafür, daß ihre physischen Mängel ihren Charakter verbogen hätten. In der gesamten byzantinischen Geschichte erscheinen die Eunuchen weder korrupter und intri-
ganter noch etwa weniger tüchtig oder weniger vaterlandslie-
bend als ihre körperlich normalen Kollegen.

In den unteren Bevölkerungsschichten waren Eunuchen seltener anzutreffen; es konnte allerdings die Praxis eines Arz-
tes fördern, daß er Kastrat war, weil er dann auch Frauenklöster und -kliniken versorgen konnte. Manche rein weiblichen Institutionen bestanden indessen darauf, nur weibliche
Ärzte zuzulassen (81).

Die allgemeine Durchlässigkeit der Gesellschaft wurde stark
gefördert durch die Vorliebe aller Stände für den Handel.
Daß der Beschäftigung mit Geld etwas Erniedrigendes an-
hafte, ist ebenfalls eine westliche Vorstellung, die den Byzantinern ganz fremd war. Der kaiserliche Hof war mit seinem
Seidenmonopol das größte Geschäftshaus von Konstantinopel.
Einzelne Herrscher waren sich nicht zu gut zu kaufmänni-
schen Unternehmungen: Nikephoros Phokas spekulierte in
Getreide, mit mehr Profit als Moral (82), Johannes Vatatzes
wirtschaftete genug aus seinen Hühnerfarmen heraus, um seiner Kaiserin eine neue Krone kaufen zu können (83). Auch der
Adel machte seine eigenen Handelsgeschäfte: Die Witwe Danielis betrieb eine Teppichmanufaktur (84), und Leons VI.
Günstling Musikos hatte Geschäftsanteile am Hafen von
Thessalonike. Selbst die Kirche trat gelegentlich als
Bankkonzern auf, so als sie die Kriege des Kaisers Herakleios
gegen die Perser finanzierte (85). Es war aber trotzdem nicht
möglich, im Handel große Vermögen zu erwerben. Durch die

strengen Bestimmungen, die der Staat zugunsten der Bürger
erließ, wurden die Gewinne zwangsweise niedrig gehalten.
Millionäre verdankten ihren Reichtum gewöhnlich nur dem
Immobiliengeschäft. Wahrscheinlich wurden die staatlichen
Kontrollen aber mit einer gewissen Elastizität gehandhabt.
Die Eltern der heiligen Thomaïs von Lesbos durften ohne
weiteres nach Chalkedon umziehen, als der Handel auf der
Insel nichts mehr abwarf, und dort ein Geschäft eröffnen,
trotz dem offiziellen Verbot des Wohnungswechsels innerhalb
des Reichs (86); und das Einwanderungsverbot nach Konstantinopel konnte eine erhebliche Zahl von Armeniern nicht
daran hindern, in die Stadt zu kommen und Läden und
Werkstätten aufzumachen.
Nach Konstantinopel zu kommen war das gegebene Ziel für
jeden Mann mit Ehrgeiz, Konstantinopel war ja der unbestrittene Mittelpunkt des Reichs. In Europa konnte sich ihm
nur Thessalonike in mancher Beziehung gleichstellen, denn es
lag am Endpunkt einer der großen europäischen Handelsstraßen, die von der ungarischen Ebene nach Belgrad führte und
dann in geradem Lauf erst die Morava aufwärts und dann
den Vardar abwärts. Thessalonike war seit den frühesten
Zeiten des Reichs eine Großstadt gewesen. Am Ende des 9.
Jahrhunderts bekam es den Großteil des bulgarischen Handels in die Hand (87), und seitdem wuchs es stetig weiter,
trotz der Plünderung durch die Araber im Jahr 908. Zur großen jährlichen St. Demetriosmesse war die Stadt eine Woche
lang bis zum Bersten voll von Händlern und Abenteurern
aus aller Herren Länder. Die Satire *Timarion* hat uns ein
lebendiges Bild von dem geschäftigen Treiben und all der Le-
benslust in diesen Tagen überliefert (88). Unter den Palaiologen entwickelte sich Thessalonike günstiger als die Hauptstadt selbst. Seine Adligen und seine Kaufleute waren wahr-

scheinlich reicher als die von Konstantinopel, und die Stadt war damals ein Mittelpunkt des geistigen Lebens. Die übrigen europäischen Städte des Reichs, ausgenommen einige wenige Hafenstädte wie Mesembria, Dyrrhachion, Patras und Bari, waren schläfrige Marktstädtchen oder höchstens als Festungen von Bedeutung: Theben besaß im 12. Jahrhundert immerhin eine ansehnliche örtliche Seidenindustrie.

In früheren Zeiten waren Alexandreia und Antiocheia ebenbürtige Rivalen Konstantinopels gewesen; aber der Verlust der großen Südostprovinzen an die Araber hatte ihren Abstieg eingeleitet. In Kleinasien gab es ein paar große Festungen und Provinzhauptstädte, doch nur in den Hafenstädten pulsierte noch ein wenig Leben. Smyrna verlor ziemlich an Bedeutung, als der Handelsweg nördlich zum Bosporus in Gang kam. Trapezunt dagegen war bis zuletzt der große Hafen für Armenien, Persien und den Osten und als Hauptstadt eines unabhängigen Reiches innerhalb von zweieinhalb Jahrhunderten in seinem Prestige gewaltig gestiegen; wie Thessalonike wurde es ein geistiges Zentrum und besonders berühmt durch seine Astronomen und Mathematiker. Nikaia hatte allen anderen Städten seine kirchengeschichtliche Vergangenheit voraus und erlebte eine neue Blüte, als es Hauptstadt des Exilreichs wurde. Brussa war durch seine heißen Quellen berühmt; es war der Hauptbadeort der Byzantiner (89) und wurde besonders von der Kaiserin Irene gefördert. Antiocheia war noch Großstadt, als die Truppen des Nikephoros Phokas es für Byzanz zurückeroberten, aber es befand sich schon im Niedergang, obwohl es die Hauptstadt eines lateinischen Fürstentums war, ging es während der Kreuzzüge noch mehr zurück, denn der arabische Handel traf erst weiter im Süden auf die Mittelmeerküste.

Das Leben in den ländlichen Bezirken war keineswegs überall im Reich gleich. In den europäischen Provinzen führten Slaven, Albaner und Walachen innerhalb und außerhalb der Landgüter der griechisch-römischen Aristokratie ein Hirtendasein nach ihren alten Stammesbräuchen. Auch in Kleinasien waren kleine Kolonien fremdstämmiger Einwohner, Syrer etwa oder auch Bulgaren, über das ganze Land verstreut. Im Grund genommen gab es nur zwei Menschenklassen, die in Dorfgemeinschaften das flache Land bewohnten: Sklaven und Freie (90). Der unfreie Bauer oder Sklave war an den Boden gebunden. Sein Herr, der Landeigentümer, zahlte zwar für ihn die Steuern, nahm aber dafür den Ertrag des Bodens. Die Kinder von Sklaven wurden wieder Sklaven, konnten jedoch aufgrund von Vergünstigungen ihres Herrn ihren Grund verlassen und in andere Berufe überwechseln, wie z. B. in den Dienst der Kirche. Auf manchen Gütern der Reichen gab es auch Pachtbauern: Sie zahlten ihre Pacht in Geld oder Naturalien und waren offiziell Freie, *de facto* aber hatten sie keine Möglichkeit, ihr Los zu verbessern: sie blieben an den Ort, wo sie einmal saßen, gebunden. Doch auch der freie Bauer war fast genauso an seinen Grund und Boden gefesselt, denn die Zentralbehörden mißbilligten jede Landflucht. Seine Hauptaufgabe war die Lebensmittelversorgung von Konstantinopel, für die die Getreideanbaugebiete der Provinzen Thrakien und Kleinasien zunehmend unentbehrlicher wurden. Der freie Bauer war zur Zahlung bestimmter Steuern auf seinen Besitz verpflichtet, und seine Erben blieben auch nach seinem Tod daran gebunden; dadurch war es ihm sehr erschwert, sein Land zu veräußern, und folglich konnte er es sich gar nicht leisten, das Dorf zu verlassen. Ein weiteres Gesetz zog diese Fesseln noch stärker an: Die Dorfgemeinschaft wurde als ganze besteuert; fiel also eines ihrer Mitglieder aus, so hatten alle übrigen seine Steuerlast mitzutragen. Sie hatten infolgedessen großes Interesse daran, keinen aus ihrer Mitte und von seiner Arbeit wegziehen zu lassen.

Sklavendörfer waren in den Tagen der großen Grundbesitzer zu Anfang des Reiches häufiger gewesen; in den Wirren des 6. und 7. Jahrhunderts strukturierte sich indessen die ländliche Gesellschaft neu, und nun wurden freie Dörfer die Regel. Der Staat besoldete von da an besonders Soldaten durch Landzuweisungen, die allerdings den Besitzer zu fortgesetztem Kriegsdienst verpflichteten. Damit wurde eine neue Klasse, die militärischen Kleingrundbesitzer, geschaffen. Als dann allmählich wieder geordnete Verhältnisse eintraten, wuchs der Großgrundbesitz von neuem. Die Reichen begannen, dem kleinen Mann seine Verpflichtungen abzunehmen, sie zahlten für ihn die Steuern gegen Übernahme seiner Bodenerträge und machten ihn auf diese Weise zum Pächter oder gar zum Sklaven. Denn wenn die Ernte einmal ausfiel, dann schaffte es der Kleinbauer nicht mehr, seine Existenz als Freier aufrechtzuerhalten. Eine andere Möglichkeit bestand darin, daß ein frommer Bauer bei seinem Tod seinen Besitz der Kirche vermachte; und die Kirche suchte, wie der Adel, ihr Geld in Land anzulegen. So erschienen neue grundbesitzende Magnaten, sowohl Laien als auch Geistliche, die einen gefährlichen Reichtum ansammelten und durch ihre Eingriffe das Steuersystem in Verwirrung brachten. Vergeblich erließen die Kaiser ein Gesetz nach dem andern gegen sie. Romanos I. verordnete in seinen Vorkaufsstatuten, nur der kleine Mann dürfe das Land des kleinen Mannes kaufen, und der Käufer müsse zur selben Dorfgemeinschaft gehören, wobei ein Verwandter das Recht des ersten Angebots hatte (91). Aber obwohl die folgenden Kaiser diese ausdrücklichen Weisungen wiederholten (92), war das Ganze offensichtlich eine hoffnungslose Angelegenheit, denn in schlechten Zeiten hatten eben nur die Reichen das nötige Geld, um die Steuern zu zahlen, die der Staat unbarmherzig eintrieb. Es war ein *circulus vitiosus*, der unvermeidlich dazu führen mußte, daß der freie Kleingrundbesitz im Lauf der Jahrhunderte immer mehr zum Verschwinden kam. Die syrischen Kaiser hatten versucht, die Unfreiheit abzuschaffen; die makedonischen sahen sich gezwungen, ihre gesetzlichen Rechte wieder zu befestigen.

Das Bauerngesetz (*nomos geōrgikos*) des 8. Jahrhunderts gibt ein Bild des dörflichen Lebens (93). Rings um die Siedlung lagen die Obst- und Weingärten, die von Zäunen eingefriedet waren, weiter außerhalb die Äcker, nicht eingezäunt, aber ebenfalls in privatem Besitz; noch weiter draußen lag das Weideland, das Gemeindebesitz war. Wurde es aber gerodet und kultiviert, so ging es in den Besitz dessen über, der es urbar gemacht hatte. Schwere Strafen wurden über jeden verhängt, der absichtlich oder aus Fahrlässigkeit das Eigentum eines Dorfbewohners schädigte. Wer eine Kuhglocke stahl, mußte für das Tier selbst aufkommen, wer einen Schäferhund entführte, für die ganze Herde. Wer sein Vieh auf die Stoppelfelder trieb, bevor die ganze Ernte des Nachbarn eingebracht war, bekam eine Geldstrafe, denn die Tiere konnten ja frei herumlaufen. Gegen alle Eventualitäten war Vorsorge getroffen; der entscheidende Gesichtspunkt war stets, ob der Gemeinde als ganzer Schaden zugefügt worden war. Die Biographien der Heiligen ergänzen dieses Bild. Wir erfahren, daß der Sinn für nachbarliche Verpflichtungen immer stark ausgeprägt war. Als Philaretes im späten 11. Jahrhundert in wirtschaftliche Not geriet, standen ihm seine Nachbarn bei, und als er die kaiserliche Kommission beherbergen mußte, lieferten sie ihm die nötigen Lebensmittel (94).

Der Militärdienst war eine schwere Last, vor allem in Grenzgebieten, wo bei feindlichen Einfällen jedesmal eine eigene Miliz aufgerufen wurde — durchaus zu Recht, denn die Eindringlinge durchzogen oft den ganzen Bezirk, vernichteten die Ernte des Jahres und trieben Großvieh und Schafe weg. Aber es gab trotzdem die Möglichkeit, sich dem Militärdienst zu entziehen, sogar auf einem Militärgut.

Die Klagen über harte Besteuerung rissen nicht ab, aber in Zeiten der Hungersnot erschien der Steuereintreiber als Freund des Volkes, da er für seinen Bezirk Lebensmittel beschaffte. Die öffentliche Ordnung wurde sorgfältig aufrechterhalten. Die Polizei hatte ein wachsames Auge auf die Räuber. Für Reisen in Grenzbezirke waren Pässe erforderlich (95). Reichtum war auf dem Land selten, außer beim Adel und bei der Kirche. Man hielt es allgemein für eine gute Partie, als Theodora von Thessalonike, die Tochter des Dorfpriesters von Ägina, heiratete und als ihr Mann, der bald nach der Hochzeit starb, ihr 300 *nomismata* und neun Sklaven hinterließ (96). Da die Furcht vor feindlichen Einfällen das flache Land entvölkert und verarmt hatte, versuchte der Staat mit drastischen Mitteln, neue Siedler anzulocken. So geschah es im 9. Jahrhundert, daß sich die heilige Athanasia von Ägina, eine hübsche, aber fromme Witwe, eines Tags zu ihrem Schrecken gezwungen sah, einen barbarischen Einwanderer zu heiraten (97). Trotzdem blieben viele Gebiete, besonders die ägäischen Inseln, lange Zeit verödet. Die Geschichte der heiligen Theoktiste von Lesbos aus dem 10. Jahrhundert ist, bei all ihrer verdächtigen Ähnlichkeit mit jener der Maria Aegyptiaca, vollkommen denkbar: Sie hauste viele Jahre lang nackt und ungestört auf einer Insel der Ägäis, auf die sie vor sarazenischen Seeräubern entflohen war, und wurde schließlich von Leuten aus Euböa entdeckt,

*Oben: Christus und Maria mit dem Kaiser Isaak II. Mosaik im
Endonarthex der Erlöserkirche von Chora (Kariye Cami) in Istanbul.
Unten: Deesis (Fürbitte); Maria und Johannes der Täufer. Mosaik des
13. Jahrhunderts; Hagia Sophia, Istanbul.*

die zum Zeitvertreib hier gelandet waren. Diese erzählten einem Mönch von Paros die Sache, der sie wiederum eines Abends dem Niketas Magistros weitererzählte, als dieser auf einer Gesandtschaftsreise nach Kreta dort durch einen Sturm festgehalten war (98).

Reisen im Inland wurden von den Behörden nicht gern gesehen; denn Gemeinschaften von fest Angesiedelten waren leichter zu besteuern und zu überwachen. Die einzigen staatlich gebilligten Ortsveränderungen waren die Zwangsaussiedlungen von Armeniern nach Europa oder von Slaven nach Asien, durch die man unruhige Elemente isolierte. Aber unternehmungslustigen Männern wie Basileios dem Makedonier gelang es doch, ihren Weg nach Konstantinopel zu finden. Vielversprechende junge Leute bekamen gern die Erlaubnis, das ganze Reich auf der Suche nach den besten Lehrern zu bereisen. Pilgerfahrten nach dem Heiligen Land oder, noch mehr, zum Besuch der Reliquiensammlungen von Konstantinopel waren immer ein guter Grund für eine Erlaubnis (99). Auch Prozesse brachten ständig Besucher in die Hauptstadt, und menschenfreundliche Kaiser wie Romanos I. bauten eigene Absteigequartiere für die Rechtsuchenden (100).

Von den Küstenprovinzen aus, so von Trapezunt oder Thessalonike, machte man diese Reise gewöhnlich zu Schiff. Es gab aber auch gute Straßen, die in erster Linie wegen ihrer militärischen Bedeutung instandgehalten wurden (101); wahrscheinlich durften sie von Zivilisten nicht begangen werden, solange ein Heer sie benutzte. Die Unterhaltung dieser Straßen kam zum Teil durch die Maut an den Eingängen herein; nur Regierungsbeamte, fremde Gesandte und bestimmte hohe Adlige waren vom Straßenzoll befreit. Zwei Hauptstraßen führten von Konstantinopel nach Osten; die eine, die Militärstraße, ging über Dorylaion und verzweigte sich östlich

vom Halys, von dort ging ein Arm an Sebasteia vorbei nach
Armenien, einer bog nach Süden ab und führte nach Kaisareia und Kommagene oder über Tyana zur kilikischen Pforte
und nach Syrien; die andere, die Pilgerstraße, war etwas
kürzer, aber weniger bequem: Sie begann weiter nördlich,
berührte Ankyra und bog dann südwärts ab nach Tyana. Die
Magistrale in Europa war, wenn die politischen Bedingungen
es zuließen, die alte Via Egnatia, die von Dyrrhachion nach
Thessalonike und weiter nach Byzanz führte. Die Heerstraße
Belgrad-Sofia-Adrianopel war selten in ihrer ganzen Länge in
byzantinischer Hand.

Angesichts ihrer rassischen Verschiedenheit, ihrer unterschiedlichen Lebensform und der über so viele Jahrhunderte sich
hinziehenden, wechselvollen Geschichte des Reichs könnte es
allzu kühn erscheinen, wenn man von einem Nationalcharak-
ter der Byzantiner sprechen wollte. Und doch halten sich
über die ganze Geschichte ihres Reiches hin gewisse Züge so
hartnäckig, daß sie mit Recht für eine Beschreibung des byzantinischen Charakters herangezogen werden dürfen. Der
am stärksten hervortretende Zug ist ihre religiöse Grundhal-
tung. Wohl war die ganze Christenheit im Mittelalter tief
religiös und zutiefst beunruhigt um ihr Seelenheil. Aber der
Byzantiner war religiös mit einer fanatischen Intensität, wie
sie im Westen kaum anzutreffen war. Er forderte Genauig-
keit in theologischen Fragen, aber noch stärker war seine
Sehnsucht nach unmittelbarer Berührung und Erfahrung des
Göttlichen. Sein Reich war theokratisch. Prunk und Glorie
der kaiserlichen Hofhaltung dienten dazu, Gottes Vizekönig
auf Erden zu erhöhen; sie waren ebenso ein Teil der Anbetung wie der Gottesdienst der Kirchen. Die Feste und Karne-
vals, die das byzantinische Jahr belebten, waren alle, obwohl
sie weltliche Genüsse bieten durften, Stationen der ununter-

brochenen Liturgie des Jahres. Die einfache heidnische Einstellung der alten Griechen zur Lebensfreude war gänzlich verlorengegangen; ein transzendentaler religiöser Sinn verdunkelte die Daseinsfreude. Das Dichterische fand bei ihnen seinen natürlichen Ausdruck nur in Hymnen und Gesängen zur Verherrlichung der göttlichen Majestät oder in Beschreibungen der mystischen *communio*. Sogar ihre profansten Schriftsteller, Männer wie Psellos, nehmen die Religion als selbstverständliche Voraussetzung hin und unterstellen die relative Unwichtigkeit des irdischen Lebens, wenn sie ein Interesse an den heidnischen Wissenschaften verteidigen; wohingegen die Widersacher des Christentums, Rationalisten wie Konstantin V., der nicht einmal den Aposteln das Prädikat von Heiligen zugestehen wollte, und Wüstlinge wie Michael III. und Alexander ihre Emanzipation in Spottritualen und der Schwarzen Messe demonstrieren (102) — auch sie konnten sich also nicht von der religiösen Atmosphäre freimachen.

Wenngleich aller Glanz ihres äußeren Lebens als Huldigung an Gott verstanden wurde, so bewunderten die Byzantiner doch am meisten die, die den Freuden dieser Welt ganz entsagten und sich durch Kontemplation und Abtötung des Fleisches für die Ewigkeit vorbereiteten. Mönchs- und Nonnenklöster waren überfüllt. Es war so schön, nach all den Aufregungen des Haushalts, der Hetze des Geschäftslebens oder den Anspannungen der hohen Politik sich in den Frieden des Klosters zurückzuziehen und in einer stillen und schönen Umgebung seine Seele zu festigen. Doch auch das Klosterleben war kaum hart und streng genug. Die Mönche waren zwar ein hochgeachteter Stand, und ihre Gesellschaft zu lieben galt als ein Zeichen der Gnade (103) — diese Neigung trug zum Beispiel gewaltig zu Romanos' I. Popularität (104) bei; Alexios I. führte seiner Mutter zu Gefallen immer einen Mönch in seinem Zelt mit sich, wenn er in den Krieg zog (105). Aber weit verehrungswürdiger und weit einfluß- reicher waren die Einsiedler, die in unerhörtem Schmutz in Höhlen oder auf Säulen hausten. Die vielen uns erhaltenen Heiligenleben schildern den ungeheuren Einfluß, den diese selbstverleugnenden Heiligen ausübten. Der heilige Lukas Minor war im Griechenland des 10. Jahrhunderts geradezu die entscheidende Autorität; der *stratēgos* pflegte laufend seine Höhle aufzusuchen, um ihn zu fragen und seinem Rat auch tatsächlich zu folgen (106). Etwas später regierte in der Peloponnes der heilige Nikon, genannt Metanoeite oder »Tut Buße« (107), und noch etwas später beherrschte der heilige Nilus Kalabrien und übte seine Macht dann sogar über das Rom der Ottonen aus (108). St. Nikephoros von Milet war mächtig genug, um Nikephoros II. zum Erlaß der Kirchenölsteuer zu veranlassen (109). Besonders bestaunt wurden die Säulenheiligen oder Styliten, die ihr Leben auf der Spitze einer Säule zubrachten. Von ihnen gab es eine lange ehrwürdige Reihe, angefangen bei dem ersten Symeon im 4. Jahrhundert (110). St. Daniel der Stylit hatte im 5. Jahrhundert in Konstantinopel eine Säule und erfreute sich besonderer Gunst des Hofes. Nach jedem Sturm schickte der Kaiser Theodosios II. sofort einen Boten zu ihm, um nachzu- fragen, wie es ihm gehe; schließlich brachte er ihn sogar nach langer Überredung dazu zu genehmigen, daß man ihm ein kleines Dach über den Kopf baute. Als man entdeckte, daß die Säule fehlerhaft konstruiert war, wurde der Architekt mit dem Tod bedroht (111). Symeon Stylites war ein großer Wunderheiler, ebenso wie Symeon der Jüngere, der im Alter von zwei Jahren altklug erklärte: »Ich habe einen Vater und doch keinen, ich habe eine Mutter und doch keine«, und spä-

ter wegging, um auf einer Felsenspitze bei Antiocheia wei-
terzuleben (112). St. Alypios der Paphlagonier und St. La-
zaros Galisiotes regierten von ihren Säulen aus ganze Klöster; der erstere wurde gelähmt, nachdem er 53 Jahre aufrecht gestanden war, und mußte dann liegen (113). Der heilige Theodoros Sikeotes im 7. Jahrhundert verbrachte eine
Fastenzeit in einem Käfig, sein Schüler Arsinos dagegen lebte
40 Jahre auf einer Säule bei Damaskus (114). St. Theodulos,
der mit Theodoros vom Studios-Kloster korrespondierte,
malte auf seiner Säulenspitze kühne Bilder (115). Es gab sogar eine oder zwei weibliche Säulenheilige (116). Der letzte
bedeutende Stylit, St. Lukas, lebte unter Romanos I., dessen
Regierung ein Goldenes Zeitalter für die Heiligen war. Des
heiligen Lukas Säule stand in Chalkedon, und dessen Nähe
zur Hauptstadt machte ihn zu einem besonders brauchbaren
Wundertäter. Er kurierte zwei Bedienstete der Kaiserin Sophia, einen Steward und den Mann, der den Ofen ihres Bades
heizte, und heilte sogar eine frühe Krankheit des zum Patriarchen designierten Prinzen Theophylaktos (117). Sein Zeitgenosse St. Basileios der Kleinere wurde vom Lakapenerhof
ähnlich protegiert; er beriet die Kaiserin Helena, wie sie
einen Sohn bekommen könnte (118).
Nach dem 10. Jahrhundert wurden die Heiligen seltener,
doch gab es im 11. und 12. Jahrhundert immer noch Styliten,
und es war sogar noch später möglich, den Heiligenschein des
Märtyrers zu erwerben, wenn man etwa, wie Niketas der
Jüngere im 14. Jahrhundert, mitten unter die türkischen
Moslims ging und in ihrem Ramadan einen Tumult veranstaltete (119). Die Anziehungskraft der Klöster blieb weiterhin groß. Die Prinzessinnen der Komnenendynastie bekunde-
ten von Zeit zu Zeit ihr Verlangen, sich in ein Kloster zurückzuziehen, allerdings traten nur wenige von ihnen ein; auch die

vielen hochgestellten Witwen, die ihren Weg in die Klöster nahmen, taten dies gewöhnlich nicht aus eigenem Entschluß. Nur die letzte Kaiserin, Helena, beendete ihre Tage auf ihren eigenen Wunsch als Nonne Hypomena (120).

Auch Männer des tätigen Lebens, die sich nicht völlig von dieser Welt absondern wollten, hatten die Möglichkeit, Teilgelübde für ein asketisches Leben abzulegen. So wurde Nikephoros Phokas allgemein bewundert für seine Enthaltsamkeit von Fleischspeisen, und als er, in Versuchung geführt durch seinen ehrgeizigen Wunsch nach dem Kaiserthron und seine Liebe zu der Kaiserin Theophano, die ihm diesen Thron einbringen sollte, in der Hochzeitsnacht das Gelübde brach, war das ein schwerer Schlag für sein Prestige (121); und obgleich er an seinem Körper und seiner Wäsche eine verehrungswürdige Unsauberkeit beibehielt — zum Entsetzen des italienischen Gesandten Liutprand (122) —, hatte er sich mit dem Bruch seines Gelübdes die Zuneigung Konstantinopels für immer verscherzt.

Die Neigung fast aller Kaiser, sich mit Mönchen zu umgeben, wurde besonders durch ihr theologisches Interesse gefördert. Religiöse Diskussionen waren das Hauptthema der Konversation an vielen kaiserlichen Tafeln. Es war eine nicht geringe Überraschung für Kinnamos und den Bischof von Neu-Patras, als Kaiser Andronikos I. sie aufforderte, doch über etwas anderes zu reden, da die Religion gar so langweilig sei (123). Andronikos verdiente daher das schreckliche Schicksal, das ihn bald darauf ereilte.

Die natürliche Begleiterscheinung der Religiosität war ein üppiger Aberglaube. Die Liebe der Byzantiner zu ihren Reliquien zeigte sich in vollem Maß in ihrem Stolz auf die riesigen Sammlungen Konstantinopels. Jedes Jahrhundert brachte hier neuen Zuwachs. Die heilige Helena legte in den Tagen

Konstantins den Grund zur Palastsammlung. Herakleios vermehrte sie um viele der heiligen Passionsobjekte, die man aus
Jerusalem vor den Persern und Arabern in Sicherheit brachte,
nämlich das Holz des Kreuzes, das Heilige Blut, die Dornenkrone, die Heilige Lanze, den ungenähten Rock und die
Nägel vom Kreuz. Heilige Leichname strömten nun in Massen ein: Helena brachte den Daniel; St. Timotheos, St. Andreas und St. Lukas trafen unter Constantius ein, Samuel
unter Arkadios, Jesaia unter Theodosios II., die Drei Kinder
unter Leon I., St. Anna unter Justinian, Maria Magdalena
und Lazarus unter Leon VI. Das »Wahre Bild« Christi aus
Edessa steuerte Romanos I. bei, Nikephoros Phokas das
Haar Johannes des Täufers und Johannes Tzimiskes die San-
dalen Christi. Der Mantel des Elias wurde in der Neuen Basilika aufbewahrt, die übriggebliebenen Brotlaibe vom Spei-
sungswunder unter der Konstantinssäule, während die Reliquien der Muttergottes hauptsächlich in ihren Kirchen in Blachernai und Chalkoprateia zu sehen waren (124). Die religiösen Museen hatten nicht ihresgleichen auf der Welt; und
obwohl sonst der Staat wenig übrig hatte für Fremde ohne
Einreisegenehmigung, wurden Pilger, die den Reliquien
in der Hauptstadt ihre Verehrung bekunden wollten, jederzeit ermuntert und unterstützt.
Die Geschichte des Bilderstreits hat gezeigt, was die heiligen
Bilder für Byzanz bedeuteten. Aber diese religiösen Objekte
hatten auch hohen praktischen Wert. Nicht nur waren viele
Mönche und Eremiten erfolgreiche Wunderheiler, sondern die
christlichen Heiligtümer übernahmen jetzt auch die wunder-
tätigen Eigenschaften, die ihre heidnischen Vorgänger besessen hatten. Männer und Frauen wallfahrteten nun nicht mehr
zu den Tempeln des Asklepios und der Lucina, um ihre
Krankheiten zu heilen, sondern füllten dafür die Kirchen von

St. Kosmas und Damian, den »Doktoren ohne Geld«. Die Heiligtümer des Erzengels Michael waren medizinisch äußerst wirksam, besonders seine Kathedrale in Chonai; aber St. Diomedes war fast ebenso tüchtig (125). Für sexuelle Beschwerden fanden die Männer ein geneigtes Ohr bei St. Artemios und die Frauen bei seiner Partnerin Febronia (126). Heilige konnten auch eine Stadt schützen. Zweimal rettete der heilige Demetrios in eigener Person die Stadt Thessalonike (127), während Konstantinopel unter der Obhut der Heiligen Jungfrau stand. Auch Edessa konnte lange in Frieden ruhen, da es sich auf Christi Versprechen verließ, es werde nie eingenommen werden (128). Leider verlor die Zusage mit der Zeit ihre Kraft.

Der Aberglaube hatte auch seine Schattenseite: Teufel und Dämonen lauerten überall. Satanas in Gestalt eines Hundes attackierte den Bischof Parthenios von Lampsakos (129). Sogar der große Justinian hatte dem Teufel seine Seele verkauft: Man konnte ihn nachts durch den Palast wandern sehen, wie er seinen Kopf in den Händen trug (130). Johannes Grammatikos, der ikonoklastische Patriarch des 9. Jahrhunderts, gab sich viel mit Zauberei ab und hielt Séancen mit Nonnen ab, die als Medien dienten (131). Von Photios glaubte man, er habe sein ungeheures Wissen um den Preis der Verleugnung Christi erkauft (132). Der Patriarch Kosmas im 12. Jahrhundert verfluchte die Kaiserin Bertha, so daß sie nie einen Sohn gebären konnte (133). Sein Zeitgenosse Michael Sikidites konnte Gegenstände unsichtbar machen und führte mit der Hilfe von Dämonen Zauberkunststücke vor (134). Kometen und Sonnenfinsternisse kündeten Katastrophen an. Es gab Leute, die glaubten, die Zukunft voraussehen zu können. Immer wieder erkannten wahnsinnige Mönche und erleuchtete Kinder künftige Kaiser.

Die Astrologie war eine Wissenschaft. Der Professor Leon der
Philosoph im 10. Jahrhundert wußte die Sterne zu deuten;
man hoffte allerdings, daß seine erfolgreichen Leistungen,
wie etwa jene, als er eine Hungersnot in Thessalonike voraussagte und so die Stadt davor bewahrte, nicht auf Magie, sondern auf der Kraft seines Gebets beruhten (135). Ein Wahrsager erzählte Leon V., Michael II. und dem Usurpator Thomas von ihrer hohen zukünftigen Stellung und künftigen
Verwicklungen. Leon V. erfuhr seinen bevorstehenden Tod
aus einem Buch mit Orakeln und symbolischen Bildern (136).
Der Kaiser Leon VI. hatte den Beinamen »der Weise« aufgrund seiner Vorahnungen. Er konnte genau voraussagen,
wie lange sein Bruder Alexander regieren werde (137), und
eine Reihe von Versen, die ihm zugeschrieben werden, schau-
ten weit in die Zukunft und sagten die Katastrophe von 1204
ebenso voraus wie die Wiederaufrichtung durch die Palaiologen (138). Apollonios von Tyana, jener große Magier, der
zum Zeugen der Gründung Konstantinopels wurde, schrieb
eine Liste aller künftigen Kaiser auf und verbarg sie in der
Konstantinssäule (139). Gelegentlich indessen gingen Prophezeiungen auch fehl: Der Athener Katanankes war unter
Alexios I. sehr populär, als er aber den Tod des Kaisers
voraussagte, starb nur der zahme Löwe im Palast. Er versuchte es ein zweites Mal, und diesmal starb die Kaiserinmutter (140). Träume und Visionen gingen vielen Ereignis-
sen voran. Ein Traum sagte Leon V., daß Michael von Amorion ihn erschlagen werde (141). Johannes II. wollte seinen
Sohn nicht krönen, weil ihn ein Traum warnte (142). Als die
Mutter des Johannes Kantakuzenos eines Nachts auf der
Veranda ihres Landhauses den Mondaufgang abwartete,
wurde sie von einem geisterhaften Besucher gewarnt, daß ihr
Sohn in Gefahr sei (143).

Man glaubte allgemein, jeder Mensch habe ein *stoicheion*, ein unbelebtes Objekt, an das sein Leben geknüpft sei. So machte es große Mühe, dem Kaiser Alexander auszureden, daß ein bronzener Eber im Zirkus sein *stoicheion* sei (144). Ein weiser Mönch sagte dem Romanos I., eine bestimmte Säule sei das *stoicheion* Symeons von Bulgarien. Die Säule wurde geköpft, und der alte Zar starb daraufhin (145). Auch andere Statuen mußten aus ähnlich überraschenden Gründen Zerstörung erleiden. Im Jahr 1204 zertrümmerte eine rasende Menge das große Standbild der Athene, weil sie anscheinend die Lateiner vom Westen herangewinkt hatte (146).

Die Byzantiner haben im allgemeinen keinen guten Ruf: Man hat ihnen ebenso Korruption, Intrigensucht und Grausamkeit vorgeworfen wie ihren Aberglauben. Als Beweis dafür wird darauf hingewiesen, daß nur eine kleine Zahl der Kaiser eines natürlichen Todes gestorben ist. Daß persönlicher Ehrgeiz eine große Rolle im Leben fast jedes berühmten byzantinischen Staatsmanns gespielt hat, läßt sich nicht leugnen. Aber man muß auch bedenken, daß weniger erfolgreiche Männer meistens keine schriftlichen Aufzeichnungen über ihr Leben hinterlassen haben. Es gab tatsächlich in fast jeder Generation Gestalten wie Justin I., Irene, den Caesar Bardas, Basileios I. oder Kerularios, Intriganten ohne Skrupel und Ehrgefühl, selten aber ohne Vaterlandsliebe. Es muß aber auch viele andere gegeben haben, wie etwa den *parakoimōmenos* Theophanes im frühen 10. Jahrhundert, loyale und uneigennützige Diener des Staats, von denen wir nur eben ganz wenig hören. Über die Ausdehnung der Korruption läßt sich nichts Bestimmtes sagen. Zeitweise, so unter Leon VI., war sie sicher weit verbreitet. Aber wir haben keinen Grund anzunehmen, daß unter Theophilos oder Basileios II. die Macht des Geldes eine allzu große Rolle gespielt hätte. Auch die Grausamkeit hat man übertrieben. Das Volk von Konstantinopel, wie jeder andere südliche Pöbel, war schrecklich, wenn seine Leidenschaften und sein Haß erst geweckt waren. Gestürzte Kaiser und Minister, die seine Gunst verscherzt hatten, erwarteten unsagbare Martern, wenn sie ihm in die Hand fielen. Michael der Kalfaterer, trotz seines Geschreis aus dem Heiligtum des Studios-Klosters gezerrt, Andronikos I. mit ausgerissenem Bart, die Zähne eingeschlagen, ein Auge ausgelaufen und eine Hand abgeschnitten, schließlich im Hippodrom in Stücke zerhackt — solche Bilder sind nicht erfreulich anzusehen. Aber kein aufgebrachter Mob war je darauf bedacht, Menschlichkeit zu üben.

In ruhigeren Zeiten waren die Byzantiner nicht so brutal. Der Weg zum Thron war oft mit Leichen besät, aber nicht in jedem Fall. Die Strafe, die die Behörden mit Vorliebe verhängten, war die Einschließung in ein Kloster, auf daß die Seele des Missetäters gerettet werde. Die Todesstrafe wurde selten angewendet. Verstümmelung, die übliche Sühne für ein Verbrechen, war, obwohl sie für moderne Begriffe entsetzlich erscheint, eine humane Alternative zur Todesstrafe; und sie war wahrscheinlich der Einkerkerung oder auch Geldstrafen, die den Verurteilten mittellos zurückließen, vorzuziehen. Es gab aber auch viele Fälle, wo die Gnade des Gerichts auch reichlich verdiente Strafen abmilderte. Die Kaiserin Theodosia erlaubte nicht, daß Michael der Amorier lebendig verbrannt wurde, obwohl er eindeutig des Hochverrats gegen ihren Gatten Leon V. (147) überführt war.

Die Todesstrafe, die über die Dukasverschwörer im Jahr 913 verhängt wurde, erschien allgemein als extrem hart (148). Und jedermann beklagte Konstantins VIII. unselige Leidenschaft für die Blendung, selbst wenn die Opfer offenkundige Übeltäter waren (149).

In ihren Vergnügungen halten die Byzantiner den Vergleich mit den Römern leicht aus. Hier wurde niemand im Zirkus den Löwen vorgeworfen, und Wagenrennen, nicht Gladiatorenkämpfe waren hier die beliebteste Unterhaltung. Die karitativen Organisationen, die Altersheime und Krankenhäuser, dürften kaum auf ein herzloses Volk schließen lassen. Die Fehler der Byzantiner scheinen eher ihr Wankelmut und ihr Mangel an Treue gewesen zu sein, dazu eine gewisse Bitterkeit und ein liebloser Zynismus, der sogar die schonungslosesten Bekenntnisse ihrer Schriftsteller, wie Psellos, Anna Komnene oder Phrantzes wenig anziehend erscheinen läßt. Sie schätzten nicht das menschliche Leben zu gering ein, sondern den menschlichen Charakter.

Aber die Byzantiner hatten auch viele gute Eigenschaften. Sie waren stolz auf ihr Reich und ihre Kultur. Sie liebten die Bildung, und sie liebten die Schönheit. Ihre intellektuellen Liebhabereien überspitzten sie bis zum Snobismus. Erziehung, nicht Geburt, verschaffte einem den Eintritt in die byzantinische Gesellschaft. Den Kaiser Romanos I. und seine Freunde macht ihre völlige Kulturlosigkeit in der guten Gesellschaft unmöglich, über den Patriarchen Niketas lachte man im 11. Jahrhundert wegen seines slavischen Akzents (150), und der Staatsmann Margarites im 13. Jahrhundert wurde mit Geringschätzung behandelt, weil er mit rauher bäurischer Stimme sprach (151). Die Byzantiner legten Wert auf einen gut durchgebildeten Verstand; man mußte sich geschliffen ausdrücken und die Klassiker zitieren können. Ihre Kultur beschränkte sich jedoch nicht selbstgefällig auf den eigenen Horizont: Sie waren voll Wißbegier und leidenschaftlich an allem interessiert, was bei ihren Nachbarn vorging, jederzeit bereit, von dem Wissen der Araber und den Unterhaltungen des Westens etwas zu übernehmen.

Noch tiefer ging ihre Liebe für das Schöne. Menschliche Schönheit verfehlte ihre Wirkung nie. Im 7. Jahrhundert wollten die Soldaten einen Armenier namens Mizizius zum Kaiser machen, nur weil er so gut aussah (152). Die überspannte Kaiserin Zoe war durch ihre Schönheit vor der allgemeinen Verachtung geschützt (153). Noch mit sechzig sah sie mit ihrem goldenen Haar und ihrer faltenlosen Haut aus wie ein junges Mädchen, und die schlichten weißen Kleider, die sie trug, wurden sehr bewundert. Die Byzantiner liebten schöne Landschaften. Gärten, Parks, Blumen waren ihre Freude — die Gärten des Digenis Akritas sind mit echter Begeisterung geschildert —, und sie pflegten ihre Klöster an Punkten zu bauen, wo sie die schönste Aussicht hatten, die zu finden war. Ihre Bauten, ihre Stoffe, ihre Bücher, alles atmete dasselbe sehnsüchtige Verlangen nach Schönheit, freilich nach einer Schönheit nicht von dieser Welt. Die Schönheit hatte für sie einen transzendenten Sinn, sie unterstützte ihre mystische Kontemplation; sie war ein Teil der Glorie Gottes. Das Leben war grau und häßlich; aber der Beter, sei es der Bürger in der Hagia Sophia oder der Einsiedler auf dem Berg Athos, war dem allem entrückt. Die von Menschen erbaute Architektur der Kathedrale und die göttliche des heiligen Berges erhoben ihn beide über die niedere Welt und brachten ihn näher an Gott und das wahre Sein heran. Für die Byzantiner gingen Schönheit und Religion Hand in Hand, eine wurde von der andern gefördert.

Diese Verbindung versteht man noch besser, wenn man sich den Hintergrund des byzantinischen Lebens vergegenwärtigt. Die Byzantiner lebten in einer harten und unsicheren Welt. Jenseits der Grenzen streiften die Barbaren umher, nur zu oft brachen sie herein, quer durch die Provinzen oder übers Meer, und ihre Horden kamen bis vor die Tore der Hauptstadt. Die Lagerfeuer der Hunnen, der Perser, der Bulgaren, alle hatten sie schon vor der Stadt gelodert, die Flotten der Araber und der Russen hatten die See dicht unter ihren Mauern durchfurcht. Manche gewaltige Kriegsmacht hatte ihr Ziel schon fast erreicht, lange vor den venezianischen Seeräubern und den Türken. Im Anfang des 8. Jahrhunderts mußte jeder Bürger Vorräte auf drei Jahre bei sich aufstapeln, so viele Gefahren lauerten ringsum (154).

Bedroht von Angst und Ungewißheit, mußte der Byzantiner notwendig voller Argwohn sein, er mußte in einer Spannung leben, die leicht in Raserei oder Panik umschlagen konnte. So war es nicht zu vermeiden, daß er Trost suchte in der jenseitigen Welt, in der Vereinigung mit Gott und in der Hoffnung auf ein ewiges Leben. Es war ihm klar, daß das Leben trostlos war. Die harmlose Fröhlichkeit und das Glück der alten Heiden waren dahin. Der byzantinische Intellekt war scharf und ätzend, sein Humor bestand in Spott und Sarkasmus. Das Leben schien tatsächlich eine Farce zu sein. Dieses große Reich, die letzte Heimat der Zivilisation in einer dunklen, stürmischen Welt, erbebte ständig unter dem Ansturm der Barbaren und erholte sich nur, um dem nächsten Angriff die Stirn zu bieten. Viele Jahrhunderte lang stand die große Stadt unversehrt, in den Augen der Fremden ein Symbol ewiger Kraft und Fülle. Die Byzantiner aber wußten, daß das Ende eines Tages kommen, daß einer dieser wilden Angreifer triumphieren würde. Die Prophezeiungen, die in ganz Konstantinopel auf Säulen oder in weisen Büchern zu lesen waren, erzählten dieselbe Geschichte: Sie erzählten von den Tagen, da kein Kaiser mehr sein würde, von den letzten Tagen der großen Stadt, den letzten Tagen der Kultur.

NEUNTES KAPITEL

ERZIEHUNG UND BILDUNG

EINE GUTE ERZIEHUNG war das Ideal eines jeden Byzantiners. *Apaideusia*, Mangel an geistiger Vervollkommnung, galt als Mißgeschick und Nachteil, ja fast als Verbrechen. Ungebildete waren ständigen Spötteleien ausgesetzt — der ungehobelte Michael II. Opfer unzähliger Spottverse (1), der slavische *patrikios* Niketas, über den sich Konstantin VII. mokiert (2), der Philosoph Johannes Italos, der nie seinen italienischen Akzent verlor (3), oder Konstantinos Margarites, der sich so gewöhnlich ausdrückte, als ob er mit Grütze und Kleie großgezogen worden wäre (4), wohingegen Autoren wie Anna Komnene nicht müde wurden, die Vorteile eines gut trainierten und allseits gebildeten Kopfes zu preisen.

Inhalte und Methoden der Erziehung blieben sich während der ganzen byzantinischen Geschichte ziemlich gleich. Das erste, worin ein etwa sechsjähriger Knabe unterrichtet wurde, war Grammatik, »um seine Sprache zu hellenisieren«. Darunter verstand man, außer Lesen und Schreiben sowie Grammatik und Syntax im heutigen Sinn des Wortes, die Kenntnis der Klassiker samt der dazugehörigen Kommentare, besonders Homers, dessen Werke jeder Schüler auswendig lernen mußte. Im 5. Jahrhundert erzählt Synesios, daß sein kleiner Neffe Homer aufsagen konnte (er lernte 50 Zeilen am

Tag) (5), und Psellos rühmt sich im 11., schon in früher Jugend die ganze *Ilias* auswendig gelernt zu haben (6). So konnte jeder gebildete Byzantiner ein Homerzitat als solches erkennen: Anna Komnene schmückte ihre *Alexiade* mit sechsundsechzig Zitaten und fügte nur selten hinzu »wie Homer sagt« — es war überflüssig. Andere Dichter wurden gelesen und wohl auch auswendig gelernt, aber keinem anderen wurde diese überragende und dauerhafte Bedeutung beigemessen. Mit vierzehn Jahren etwa begann der Unterricht in Rhetorik. Darunter verstand man eine korrekte Aussprache und das Studium von Autoren wie Demosthenes und zahlreichen anderen Prosaschriftstellern. Nach der Rhetorik kam die dritte Wissenschaft an die Reihe, die Philosophie, daneben die vier Künste, Arithmetik, Geometrie, Musik und Astronomie; sicher darf man auch Rechtswissenschaft, Medizin und Physik dazuzählen. Gleichzeitig mit dem Laienunterricht, aber stets getrennt davon, besorgten Kleriker die religiöse Unterweisung: ein gründliches Studium der Bibel. Nächst Homer ist die Bibel Hauptquelle aller Anspielungen und Zitate in der byzantinischen Literatur (7).

Die Lehrer unterrichteten entweder an Schulen oder an Universitäten. Es gab aber auch Privaterzieher. Die ganze Frage der Bildungseinrichtungen in Konstantinopel ist wenig erhellt (8). In den frühen Jahren des Imperiums erteilten wahrscheinlich Mönche den ersten Unterricht im Lesen; ziemlich bald aber besuchte der Schüler eine Schule, in der er seine gesamte »weltliche« Bildung erhielt. Konstantin gründete eine Schule in der Stoa, Constantius verlegte sie ins Kapitol; Iulianus Apostata erließ ein Gesetz, demzufolge keine Christen an der Schule unterrichten durften, und auch nach Aufhebung des Verdikts scheinen die wichtigsten Lehrer im fünften Jahrhundert heidnischen Glaubens gewesen zu sein.

Theodosios II. berief zehn griechische und zehn lateinische Grammatiklehrer an die Schule, fünf griechische und drei lateinische Sophisten, zwei Juristen und einen Philosophen. Der Schule angeschlossen war eine von Julian gegründete öffentliche Bibliothek mit 120 000 Bänden (9), die 476 während der Regierungszeit von Basiliskos niederbrannte. Außerhalb von Konstantinopel existierten Universitäten in Antiocheia, wo Libanios lehrte, in Alexandreia, der Heimatstadt Hypatias, in Berytos (Beirut), wo besonders die Rechtswissenschaften gepflegt wurden, in Athen, das berühmt war für seine philosophische Schule, und in Gaza, wo das Schwergewicht auf der Rhetorik lag.

Nach der Zeit Justinians findet man die Schule kaum noch erwähnt. Es ist bekannt, daß Justinian als fanatischer Christ und Gleichmacher die Schule von Athen schloß, indem er ihre durch Stiftungen aufgebrachten Mittel konfiszierte, und daß außer Konstantinopel, Rom und Beirut keine Universität mehr Jurisprudenz lehren durfte. Außerdem hatten alle Universitätslehrer — denen er später auch noch die Gehälter kürzte — Christen zu sein. Phokas soll die Universität schließlich geschlossen haben. Im dunklen siebten Jahrhundert konnte von einer breit gestreuten Erziehung keine Rede mehr sein, und während der nächsten Jahrhunderte wurden die Knaben vorwiegend von Privatlehrern erzogen. Theodoros vom Studios-Kloster und der Patriarch Nikephoros hatten beide zunächst ihren privaten *grammatistēs* und besuchten später ein kirchliches Seminar (10). Ananias von Schirak (um 600 bis 650) wurde von dem vornehmen Lehrer Tychikos von Byzanz unterrichtet, der in Athen Philosophie studiert und sich danach in Trapezunt niedergelassen hatte, wo seine riesige Bibliothek einen zusätzlichen Anziehungspunkt bildete (11). Herakleios gründete in der Chalkopratia eine Schule, die dem Patriarchen unterstand, weitere Schulen waren dem Studios-Kloster und der Kirche der Vierzig Märtyrer angeschlossen, und eine große Schule neben der Kirche der Heiligen Apostel vermittelte im 11. Jahrhundert eine ziemlich umfassende Laienbildung (12). Allerdings wurden auch die Jugendlichen, die nach Trapezunt gingen, um bei Tychikos zu studieren, dort von einem Diakon des Patriarchen beaufsichtigt.

Überhaupt wirkte die kirchliche Kontrolle einer breiten Bildung entgegen und begünstigte damit die Schwierigkeiten, denen sich das Reich immer wieder ausgesetzt sah. Laiengelehrsamkeit mit ihrer heidnischen Vergangenheit wurde mit einem gewissen Argwohn betrachtet. Im 8. Jahrhundert etwa setzt Pachomios der profanen Wissenschaft, »die viele irreführt«, die wahre Wissenschaft von der Theologie entgegen (13), und der Patriarch Nikephoros vergleicht das Laienwissen mit Hagar, die Theologie mit Sarah (14). Die kirchlichen Wirren während der Zeit der Bilderstürmer vergrößerten das Mißtrauen, erst im neunten Jahrhundert glätteten sich die Wogen, und der Argwohn hoher kirchlicher Kreise ließ nach. Die besseren Beziehungen zu den Arabern förderten die Beschäftigung mit der Lehre des Islam, und ganz allgemein regte sich erneut ein gewaltiger Wissensdurst, wenn auch die Pioniere dieses Aufschwungs, Männer wie Photios und Johannes Grammatikos, in den Augen des niederen Volks eher Zauberer waren. Der Onkel und Minister Michaels III., der Caesar Bardas, gründete eine neue Staatsuniversität in der Magnaura mit dem Professor für Philosophie, dem *Oikonomikos didaskalos*, an der Spitze, dem die Professoren für Grammatik, Geometrie und Astronomie unterstanden. In das höchste Amt wurde Leon der Philosoph berufen, Lehrer an der Kirchenschule der Vierzig Mär-

tyrer (15), dennoch gab eine Gruppe von Kirchenmännern,
Feinde des Gelehrten Photios, ihre ablehnende Haltung nicht
auf. Einer von Leons Schülern, ein Mönch namens Konstantin, verfaßte ein Haßgedicht gegen seinen Lehrer, worin er
ausführlich die Gefahren des Hellenismus, mit anderen Worten die heidnische Kultur der Griechen, schildert (16).
Mochte im 10. Jahrhundert der Autor der *Philopatris* über
den Studenten lästern, der sich mit dem Platonismus befaßt (17), oder noch ein Jahrhundert später der alte Soldat
Kekaumenos behaupten, für die Bildung eines Knaben sei
die Kenntnis der Bibel und eine Portion logisches und theo-
retisches Denkvermögen ausreichend (18) — die immer stärkere Verbreitung von Bildung und Wissen konnten sie nicht
aufhalten. Unter Konstantin VII. war der Hof so etwas wie
eine Akademie zum Studium der Geschichte. Der typische
Heilige des 10. Jahrhunderts wurde, soweit er der Mittel-
und Oberschicht entstammte, mit Selbstverständlichkeit an-
gehalten, »seine Sprache zu hellenisieren«, ungeachtet der
Tatsache, daß ihn seine Frömmigkeit schon in früher Jugend
in die Arme der Theologie trieb. Zeitweise war die von Bardas gegründete Universität aufgehoben, wahrscheinlich unter
Basileios II., der mit dem Verfasser der *Philopatris* der Ansicht war, zuviel Wissen könne für den Staat eher schädlich
sein und sei zudem eine kostspielige Extravaganz. Psellos und
seine im frühen 11. Jahrhundert geborenen Zeitgenossen
mußten, wenn sie sich bilden wollten, sich ihr Wissen entweder selbst beibringen oder es bei Privatlehrern beziehungsweise in den Kirchenschulen erwerben (19).
Der Kaiser Romanos III. rühmte sich zwar seiner Kultur,
unternahm aber nichts zur Verbesserung der Zustände. Erst
Konstantin IX. sah sich durch den katastrophalen Stand des
juristischen Wissens gezwungen — fast alle Rechtsanwälte

waren Autodidakten und damit unzulänglich —, 1045 eine juristische Schule zu gründen, die jeder Rechtsanwalt besuchen mußte, ehe er praktizieren durfte. Gleichzeitig gründete er einen Lehrstuhl für Philosophie, an dem auch Theologie und die klassischen Fächer gelehrt wurden. Prinzipal der Universität war der Professor für Rechtswissenschaften, der *nomophylax*, und Konstantin berief einen geachteten Richter, Johannes Xiphilinos, auf diesen Posten, während Michael Psellos den Lehrstuhl für Philosophie erhielt. In dieser Form blieb die Universität offenbar bis 1204 bestehen. Weitere Fortschritte im Erziehungswesen brachte die Neugründung der Waisenschulen durch Alexios I. Alle staatlichen Schulen und Universitäten unterstanden direkt dem Kaiser, der die Lehrer einsetzte, bezahlte und entließ und häufig die Klassen inspizierte, wobei er Testfragen stellte und selbst Vorlesungen besuchte (20) — ein Porträt aus jener Zeit zeigt Michael VII., wie er aufmerksam eine Vorlesung des Psellos verfolgt (21). Alexios selbst stellte über alles andere Wissen das Studium der Bibel, später erhielten unter den Komnenen die klassischen Fächer einen Vorrang, den sie in so deutlichem Maß noch nie besessen hatten. Dennoch läßt sich nur schwer etwas darüber sagen, welche Schichten der Gesellschaft vom Erziehungswesen noch erfaßt worden sind. Der mittellose Poet Prodromos studierte Grammatik, Rhetorik, Aristoteles und Platon, beklagt aber, daß der rauhe Ton der Märkte die elegante Rede vertrieben habe und die Armen keine Bibliotheken hätten, die sie benutzen könnten (22). Tatsächlich scheint das Nichtvorhandensein von Bibliotheken ständig zu Schwierigkeiten geführt zu haben, denn seit 476 existierte keine öffentliche Bibliothek mehr. Zwar besaßen Klöster und Kirchen zumeist ihre Bibliothek, doch wenn die Bücher der Christodulos-Kirche in Patmos ein repräsentatives Bild für alle

zeigen, standen darin vorwiegend theologische Werke: Von
330 Bänden waren 129 liturgischen und nur 15 weltlichen
Inhalts (23). Ohne Zweifel gab es große Privatsammlungen,
zu denen auch Studenten Zutritt erlangen konnten, ferner
eine Vielzahl von Kopisten — meistens Laien, aber auch einzelne Mönche —, die Manuskripte abschrieben. Nicht um-
sonst gehörten schöne Bücher zu den Exportgütern von Byzanz, aber sie waren teuer. Der bibliophile Bischof von Kaisareia, Arethas, bezahlte im frühen 10. Jahrhundert 4 *nomismata* — umgerechnet etwa 120 Mark — für eine gute Ausgabe der Werke Euklids (24).
1204 brachte die Plünderung der Hauptstadt die gesamte
Organisation des Erziehungswesens zum Einsturz. Der Hellenismus stand in vollster Blüte; Michael Choniates war eben
nach Athen gegangen, erfüllt von dem Gedanken an die klassische Vergangenheit dieser Stadt, und der berühmte Kirchenmann Eustathios von Thessalonike hatte vor kurzem erst
seine Kommentare zu Pindar vollendet. Jetzt aber waren die
Gelehrten in alle Winde zerstreut und finanziell mittellos,
ihre Bücher in den lateinischen Flammen vernichtet. Doch
die humanistische Gelehrsamkeit überlebte die Verwüstungen und fand bald ein neues Zentrum am exilierten Hof von
Nikaia. Dort hatte sich der Gelehrte Blemmydes niedergelassen, dessen Vater Arzt in Konstantinopel gewesen war und
sich 1204 nach Brussa zurückgezogen hatte. In dem Chaos
nach dem Zusammenbruch versuchte Blemmydes vergeblich,
einen Lehrer aufzutreiben, und erwarb den größten Teil seines Wissens schließlich bei einem Einsiedler namens Prodromos in den Bergen Bithyniens, der ihm Arithmetik, Geometrie und Astronomie beibrachte. 1238 bereiste Blemmydes,
mit Empfehlungsschreiben des Kaisers in Nikaia versehen,
die alte byzantinische Welt, um Manuskripte aufzukau-

fen (25). Dank seiner Bémühungen erreichten Erziehung und Bildung ein hohes Niveau in Nikaia; Pachymeres und Akropolites lernten und lehrten dort, und der Hof unterstützte eifrig alle wissenschaftlichen Studien, besonders unter Kaiserin Irene, der Gemahlin Johannes Vatatzes', und später unter ihrem Sohn Theodoros. Einmal schalt Irene Akropolites einen Narren, weil er behauptet hatte, eine Sonnenfinsternis werde durch den Mond hervorgerufen, wenn er zwischen Erde und Sonne stehe. Später tat sie ihm jedoch Abbitte, indem sie ihrem Gemahl auf dessen Bitte, sie möge sich keine Gedanken darüber machen — Akropolites war noch ein Knabe —, antwortete: »Es ist nicht richtig, jemanden, der wissenschaftliche Theorien vorantreibt, mit solch einem Wort zu benennen.« (26) Trotz dieser wissenschaftsfreundlichen Haltung bei Hof existierte in Nikaia jedoch offensichtlich weder eine richtige Schule noch eine Universität, wohl auch deshalb nicht, weil die Regierung die erforderlichen Mittel nicht aufbringen konnte.

Im Gegensatz zu dem langsamen, aber unaufhaltsamen Niedergang des byzantinischen Reiches waren die Tage der Palaiologen die glänzendste Epoche der oströmischen Gelehrsamkeit. Von allen Seiten bedrängt und eine ungewisse Zukunft vor Augen, befaßten sich die Byzantiner des 14. und 15. Jahrhunderts eifriger denn je mit dem Glanz der Vergangenheit. Schriftsteller wie der Staatsmann Theodoros Metochites oder wie Nikephoros Gregoras und die letzten großen Gelehrten, Gemistos Plethon, Gennadios und Bessarion, waren tief durchdrungen von der Lehre der Klassik, ungeachtet aller Studien in christlicher Theologie. Die Professoren jener Zeit, Planudes Moschopulos und Triklinios, hatten tiefgründige Kenntnisse in Philologie und Literatur. Chrysoloras, dessen Gelehrsamkeit seine Schüler in Italien in Erstaunen versetzte, war, gemessen an byzantinischen Maßstäben seiner Zeit, nicht einmal ein besonders würdiger Vertreter oströmischer Bildung. Auch westliches Gedankengut wurde jetzt studiert; so sind Akindynos und Kydones etwa von thomistischer Scholastik beeinflußt. Selbst in Thessalonike existierten Lesezirkel, in denen man sich mit den wichtigsten Werken der Literatur befaßte, und Trapezunt war berühmt für seine astronomischen Laboratorien. Seine gelehrten Doktoren, wie Georgios Choniades und Georgios Chrysokokkes, betrieben ihre Studien in Persien und brachten die Geheimnisse orientalischen Wissens mit nach Hause (27).

Wir wissen nicht, ob unter den Palaiologen irgendeine staatliche Schule existierte. Immer noch bevorzugten Griechen aus aller Welt, besonders Zyprioten, Konstantinopel als Studienort (28); wahrscheinlich aber mußten sie die privaten Akademien der verschiedenen Lehrer besuchen. Vermutlich waren auch die Kirchenschulen nach wie vor vorhanden, nur daß sich ihre Lehrpläne jetzt mit Sicherheit auf die theologischen Fächer beschränkten. Trotzdem muß das Angebot an Bildungsmöglichkeiten ziemlich breit gewesen sein, und ausländische Reisende waren tief beeindruckt von der Reinheit des Griechischen, wie sie es von den immer spärlicher werdenden Bewohnern kurz vor dem Untergang der Stadt hörten.

Ob es Bildungsstätten für Frauen gab, wissen wir nicht. Auf jeden Fall aber kennt die byzantinische Geschichte viele gelehrte Frauen, von der Professorin Hypatia oder Athenais, der Gemahlin Theodosios' II., die alle Wissenschaften studiert, Dichtungen verfaßt und Reden gehalten hatte, bis zu Kasia, der geistvollen Hymnendichterin, deren Schlagfertigkeit sie den Thron kostete, oder der großen Historikerin Anna Komnene und den übrigen gebildeten Prinzessinnen der Komnenen und Palaiologen. Ohne Zweifel gab es auch weibliche Doktoren, und die meisten Damen, mit denen die berühmten Briefschreiber korrespondierten, scheinen eine gute Erziehung genossen zu haben. Auf der anderen Seite wissen wir zum Beispiel, daß Psellos' Mutter keinerlei Unterricht genossen hatte und diesen Nachteil bitter beklagte. Nirgends in der byzantinischen Geschichte finden wir Mädchenschulen erwähnt. Aber es dürfte den Tatsachen ungefähr entsprechen, wenn wir sagen, daß die Mädchen der Oberschicht etwa die gleiche Erziehung genossen wie ihre Brüder; allerdings wurden sie zuhause von Privatlehrern unterrichtet, während die Töchter der Mittelklassen gewöhnlich nichts lernten außer Lesen und Schreiben (29).

Wissen und Bildung galten als höchst erstrebenswert, doch ein nicht geringer Teil byzantinischer Gelehrsamkeit erscheint uns heute seltsam unverarbeitet oder abwegig. Zwar studierte man das Griechische mit großer Sorgfalt und las und schätzte klassische Dichter und Prosaiker. Photios' *Bibliothēkē* und seine Leseliste, die er für ein Jahr zusammengestellt hatte, zeigen ein außerordentlich breites Interesse, von Herodot bis Synesios, alles mit intelligenten Kommentaren versehen (30), und Anna Komnene kannte die Dichter gut genug, um die Tragödienschreiber zu zitieren, wenn sie auch einen Vers der Sappho anführt, den man gewöhnlich Alkaios zuschreibt (31). Doch die Byzantiner hatten eine unglückliche Leidenschaft für Exzerpte, Verbesserungen und Kommentare. Im 10. Jahrhundert »verbesserte« Kometas die Werke Homers und versah sie mit neuen Interpunktionen (32), im 15. Jahrhundert verfaßte Konstantin Hermoniakos einen Abriß der *Ilias* (33), und der im 11. Jahrhundert lehrende Professor Niketas entdeckte in jeder Zeile Homers allegorische Anspielungen (34). Psellos rühmte sich, die Wissenschaft der Schedographie wieder zu Ansehen gebracht zu haben, das heißt, die minuziöse grammatische Analyse ausgewählter Passagen, das Schreckgespenst Anna Komnenes, in deren Augen diese Methode die Grammatik über die Literatur stellte — doch noch unter den Palaiologen war sie sehr populär, und Moschopulos zum Beispiel stellte ein schedographisches Glossar zusammen (35). Eine Schwierigkeit beim Studium der klassischen griechischen Dichtkunst bestand für die Byzantiner, die nur einen qualitativen Akzent kannten, im Erlernen der altgriechischen Aussprache, um deren quantitierendes Metrum rhythmisch richtig erfassen zu können.

Mit dem Lateinischen befaßten sich sogar unter Justinian, der selbst lateinisch sprach, nur noch wenige. Um das 8. Jahrhundert war die »Sprache der Römer« das Griechische. Kaum jemand in Konstantinopel bediente sich mehr des Lateinischen, wie auch im Rom Gregors des Großen niemand mehr griechisch sprach. Im 9. Jahrhundert war selbst der Gelehrte Photios des Lateinischen nicht mächtig. Die Münzen zeigten dagegen immer noch lateinische Buchstaben, selbst unter Alexander, und bei Staatszeremonien waren längst vergessene lateinische Zurufe üblich (36). Im 10. Jahrhundert begann man sich erneut mit Latein zu befassen, gleichzeitig mit einer Renaissance des Griechischen in Rom, wo griechische Vornamen wie Theophylaktos und Theodora in Mode kamen. Um das 11. Jahrhundert war die Kenntnis der lateinischen Sprache nichts Ungewöhnliches mehr in Konstantinopel: Romanos III. sprach lateinisch (37), Psellos behauptet es zu können (38), und für die Rechtsgelehrten an der Universität Konstantins IX. war die Kenntnis dieser Sprache unerläßlich (39). Alexios' I. Briefe nach Monte Cassino sind in bemerkenswert schlechtem Latein abgefaßt — möglicherweise besitzen wir nur die Rohfassung. Anna Komnene beherrschte die Sprache offensichtlich nicht, so wenig wie ihr gelehrter Neffe Manuel I., dessen Mutter Ungarin war. Seine Gemahlin hingegen, eine französische Prinzessin aus Antiocheia, sprach beide Sprachen und ertappte einen Dolmetscher bei dem Versuch, Manuel zu betrügen (40). Im Zug der lateinischen Eroberung wurde gezwungenermaßen mehr Latein gesprochen, und unter den Palaiologen übersetzten mehrere Griechen, Leo Korinthios etwa, griechische Werke, hauptsächlich hagiographische, ins Lateinische.

Daneben sind kaum andere Fremdsprachen zu nennen (41). Wahrscheinlich gab es einige Hebraisten, und der Hof hatte seine Dolmetscher für diplomatische Zwecke; mit Sicherheit aber lebten nicht wenige arabische Linguisten in Konstantinopel sowie Armenier, die ihre Muttersprache noch beherrschten. Philologen wie der Missionar Kyrill, der wahrscheinlich Hebräisch sprach, sich selbst Chasarisch beibrachte und der Initiator slavistischer Studien war, gehörten zu den großen Ausnahmen. Im übrigen hatte Byzanz die Arroganz der alten Griechen gegenüber der Welt der Barbaren geerbt. Anna entschuldigte sich dafür, rohe barbarische Namen in ihre Geschichte eingefügt zu haben (42). Bei aller leidenschaftlichen Wißbegier konnte sich der Byzantiner doch nicht dazu überwinden, Barbarensprachen als ein mögliches Objekt ernsthafter Studien in Betracht zu ziehen.

Die Geschichte konnte kaum ein Objekt reiner Gelehrsamkeit bleiben. Im Gegenteil, der Zahl der Historiker und noch mehr der populären Chronisten und der immer neu herausgegebenen Chroniken nach zu schließen, war die Geschichte ein Gegenstand breiten Interesses. Die Byzantiner liebten es, sich in die vergangenen Ruhmestage ihres Reiches zu vertiefen, und die beliebtesten Chroniken reichten zurück bis zur Schöpfung und zu Adam und Eva und schlossen auch die

Geschichte Trojas mit ein. Vergangene Kaiser und vergangene Heilige wurden wieder lebendig. Einer der bewegtesten Augenblicke bei der Rückeroberung Konstantinopels 1261 war der Moment, als Michael Palaiologos in einer kleinen Kapelle vor den Mauern der Stadt die Gebeine seines berühmten Vorgängers, Basileios' des »Bulgarenschlächters«, fand. Der längst verstorbene Kaiser wurde unter großer Begeisterung noch einmal zu Grabe getragen (43). Und Konstantin XI. konnte beim Fall der Hauptstadt seine Mitstreiter zur Aufbietung ihrer letzten Kräfte bewegen, indem er sie an die Tapferkeit ihrer Vorfahren im alten Griechenland und Rom erinnerte (44).

Ein Ehrenplatz in der byzantinischen Gelehrsamkeit gehörte stets der Philosophie. Die Kirchenväter hatten die heidnischen Philosophen gelesen und sich eingehend mit dem Neuplatonismus auseinandergesetzt. Im 7. und 8. Jahrhundert waren auch die philosophischen Studien vom allgemeinen Niedergang des Wissens betroffen — allerdings hat der Mönch Kosmas im Jahr 710 Aristoteles und Platon gelesen (45) —, erst im 9. Jahrhundert erfolgte ein neuer Aufschwung. Leon der Philosoph hatte eine besondere Vorliebe für Aristoteles, aber auch Platon, Epikur und die Neuplatoniker wurden unter seiner Ägide gelesen (46). Im 11. Jahrhundert leitete Psellos eine große Platonismusrenaissance ein, wenn auch seine Behauptung, er sei der alleinige Initiator gewesen, etwas arrogant wirkt (47). Romanos III. und seine Höflinge taten ihr Bestes, um Platon zu begreifen — ohne Erfolg, wie Psellos schreibt, und ein Gemälde, das den Kaiser als zweiten Mark Aurel zeigt, mutet uns heute pathetisch an. Psellos' Zeitgenosse Johannes Mauropos, Bischof von Euchaïta, war ein begeisterter Platonanhänger (48), während sich der Psellosschüler Johannes Italos durch den Pytha-

goreismus zu schwerer Häresie verleiten ließ (49). Im folgenden Jahrhundert legte Michael Choniates den Schwerpunkt
auf den Stoizismus statt auf den Aristotelismus (50). Von
jetzt ab gehörte das Studium der griechischen Philosophen
unangefochten zu jedem Lehrplan, und unter den Palaiologen
kam oft noch die westliche Scholastik hinzu. Dennoch
brachte kein einziger byzantinischer Philosoph ein ernstzu-
nehmendes eigenständiges Werk zustande, mit Ausnahme des
Georgios Gemistos Plethon, des letzten großen Neuplato-
nikers, dessen Indifferenz dem Christentum gegenüber sein
unabhängiges Denken begünstigte. Philosophische Studien als
solche mißbilligte die Kirche nicht, nur war der Versuch, ein
philosophisches System mit der Orthodoxie zu vereinen, oft
etwas mühselig.

Die Theologie blieb eine Wissenschaft für sich und der Kirche
unterstellt. Sie war zu einem äußerst komplizierten Fach geworden, und Scharfsinn und Wissen der großen Theologen
wie Johannes von Damaskus, Photios, Markos von Ephesos
oder Bessarion sind bewundernswert. Gebildete Männer befaßten sich aus Liebhaberei gern ein bißchen mit Theologie —
so muß Photios seine ziemlich eingehenden Kenntnisse als
Laie erworben haben —, und auch die Kaiser fühlten sich als
Oberhäupter der Kirche dazu bemüßigt, allerdings selten mit
ernstzunehmendem Erfolg. Die syrischen Kaiser brachten das
Reich durch Häresien in schwere Konflikte, Justinian und Herakleios ließen sich bei all ihrer bewundernswerten Frömmigkeit in die Irre leiten, und Manuel I. fühlte sich allzu klug
in der Frage des Holosphyrismus (51), während viele Palaiologen den Irrtümern der Lateiner erlagen. Selbst der gelehrte
Theodoros Vatatzes offenbarte eine bedauerliche Unwissenheit hinsichtlich der zwei Arten der Gottesanbetung, der
proskynēsis und der *latreia* (52). Klüger war es, die Theo-

logie aus der Ferne zu verehren. Tief betroffen stellte Anna Komnene fest, daß die Lieblingslektüre ihrer Mutter der Mystiker Maximos Confessor aus dem 7. Jahrhundert war (53).

Das mathematische Wissen der Byzantiner, obwohl eine Quelle des Stolzes für sie, dürfte kaum über das der alten Griechen hinausgegangen sein. In der Arithmetik bedeuteten die schwerfälligen Zahlen ein Handicap. Auch hatten die Griechen bereits die Möglichkeiten der Verwendung von Buchstaben anstelle von Ziffern ohne ein Dezimalsystem erschöpft. Es blieb den Arabern überlassen, die nächsten Schritte zu finden. Was die Geometrie betraf, so erzählten die Byzantiner allerhand Geschichten, um zu beweisen, daß sie geometrische Beweisführungen besser verstanden als die Araber, die sich ebenfalls eingehend mit Euklid befaßten. Ein Schüler Leons des Philosophen, der in Bagdad als Sklave in Gefangenschaft geriet, versetzte die Gelehrten am Hof des gebildeten Kalifen Ma'mūn durch seine Meisterschaft auf diesem Gebiet in Erstaunen (54). Doch blieb Euklid, wie noch bis in neueste Zeit, der äußerste Vorposten geometrischer Erkenntnisse.

Auch auf anderen Wissensgebieten blieben die alten Griechen unübertroffen. Das ptolemäische Weltbild beherrschte nach wie vor die Astronomie, während Anna Komnene offenbar eine Lehre zur Erklärung des Universums vertrat, die von kreisenden Sphären ausging und die Erde als Mittelpunkt einer konzentrischen Gruppe von Kugeln sah — eine Doktrin, die schon im 5. Jahrhundert v. Chr. von Anaximander verbreitet worden war (55). Hin und wieder gab es Leute, die gegen die Theorie des Ptolemaios aufbegehrten. Kosmas Indikopleustes schrieb seine Memoiren über den indischen Handel, um seine Auffassung zu beweisen, die Erde sei in Wirklichkeit rechteckig und flach wie ein Zimmer im Erdgeschoß eines Hauses, mit dem Wolkenhimmel als Decke und dem göttlichen Himmel im ersten Stock — Moses hatte dieses Modell einst für das Tabernakel benutzt. Die Sonne sei wesentlich kleiner als die Erde und des Nachts hinter einem hohen konischen Berg am westlichen Rand verborgen. Rund um die Erde fließe der Ozean und jenseits davon befinde sich das Land, wo Menschen außerhalb der Sintflut lebten (56).

Die Byzantiner besaßen gute geographische Kenntnisse. Zwar sind ihre Landkarten nicht erhalten, und es wäre ungerecht, sie nach der aus dem 6. Jahrhundert stammenden Mosaikkarte Palästinas in Madaba zu beurteilen, obwohl diese durchaus anerkennenswert ist. Aber bei Konstantin Porphyrogennetos finden sich zum Beispiel erstaunlich wenig geographische Irrtümer; allerdings bleibt er oft unverständlich. Anna Komnene ist bestens, und zumeist korrekt, über vorherrschende Winde und Strömungen unterrichtet; sie erzählt, Alexios I. besitze eine Karte der Adria, in der beides eingetragen sei (57). Über Naturphänomene herrschten nur unvollkommene Vorstellungen. Kekaumenos versucht den Donner zu erklären und stellt fest, daß Schlag und Blitz simultan erfolgen (58). Akropolites kannte die Ursache der Sonnenfinsternis (59). Aber solche Dinge wurden so allgemein als Warnung oder Strafe von oben aufgefaßt — selbst Alexios I., der tatsächlich überzeugt war, ein Komet habe »irgendwelche natürlichen Ursachen«, befragte die Wahrsager, sobald einer am Himmel erschien —, daß auch eine richtige Erklärung eher moralischen als physikalischen Charakter zu haben scheint (60).

In der Chemie steuerten die Byzantiner eine große Erfindung bei: das Griechische Feuer, jene leicht entzündliche Flüssigkeit, die sie befähigte, ihre Schlachten zu gewinnen (61). Doch das

Geheimnis der Zusammensetzung wurde so streng gehütet, daß die Erfindung nicht zum Ausgangspunkt weiterer Experimente werden konnte.

In der Mechanik hatte das praktische Genie der Byzantiner größeren Spielraum. Dazu gehören ihre bewundernswerten architektonischen Leistungen, besonders auf dem Gebiet des Kuppelbaus. Von den Römern übernahmen und entwickelten sie das System der Bewässerung und Kanalisation und bauten eine ganze Reihe perfekter technischer Anlagen. Besonders die Fremden aus dem Norden ließen sich von den Glocken und Spielzeugen, den brüllenden Löwen und dem sich emporhebenden Thron im Kaiserpalast beeindrucken — lauter Beispiele zunehmender Erfindungsgabe.

Großes Interesse brachten die Byzantiner der Medizin entgegen. Dabei blieb eine medizinische Ausbildung keineswegs auf zukünftige Ärzte beschränkt, so daß Amateure wie Anna Komnene und Psellos überzeugt waren, nicht weniger zu wissen als diese, und Manuel I. sich die ärztliche Betreuung seines Gastes Konrad III. selbst zutraute (62). Der Arztberuf bot eine gesicherte Existenz. Hypochonder wie Romanos III. unternahmen nichts, ohne vorher ihre Ärzte konsultiert zu haben (63), Kekaumenos dagegen hielt sie alle für eine ernsthafte Bedrohung und warf ihnen vor, Krankheiten zu fördern, um sich zu bereichern: »Pfeffer für die Leber und dreimal im Jahr ein Aderlaß, und wenn du krank bist, Ruhe, Fasten und Wärme, dann kannst du ohne sie auskommen«, empfiehlt er (64). Ohne Zweifel wurden Theodoros' II. Gesundheit und Nerven durch allzuviel ärztliche Fürsorge ruiniert (65). Im ganzen gesehen bestand jedoch die Stärke der byzantinischen Medizin mehr in ihrem gesunden Menschenverstand als in ihren theoretischen Errungenschaften; die Theorie war über Hippokrates nicht hinausgekommen. Sie basierte auf den vier Temperamenten oder Körpersäften, Blut, Schleim, gelbe Galle und schwarze Galle, und den vier Zuständen, trocken und feucht, heiß und kalt; und alles hing von ihrem richtigen Verhältnis ab. Sämtliche berühmten medizinischen Schriftsteller von Byzanz, Oribasios, Aëtios, Paulos von Aigina, Symeon Seth und Agapios von Kreta arbeiteten auf dieser Grundlage, und die beliebten Diätkalender, die angaben, was zu welcher Jahreszeit gegessen werden sollte, bauten auf einer ziemlich groben Interpretation der vier Zustände auf. Ihr Haupterfolg bestand in der Begünstigung von Gichterkrankungen, einem in Byzanz leider sehr verbreiteten Leiden (66). Die ärztliche Kunst dürfte jedoch dem Vergleich mit allem, was auf diesem Gebiet bis weit in die Neuzeit hinein in Europa geboten worden ist, standhalten. Aderlaß und Ätzmittel waren vielleicht etwas zu drastische Maßnahmen und nicht immer angebracht, aber bei der Behandlung von Gicht versuchte man auf geschickte Weise die Säure abzuführen; man wandte Massagen an und verordnete bei allen Krankheiten Ruhe und gleichmäßige Temperatur, zweckdienlich auch Kräuterheilmittel (67). Anna Komnene empfiehlt regelmäßige körperliche Bewegung zur Vorbeugung von Krankheiten, womit sie vermutlich die gängigste Meinung ihrer Zeit zum Ausdruck brachte, darüber hinaus zeigt ihre außerordentlich lebendige und genaue Beschreibung der letzten Krankheit ihres Vaters und seines Sterbens ungewöhnliches Interesse und auch Begabung für medizinische Dinge (68).

Ihre beste Leistung erreichte die byzantinische Medizin in der Organisation der Krankenhäuser. Nicht nur die Armee hatte ihren gut ausgebildeten Sanitätsstab, auch die großen Wohltätigkeitsinstitutionen besaßen jeweils eine bestens ausgerüstete Krankenstation. Das 1120 von Johannes II. gestiftete

*Die Himmelsleiter. Johannes Klímakos (579–649) leitet die Mönche an,
die 30 Stufen der Paradiesesleiter zu erklimmen, um die »unio mystica«
mit Gott zu erleben. Fresko (1603) in der Trápeza (dem Refektorium)
des Klosters Dionysíou. Athos, Griechenland.*

Hospital des Pantokratorklosters beschäftigte zehn Ärzte und eine Ärztin, zwölf männliche und vier weibliche Assistenten, acht männliche und zwei weibliche zusätzliche Helfer, acht männliche und zwei weibliche Dienstboten sowie drei Chirurgen und zwei Pathologen, die in einem Beratungszimmer Diagnosen stellten. Kleinere Hospitäler waren in bescheidenerem Rahmen ähnlich organisiert. Als Pflegepersonal fungierten die gesünderen Insassen der betreffenden Institutionen, da die Hospitäler stets Klöstern, Konventen oder Heimen für die Armen angeschlossen waren. Wie viele solcher Krankenhäuser damals existierten, entzieht sich unserer Kenntnis, doch pflegten fromme Kaiser oder Adlige gern derartige soziale Einrichtungen zu stiften. Und wenn auch zweifellos Unzählige aus den untersten Schichten unbeachtet in ihren ärmlichen Behausungen darniederlagen, hatte doch jeder zumindest die Chance, in eine Krankenstation aufgenommen zu werden. Weibliche Ärzte arbeiteten wahrscheinlich nur in Hospitälern, Damen der besseren Gesellschaft ließen sich gewöhnlich von Eunuchen behandeln, und auch sie besuchten viele der Konvente (69).

All diese Dinge sind typisch für das gelehrte Wissen der Byzantiner. Denn ihre Liebe zu Theorie und Kultur, obwohl aufrichtig und hoch gerühmt, war steril. Ihr Genius entfaltete sich unerwarteterweise auf dem Gebiet praktischer Leistungen.

Zehntes Kapitel

DIE BYZANTINISCHE LITERATUR

Die byzantinische Literatur fand ihre Grenzen, ähnlich wie
die Wissenschaft, in einem gewissen Mangel an schöpferischer
Unmittelbarkeit. Während die Byzantiner ihre Genialität in
der bildenden Kunst voll und großartig entfalteten, blühte
die Literatur nur an den beiden Extremen der tiefen Jensei-
tigkeit und des praktischen Menschenverstandes. Nur in Hymnen und Werken mystischer Hingabe auf der einen und in
unkomplizierten Geschichtserzählungen und Biographien auf
der anderen Seite zeigten byzantinische Autoren Größe und
Meisterschaft. So kam es, daß sich Byzanz zwar nur weniger
unsterblicher literarischer Meisterwerke rühmen kann, aber
eine große Zahl — weit mehr, als irgendeine Nation seiner
Zeit – von intelligenten und fähigen Schriftstellern aufzuweisen hat (1).

Von den ersten Anfängen an litt die byzantinische Literatur
unter den Schwierigkeiten der Sprache. In Konstantinopel
wurden drei Formen des Griechischen gesprochen: Das Rhomäische, also das volkssprachliche Griechisch der Marktplätze
und Häfen, eine nachlässige, ganze Silben verschluckende
Sprache mit einem zusammengestoppelten Vokabular und
einer simplen Grammatik; das von den gebildeten Schichten gesprochene Griechisch, die Sprache, in der sie ihre Briefe

abfaßten, in der die Wörter nach dem Akzent betont wurden und die meisten Vokale und Diphthonge sich im Klang einem breiten Jota annäherten. Diese Sprache veränderte sich von Zeit zu Zeit, im 11. und 12. Jahrhundert war sie dem klassischen Griechisch weit ähnlicher als im 8. und 9., und ein ausgezeichnetes Griechisch sprach die gehobene Gesellschaft unter den Palaiologen. Schließlich gab es das klassische Griechisch mit seiner antiken Betonung, die jeder Gebildete sorgfältig erlernte. Der Literat mußte sich entscheiden, welche Sprache er wählen wollte. Bis zum 7. Jahrhundert ergaben sich für die Prosa keine nennenswerten Schwierigkeiten, Grammatik und Vokabular waren noch so wenig abgegriffen, daß ein sorgfältig abgefaßter Text immer noch das Prädikat »klassisch« tragen konnte, während in der Verskunst die neue Akzentuierung neue Prosodieregeln mit sich brachte, denen sich die Dichter im 6. Jahrhundert unterwarfen. Doch solange das Imperium bestand, fanden auch klassische Metren, besonders Jamben, unter strenger Beachtung der altgriechischen Quantitäten immer wieder Anwendung. Der Chronist Theophanes war im 9. Jahrhundert der erste Autor, der sich eindeutig für die gesprochene Sprache entschied, ein einfaches, nicht besonders elegantes Idiom voller Wörter unterschiedlichster Herkunft, besonders lateinischer, slavischer und orientalischer. Ein Jahrhundert später stellte Konstantin VII. Bücher in der gesprochenen Sprache zusammen, immerhin in einer Form, die für einen alten Griechen etwas eher verständlich gewesen wäre. Nach der großen Klassikrenaissance in der Mitte des 11. Jahrhunderts wurde das klassische Griechisch für jeden einigermaßen gebildeten Schriftsteller das nahezu einzige Ausdrucksmittel, zum Schaden seiner freien Individualität und der Entfaltung eines persönlichen Stils, da er ständig eine Sprache benutzte, die sich von seiner gewöhnlichen um Nuancen unterschied. Byzanz brachte keinen Dante hervor, der den Gebrauch der Volkssprache hätte legitimieren können, denn die wahre Volkssprache, das Rhomäische, wurde von der Bildungsschicht verleugnet und war für sie sogar unverständlich, während andererseits die gehobene Volkssprache durch zu viele klassische Renaissancen daran gehindert wurde, sich von ihrem antiken Modell freizumachen.

Die Prosa war weniger in Mitleidenschaft gezogen als die Versdichtung. Zu der Zeit, als Konstantin die neue Hauptstadt gründete, verfaßten Kirchenväter und die letzten neuplatonischen Philosophen ihre Werke noch in der ungebrochenen klassischen Tradition. Die Neuplatoniker wurden in ihrer Gedankenführung zusehends verschwommener und phantastischer, aber Männer wie Proklos oder Porphyrios schrieben immer noch einen eleganten und kraftvollen Stil. Die Patristik stand auf dem Höhepunkt ihrer Entwicklung, und wenn sich heute auch nur noch Historiker oder Theologen eingehender mit dem heiligen Basileios, dem heiligen Gregorios von Nyssa oder dem heiligen Gregorios von Nazianz befassen, gehören diese Männer doch zu den bedeutenden Schriftstellern der griechischen Literatur. Denn weder die praktische Weisheit des heiligen Basileios, noch die mystischen Ideen Gregors von Nyssa oder die glühende Begeisterung Gregors von Nazianz entbehren einer gewissen Größe des literarischen Ausdrucks. Verglichen mit ihnen wirkt Eusebios von Kaisareia, der theologische Biograph Konstantins, ungeschliffener im Stil, wenn auch seine schriftstellerischen Verdienste unbestritten sind. Im nächsten Jahrhundert gehören die Predigten des Johannes Chrysostomos zu den besten Stücken rhetorischer Prosa in griechischer Sprache. Im gleichen Jahrhundert erschien anonym jenes dem

Dionysios Areopagita zugeschriebene Werk, das auf das Christentum nachhaltigen Einfluß ausüben sollte, ein Versuch, neuplatonischen Mystizismus mit christlichem Glauben zu verschmelzen, in so vollendetem Griechisch verfaßt, daß es sprachlich den Werken aus dem 1. Jahrhundert ohne weiteres an die Seite zu stellen ist.

Auch aus dem 6. und 7. Jahrhundert besitzen wir Schriften großer religiöser Autoren, des Leontios von Byzanz etwa oder des Mystikers Maximus Confessor, dessen Werke Anna Komnene als zu schwierig empfand, obwohl sich ihre Mutter kaum mit anderer Lektüre beschäftigte. Doch schon begann die Theologie polemischen Charakter anzunehmen und damit etwas von ihrer alten Fülle einzubüßen. Die großen Ikonodulen, Johannes von Damaskus, Theodoros vom Studios-Kloster, der Patriarch Nikephoros oder später der antirömische Photios waren allzusehr mit dem Zusammentragen von Beweisen für ihre theologischen Ansichten beschäftigt, um noch den weiten geistigen Horizont der frühen Kirchenväter zu haben. Nach Photios lag die Theologie in Byzanz zwei Jahrhunderte lang in tiefem Schlaf, bis unter den Komnenen der große Bogumilengegner Euthymios Zigabenos und die humanistischen Theologen des späteren 12. Jahrhunderts, Eustathios von Thessalonike und Michael Choniates von Chonai, zu wirken begannen. Unter den Palaiologen empfing die Theologie durch den Hesychastenstreit und die römische Kontroverse neue Impulse. Die Kontrahenten der letzteren, Markos von Ephesos und Gennadios auf der einen, Bessarion auf der anderen Seite, waren in der Hauptsache trockene Polemiker, während aus dem Hesychasmus einige der schönsten Werke östlicher Mystik hervorgingen, die Schriften von Palamas und von Nikolaos Kabasilas.

Das 6. Jahrhundert erlebte zugleich mit dem Niedergang der Theologie den Aufstieg der historischen Laienwerke. Der erste große Historiker nach der Gründung Konstantinopels war Konstantins Biograph, der Theologe Eusebios von Kaisareia. Von den Historikern des 5. Jahrhunderts kommt keinem besondere Bedeutung zu. Mit dem Zeitalter Justinians begann eine neue Ära. Prokops *Geheimgeschichte* ist zwar ein Konglomerat verbitterten Klatschs, doch aufgrund seines Berichts über die Kriege des Kaisers in den *Historien* darf man ihn getrost zu den größten Historikern aller Zeiten rechnen. Er schreibt eine kräftige Sprache, hat ein klares Urteil und die Begabung für lebhafte Schilderungen. Sein späterer Zeitgenosse Agathias, ebenfalls ein verdienstvoller Historiker, war im Gegensatz dazu ein Dichter, bei dem der Sinn des Gesagten zeitweise hinter der Liebe zum poetischen Wort verschwand. In die Regierungszeit Justinians fällt außerdem der Beginn einer neuen Art von Geschichtsschreibung. Johannes Malalas von Antiocheia verfaßte die erste jener unkomplizierten Chroniken, die gewöhnlich bei Adam und Eva einsetzen und für jeden einfachen byzantinischen Leser ein Quell des Entzückens waren. Malalas ist bigott, sprunghaft und oft ungenau, doch bringt er es fertig, interessante und lebendige Streiflichter aus dem täglichen Leben seiner Zeit einzublenden, und macht im übrigen die ersten Konzessionen an die Umgangssprache.

Die wichtigsten Historiker des späten 6. und frühen 7. Jahrhunderts, der Soldat Menandros Protektor, der abergläubische Euagrios und der Autor des *Chronikon Paschale*, können als würdige Nachfahren der Historiker aus Justinians Zeit gelten. Danach herrscht zwei Jahrhunderte lang Schweigen in der byzantinischen Geschichtsschreibung, bis der Mönch Theophanes im frühen 9. Jahrhundert seine lange, in der Volkssprache geschriebene Chronik vorlegt. Theophanes kann sein Mönchstum nirgends verleugnen, doch urteilt er zurückhaltend, und sein Werk bleibt das einzige zuverlässige Zeugnis für die vorangegangenen Jahrhunderte. Weniger sachlich als Historiker ist sein Zeitgenosse Nikephoros der Patriarch. Er wollte seine Chronik zu einem Bestseller machen und wählte daher grundsätzlich nur Dinge aus, von denen er annahm, daß sie sein Publikum amüsieren oder in der richtigen Weise für ihn einnehmen würden. Unbedeutendere Werke aus dem 9. Jahrhundert, wie das anonyme Fragment über Leon den Armenier, beweisen, daß man auch jetzt die Geschichte nicht vernachlässigte, und im 10. Jahrhundert erfuhr sie offizielle Förderung durch den Hof. Konstantin VII. zeigte sich höchst interessiert, daß die Chronik des Theophanes auf den neuesten Stand gebracht wurde, und als der von ihm dazu ausersehene Genesios die Aufgabe nicht in der gewünschten Form bewältigte, übernahm der Kaiser selbst die als *Theophanes continuatus* bekannt gewordene Kompilation und steuerte eine taktvoll und gut geschriebene Lebensgeschichte seines Großvaters Basileios I. bei. Die Autoren dieser Ausgabe schöpften weitgehend aus den Werken eines Mönchschronisten des 9. Jahrhunderts namens Georgios Monachos und aus denen des weltlichen Chronisten Symeon Logothetes vom frühen 10. Jahrhundert — zwei Verfassern, die modernen Byzantinisten eine Unzahl von Problemen aufgeben. Konstantins eigene Beiträge über Administration und Zeremonien des Imperiums sind, bei allem unschätzbaren historischen Wert, kaum ausgefeilt genug, um als Literatur gelten zu können.

Von nun an reißt die Kette der Historiker und Chronisten nicht mehr ab, mit Ausnahme der Regierungszeit Basileios' II., der für alle Formen von Literatur nur Geringschätzung

übrig hatte. Am meisten Beachtung verdienen Leon Diakonos
aus dem späten 10. Jahrhundert, dessen Geschichte seiner
eigenen Zeit vielleicht das am besten geschriebene Beispiel
byzantinischer Historiographie ist — klug, lebendig und in
ungekünsteltem klassischem Stil verfaßt (wenn er auch die
Bulgaren als Moesier und die Russen als Skythen bezeichnet) —, daneben Michael Psellos in der Mitte des 11. Jahrhunderts, der modernste byzantinische Schriftsteller, zynisch,
amüsant, gebildet und sensibel, aber auch selbstgefällig, un-
aufrichtig und leicht affektiert; sein Zeitgenosse Michael At-
taleiates, dessen ehrlichere Erzählung ein nützliches Korrek-
tiv zu jenem darstellt; der Kaiser Nikephoros Bryennios und
seine wunderbare Gemahlin, die Porphyrogenneta Anna
Komnene, die trotz aller Umständlichkeit und Befangenheit
die größte weibliche Historiographin aller Zeiten bleibt; Kinnamos, weniger weitschweifend, doch kaum weniger gut in-
formiert; die Chronisten Kedrenos, Zonaras und Glykas,
von denen der erste die ältere Chronik des Skylitzes bearbeitete, der zweite verfaßte eine Chronik, in der ein bewußter
Stilwillen spürbar ist, der dritte eine Vorliebe für Didaktik
und Naturgeschichte besitzt; schließlich Niketas Choniates
von Chonai, Chronist der Einnahme Konstantinopels im
Jahr 1204, der gerechteste unter den byzantinischen Historikern. Diese Kette setzt sich fort unter den Kaisern von Nikaia und den Palaiologen mit Georgios Akropolites, dessen
Werk den größten Teil des 13. Jahrhunderts bis zur Rückeroberung der Hauptstadt umfaßt; mit dem leidenschaftlichen
Theologen Georgios Pachymeres, der die Reichsgeschichte bis
1308 weiterführt und hinter dessen gespreiztem Stil — der
unter Literaten seiner Zeit üblichen Sprache — echter Witz
und Spontaneität sichtbar werden; mit Nikephoros Gregoras,
der seine Geschichte 1204 beginnt und sich ganz seiner eige-

nen Zeit widmet (1320—1359); mit dem Kaiser Johannes Kantakuzenos, dessen Selbstrechtfertigung trotz ihrer Vorurteile ein verläßliches und gut beschriebenes Dokument ist; schließlich mit den Historikern aus der Zeit, als das byzantinische Reich seinen Todeskampf kämpfte: Chalkokondyles, dem loyalen Hofmann Phrantzes, dem anspruchslosen Dukas und dem türkisch gesinnten Kritobulos, der stilistisch ein ausgezeichneter Imitator seines großen Vorbilds Thukydides ist.

Die Historiker von Byzanz stehen ihren Kollegen anderer Nationalität bis in die Neuzeit hinein in nichts nach. Im Gegenteil: was Stil, Urteilsfähigkeit, Raffinesse der Darstellung und kritisches Denken angeht, sind sie ihren westlichen Zeitgenossen weit überlegen. Sie trugen ihre Informationen mit Sorgfalt zusammen und befaßten sich eingehend mit den Werken ihrer Vorgänger. Skylitzes zum Beispiel stellt an den Beginn seiner Chronik eine kritische Übersicht über sämtliche Historiker seit Theophanes, von denen ihm einige zu befangen, andere in der Auswahl der Fakten und in ihren Ansichten zu beschränkt erscheinen.

Viel mit den Geschichtsschreibern gemeinsam haben die Biographen, die ihnen zahlenmäßig sogar noch überlegen sind. Dabei handelt es sich fast ausschließlich um Hagiographien. Seit Athanasios sein *Leben des heiligen Antonius* schrieb, gab es kaum einen Eremiten, kaum einen bedeutenden Kirchenmann, der nicht Gegenstand einer Vita geworden wäre, je nach seiner Stellung mit mehr oder weniger literarischer Akribie geschrieben. Aus den früheren Jahrhunderten sind nur wenige Heiligenleben erhalten, mit Ausnahme einiger kürzerer aus der Feder des Kyrillos von Skythopolis im 6. und des Leontios von Neapolis im 7. Jahrhundert. Erst aufgrund der Verfolgung der Ikonoklasten entstanden Biogra-

phien in größerer Anzahl. Ergebene Bewunderer zeichneten
die Taten ikonodulischer Märtyrer, orthodoxer Patriarchen,
ja selbst der frommen Kaiserin Theodora auf. Mehr und
mehr Viten erschienen im Lauf der Jahre; die Biographen
berichteten von Säulenheiligen, von Frauen, die von ihren
Männern geschlagen wurden, von Bischöfen und Patriarchen.
Einige dieser Werke sind von hohem literarischem Rang, etwa das fragmentarische *Leben des Patriarchen Euthymios*,
oder aus dem 11. Jahrhundert die Vita des heiligen Symeon
des Jüngeren von Niketas Stethatos, der sogar Gewährs-
leute — die Äbtissin Anna und andere seiner Freunde — für
die erzählten Vorfälle benennt (2). Im 10. Jahrhundert wurden die meisten hagiographischen Viten von Symeon Metaphrastes gesammelt und zu einem *Menologion* zusammengestellt. Allerdings verfuhr er als Herausgeber nicht immer
sorgfältig genug: In der Vita der heiligen Theoktiste ließ er
eine Passage stehen, in der es heißt, der Ruhm des Reiches
sei mit Leon VI. erloschen. Basileios II. war darüber so
erzürnt, daß er die gesamte Ausgabe zu vernichten versuchte (3). Nach dem 11. Jahrhundert nimmt die Zahl der
Viten langsam ab. An ihrer Stelle sind kürzere Biographien
in Form der Grabreden erhalten, die am Sarg eines vornehmen Verstorbenen gesprochen wurden. Die meisten der uns
überlieferten können als Meisterwerke rhetorischer Literatur
gelten, etwa die Grabrede des Theodoros vom Studios-Kloster für seine Mutter, die des bibliophilen Bischofs Arethas
von Kaisareia für den Patriarchen Euthymios und eine ganze
Reihe der Reden des Psellos, so die für seine Mutter, für den
Juristen Xiphilinos, für den Staatsmann Lichudes oder den
Patriarchen Michael Kerullarios.
Autobiographien und Memoiren finden sich weit seltener. Die
einzige Autobiographie von hervorragender Bedeutung ist

die des Nikephoros Blemmydes, des berühmten mürrischen Gelehrten aus der Zeit von Nikaia. Die historischen Darstellungen des Psellos und des Johannes Kantakuzenos können mit fast dem gleichen Recht zur Memoirenliteratur wie zur Geschichtsschreibung gezählt werden, und in diesem Zusammenhang verdient auch des Johannes Kameniates Beschreibung seiner Abenteuer bei der Plünderung Thessalonikes durch die Sarazenen im Jahr 904 Erwähnung, eine gut und lebendig geschriebene Horrorgeschichte aus der Feder eines starrsinnigen, ungebildeten Geistlichen; schließlich gehören die Werke des alten Soldaten Kekaumenos hierher, ein derbes, kräftiges Durcheinander von Ratschlägen und Anekdoten, teils aus eigener Erfahrung, teils aus den Erlebnissen von Freunden und Vorfahren zusammengetragen hat.

Außerhalb dieser Gattungen existieren nur wenige byzantinische Prosawerke von Rang. Es gibt ein oder zwei halb wissenschaftliche, halb beschreibende Abhandlungen wie die des Kosmas Indikopleustes sowie die verschiedensten militärischen, juristischen und administrativen Handbücher, alle fachkundig und verständlich geschrieben. Es gibt eine Anzahl von beschreibenden Werken wie Prokops Buch *Über die Bauwerke*, wie die *Patria*, die traditionsgemäß, aber fälschlicherweise dem Kodinos zugeschriebene Liste der Denkmäler Konstantinopels oder das kleine Buch des Niketas Choniates über die im Jahr 1204 von den Lateinern zerstörten Statuen. Es gibt enzyklopädische Werke wie das Lexikon *Suda*, zahlreiche Kommentare zu den Klassikern oder die wertvolle *Bibliothēkē* des Photios, eine Zusammenstellung kritischer Bemerkungen über klassische und byzantinische Prosaautoren, die er während eines Jahres gelesen hatte. Doch alle diese Werke haben trotz ihres bewußten Stilwillens eher didaktische als literarische Ziele. Selbst Satiren finden sich kaum. Es gibt ein oder zwei pseudo-lukianische Dialoge wie die *Philopatris* oder den hochwertigeren *Timariōn*, ein temperamentvoll geschriebenes Werk aus dem 12. Jahrhundert mit einer anschaulichen Beschreibung des alljährlichen großen Jahrmarkts von Thessalonike, schließlich noch den *Besuch Mazaris' in der Unterwelt*, ein ziemlich schwerfälliges Opus aus dem 14. Jahrhundert.

Einen byzantinischen Roman hat es so gut wie nicht gegeben. Es sind ein oder zwei Prosaromane in der Volkssprache erhalten, *Syntipas der Philosoph*, etwa im 12. Jahrhundert von Michael Andreopulos aus dem Syrischen übersetzt, oder *Stephanites und Ichnelates*, etwas früher von Symeon Seth aus dem Arabischen übertragen; beide basieren auf indischen Erzählungen und Legenden, dem *Buch der Sieben Weisen Meister* und dem *Fürstenspiegel*. Der einzige byzantinische Roman von Bedeutung ist die religiös-moralische Erzählung von *Barlaam und Josaphat*, ebenfalls indischen Ursprungs, wobei allerdings aus der buddhistischen Theologie christliches Empfinden geworden ist. Diese gut geschriebene, wenn auch ziemlich langatmige Geschichte, wohl zu Recht Johannes von Damaskus zugeschrieben, gehörte im östlichen Mittelalter zu den beliebtesten Büchern.

Die fruchtbarste Gattung innerhalb der byzantinischen Prosaschriftstellerei war die Briefliteratur. Reichhaltige Sammlungen sind uns erhalten, viele davon noch unveröffentlicht; sie enthalten die Korrespondenz vornehmer Spätrömer, Kaiser, Patriarchen, Bischöfe und Staatsmänner, angefangen von den großen Kirchenvätern des 4. bis zu den Gelehrten an den Höfen des 14. und 15. Jahrhunderts, vom heiligen Basileios oder heiligen Johannes Chrysostomos bis zu Nikephoros Gregoras oder Gennadios. Darunter finden sich Briefe mit der Bedeutung von Staatspapieren, andere behandeln Fragen der kirchlichen Administration, die meisten aber sind Kondolationen, Mahnschreiben oder persönliche Tiraden mit allerlei Klatsch und Neuigkeiten. Die längeren Briefe sind sorgfältig ausgefeilt, ziehen gewöhnlich auch alle Register der Rhetorik, die kurzen sind oft einfach, direkt und vertraulich. Im Rahmen der großen Literatur spielen sie ohne Zweifel keine bedeutende Rolle, doch fast alle zeigen in vollendeter Form die byzantinische Begabung, die eigene Persönlichkeit unverstellt zum Ausdruck zu bringen. Viele sind außerdem unschätzbare Quellen zu sozialen Fragen, wie die des Gesandten Leon Choirosphaktes im späten 9. oder von Nikephoros Gregoras im 14. Jahrhundert, und die historisch interessierte Nachwelt ist dem brieflichen Fleiß und Eifer der Byzantiner zu ewigem Dank verpflichtet.

In der Lyrik wird der Mangel an literarisch schöpferischem Genie deutlicher spürbar. Die Zahl der byzantinischen Poeten ist vergleichsweise gering, und wenn auch Geschmack und bewußte Kultur des Ostreichs die Gedichte daran hinderten, auf ein wirklich niedriges Niveau abzusinken, so trug doch andererseits gerade dieses Kulturbewußtsein zusammen mit den sprachlichen Schwierigkeiten dazu bei, Spontaneität und Frische einzufrieren. Allein der religiösen Dichtung gelang es, dank der aufrichtigen Intensität des religiösen Empfindens, diese Barriere zu durchbrechen und eine gewisse Größe zu erreichen. Formal stammt diese religiöse Poesie, wie die Religion, deren Verherrlichung sie feiert, aus dem syrischen Osten.

Es gab Dichter unter den Kirchenvätern des 4. Jahrhunderts, namentlich Gregorios von Nazianz. Ein Jahrhundert später wäre die Kaiserin Eudokia, die Gemahlin Theodosios' II., eine nicht unbedeutende Hymnendichterin gewesen, hätte nicht ihre klassische Erziehung — ihr Vater war der heidni-

sche Professor Leontios — ihre religiösen Äußerungen über-
schattet und dadurch unglaubhaft werden lassen. Der größte
byzantinische Hymnenschreiber war der Diakon Romanos im
6. Jahrhundert, ein konvertierter Jude aus Beirut. In seinen
mit Akrostichen geschmückten Strophen, deren wechselnder,
akzentuierender Rhythmus komplizierter erscheint, als er ist,
erreicht er unter häufiger Verwendung des Dialogs — für den
antiphonischen Gesang — und des Refrains eine Einfachheit
des sprachlichen Ausdrucks und eine Großartigkeit der Ima-
gination, die in der religiösen Dichtung ihresgleichen suchen.
Etwa zur gleichen Zeit entstand der *Akathistos*, ein langer
Hymnos anonymer Herkunft zum Lob der heiligen Jungfrau. Der zweite bedeutende religiöse Dichter des Ostreichs,
Johannes von Damaskus, ebenfalls ein Syrer, war eher ein
Mystiker — Romanos hatte hauptsächlich den Ruhm des
Gottessohnes gesungen, die Größe des Kontrastes zwischen
seiner Heiligkeit und seinem Leiden —, doch bei ihm ging
die Einfachheit des Stils bereits verloren. Kurze Zeit zuvor
hatte der Erzbischof Andreas von Kreta eine neue Form religiöser Poesie geschaffen, den sogenannten liturgischen Kanon,
Verse in wechselnden Metren, die zu einem überlangen Ganzen
aneinandergereiht werden. Johannes beherrschte die e lyrische
Form in Vollendung — zum Schaden seiner Dichtung —, und
das Opus seines Zeitgenossen Kosmas von Jerusalem ging an
diesem Schema zugrunde. Die Nonne Kasia im 9. Jahrhundert, jene von Kaiser Theophilos zurückgewiesene Heirats-
kandidatin, ist in ihrer Dichtung eine typische Vertreterin der
späteren Hymnenschreiber: Obwohl ihr ein gewisses Empfinden für Schönheit, für Originalität und wahre Frömmigkeit
nicht abzusprechen ist, erwecken die Gedichte eher den Eindruck von Versatzstücken als von spontanen Gefühlsausbrü-
chen.

Ähnlich zeigen die Dichter der Spätzeit, etwa Johannes
Mauropos im 11. und Theodoros Metochites im 14. Jahrhundert, mehr akademische Strenge als emotionale Inspiration.
Doch ruhen noch so viele byzantinische Hymnen unveröffentlicht in europäischen Bibliotheken, daß die Forschung eines
Tages durchaus noch einen weiteren großen religiösen Dichter
ans Tageslicht bringen könnte. Das ursprünglich Gregorios
von Nazianz zugeschriebene religiöse Drama *Christos pa-
schōn*, dessen Entstehungszeit heute teils ins 14., teils ins
12. Jahrhundert verlegt wird, ist über weite Strecken eine
ziemlich ermüdende Lektüre, doch stößt man hier und da im
jambischen Einerlei auf emotionale Höhepunkte, und einige
Passagen sind Kopien aus den Werken des großen Romanos —
falls sie nicht umgekehrt von ihm übernommen wurden (4).
Die byzantinischen Hymnendichter komponierten ihre eigene
Musik, die — mit Ausnahme traditioneller Volksweisen —
die einzige uns erhaltene Musik des Ostreichs darstellt. Aber
sowohl über die Paläobyzantinische Notation wie über die
vervollkommnete Runde Notation gehen die Meinungen in
verschiedenen Punkten auseinander. Ihrer Form nach war die
Hymnenmusik modal und antiphonal und wurde, wie alle
orthodoxe Kirchenmusik, *a capella* gesungen (5).
Während die byzantinischen Hymnen die Form des Kanons
annahmen, bevorzugten die weltlichen Lyriker in der Hauptsache drei metrische Formen: den — gewöhnlich auf Epigramme beschränkten — klassischen Jambus, den zwölfsilbi-
gen jambischen Trimeter und den sogenannten politischen
Vers, fünfzehnsilbige Trochäen, die mit einer unbetonten Silbe
einsetzen.
Aufgrund einer Geisteshaltung, die man den »objektiven
Standpunkt des byzantinischen Schriftstellers« genannt hat,
fehlte der Lyrik der geistige Nährboden. Am ehesten als

Lyrik zu bezeichnen wären die Epigramme, in denen die Eleganz und die Kultiviertheit des byzantinischen Weltgefühls ihren adäquatesten Ausdruck fanden. Georgios von Pisidien, der im 7. Jahrhundert erstmals wieder den jambischen Trimeter verwandte, schrieb Epigramme — einige davon übermäßig lang — über die großen Ereignisse seiner Zeit. Theodoros vom Studios-Kloster verfaßte eine Reihe von Epigrammen, in denen Vorfälle aus dem mönchischen Leben anschaulich geschildert werden, und von Kasia sind mehrere geistvolle Epigramme halb religiösen Inhalts überliefert. Doch die Blütezeit des Epigramms fällt in das 10. und 11. Jahrhundert. Nicht nur die *Anthologia Palatina* wurde damals zusammengestellt, die viele Werke byzantinischer Autoren enthält, sondern es finden sich auch unter den Epigrammatikern nicht wenige der begabtesten Dichter, so Konstantinos von Rhodos, Johannes Geometros, Christophoros von Mitylene und Johannes Mauropos. In den späteren Jahrhunderten verfällt die Kunst der Epigrammatik: Weder der unter den Komnenen lebende Theodoros Prodromos nach Manuel Philes unter den frühen Palaiologen zählen zu den Lyrikern, die mehr als historisches Interesse verdienten. Zeitweise verschmolz das Epigramm mit der beschreibenden Lyrik, einem Genre, das den literarischen Neigungen der Byzantiner ebenfalls sehr entgegenkam. Wenn sie von den Schönheiten Konstantinopels berichten konnten, empfanden sie etwas von der Ehrfurcht, die in ihren Hymnen so unverfälscht zum Ausdruck kommt. Die Beschreibung der Hagia Sophia von Paulos Silentiarios oder die der Mosaiken der Kirche der Heiligen Apostel von Konstantinos von Rhodos verraten ein echtes Gefühl für Größe und Erhabenheit. Mit ähnlicher Intensität spiegeln die Gedichte des Johannes Geometros den Schrecken und die Trauer über die Katastrophen, die das Reich in der zweiten

Hälfte des 10. Jahrhunderts heimsuchten. Trotzdem sind zahllose byzantinische Gedichte trockenes didaktisches Material, etwa die theologischen Werke des Johannes Tzetzes, die astrologischen des Johannes Kamateros — beide im 12. Jahrhundert verfaßt — oder die naturwissenschaftlichen des Manuel Philes. Daneben sind Gedichte aus dem Bereich des Hofes erhalten: die Bittverse, die Theodoros Prodromos an verschiedene Mitglieder der Komnenendynastie richtete, die taktvollen Epitaphien für eine ganze Reihe verstorbener Prinzen der Palaiologenfamilie aus der Feder des Theodoros Metochites, schließlich die übertrieben scheußliche Beschreibung der Kriege des Nikephoros Phokas, die von Theodosios dem Diakon überliefert sind.

Epische Dichtung gab es praktisch seit dem frühen 5. Jahrhundert nicht mehr, als der Ägypter Nonnos, der letzte Autor, der in Hexametern schrieb, ein phantastisches Epos über die Reisen des Gottes Dionysos in Indien dichtete und nach seiner Konversion ein zweites Werk, das in auffallend gesetzterer Haltung das Johannesevangelium paraphrasierte. Im 14. Jahrhundert verfaßte Georgios Lapithes ein langes allegorisches Epos, dessen moralischer und didaktischer Tonfall sowie seine selbstbewußte stilistische Langatmigkeit es zu einer wenig erfreulichen Lektüre machen.

Die einzige wirklich umfangreiche Dichtung, die Byzanz hervorgebracht hat, gehört zur Gattung der Volksepik. Vieles aus der oströmischen Volkspoesie hat kaum literarisches Niveau: Die sogenannten Prophetien von Leon dem Weisen verdienen gerade noch den Namen »Versdichtung«; die holprigen Chroniken des Manasses aus dem 12. und des Ephraëm aus dem 14. Jahrhundert fallen schon nicht mehr unter diese Bezeichnung. Manche Ritterromane besitzen dagegen Kraft und Lebendigkeit. Irgendwann im 10. Jahrhundert erschien ein langes Volksepos in politischen Versen, das in zehn Büchern den Lebensweg eines Kriegers an der Ostgrenze beschreibt; der Name des Helden war Digenis Akritas, und man hat das nach ihm benannte Werk mit der *Chanson de Roland* verglichen. Vielleicht besitzt das westliche Epos mehr Dramatik, in der Brillanz der Schilderungen und der Feinheit der psychologischen Zeichnung ist ihm der *Digenis Akritas* jedoch unendlich überlegen, ja man könnte ihn sicher zu Recht die schönste aller *chansons de geste* nennen. Keines der späteren Epen hat diese Vollendung noch einmal erreicht. Die klassische Renaissance im 11. Jahrhundert erhob auf der einen Seite die alten griechischen Epen zum Vorbild, auf der anderen eroberten sich die westlichen Ritterromane langsam das östliche Terrain. Aus dieser Mischung konnte kaum eine unbefangene byzantinische Version der *chansons de geste* hervorgehen. Die Epen aus dem 12. Jahrhundert wie *Kallimachos und Chrysorrhoë* oder *Belthandros und Chrysantza* behandelten westliche Themen in einem gekünstelten klassischen Griechisch, während sich selbst Dichter wie Theodoros Prodromos und Eustathios Makrembolites — erfolglos — in metrischen Liebesgeschichten versuchten. Auch volkstümliche Adaptionen französischer Epen kamen in Mode, so erscheint *Flore et Blanchefleur* als *Phlorios und Platziaphlora* und der *Roman de renard* wurde zum Vorbild einer ganzen Generation von Tiergedichten im oströmischen Reich.

In den letzten Jahren des Imperiums entstehen neue Arten von volkstümlichen Gedichten. Die Liebeslieder aus Rhodos bilden im 14. Jahrhundert den Anfang einer Welle von erotischer Poesie, einige davon mit spontanem Liebreiz und ungekünstelter Schönheit. Daneben erzählen Gedichte die großen tragischen Ereignisse vom Untergang des Reiches —

Threnodien über den Fall der Städte Konstantinopel, Athen und Trapezunt. Ihre unprätentiöse Aufrichtigkeit ist ein seltsamer Schwanengesang auf die überfeinerte literarische Kultur des Ostreichs.

Die byzantinische Literatur steht etwas abseits vom Hauptstrom der Weltliteratur. Die theologischen Werke der Frühzeit bis zu Johannes von Damaskus haben das westliche Gedankengut tief beeinflußt, und die historischen Werke der Byzantiner wurden vorbildlich für jede sorgfältige Chronistik, wie sie sich bei den Slaven, insbesondere den Russen, noch lange erhalten hat. Trotzdem gilt der Dank der Nachwelt eher den konservativen als den kreativen Taten der byzantinischen Literatur und Wissenschaft; und in der Schuld der oströmischen Schriftsteller stehen wir weniger wegen ihrer persönlichen Originalität als vielmehr wegen der Liebe, mit der sie so viele Schätze ihrer klassischen Vergangenheit und ihrer Tradition in Philosophie, Spekulation und Wißbegier bewahrt haben. Darüber hinaus besitzen wir aber mit den religiösen Hymnen, den Geschichtswerken und jenem einen großen Volksepos auch Zeugnisse dafür, daß sie sehr wohl originaler literarischer Schöpfungen fähig waren.

ELFTES KAPITEL

DIE BYZANTINISCHE KUNST

IN DER LITERATUR mag es dem byzantinischen Genius an schöpferischer Kraft und Originalität gefehlt haben, in der Kunst aber lagen die Dinge ganz anders; hier war beides in hohem Maß vorhanden. Es waren die Werke der darstellenden Kunst, mit denen Byzanz der Welt sein herrlichstes und unvergänglichstes Erbe hinterlassen hat (1).

Die byzantinische Kunst ist der treueste Spiegel der Synthese, aus der die byzantinische Kultur hervorgegangen ist. Hier kann man in wechselndem Verhältnis alle Elemente finden — Griechisch-Römisches, Aramäisches und Iranisches —, aber trotz ihrer verschiedenen Herkunft immer zu einem vollkommenen Ganzen verschmolzen, zu etwas Einmaligem und Originellem. Vor der Bezeichnung »Byzantinisch« schrecken moderne Kunstgeschichtler etwas zurück. Genau wie die politischen Historiker heute das Wort »byzantinisch« sorgfältig vermeiden und dafür lieber »oströmisches« oder »spätrömisches Reich« setzen, so wird die byzantinische Kunst mit dem Namen »östlich-christliche« oder »frühchristliche« Kunst verschleiert. Solche Vorsicht ist unnötig, ja irreführend. Diese Kunst war ganz wesentlich die Kunst des kaiserlichen Konstantinopel, die mit ihren fundamentalen Eigenschaften so lange bestand, wie die Kaiser am Bosporus regierten. Sie war wesentlich eine religiöse Kunst, deshalb aber noch nicht eine christliche. Eher kann man sie als das Produkt jenes religiösen Zeitalters ansprechen, in dem sich schließlich der Triumph des Christentums vollzog. Ihre charakteristischen Eigenheiten sind in der kirchlichen Kunst schon vor Konstantin zu erkennen, aber sie treten genauso in der Kunst zutage, mit der Diokletian die Vergöttlichung der kaiserlichen Majestät zu stützen versuchte. Konstantin verschmolz diese beiden Religionen, indem er sich selbst zum Statthalter Gottes machte, und von nun an verherrlichte die Kunst, wenn sie den Staat verherrlichte, gleichzeitig den christlichen Gott. Sie war aber erfüllt von einem tiefen transzendentalen, beinahe mystischen Sinn für Anbetung, und zwar viel mehr als der christliche Symbolismus, dessen Einfluß auf die kirchliche Kunst beschränkt blieb.

Am Ende des 3. Jahrhunderts war die griechisch-römische Kunst an einen Punkt gelangt, wo es für sie keine Weiterentwicklung mehr geben konnte. Der alte griechische Naturalismus war im hellenistischen Zeitalter und noch mehr bei den Römern mit Geschmack und Grazie immer mehr nur auf Schönheit hin stilisiert worden, mit immer minuziöserer Ausarbeitung des Details und im allgemeinen mit einem Größenwachstum der Figuren, das jedes Kunstwerk zu einem kolossalen Kraftakt machte. Im 4. Jahrhundert erfolgte ein Gegenstoß aus dem Osten. Syrische und syro-ägyptische Religionen hatten in der ganzen Welt immer mehr Anhang gefunden. Ihre Gläubigen waren zutiefst esoterisch eingestellt und zutiefst mit der Welt zerfallen, die Daseinsfreude des hellenistischen Naturalismus war für sie gegenstandslos. Die Natur erschien ihnen viel eher häßlich, und sie waren bereit, ihrer Häßlichkeit ins Gesicht zu sehen. Sie verzichteten auf Feinheit der Zeichnung und auf Ausgewogenheit der Komposition; sie verlangten eine Kunst, die unmittelbar und kompromißlos zu ihnen sprechen sollte, die sie eher zu höchster Steigerung der Emotion aufrütteln als in ästhetische Befriedigung einlullen sollte. Der Triumph des Christentums bedeutete unvermeidlich auch für diese aramäische Konzeption der Kunst einen Auftrieb. Christus konnte nicht dargestellt werden wie seinerzeit Apollon. Er war der Gott der Passion, der große Richter, der Erlöser. Seine Anbeter mußten ihn unmittelbar in einer dieser Rollen vor sich sehen, die Linien des Leidens, der Strenge, der göttlichen Güte sollten in seinem Gesicht klar hervortreten. Die Religion verlangte einen Expressionismus, wie er in der griechisch-römischen Welt bis dahin unbekannt gewesen war.

Der Osten steuerte jedoch noch ein zweites Element bei. Die neue Auffassung von der kaiserlichen Souveränität kam aus Persien, von den Sassaniden, und in ihr war eine einfachere und unmittelbarere Majestät propagiert als in der kunstvoll überhöhten Herrlichkeit der römischen Kaiser. Ihr hatte der Mithraskult den Weg bereitet, der im Iran entstanden und mit der Verehrung des Sol invictus zusammengeflossen war. Der Mithraskult und der Mazdaismus, von dem er abgeleitet war, hatten eine eigene Kunst entwickelt, keinen verschönten Naturalismus nach Art des Hellenismus und keinen emotional angereicherten Naturalismus wie den aramäischen, sondern eine symbolische Kunst, deren Modell mit großer Wahrscheinlichkeit ursprünglich aus den Hochländern von Turkestan herstammt. Diese Kunst des Typischen und der Linie hatte bereits die aramäischen Künstler beeinflußt und in gewisser Beziehung Ausgleich dafür geschaffen, daß ihnen der griechische Sinn für Komposition fehlte.

Die neue Kunst, die sich nun aus diesen Elementen speist, erscheint genau am Beginn des 4. Jahrhunderts. In den Statuen, die die Tetrarchie des Diokletian repräsentieren, hat die Darstellung des Kaisers nach Art der vorhergehenden Jahrhunderte, bei der man das leibliche Abbild des Kaisers lediglich ins Großartige überhöhte, um ihn vom Porträt eines Untertanen zu unterscheiden, einer unpersönlichen symbolischen Kunst Platz gemacht, die nun unmittelbar die starre Majestät Roms den Barbaren vor Augen stellte. Gerade so wie die kaiserlichen Regierungen die römische Allmacht jetzt mehr als Symbol abgebildet sehen wollten denn als gut getroffenes Porträt der verschiedenen ephemeren Kaiserpersönlichkeiten, so verlangte nun auch das christliche Publikum eine Kunst, die lieber unmittelbar das Gefühl ansprechen als technische Vollkommenheit ausdrücken sollte. Die hellenistischen Künstler hatten all ihre technischen Finessen ausgeschöpft, jetzt standen sie vor dem Problem, wie sie ihre Technik der neuen Welt anpassen sollten. Man darf vermuten, daß sie nach Art kulturmüder Intellektueller gar nicht so ungern ihre alten naturalistischen Techniken mit ihrer genauen, wenn auch überbetonten Anatomie, ihrer brillant gekonnten Verkürzungstechnik und all dem Reichtum der Details über Bord warfen, um in einer neuen künstlerischen Richtung zu experimentieren. Inzwischen sah sich der primitive Künstler des Ostens vom Hof selbst gestützt. Er konnte nichts in der alten Technik liefern, ebenso wie der intellektuelle Künstler jetzt gegen sie Stellung nahm, und die Nachfrage nach ihr ließ ständig nach. So setzte während des 5. Jahrhunderts eine Revolution ein, und Konstantinopel ging aus ihr als Hauptstadt der neuen Kunstbewegung hervor.

Der Hellenismus aber, obwohl geschlagen, blieb doch am Leben. Seine Sehweise saß den Griechen zu tief im Blut. Immer wieder im Lauf der byzantinischen Geschichte tauchte er auf und verursachte Rückwendungen zum alten Naturalismus.

Die neue Kunst war unmittelbar, aber nicht schlicht. Anbetung und besonders Kaiseranbetung mußte irgendwie mit Pracht verbunden sein. Die geforderte Aufwendigkeit erreichte der byzantinische Künstler jetzt durch sein Material. Der Maler arbeitete vorzugsweise in Mosaiktechnik, lieber als in Farben auf Tafelbildern oder Fresken. Aber sogar auf seinen Tafelbildern malte er auf Goldgrund, und Gold beherrschte auch die Buchillustration. Statuen wurden in Porphyr oder in vergoldeter oder bemalter Bronze gearbeitet. Bei den Stoffen, den Seiden und Brokaten, spielten Goldfäden die Hauptrolle. Diese Bevorzugung kostbaren Materials verhinderte, daß man großartige Wirkung einfach durch großes Format zu erzielen versuchte. Es war zu selten, seine Beschaffung zu kostspielig. Abgesehen von dem einen Mal, wo die gesamten Einkünfte des Reichs für ein Werk herangezogen wurden — als Justinian für angeblich 320 000 Goldpfund die Hagia Sophia erbaute (2) —, arbeitete der byzantinische Künstler gewöhnlich in kleinem Maßstab. Und oft erreichte seine Kunst gerade in den kleinsten Arbeiten, in winzigen Steatitschnitten oder Basreliefs in Elfenbein oder in Miniatur-Emailplaketten ihre vollkommenste Ausgewogenheit, bei der der Reichtum der Struktur oder des Kolorits mit der Schlichtheit der Linie wetteiferte.

Der verschiedenen Zweige der byzantinischen Kunst zeigen verschiedene Grade der Wechselbeziehung zwischen östlicher und hellenistischer Kunst. In die Malerei und Bildhauerei drang immer wieder der Hellenismus ein. Die Baukunst dagegen fand zu ihrer eigenen Form und entwickelte sich ihren eigenen natürlichen Gesetzen gemäß.

Die byzantinische Architektur steht tatsächlich ganz für sich da. Maler und Bildhauer scheinen im 4. Jahrhundert einen Schritt rückwärts getan zu haben; der Architekt dagegen entwickelte eine immer größere technische Genialität. Der Hauptbeitrag von Byzanz zur Architektur war das Geheimnis der Konstruktion einer Kuppel über einem Quadrat, als Antwort auf eine Forderung der neuen Welt.

Diese Entwicklung läßt sich am besten in der kirchlichen Baukunst verfolgen; denn nur Kirchen haben sich in beträchtlicher Anzahl bis heute erhalten. Die großen weltlichen Bauwerke des byzantinischen Reichs sind völlig verschwunden. Dem frühen Christen genügte wie dem Heiden eine einfache Halle als Anbetungsort. Seine Basilika hatte einen Innenraum, der ebenso schlicht war wie der klassische Tempel. Aber allmählich, vor allem im 4. Jahrhundert, ahmte die Kirche das Zeremonienritual des Staates nach. Gerade zur selben Zeit, als die neuen Dynastien der halbgöttlichen Kaiser Paläste mit Thronsälen und Räumen zur feierlichen Einkleidung und mit einem Gynaikeion für die Kaiserin verlangten, genügte auch dem kirchlichen Ritual der einheitliche ungebrochene Kirchenraum nicht mehr. Es verlangte einen komplizierteren Schauplatz, ohne daß dabei aber die Einheit des Entwurfs geopfert werden durfte. Eine Kuppel, die sich über der Mitte der Basilika erhob, bewirkte eine Teilung des Innenraums; das ergab auch gleichzeitig einen glänzenderen Gesamteindruck. Das Problem war nur, wie die Kuppel aufgesetzt werden konnte. Eine Kuppel über einer Rotunde, wie im Pantheon von Rom, war der Architektur schon lange bekannt; hier aber galt es, sie über einem quadratischen Raum zu errichten. Die einfachste Methode war die mit Hilfe von Kragsteinen, aber das war primitiv und führte zur Bildung einer Ellipse. Im 5. Jahrhundert wurden befriedigendere Lösungen ausgearbeitet.

Ob man die endgültige Lösung den Nomaden des altai-iranischen Grenzgebiets oder den Architekten Italiens zu verdan-

ken hat, ist eine Streitfrage; keine der beiden Theorien kann
letztlich überzeugen. Die erste erscheint zu weit hergeholt,
die andere ist unwahrscheinlich, denn die Kuppel verließ
Italien zusammen mit dem Hof und folgte der kaiserlichen
Patronage nach Konstantinopel. Die Herkunft der Erfindung
muß also einstweilen unsicher bleiben. Die Baumeister, die
die Technik vervollkommneten, waren Griechen und Armenier, wobei die ersten besonders von den Sassaniden in Persien gesucht waren (3). Es gab zwei Lösungen der Aufgabe:
Entweder konnte man Pendentifs anwenden, sphärische
Dreiecke, die von den Ecken des Quadrats aufstiegen und mit
den oberen Dreiecksseiten einen Kreis bildeten, auf dem die
Kuppel aufsaß, oder Trompen, kleine apsidenartige Wöl-
bungen quer über die Ecken des Quadrats, entweder in einer
einfachen Trommel oder auf dem Niveau der tragenden
Hauptbögen. Das Pendentif war schon in vorkonstantinischer
Zeit bekannt. Ein frühes Beispiel dafür steht in Jerasch in
Transjordanien, und Spuren finden sich auch in Kleinasien.
Das berühmteste Beispiel aus dem 5. Jahrhundert ist das
Grabmal der Galla Placidia in Ravenna und aus dem 6.
Jahrhundert die Hagia Sophia in Konstantinopel. Die
Trompe war eine etwas spätere Erfindung. Wahrscheinlich
ist sie östlichen Ursprungs, obwohl sich die ersten mit Si-
cherheit zu datierenden Beispiele in Italien finden: das Bap-
tisterium in Neapel und San Vitale in Ravenna (6. Jahrhundert). Aber ihren Höhepunkt erreichte sie im 10. und 11.
Jahrhundert in Bauten wie der großen Kirche im Kloster
des Heiligen Lukas in Phokis.
Inzwischen hatte auch die Basilika Veränderungen durchge-
macht. Es waren schon immer zwei Hauptrichtungen zu unterscheiden gewesen: Die hellenistische Basilika hatte eine
flache Holzdecke mit drei oder fünf Seitenschiffen und Gale-

rien und später einem Lichtgaden über den Seitenschiffen. Die orientalische Basilika war gewölbt und hatte fensterlose Wände. Die Kuppel zwang jedoch zu strukturellen Veränderungen. Der Druck auf die Seitenwände, also die Nord- und Südwand der nach Osten orientierten Kirche, machte eine Verstärkung notwendig, besonders als mit der Einführung der Kuppel die Höhe des Raums wichtiger wurde als die Länge. Strebepfeiler, wie sie die gotischen Architekten verwendeten, waren dem Geist von Byzanz fremd, der immer noch klassisch genug war, um darauf zu bestehen, daß das Gesamtbild des Baues in sich geschlossen blieb. Kirchen mit einem einzigen quadratischen oder polygonen Raum wurden, seitdem man die Kuppel auf das Quadrat aufsetzen konnte, zu einer beliebten Bauform. Hier war der Druck gleichmäßig nach allen Seiten verteilt. In der achteckigen Kirche der Heiligen Sergios und Bakchos in Konstantinopel (Küčük Aja Sofia), die in den ersten Jahren von Justinians Regierung erbaut wurde, kann man diesen Typus am besten studieren. Schon führten aber Frömmigkeit oder Erfindungsgabe die Architekten dazu, sich an kreuzförmigen Bauten zu versuchen. Es gibt Katakombenkirchen in dieser Gestalt, und das Mausoleum der Galla Placidia ist ein Kreuz mit gleich langen Armen und einer Kuppel über der Vierung. Justinians und Theodoras Kirche der Heiligen Apostel in Konstantinopel gilt, mit ihrer Zentralkuppel und einer Kuppel über jedem Transept, als das vollkommenste Beispiel für diesen Typus, der von den Erbauern der Markuskirche in Venedig nachgeahmt wurde.

Zuletzt wurden diese drei Typen, die Basilika, der quadratische Zentralraum und die Kreuzform kombiniert: in der durch Anthemios von Tralleis und Isidor von Milet erbauten gewaltigen Kirche der Hagia Sophia (4). Eine lange Säulen-

reihe wahrt im Inneren den Eindruck der Basilika; dabei
sind die äußeren Umrisse die eines quadratischen Raums,
während der Druck nach den Seiten von zwei Querschiffen ab-
gefangen wird, die von hohen Verstrebungen gestützt werden und von je einer Halbkuppel gekrönt sind. Die erste
Zentralkuppel stürzte während eines Erdbebens im Jahr 558
ein, ähnlich die zweite im Jahr 989; die heutige Kuppel
wurde von einem Armenier namens Tiridates, dem Architekten der großen armenischen Kathedrale von Ani, errichtet (5).

Die Hagia Sophia blieb der Gipfel der byzantinischen Architektur. Auch die Byzantiner sahen sie so, und sie blieb lange
Zeit das entscheidende Vorbild. Die byzantinische Baukunst
kannte jedoch durchaus einen weiteren Fortschritt. Allmählich, sicher im Zusammenhang mit demselben Problem der
Druckverhältnisse, wurde der Grundriß des sogenannten
Griechischen Kreuzes (der Kreuzkuppelkirche) entwickelt.
Hier sind die Querschiffe hoch und haben Tonnengewölbe,
sind gewöhnlich überdacht, ebenso wie das Hauptschiff und
der Chor, und enden in einem niedrigen Giebel. Die Winkel
des Kreuzes werden von niedrigeren Räumen eingenommen, wobei die am westlichen Ende als Seitenschiffe zum
Hauptschiff erscheinen, die östlichen dagegen abgetrennt als
Prothesis und Diakonikon dienen, wie sie das Ritual verlangt. Die Einfachheit und das vollkommene bauliche Gleichgewicht der Anlage machten diesen Typ vielleicht zum be-
wundernswertesten in der ganzen Architektur.

Die griechische Kreuzkuppelkirche ist wahrscheinlich in Armenien entstanden. Die arabischen Eroberungen hatten die
Bedeutung von Armenien gehoben; denn die Kriegsschau-
plätze im Süden ließen den Handelsweg weiter nördlich
durch Armenien als den sichersten erscheinen, und Armenier

suchten in ständig wachsender Zahl ihr Glück im Reich. Die geographische Lage Armeniens war schuld daran, daß die armenischen Künstler gleichermaßen aufgeschlossen für künstlerische Ideen aus dem Westen wie aus dem Osten waren, und sie waren zugleich erfinderisch genug, um damit zu experimentieren. Das Griechische Kreuz erscheint in Griechenland erstmals im späten 8. Jahrhundert, in Skipru in Böotien, einer Provinz, die in enger Beziehung zum Osten stand. Das berühmteste Beispiel aber war die Neue Kirche, die von Basileios I. im Bezirk des Großen Palastes erbaut wurde (6). Diese Kirche wurde von den Türken zerstört, sie war wahrscheinlich die einzige monumentale Ausführung einer Kreuzkuppelkirche. In der Folgezeit waren die byzantinischen Kirchen in der Regel klein, die Tendenz ging in die Richtung auf Anmut und Leichtigkeit; nur in der Höhendimension war noch ein Wachstum möglich. Seit dem 6. Jahrhundert hatte man bisweilen am östlichen Ende eine dreifache Apsis, die sogenannte Trichora oder das Trifolium, angefügt, um die Wirkung der Leichtigkeit zu erhöhen. Das wurde jetzt zur allgemeinen Tendenz. Anstelle der Pfeiler, die die Kuppel trugen, verwendete man nun Säulen, und die Kuppel selbst wurde nun mit Vorliebe auf einen hohen Tambour aufgesetzt. Über den Kreuzarmen konnten Halbkuppeln errichtet werden; die gerade Linie des Giebels wurde damit zur Kurve. Westliche Einflüsse führten gelegentlich zur Anfügung eines Turms, dessen Glocken an die Stelle der *simantra*, der hölzernen Gongs, traten, die die Gläubigen zum Gebet riefen. Die so entwickelte oder abgewandelte Kreuzkuppelkirche ist bis heute noch die Grundlage fast aller orthodoxen Kirchenbauten, sie war aber in Konstantinopel nicht so verbreitet wie in den Provinzen, wo die Baumeister anscheinend zum größten Teil Armenier waren.

Über die profanen Bauformen läßt sich wenig sagen, da fast keine Reste auf uns gekommen sind. Die großen Hallen der Paläste, wie der Chrysotriklinos oder der Trikonchos im großen Kaiserpalast, waren wie die Kirchen jener Zeit konstruiert, mit Kuppeln, Apsiden, Narthex und Trifolien (7). Der sagenhafte Landsitz des Digenis Akritas hatte drei Kuppeln, und sein Hauptempfangsraum war in Kreuzform angelegt (8). In den alten Häusern des Phanar haben auch heute noch viele Räume Apsiden, oft auch Trifolien. Aber ein Wohnhaus in seiner Gesamtheit kann niemals die einheitliche Raumform einer Kirche haben. Der Große Kaiserpalast war ein Konglomerat aus Hallen, Galerien, Kirchen, Bädern, Wachstuben, einem Arsenal, einer Bibliothek, einem Museum und Fluchten von Wohnräumen, die ohne einheitlichen Plan in drei Hauptgruppen in einem Baukomplex vereinigt waren. Die Häuser in den Wohnvierteln waren im allgemeinen zweistöckig, die Haupträume waren im ersten Stock. Die Räume im Erdgeschoß waren niedriger und öffneten sich oft auf eine Galerie in einem Innenhof. Auch größere Bauten hatten selten mehr als zwei Stockwerke, außer wenn es Türme zu militärischen Zwecken waren. Der Palast des Digenis Akritas hatte vier Stockwerke aufzuweisen (9), aber es mußte ja alles, was mit dem Helden zusammenhing, großartig sein. Bei Befestigungen, Aquädukten und Brücken wurden römische Modelle kopiert und weitergeführt, und auch der Zirkus war, wenngleich er länger war als die meisten römischen Arenen, römisch in seiner Anlage. Etwas Einmaliges in ihrer Art waren dagegen die Zisternen in Konstantinopel, die im 5. und 6. Jahrhundert erbaut wurden. Ihr besonderer Reiz lag in den unzähligen schön behauenen Säulen, die das Zisternendach trugen.

Die Türen hatten fast immer rechteckigen Abschluß, Fenster

in Profanbauten konnten rechteckig oder rundbogig sein. In Hallen und Kirchen hatten sie fast immer Rundbogenabschluß, waren hoch und schmal, um das im Osten sehr helle Licht abzuschirmen. Man setzte gewöhnlich drei Fenster zusammen in eine Nische. Sie waren unten mit einer Brüstung aus Marmor oder Holz versehen und hatten oben oft runde, in Stuck oder Marmor gefaßte Einsätze aus Glas, Glimmer oder Alabaster.

Das Baumaterial richtete sich nach dem jeweiligen Gebiet. In Ländern, wo es Steine gab, wurden Mauern aufgeführt, die außen mit bearbeitetem Stein verkleidet waren und innen aus Bruchsteinen bestanden. Die Bauten in Konstantinopel wurden in der Hauptsache aus gebrannten Ziegeln errichtet; oft wechselte man lageweise zwischen Ziegeln und Bruchsteinen, um dekorative Wirkungen zu erzielen. Die Außenwände waren oft behauen oder mit Steinmetzarbeiten versehen, so besonders in Armenien und in Gebieten, wo der orientalische Einfluß vorherrschte, wie zum Beispiel in Griechenland. Die kleine Metropoliskirche in Athen bietet dafür ein Beispiel. Die Innenwände bedeutender Gebäude waren mit dekorativen Materialien verkleidet, mit Marmorplatten in verschiedenen Farben, die zu Mustern angeordnet waren, und weiter oben mit Mosaiken. In ärmeren Gebieten und im Konstantinopel der Palaiologen, wo das Geld schon knapp war, war es üblich, die ganzen Wände mit Fresken zu bedekken. Die Säulen, die jetzt größeres Gewicht zu tragen hatten als in klassischer Zeit, waren stärker, besonders was die Kapitelle betraf. Diese waren meist kunstvoll ausgearbeitet: Es gab noch Abwandlungen des korinthischen Akanthosmotivs, aber verbreiteter waren korbartige Muster, Tierfiguren und Medaillons mit einfachen christlichen Monogrammen.

Auch in der plastischen Kunst triumphierte der Osten, und

hier muß man eher von einer Revolution als von einer Evolution sprechen. Die klassische dreidimensionale Plastik war dem Aramäer fremd. Er sah die Gegenstände flach, zweidimensional, eher malerisch als plastisch. Statuen durfte man nur aus einem bestimmten Gesichtswinkel betrachten, nur die Schattenwirkung konnte die dritte Dimension ersetzen. Der aramäische Einbruch traf zusammen mit dem Aufkommen des iranischen Ornaments. Die bildhauerische Behandlung des Faltenwurfs folgte jetzt lieber geometrischen Figuren als den naturalistischen Linien der Griechen. Die Statuen der neuen Kunst waren oft dem Schönheitsempfinden geradezu zuwider. Die Gesichtszüge wurden übertrieben betont, entsprechend der aramäischen Neigung zum Übersteigerten, der Körper wurde geometrisch eingekleidet. Das Ganze wirkte völlig unpersönlich, aber bei all seiner Primitivität außerordentlich eindrucksvoll. Es paßte zu der neuen Lebenshaltung. Die Kolonalstatue des Kaisers Markian von Barletta aus dem späten 4. Jahrhundert ist ein typisches Beispiel für diese Wandlung. Die Gestalt ist hier noch von allen Seiten zu sehen und stellt zweifellos ein Porträt dar; aber sie ist ganz offensichtlich darauf berechnet, nur frontal zu wirken, es fehlt jeder Kompromiß mit dem Realismus, etwa in der Darstellung des militärischen Kostüms, und das Gesicht ist einfach, die Linien von der Nase zum Mund sind scharf betont, das Ganze muß als Symbol einer starren Majestät wirken. Man könnte es fast eine Weihegabe für die neue imperiale Religion nennen.

Bald aber wurden die Versuche, an der alten dreidimensionalen Statuenkunst festzuhalten, immer seltener. Die christlichen Künstler nahmen sie überhaupt in keiner Weise an. Sie war eine Kunst, die von den Menschen des Ostens nicht geschätzt wurde, und die östliche Christenheit setzte sie all-

Der Kaiser als Triumphator vor einer belagerten Stadt. Deckelschmuck eines Elfenbeinkästchens. 11. Jahrhundert; Troyes, Domschatz.

*Steinerne Zierplatten des 12. Jahrhunderts. Oben: Pfau; unten links:
Geometrisches Muster; unten rechts: Achtpässe und Akanthusblätter.
Istanbul. Archäologisches Museum.*

mählich dem Götzenbild gleich, das von Jehova ausdrücklich verdammt worden war. Sie lebte fast ausschließlich in ziemlich unpersönlichen Kaiserstandbildern fort, die in Konstantinopel hergestellt und bisweilen noch aufgestellt wurden, um die Majestät des Herrschers zu glorifizieren, oder die nach Vasallenstädten wie Rom geschickt wurden, damit doch der Kaiser bei den Beratungen anwesend sei.

So wurde aus der Skulptur bald eine Flachreliefkunst, die kaum viel mehr war als ein Zweig der Malerei, bei der die Schatten die Rolle der Farbwirkung übernehmen mußten. Türfüllungen, Seitenwände von Ambonen oder Kirchenkanzeln oder — in den ersten Zeiten — die Sarkophage wurden in einer malerisch zweidimensionalen Technik in Holz oder Stein modelliert. Zunächst versuchten die Künstler dabei noch einen Hintergrund festzuhalten, indem sie ihn in einer fast chinesischen Perspektive hinter der Hauptfigur senkrecht auftürmten. Später gaben sie diesen erfolglosen Versuch jedoch auf.

Die am besten geglückten Basreliefs sind die in kleinerem Maßstab ausgeführten; es sind Arbeiten in Metall, in Speckstein und vor allem in Elfenbein (10). Elfenbeinschnitzerei, Juwelen- oder Reliquienkästchen, Konsulardiptycha, Buchdeckel, Diptycha und Triptycha mit Heiligenbildern wurden während der ganzen byzantinischen Epoche hergestellt. In den ersten 500 Jahren bis zum 9. Jahrhundert überwog der orientalische Einfluß: Die Figuren hatten große ausdrucksvolle Köpfe, die aber unproportioniert und oft schlecht gezeichnet waren; mit dem Wiederaufleben der klassischen Richtung im 9. und 10. Jahrhundert kam ein starker Sinn für Komposition und Grazie hinzu, ohne daß deshalb die Schlichtheit und Eindruckskraft der orientalischen Schule verlorenging. Die besten byzantinischen Kleinarbeiten in El-

fenbein, etwa das Kästchen von Veroli im Victoria-und-Al-
bert-Museum und die Elfenbeinschnitzerei mit Romanos und
Eudokia im Cabinet de Médailles, gehören in diese Periode.
Die letztgenannte Arbeit stellt wirklich einen der Triumphe
byzantinischer Handwerkskunst dar, mit Gefühl und Geschick komponiert, gut gezeichnet und bewundernswert ausgeführt. Nach dem 11. Jahrhundert verfiel die Elfenbeinschnitzerei; die Meister scheinen ihren Geschmack und ihre
technische Geschicklichkeit eingebüßt zu haben; und bald darauf wurde bei der zunehmenden Armut des Reichs dieses
kostbare Material zu teuer in der Beschaffung. Gewöhnlich
wurden Elfenbeinschnitzereien mit Vergoldungen verziert
und offenbar oft auch koloriert.

Die dekorativen Steinmetzarbeiten in der Architektur, die
Gestaltung der Türen und Säulenkapitelle, zeigen in der
Mannigfaltigkeit ihrer Anlage die Verschiedenheit ihres Ursprungs. Das Akanthosblatt und die naturalistische Tier-
zeichnung sind rein hellenistisch; geometrische Zeichnung, oft
von hellenistischer Grazie, erinnert wieder an die iranischen
Muster; eine kahle Fläche konnte in der asketischen Dramatik der Aramäer oft nur mit einem starren Christusmono-
gramm verziert werden. Vom 5. Jahrhundert an kann man
all diese verschiedenen Typen nebeneinander finden, und ihre
künstlerische Technik bleibt von da an auf ziemlich gleichem
Niveau. Nur die handwerklichen Methoden veränderten sich
leicht. Die erste Art der Ausführung dieser dekorativen
Skulptur bestand im Ausbohren des Hintergrunds; sie hatte
ihren Höhepunkt im 5. Jahrhundert. Das sogenannte »theo-
dosianische« oder Akanthoskapitell ist dafür typisch: Hier
steht das Blatt hell vor einem tief ausgebohrten schwarzen
Hintergrund. Im 6. Jahrhundert wurde diese Art der Skulptur abgelöst von einer mehr filigranartigen, in der das Orna-

ment als eine Art Spitze herauskam, die deutlich vom Hintergrund abgesetzt war. So sind die »Korbkapitelle« der Hagia Sophia und alle Kapitelle von Sergios und Bakchos geformt. Nach dem 7. Jahrhundert verlor die Filigranskulptur ihre Beliebtheit, obwohl sie nie ganz aufgegeben wurde und noch in Mistra in der *Cabochon*arbeit des 14. Jahrhunderts zu sehen ist. In den späteren Jahrhunderten, nach dem 7. Jahrhundert, wurde am meisten der »Stickerei«-Stil angewendet: Hier ist die Verzierung auf dem flachen Stein in Streifen und verschlungenen Bändern aufgebracht, die oft geometrische Figuren oder Abschnitte mit Tieren oder Rosetten einrahmen. Kapitelle mit Tierskulpturen gehören zu dieser Gattung. Die vierte Form war das *champlevé:* Dabei wurden die den Hintergrund bildenden Vertiefungen mit einer braunroten Masse ausgefüllt, die hauptsächlich aus Wachs bestand und von der sich die Skulpturmuster scharf abhoben. Diese Art kam gegen das 10. Jahrhundert in Mode und ist besonders deutlich in der kleinen Kirche des heiligen Theodoros in Athen zu sehen. Was die freie Bildhauerei durch den Sieg des Ostens verlor, gewann bis zu einem gewissen Grad die Malerei (11). Die hellenistische Malerei war zur eleganten Verniedlichung degeneriert. Die aramäische brachte nun eine neue Kraft mit sich: Unmittelbarkeit des Sehens und Intensität des Gefühls. Der Schock war heilsam, zumal da der hellenistische Einfluß doch niemals völlig ausgeschaltet wurde. Die beiden Stilrichtungen bestanden also nebeneinander, und eine glich die Mängel der anderen aus. Die primitive Linienführung der Aramäer konnte das Publikum nicht befriedigen, andererseits aber verlangte es ein Mehr an Emotionalität, das die hellenistischen Künstler nicht geben konnten; das Publikum wollte den spirituellen Gehalt des Dargestellten sofort und unmittelbar spüren. Das Material, in dem jetzt die bedeutenderen malerischen Werke geschaffen wurden, trug ebenfalls zum aramäischen Triumph bei: Die Mosaiken stellten durch ihren leuchtenden Glanz jedes andere malerische Mittel in den Schatten. In der Mosaikkunst war auch ein delikates Hell-dunkel nahezu unmöglich. Die Linienführung mußte scharf hervortreten, die Farben mußten kontrastieren und das Gesamtbild frei von kleinlicher Komplikation bleiben. Das Fresko folgte natürlicherweise jetzt dem Vorbild des Mosaiks. Nur in den Miniaturen, in der Buchillustration, hatte die hellenistische Technik noch die Oberhand, und man kann daher in den Manuskripten das ungebrochene Fortleben der hellenistischen Tradition beobachten. Durch die Manuskripte konnte sie aber auch ihren Einfluß weiterhin ausüben, denn die Mosaik- und Freskenkünstler zogen ihre Inspiration aus dünnen, kleinen Miniaturen, die sie leicht mit sich führen konnten.

Doch auch in der Mosaikkunst selbst behauptete die hellenistische Schule, die ja die besten Künstler in ihren Reihen hatte, lange das Feld, indem sie sich nur oberflächlich den Forderungen der Zeit anpaßte. In den Bauten des 5. Jahrhunderts, wie dem Mausoleum der Galla Placidia oder der Kirche des heiligen Georg in Thessalonike, werden die Gegenstände in einer bewegten naturalistischen Manier behandelt. Der Hintergrund ist bisweilen noch vertikal geschichtet, denn die Mosaikkünstler konnten es ähnlich wie die Meister des Basreliefs nicht ertragen, ihn leer zu lassen. Aber jetzt kreuzte sich ihr Naturalismus bereits mit dem persischen Naturalismus. Die Pfauen und Greifen, die sich in ihre Kunst einschlichen, sind vom fernen Osten inspiriert; und der Iran, der nun durch die armenischen Künstler zum Zug kam, lehrte die Byzantiner, wie man Tiere nicht mehr so sehr als bildliche Darstellungen denn als dekorative Muster behandeln konnte, ohne dabei die sorgfältige Zeichnung aufzugeben. Im 6. Jahrhundert wurde der semitische Einfluß stärker. Die Gestalten des Justinian und der Theodora und ihres Gefolges in San Vitale in Ravenna sind stilisiert und steif und doch höchst wirkungsvoll. Zum selben Typ gehören wahrscheinlich die Mosaiken der Hagia Sophia. In Thessalonike dagegen hielten sich die hellenistischen Leitbilder länger. Die Dekorationen des 6. Jahrhunderts in St. Demetrios enthalten noch viel von den alten naturalistischen Elementen, obwohl die Figuren voll *en face* und mit den gleichen harten und kühnen Linien gezeichnet sind wie die von San Vitale.

Die Fußbodenmosaiken, die ihrer Natur nach einen stark ornamentalen Dekorationsstil aufweisen, lösten sich inzwischen in ähnlicher Weise vom hellenistischen Vorbild. Vögel und Bäume blieben naturalistisch in ihrer Zeichnung, wurden aber nun von regelmäßigen dekorativen Mustern umrahmt und allmählich verdrängt. Solche Mosaiken sind am meisten in Syrien und Palästina verbreitet, ihre Schöpfer scheinen in erster Linie Alexandriner und Armenier gewesen zu sein. Die ersten hielten naturgemäß noch an ihrer hellenistischen Tendenz fest. Die Mosaiklandkarte von Alexandreia aus dem 5. Jahrhundert in Jerasch ist ausgesprochen hellenistisch, die Karte von Palästina und Ägypten zu Madaba in Jordanien aus dem 6. Jahrhundert ist etwas formloser, doch ist noch immer eine gewisse Feinheit der Zeichnung bemerkenswert. Die Armenier arbeiteten ihrer eigenen iranischen Synthese von Abstraktion und Naturalismus entsprechend. Nach dem 6. Jahrhundert sind Fußbodenmosaiken nur noch selten anzutreffen. Statt dessen wird jetzt der Boden mit kühnen geometrischen Dessins aus farbigen Marmorstücken bedeckt.

Die Buchillustration war, wie es scheint, ihrem Ursprung nach eine alexandrinische Kunst. Die Modelle gingen von

Alexandreia in die ganze griechisch-römische Welt hinaus, um dort nachgeahmt zu werden. Bis zum 6. Jahrhundert behielt sie noch ihren klassischen Stil. Die Josua-Rolle des 5. Jahrhunderts (12), von der wir allerdings nur eine Kopie des 10. Jahrhunderts besitzen, versucht sich in der Perspektive und allen möglichen Attituden der Figuren; die Bilder sind nur leicht getönt mit feinen Übergängen. Die *Ilias* in der Mailänder Ambrosiana (13), ungefähr zur selben Zeit entstanden, ist in der Behandlung noch absolut klassisch. Im 6. Jahrhundert folgen die Illustrationen, besonders diejenigen weltlichen Inhalts, nach der Alexandriner Tradition. Der Dioskorides-Kodex, für Iuliana Anicia um 512 illustriert, zeigt östlichen Einfluß nur in der ornamentalen Einrahmung der Seiten (14); in den Manuskripten des christlichen Topographen Kosmas Indikopleustes, des moralisierenden Kaufmanns, die wahrscheinlich alle nach einem Original des 6. Jahrhunderts kopiert sind, sind die nichtreligiösen Illustrationen in klassischer Manier ausgeführt, während die religiösen Bilder im monumental orientalischen Stil gehalten sind (15). Tatsächlich war die religiöse Illustration nun ganz in die Hände der Vertreter der orientalischen Richtung übergegangen. Ihre Schöpfungen waren oft prächtig. Das Rossano-Evangelium (16) und die Wiener *Genesis* (17) haben beide einen Hintergrund von reiner Purpurfarbe, die Buchstaben der *Genesis* sind aus reinem Silber. Die dekorativen Muster waren oft ebenso zart wie kostbar. Dagegen war die Figurenzeichnung roh und wenig ansprechend, regelmäßig und erfolglos wurde für den Hintergrund die vertikale Perspektive angewendet.

So war im 6. Jahrhundert die byzantinische Malerei auf dem Stand einer unvollkommenen Synthese, in der der orientalische Beitrag das Übergewicht besaß. Im 7. Jahrhundert erfolgte aufgrund der arabischen Eroberungszüge ein Umbruch.

Die semitischen Provinzen wurden vom Reich abgetrennt, entsprechend wuchs der armenische Einfluß. Die Mohammedaner, die jede gegenständliche Darstellung haßten, fanden bei ihrem Vordringen nach Osten in Persien eine ornamentale Kunst vor, die ihnen in großartiger Weise adäquat war. Sie übernahmen sie und flößten ihr neues Leben ein. Die aramäische Kunst mit ihren starren und eindrucksvollen Gestalten wurde nun die ausschließliche Domäne der byzantinischen Mönche. Das 7. Jahrhundert selbst war zu stürmisch und bewegt, um viele Kunstwerke hervorzubringen. Die einzigen bedeutenden Mosaikzyklen entstanden in islamischen Ländern, im Felsendom zu Jerusalem und im Hof der Omajaden-Moschee in Damaskus. Obwohl die ersten Kalifen griechische Künstler und Architekten beschäftigten, scheinen diese beiden Schöpfungen das Werk eigener, arabischer Künstler zu sein. Die Mosaiken im Felsendom bestehen aus reichen geometrischen und blattartigen Ornamenten, die offensichtlich persisch inspiriert sind; die Mosaiken von Damaskus stellen eine großartige Reihe von Landschaften, Bäumen, Hügeln und Häusern dar, in bewegter Anordnung, reich koloriert und elegant entworfen. Aber ihr Naturalismus ist nicht hellenistisch: Ornamentale Wirkung, nicht Komposition ist die beherrschende Intention. Die beiden Mosaikzyklen verkörpern den Gipfel der syrischen Kunst, den sie erreicht hatte, ehe noch die abtötende Tendenz des Islam sich auswirken konnte (18).
Die ikonoklastische Bewegung des 8. Jahrhunderts hatte einen noch weit tieferen Einfluß auf die Malerei. Auf dem Gebiet der Kunst entfaltete sie sich als ein Kampf zwischen dem iranischen und dem aramäischen Element, in den das hellenistische eingriff und aus dem es als Sieger hervorging, freilich nicht ohne von seinen beiden Rivalen gelernt zu haben.

Das Edikt, das die Verehrung der Ikonen verbot, bedeutete praktisch, daß die religiöse Bildkunst ihre weltliche Protektion einbüßte und zum heimlichen Besitz der verfolgten Mönche wurde. Unter solchen Umständen konnte sie schwerlich gedeihen. Die kaiserliche Regierung förderte an ihrer Stelle eine Kunst ornamentalen Charakters, geometrische Figuren und vor allem jene eleganten Vogel- und Blattmuster, an denen Perser und Armenier ihre Freude hatten. Aber die figürliche Darstellung konnte auf die Dauer nicht unterdrückt werden, sie verweltlichte nur. Jetzt verwandelten die Maler die dekorativen Vögel, Tiere und Bäume in Jagdszenen, und die pietätlosen ikonoklastischen Kaiser hielten das für einen durchaus passenden Kirchenschmuck. Der Byzantiner war Orientale genug, um auf Geschichten erpicht zu sein. Wenn er keine Heiligengeschichten erzählen, nicht Christus am Kreuz oder die Heiligen in Erwartung des Martyriums darstellen durfte, dann verfiel er eben wieder auf eine andere Legendenquelle: die klassische Mythologie. Das 9. Jahrhundert führte eine Renaissance der Klassik herbei, die in der Kunst mit Eifer aufgegriffen wurde. Das brachte aber unvermeidlich auch all die alten hellenistischen Malprinzipien wieder an die Oberfläche. Die Gestalten standen jetzt nicht mehr steif in voller Vorderansicht da, sondern bewegt und in anmutiger Pose: Die Perspektive kam wieder in die Malerei. Andrerseits war dieser Neohellenismus nun durch die Motive des Ostens bereichert, durch Pfauen und Blattranken. Von dieser weltlichen Kunst ist allerdings nichts von Bedeutung erhalten geblieben. Wir kennen sie nur aus Beschreibungen, etwa der von Theophilos gebauten und dekorierten Hallen im Großen Kaiserpalast (19) oder der Mosaiken in Digenis Akritas Hauptraum — der allerdings erst nach dem Ende des Ikonoklasmus errichtet wurde — sowie der dort ausgeführten

Malereien von Moses und Simson, die mit Achilles und Alexander konfrontiert waren (20). Die Handschrift von Oppians *Kynēgetika* aus dem 10. Jahrhundert in Venedig gibt einen guten Begriff von diesem Stil. Die Sujets entsprechen ziemlich genau denen im *Digenis* und sind noch durch Jagdszenen und dekorative Medaillons bereichert.

Der Sieg der Ikonodulen öffnete die Religion wieder für die Kunst. Aber die Protektoren der Kunst, besonders die in Konstantinopel, hatten nun am neohellenistischen Stil Gefallen gefunden. Die kirchlichen Maler mußten sich jetzt einem hellenistisch gestimmten Publikum anpassen, so wie sich seinerzeit die hellenistischen Künstler jahrhundertelang der religiösen Tendenz der Menge hatten fügen müssen. Die Synthese fiel erstaunlich glücklich aus: Das 10. und 11. Jahrhundert stellt die Periode der höchsten Entwicklung der byzantinischen Malkunst dar, so wie sie es auch für die byzantinische Elfenbeinschnitzerei war. Die beiden Grundströmungen, die hellenistische und die aramäische, sind noch zu erkennen, aber sie sind einander nun sehr nahe gerückt. Die religiösen Maler, jene etwa, die im 10. Jahrhundert die Kirche von Hosios Lukas in Phokis dekorierten, besitzen noch die ganze Glut und Intensität der frühen Jahrhunderte, ihre Zeichnung und ihr Kolorit sind noch ebenso kühn, aber sie haben die alte Primitivität überwunden, die Haltungen ihrer Figuren sind variiert, und die alte Steifheit ist jetzt in Würde verwandelt. Von derselben Art ist auch der 1066 von Theodoros von Kaisareia vollendete, heute im Britischen Museum liegende Psalter (21). Die Figuren sind gewandt gezeichnet, aber gleichzeitig von starker Empfindung beseelt und nicht mehr durch einen Hintergrund gestört. In Konstantinopel selbst kommt die hellenistische Komponente noch stärker zur Geltung. Der Psalter der Pariser Nationalbiblio-

thek aus dem 10. Jahrhundert (22) und der Psalter Basileios' II. in Venedig (23) gehen fast wieder auf den Hellenismus des 5. Jahrhunderts zurück, falls sie nicht sogar nach
einem frühen Alexandriner Vorbild gearbeitet sind; nur eine
gewisse Unmittelbarkeit in der Komposition deutet auf den
kirchlichen Einfluß hin. Das berühmte *Menologion* Basileios' II. im Vatikan (24) zeigt eine etwas gleichmäßigere
Synthese der Elemente, die zu einem noch glücklicheren Re-
sultat geführt hat, wobei allerdings eine gewisse Monotonie
der Bilder die Wirkung wieder schmälert. Hier treten die
Hauptfiguren stark, bisweilen sogar auffallend vor einem
einfachen Hintergrund formaler Architektur hervor; die
Zeichnung ist schlicht, aber elegant und eindrucksvoll, die
Farbgebung fein abgestuft, aber reich; alle Bilder sind in
einen kunstvollen Rahmen gefaßt, die in ihren Motiven
wechseln. Eine ähnliche Stilmischung zeigen die Mosaiken
der Kirche von Nea Mone in Chios und in noch größerer
Vollkommenheit die in der Kirche zu Daphni in Attika,
beides Bauten des 11. Jahrhunderts. Beiden fehlt die Kraft
und Gefühlsintensität der Mosaiken von Hosios Lukas; in
Daphni scheinen die gleichsam welkenden Figuren und die
sanften Gesichter der Heiligen besonders graziös und weich
im Kontrast zu dem Christos Pantokrator in der Kuppel,
wo ein hochbegabter Künstlermönch seine Vorstellung von
der schrecklichen Majestät Gottes voll ausgestaltet hat, ohne
das geringste Zugeständnis an den Geschmack von Konstantinopel.

Im 12. Jahrhundert setzt sich der hellenisierende Einfluß
fort, nun aber auf Kosten der künstlerischen Kraft und Ge-
schlossenheit. Die Mosaiken, die für Kaiser Manuel von griechischen Meistern in der Geburtskirche von Bethlehem ausgeführt wurden, sind zwar dekorativ, aber schwächlich; die

von Byzantiner Künstlern für die normannischen Herren von
Sizilien gearbeiteten sind zwar großartig reich und glänzend,
aber merkwürdig leer und ohne geistigen Gehalt: Der große
Christus in Monreale erreicht nicht die Hälfte der gewaltigen
Wirkung des Christus von Daphni. Die Mosaiken von Venedig und Torcello zeigen dieselben Schwächen. Handwerk-
liches Geschick und dekorativer Wert sind unbestritten, aber
es fehlt die geistige Kraft der früheren byzantinischen
Kunst.

Die lateinische Eroberung hatte zwar keine so tödliche Wirkung auf die byzantinische Kunst, wie manchmal behauptet
wird. Nach dem Fall der Hauptstadt entstand eine Diaspora;
aber die Arbeit der Malerschulen und ihre Traditionen wurden unterbrochen. Außerdem waren die politischen Bedingungen im 13. Jahrhundert zu sehr aus dem Geleis geraten,
als daß die Kunst dabei hätte gedeihen können. Auch später,
selbst nach der Wiederaufrichtung der Hauptstadt, war das
Reich zu arm, als daß man noch im großen Stil mit dem alten
Material hätte arbeiten können. Das Mosaik, die Lieblings-
kunst der alten Zeit, kam jetzt zu teuer, das Fresko trat an
seiner Stelle in den Vordergrund. Es war an sich schon seit
frühester Zeit geübt worden, aber mehr als Ersatz für das
Mosaik in ärmeren Gemeinden oder in weniger wichtigen
Teilen einer Kirche oder eines Palastes. Der Freskostil folgte
jeweils dem der gleichzeitigen Mosaiken, außer in entlegenen
Winkeln des Reichs, wie in den Felsenkirchen Kappadokiens,
wo sich eine düstere und rauhe, aber imponierende aramäische Mönchstradition ungebrochen erhalten hatte. Jetzt aber
wurde das Fresko der bedeutendste Zweig der Malerei. Seine
Technik eröffnete neue Möglichkeiten: Es ließ ein gewisses
Pathos — bis an die Grenze des Gefühlsüberschwangs — zu,
das im Mosaik undenkbar war. Die Byzantiner der Palaio-

logenzeit waren begeisterte Klassizisten, der Hellenismus erfüllte sich noch einmal mit neuer Lebenskraft. Perspektive,
komplizierte figürliche Zeichnung, Hintergrund, alles tauchte
wieder auf. Und doch war es ein Hellenismus ohne die alte
diesseitige Lebensfreude. Vitalität war da, aber sie hatte oft
einen versonnenen Zug; in einer übersinnlichen Gespanntheit
schimmerte oft die mystische Glut der Orthodoxen durch.
Das Ergebnis war eine Kunst, die der sienensischen Malerei sehr
nahe kam. Möglicherweise war sie sogar von ihr beeinflußt,
denn Ost und West standen ja nun in engem Kontakt. Die
Daten allerdings, die an einigen Fresken dieses Typus in den
Seitenkapellen von Hagios Demetrios in Thessalonike angebracht sind, sind fast zu früh, als daß man an eine solche
Deutung glauben dürfte (25). Vielleicht ist es eher möglich,
einen gemeinsamen Ursprung für die italienische und spät-
byzantinische Malerei im kilikischen Armenien zu entdecken,
dessen illustrierte Handschriften aus dem 13. Jahrhundert
Reichtum und Kraft mit einem graziösen Pathos von
Humanität verbinden, wie es Byzanz nie gekannt hat. Die
byzantinischen Illustrationen kehrten indessen zu alten hellenistischen Vorbildern zurück, zum alexandrinischen Stil
des 4. und 5. Jahrhunderts, aufgelockert lediglich durch ein
bescheidenes Maß an späterer Dekoration.
Das Pathos schlich sich sogar in die wenigen Mosaiken ein, die
noch entstanden. In der Chora-Kirche in Konstantinopel
zeigen die großen Mosaikserien, die Theodoros Metochites
hier ausführen ließ, nicht nur die weichen Formen des Hellenismus, sondern sie atmen auch eher menschliches Gefühl
als die spirituelle Kraft früherer Zeiten.
Die Qualität dieses Pathos blieb erhalten; dagegen brach
allmählich der alte Antagonismus zwischen Hellenisten und
Orientalen wieder aus. Die Hauptstadt hielt an ihrer Misch-

kunst fest, die Malerei der Provinz dagegen spaltete sich in zwei Schulen, gewöhnlich die makedonische und die kretische genannt. Die erste ging vom heiligen Berg Athos aus, zeigt aber um 1300 den sienensischen oder quasi-sienensischen Einfluß und entwickelte ihn in Richtung ihrer mönchischen Unbedingtheit und Herbheit. Sie zeigt aber auch Sinn für menschliche Tragik. Die Kühnheit und Freiheit dieses unpersönlichen Stils machte ihn für große Flächen geeignet. Die kretische Schule hatte engere Kontakte zu Italien, besonders zu Venedig. In ihren Grundlagen noch byzantinisch, in der farblichen Abstufung und ihrer Zurückhaltung hellenistisch, gewann sie einen gewissen intimen Charme. Sie hatte so viel Expansionskraft, daß sie im 16. Jahrhundert die makedonische Schule sogar im Athos selbst verdrängte. Aber um diese Zeit war das Reich untergegangen, die weltliche Kunst war tot, die Kirche hatte die Kontrolle der sakralen Kunst in die Hand genommen und ordnete jetzt an, wo und wie jeder Heilige und jede religiöse Szene dargestellt werden mußte.

Nur die Tafel-Ikonen ließen dem Künstler jeden Spielraum, aber von dieser Gattung sind heute nur noch wenige Exemplare vorhanden, die vor das 16. Jahrhundert datiert werden können (26). Schon seit der Frühzeit des Reichs müssen davon eine Menge entstanden sein; erhalten sind aber nur einige wenige Miniatur-Mosaiktäfelchen. Das Holztafelbild und das seltenere Leinwandbild fielen offenbar zu leicht der Zerstörung anheim.

Die Kleinkunst in Byzanz (27) ging, soweit es ihre Natur zuließ, den Richtungen von Malerei und Basrelief parallel. Die Byzantiner waren Meister in allen dekorativen Künsten. In kostspieligem Material zu arbeiten, in Gold, Email oder Seide, war ganz ihrer Art gemäß, denn ihre klassische

Beherrschtheit zusammen mit ihrer religiös bedingten, kühnen und doch schlichten Linienführung brachten die Struktur des Stoffs erst zur vollen dekorativen Wirkung und ließen die Arbeit reich und kostbar erscheinen, ohne daß sie überladen war. Ihre Metallbearbeitung gehört mehr ins Gebiet der Skulptur. Die Seidenstoffe, die gewebten Brokate und Purpurseiden oder die reich mit Goldfäden gestickten *appliqués* waren meist mit einem figürlichen oder Tiermotiv in einem Medaillon und dicht daneben mit einem spiegelbildlich nach der anderen Richtung blickenden Medaillon gemustert. Die Seide kam auf den Weg über Persien nach Konstantinopel. Es war daher nur natürlich, daß sassanidische Muster bald die dominierende Rolle in den Seidendessins einnahmen, für die sie ja besonders geschaffen waren. Die byzantinischen Brokate blieben immer der abstrahierenden sassanidischen Kunst treu, wenn auch klassische Grazie die Zeichnung gelegentlich modifizierte.

Auch in der Emailkunst triumphierte der Orient. Byzanz war auf diesem Gebiet bahnbrechend. Man hat zwar einzelne seltene Exemplare aus römisch-ägyptischer Zeit gefunden, jedoch die Kunst des *cloisonné* (Goldzellenschmelz) wurde praktisch von den byzantinischen Kunsthandwerkern erfunden. Sie erfordert eine mühselige Technik: Die Linien der Zellenabgrenzungen — fast stets in Gold, weil dieses Metall hohe Schmelztemperaturen am besten aushält —, die zwischen den farbigen Emailplättchen stehen blieben, machten eine feinere Zeichnung unmöglich, zumal das Ganze nie mehr als einige Zoll in Länge und Breite messen durfte. Stilisierte Muster ergaben daher unbedingt die beste dekorative Wirkung. Aber der fromme Byzantiner konnte es nicht ertragen, wenn eine Kunst nicht christlichen Zwecken diente. Er setzte doch wieder Figuren, so einfach wie möglich in der Zeich-

nung, auf einen einfarbigen Hintergrund. Ein hellenistischer
Stil war dabei unmöglich. Und doch hatten im 11. Jahrhundert, als die byzantinische Kunst auf ihrem Höhepunkt stand,
die Emailkünstler ihre Technik so perfektioniert, daß sie in
cloisonné nicht nur Portraits von grober Ähnlichkeit, sondern sogar tanzende Figuren von außerordentlicher Eleganz
und Lebendigkeit herstellen konnten, wie sie z. B. auf der von
Konstantin IX. dem Ungarnkönig Andreas geschenkten
Krone zu sehen sind (28). In späteren Jahren war dann freilich das Email, wie die anderen aufwendigen Werkstoffe, zu
kostbar geworden, um nach Belieben verwendet werden zu
können.
Auch Niello- und Damaszierungstechnik war in Konstantinopel bekannt, die Motive waren denen der gleichzeitigen
Emailarbeiten ähnlich.
Über byzantinische Glas- und Keramikarbeiten läßt sich kaum
Genaues sagen (29), da besonders in der Keramik zu wenige
Stücke auf uns gekommen sind. Die Technik scheint überraschend unentwickelt gewesen zu sein, in den Ornamenten
hauptsächlich iranisch oder arabisch inspiriert. Man hat in der
Kirche von Patlejna in Bulgarien (10. Jahrhundert) eine ke-
ramische Ikone des heiligen Theodor, die aus verschiedenen
Fliesen zusammengesetzt ist, gefunden. Sie ist ganz offensichtlich von Byzanz angeregt; wir kennen aber keine einzige solche Keramik-Ikone byzantinischer Herkunft.
Auf so engem Raum der byzantinischen Kunst gerecht zu
werden, ist kaum möglich. Lang vernachlässigt und verachtet,
hat sie doch schließlich die verdiente Würdigung erfahren.
Die moderne Forschung ist mit Energie bestrebt, ihrem Verständnis ein weites Feld zu eröffnen. Man ist dabei, unbekannte Fresken aufzudecken, langverborgene Mosaiken von
der sie bedeckenden Tünche zu befreien. Historiker und

Kunstwissenschaftler haben sich ihr mit einer Intensität zu-gewandt wie nie zuvor. Bald werden wir besser einschätzen können, in welch umfassendem Maß die Welt der Schönheit den Künstlern von Byzanz verpflichtet ist.

Der Erzengel Michael. Flügel eines Elfenbein-Diptychons aus Istanbul. Anfang des 6. Jahrhunderts. London, British Museum.

Christus krönt Kaiser Romanos IV. Diogenes (reg. 1068–1071) und Eudoxia. Elfenbeinplatte. Paris, Cabinet des Médailles.

Zwölftes Kapitel

BYZANZ UND SEINE NACHBARN

MAN NIMMT OFT AN, BYZANZ habe in der Geschichte eine rein passive Rolle gespielt, die nämlich, für nahezu ein Jahrtausend das Bollwerk der Christenheit gegen die Ungläubigen des Orients, Perser, Araber und Türken, darzustellen und außerdem für die Renaissance des Westens die Schätze der klassischen Literatur und Philosophie zu konservieren. Man vergißt dabei, daß während der ganzen Zeit seines Bestehens das Byzantinerreich einen ununterbrochenen aktiven Einfluß auf die Kultur der ganzen Welt ausgeübt hat, daß das östliche Europa fast seine gesamte Kultur den Missionaren und Staatsmännern von Konstantinopel verdankt, daß weiterhin auch Westeuropa ständig in seiner Schuld blieb, lange bevor Byzanz in den letzten Zügen lag und seine Gelehrten ihre Manuskripte und ihren Neuplatonismus nach Italien retteten, und daß schließlich selbst der Islam einem ständigen Einfließen von Ideen vom Bosporus her ausgesetzt war.

Bis zu seiner Eroberung durch die Lateiner war Konstantinopel die unumstrittene Hauptstadt der europäischen Kultur. Der Abendländer mochte sich wohl darin gefallen, den im Luxus ertrinkenden, unritterlichen und raffinierten Byzantiner zu verachten, aber seine Hauptstadt war durch ihren

Reichtum und mannigfachen Komfort zu einer Märchenstadt geworden, von der die Menschen in Frankreich, in Skandinavien und in England nur träumen konnten. In Osteuropa, das den Toren von Byzanz so viel näher war, war seine Wirkung noch unendlich größer. Osteuropa war jenen unbekannten Steppen Asiens unmittelbar benachbart, aus denen sich ein Barbarenvolk nach dem anderen in die zivilisierte Welt ergoß. Ja sogar auf der Balkanhalbinsel hatte die stürmische Überflutung durch Goten, Hunnen und Avaren die letzten Spuren der alten römischen Kultur weggefegt. Als der leere Raum am Ende von den Slaven ausgefüllt wurde, fanden sie keine autochthone Tradition mehr vor und brachten selbst keine eigene mit. Das einzige, was sie vor Augen hatten, war am äußersten Ende ihrer Halbinsel eine riesige, strahlende, unbesiegbare Großstadt, deren Alter, das in Wahrheit verhältnismäßig gering war, ihnen sagenhaft erschien, weil es in eine Vergangenheit reichte, die vor ihrem Bewußtsein lag. Tsarigrad, die »Kaiserstadt«, wurde für sie alle gleichbedeutend mit Kultur überhaupt.

Schon im frühen 7. Jahrhundert erkannten die Balkanslaven die Souveränität des Kaisers Herakleios an. In den folgenden zwei Jahrhunderten aber wurde das Reich durch die Großangriffe der Araber und die schweren Ikonoklastenverfolgungen in lebensgefährliche Wirren gestürzt. Erst seit dem 10. Jahrhundert konnte Byzanz den Slaven eine mehr als augenblickliche Aufmerksamkeit zuwenden. Inzwischen aber hatte sich bei den Slaven manches verändert. Gegen Ende des 7. Jahrhunderts hatte ein hunno-ugrischer Stamm, die Bulgaren, die Donau überschritten (1). Sie waren vermutlich nicht besonders zahlreich, aber sie besaßen staatsbildende Fähigkeiten, die den Slaven fehlten. Im Lauf des Jahrhunderts bauten sie ein starkes monarchisches Reich auf, das den ganzen nördlichen Raum der Balkanhalbinsel umfaßte und um 800 schon Siebenbürgen und die walachische Tiefebene beherrschte. Sie waren mit dem Heer der Byzantiner in mehreren Kriegen zusammengestoßen, und im Jahr 811 hatte ihr Khan Krum in offener Feldschlacht Kaiser Nikephoros I. geschlagen. Aber damals konnte die Kultur noch nicht zu ihnen vordringen, da sie noch nicht fest angesiedelt waren. Der Khan Krum (ca. 797—814) und sein Sohn Omurtag (815—833) waren sehr wohl fähig, eine staatliche Ordnung aufzubauen, und unter ihrer wohlgeordneten Regierung begannen Griechen und Armenier in das Land einzuströmen. Die Khane wollten königliche Residenzen haben: Griechen und Armenier kamen und bauten sie. Das flache Land bot Möglichkeiten für die kommerzielle Erschließung, die die kaiserlichen Kaufleute eifrig aufgriffen. Im Lauf der Kriege gerieten die großen Festungen Adrianopel und Mesembria zeitweilig in bulgarische Hand; von den Gefangenen und aus den erbeuteten Waren lernten die Bulgaren die Hilfsmittel und den Reichtum der byzantinischen Kultur kennen. Die Khane waren anfangs voll Argwohn, und ihr Mißtrauen zeigte sich deutlich in ihrer Verfolgung aller Spuren von Christentum. Allmählich aber vermischte sich das bulgarische Element immer mehr mit dem slavischen, und auf das vereinigte bulgarische Reich wirkte die Anziehungskraft Konstantinopels einfach unwiderstehlich. Endlich im Jahr 865 entschloß sich der Khan Boris, Omurtags Enkel, halb getrieben durch unmittelbare politische Notwendigkeit, halb auch aus echter staatsmännischer Weitsicht, das Christentum anzunehmen. Geschäftig sandte die kaiserliche Regierung ihre Missionare, Byzantiner strömten in Scharen zum Palast von Pliska. Boris spielte als Neugetaufter — unter dem Namen Michael, mit dem Kaiser Michael III. als Taufpaten — eine

Zeitlang mit dem Gedanken eines Anschlusses an Rom, weil er glaubte, dort vielleicht eine ihm besser zusagende Form des Christentums zu finden, aber die starre Unbeugsamkeit und Kirchenzucht Roms behagte ihm nicht. Er kehrte zum Bündnis mit der Kirche von Konstantinopel zurück, dafür ermunterte ihn der Patriarch Photios, in Bulgarien eine autonome Kirchenprovinz mit eigener bulgarischer Liturgie zu gründen.

Die endgültige Einrichtung der bulgarischen Nationalkirche wurde durch eine Missionsunternehmung jener Zeit unterstützt, die Byzanz in die Wege geleitet hatte (2). Am Ende des 8. Jahrhunderts hatte Karl der Große, mit bulgarischer Flankenhilfe, das Avarenreich zerstört, das in der mittleren Donauebene etwas mehr als ein Jahrhundert zuvor entstanden war. Die Franken hatten freilich wenig Gewinn von diesem Sieg, denn ein halbes Jahrhundert später wurde dieselbe Ebene von dem großen slavischen Königreich Mähren besetzt. Im Jahr 862 entschied Rostislav, der Fürst der Mähren, daß ein so großer König wie er auch Christ sein müsse, und richtete an Byzanz die Bitte um christliche Unterweisung. Der damalige Regent Bardas und der Patriarch Photios wählten zum Missionar einen ihrer Vertrauten, den Makedonier Konstantin oder Kyrill, einen hervorragenden Sprachgelehrten, der sich bereits mit der slavischen Philologie befaßt und ein eigenes Alphabet entwickelt hatte, das den besonderen phonetischen Eigenheiten der slavischen Zunge gerecht werden sollte. Kyrill und sein Bruder Method zogen nach Mähren und gründeten dort eine Kirche, die eine eigene Bibelübersetzung und eine Liturgie in der heimischen slavischen Sprache bekam. Die mährische Kirche war jedoch zu jung, um auf eigenen Füßen zu stehen, Konstantinopel war weit entfernt, und das Bulgarenreich lag dazwischen. Da

Kyrill in den Nachbarländern römische Christen vorfand, beschloß er, die mährische Kirche dem päpstlichen Stuhl zu unterstellen. Der große Papst Nikolaus I. nahm dieses Geschenk hocherfreut an, aber Rom wollte nie etwas von einem Ritus in der Landessprache wissen. Nach Kyrills und Nikolaus' Tod legten die folgenden Päpste Method so viele Schwierigkeiten in den Weg, und die römischen Bischöfe Deutschlands intrigierten so unermüdlich gegen ihn, daß der Fürst von Mähren Svatopluk, Rostislavs Nachfolger, den Mut verlor. Method starb, während sein Werk im Scheitern war. Auf Betreiben Roms wurden seine bedeutendsten Jünger daraufhin aus Mähren verbannt, während die weniger bekannten auf den Sklavenmarkt von Venedig gebracht wurden, wo sie der byzantinische Gesandte aufkaufte und nach Konstantinopel sandte. Der Patriarch Photios nahm sie dort mit Freuden auf und begründete mit ihnen ein Seminar für Slavenmission. Inzwischen kamen auch die verbannten Methodjünger in Bulgarien an, wo sie von Boris nicht weniger freundlich empfangen und sogleich für die Slavisierung seiner Kirche eingesetzt wurden. Mit seiner Hilfe und unter dem Patronat von Kaiser und Patriarch nahm die autonome Kirche von Bulgarien mit bulgarischem Ritus ihren Anfang.

So hatte Mähren die Früchte der Arbeit der makedonischen Brüder verspielt. Und bald darauf wurde es für seinen Undank bestraft: In den letzten Jahren des Jahrhunderts fielen die heidnischen Magyaren in die Donauebene ein und vernichteten das Großmährische Reich. Bulgarien dagegen bewahrte Kyrills Werk vor dem Untergang, und die Bulgaren, ursprünglich Finno-Ugrier, durften den Ruhm für sich in Anspruch nehmen, der erste große Kulturstaat der Slaven geworden zu sein.

Diese Kultur war durchaus byzantinisch, wenn sie auch ihr
eigenes Alphabet besaß. Boris' Sohn Symeon, Zar von
eigenen Gnaden und Schutzheiliger der neuen Kultur, war in
Konstantinopel erzogen worden, wo er sich tief in Demosthenes und Johannes Chrysostomos hineingelesen hatte. An seinem Hof strömten Übersetzer zusammen, um griechische
Chroniken, Predigtbücher und Romane ins Slavische zu übertragen; seine Bauten in seiner groß angelegten Hauptstadt
Preslav, »der Glorreichen«, kopierten den Glanz von Konstantinopel und wetteiferten sogar mit ihm. Neueste Aus-
grabungen zeigen allerdings Arbeiten, die in ihrem Stil eher
iranisch wirken, so der größte Teil der frühbulgarischen
Kunst. Zweifellos ist dies auf die Beteiligung armenischer
Fachleute zurückzuführen, denn Armenier waren bereits in
großer Zahl nach Bulgarien gekommen. Moderne bulgarische
Historiker sehen dagegen hier Spuren einer eigenständigen
protobulgarischen Kunst, die die nomadischen Bulgaren auf
ihrem Zug entlang den Nordküsten des Schwarzen Meeres
mitgebracht haben sollen.

Zar Symeon führte eine neue fixe Idee ein, die von seinen
Nachfolgern und deren serbischen Nachbarn bis herauf in die
Tage des Coburgers Ferdinand übernommen wurde: Er
träumte davon, in Konstantinopel als Erbe der alten Caesa-
ren zu herrschen, krönte sich selbst zum Kaiser, ernannte
einen Patriarchen für seine Kirche und berannte dann die
Mauern von Konstantinopel — freilich vergebens. Unter seinem Sohn Peter (927—969) wurde zwar der Kaiser- und
Patriarchentitel beibehalten, Peter selbst heiratete aber eine
byzantinische Prinzessin; Regierung und Kultur gerieten völlig
unter byzantinischen Einfluß.

Als dann Byzanz gegen Ende des 10. Jahrhunderts seine
volle Kraft wiedererlangt hatte, machte es sich zur vornehm-

sten Aufgabe, das Parvenu-Reich Bulgarien zu zerschlagen. Das kostete ein zähes Ringen, denn die Bulgaren kämpften mit großer Härte; am Ende aber gelang Basileios II., dem »Bulgarenschlächter«, die vollständige Eroberung. Aber obwohl nun Bulgarien zum Rang einer Provinz herabsank, ließ man ihm seine Sprache und seine kirchliche Organisation, und dies wurde der Kern für die Wiedergeburt seiner Unabhängigkeit, als die Gelegenheit dazu kam. Außerdem hatte es immerhin eine neue Kultur inauguriert, die zwar ihre Literatur und Kunst Byzanz oder den Armeniern verdankte, aber in ihrem Wesen eine slavische Kultur war.

Serbien war bei der Mission der makedonischen Brüder christianisiert worden. Als Erbfeind von Bulgarien geriet es schon bald unter den Einfluß von Konstantinopel, aber es war zunächst zu arm, um überhaupt irgendeine fest gegründete Kultur zu entwickeln. Die serbokroatischen Staaten weiter im Westen waren mehr nach der Adria orientiert. Auch sie waren ursprünglich Kyrills geistliche Kinder gewesen; aber einzig Rascien (Novipazar und Kossovo) blieb dem kyrillischen Erbe treu. Kroatien, das gegen Ende des 9. Jahrhunderts als gewaltige Kriegsmacht erscheint, kam unter seinem König Tomislav zu dem Schluß, daß für seine Ansprüche in Dalmatien die Freundschaft Roms entscheidend sei. Auf den Synoden in Spalato 924 und 927 gingen Kroatien und die Länder innerhalb seiner Einflußsphäre zum lateinischen Ritus über. Ihre Kultur bekam daher eine lateinisch-dalmatinische Färbung und nur sekundär eine byzantinische.

Der Zusammenbruch des Ersten Bulgarischen Reichs war durch das Erscheinen der bogumilischen Häresie gefördert worden, die der Priester Bogumil inauguriert hatte und die ohne Zweifel von den armenischen Paulikianern beeinflußt war. Ihr Glaube war dualistisch; sie lehnten ebenso die Arbeit wie die Fortpflanzung ab und nahmen eine Haltung passiver Resistenz ein, die für einen Staat untragbar sein mußte. Das Bogumilentum brachte eine eigenständige Literatur von Legenden und Märchen hervor, von denen einige einheimischen, die Mehrzahl aber griechischen, armenischen oder östlichen Ursprung verraten. In Bulgarien rotteten die kaiserlichen Behörden die Sekte nach der Eroberung im Lauf von hundert Jahren aus. Aber sie verbreitete sich westlich nach Serbien und setzte sich dauerhaft in Bosnien und Kroatien fest. In Bosnien war das Bogumilentum die herrschende Religion bis zum Auftauchen der Türken.

Das 10. Jahrhundert erlebte noch eine zweite große Missionsbewegung: Wie die Bulgaren so waren auch die Russen ein slavisches Volk, dem eine fremde Adelsschicht erst die staatliche Organisation aufzwang (3). Byzanz hatte schon längere Zeit Beziehungen mit den nordischen Großfürsten von Novgorod und Kiev unterhalten, die alljährlich eine Schiffskarawane nach Konstantinopel schickten, um dort Handel zu treiben oder gelegentlich auch Raubüberfälle auszuführen, und die gewisse Handelsrechte in der Hauptstadt erworben hatten. Um die Mitte des Jahrhunderts war die Großfürstinwitwe Olga zum Christentum übergetreten und hatte in Byzanz einen Staatsbesuch abgestattet. Etwa fünfzig Jahre später, im Jahr 989, willigte ihr Enkel Vladimir der Große ein, sich und seine Untertanen taufen zu lassen; der Preis dafür war die Hand der Kaiserschwester Anna. Von da an breitete sich in Rußland der byzantinische Einfluß mit überraschender Schnelligkeit aus. Man brachte den Russen die Liturgie und das Alphabet Kyrills, und sie machten ausgezeichneten Gebrauch davon.

Bei ihnen als einzigem unter den slavischen Völkern erwuchs eine Literatur, die nicht ausschließlich aus Übersetzungen bestand. Ihre Chroniken, wie die sogenannte *Nestorchronik* und die *Novgoroder Chronik*, stellen zuverlässige Geschichtsquellen dar; ihre Kunst, im Ursprung byzantinisch, gewann eigene Züge, was wiederum auf das Einwirken östlicher Einflüsse zurückzuführen ist. Die große Kirche der heiligen Sophia in Kiev, die in ihrem Gesamtentwurf und in ihren Mosaiken byzantinisch ist, weist Züge auf, die eine enge Beziehung zu den georgischen Kirchen, wie etwa der kleinen abasgischen Kirche von Mokvi, annehmen lassen; und gerade dieses Zusammenwirken von verschiedenen Komponenten ergab den eigentümlichen russischen Stil. Wie weit sich die mittelalterliche russische Kultur noch hätte entwickeln können, ist schwer zu beurteilen. Das Land war weit und grenzenlos; und allzufrüh, schon im 13. Jahrhundert, brachen die Mongolen herein. Sie hinderten sein weiteres Wachstum und unterbanden die bisherige Orientierung. Als Rußland wieder auftauchte, war es ein orientalisches Land. Sogar die Kirche, die nun nicht mehr durch die aktiven Ideen von Byzanz inspiriert war, versank in Passivität. Die Frauen wurden in den Terem eingeschlossen; Unwissenheit und Analphabetentum ergriffen selbst den Adel. Kaum viel mehr als leere Formen und Gebräuche und das kyrillische Alphabet erinnerten in Rußland noch an seine byzantinische Patenschaft. Die Romanovs gaben dem Land einen byzantinisch-westlich gemischten Anstrich und eine scheinbare Größe; aber der Osten triumphierte schließlich wieder darüber. Die gleiche skrupellose und unpersönliche Autokratie ermöglichte Stalin wie einst Dschingis Khan von der Ostsee bis zum Pazifik zu herrschen.

Von den Patenkindern von Byzanz hat tatsächlich keines in Frieden seine volle Reife erreichen können. Bulgarien und Serbien erlebten im späten 12. Jahrhundert eine Wiedergeburt, und beide gründeten Großreiche. Das bulgarische hielt sich fast 200 Jahre, bis es den Türken zum Opfer fiel, das serbische überlebte noch ein Jahrhundert, bis die Schlacht auf dem Amselfeld es zu einem Vasallentum herabdrückte, das bald in Knechtschaft überging (4). Beide Reiche pflegten ihre byzantinische Kultur weiter. Von der Geschichte Bulgariens unter der Asenidendynastie ist wenig bekannt; von seiner Literatur ist fast nichts geblieben, und die Notizen auswärtiger Chronisten sind fragmentarisch und verworren. Mehr als einmal bedrohten die bulgarischen Zaren während des lateinischen Kaisertums Konstantinopel. Die palaiologische Renaissance jedoch und der Aufstieg des Rivalen Serbien drängten die Bulgaren in den Schatten zurück. Einflußreiche Zarinnen von byzantinischer oder serbischer Herkunft schwächten ihre Unabhängigkeit. Trotzdem brachten sie eine Kunst hervor, deren Zeugnisse man in den Kirchen von Trnovo und den Fresken von Bojana findet und die in ihrer Grundsubstanz byzantinisch ist, aber in der Schlichtheit ihrer Formgebung und der Wärme ihres Kolorits auch eine gewisse Eigenständigkeit zeigt.

Glänzender war das serbische Großreich. Tatsächlich war im 14. Jahrhundert der Zar Stephan Dušan vielleicht der mächtigste Monarch in Europa; und es sah aus, als ob Konstantinopel seinem Zugriff schutzlos ausgesetzt wäre. Das disziplinierte bulgarische Regierungssystem eignete sich ohne weiteres zur Errichtung einer absoluten Kaisermacht. Serbien dagegen hatte eine gewachsene Regierungsform, die man fast als feudal bezeichnen konnte: Der serbische Monarch war in keiner Weise absoluter Herrscher über seine Vasallen. Das ist der Grund, weshalb Serbien niemals so sehr »byzantinisiert« werden konnte wie Bulgarien. Ein ständiges Einströmen von byzantinischen Einflüssen ist jedoch auch hier unver-

kennbar. Mehrere byzantinische Prinzessinnen heirateten
nach Serbien, viele Gesandtschaften gingen von Byzanz an
den serbischen Hof — den im übrigen Prinzessinnen und
Botschafter gleichermaßen als verteufelt unwirtlich und rauh
darstellen (5).

Als Stephan Dušan ein Gesetzbuch herausgab, das weitgehend auf das serbische Lehenswesen ausgerichtet war, war
der größte Teil der Bestimmungen offensichtlich aus den Ge-
setzbüchern von Byzanz entlehnt. Auch die serbische Malerei
war echt byzantinisch. Die serbische Architektur dagegen entwickelte eigene, nationale Züge. Die Nähe von Dalmatien
und die »lateinische« Zarin Helena, Tochter eines lateinischen
Kaisers und Gemahlin von Stephan Uroš I., verliehen ihr im
13. Jahrhundert eine italo-gotische Tönung. Im 14. Jahrhundert, dem Goldenen Zeitalter Serbiens, dominierten wieder
byzantinische Ideale und byzantinische Königinnen; aber die
serbischen Architekten hielten doch an gewissen eigenen Vorstellungen fest. Im übrigen ging es Serbien und Bulgarien
genau wie Rußland: Keinem blieb Zeit, seine Entwicklung
zur vollen Reife zu bringen. Zu bald schon drückten sie die
Türken in die Sklaverei, und ihre Kultur verfiel nach und
nach mit Ausnahme dessen, was die Kirche, demütig geduckt,
in verzweifeltem Bemühen gegen eine Welt von Hindernis-
sen durch ihre Zähigkeit noch retten konnte.

Es wäre ungerecht, den Erfolg der kulturellen Mission von
Byzanz nach dem gegenwärtigen Kulturstand der Balkanländer zu beurteilen. Denn diese sind erst in jüngster Zeit aus
der dunklen Nacht der vergangenen 400 Jahre wieder auf-
getaucht. Eher könnte man einen Vergleich ziehen zwischen
ihrem Stand vor der türkischen Unterwerfung und dem des
Westens im 14. Jahrhundert — also etwa die Kathedrale von
Salisbury vergleichen mit der großen serbischen Kirche von

Gračanica. Die englische Kirche mag sich schlank zum Himmel aufschwingen — die andere ist in der Schlichtheit ihres Entwurfs, der klaren Ökonomie und Ausgewogenheit ihrer Spannungsverhältnisse und der reichen, maßvollen Ausmalung ihres Innenraums das künstlerische Zeugnis eines Volkes, das nicht weniger spirituell, aber intellektuell weit kultivierter war.

In den übrigen Nachbarländern ist der byzantinische Einfluß nie zur vollen Entfaltung gekommen. Nach anfänglichen Erfolgen in Ungarn und Kroatien mußte er dem Westen und Rom das Feld räumen. In der Walachei und Moldau erscheinen feste Staatenbindungen erst in der Verfallsepoche von Byzanz. Dort hat die byzantinische Kultur nur mittelbar gewirkt, durch das Medium der Bulgaren und der Serben und möglicherweise — etwas komplizierter — durch die Russen auf die Litauer und wieder zurück auf die Donauländer — aber die Frage des litauischen Einflusses und seines Ursprungs ist noch Gegenstand der Diskussion. Erst unter der Türkenherrschaft haben Statthalter aus dem Phanar den Donaufürstentümern die oberflächliche Tünche einer unechten und verderbten byzantinischen Kultur verliehen (6).

Auch mit anderen Missionen ist Byzanz gescheitert. Die Chasaren entschieden halsstarrig, daß der jüdische Glaube besser sei als der christliche, und alle Mühe Kyrills, der eigens zu diesem Zweck Chasarisch und Hebräisch lernte, konnte sie von dieser Überzeugung nicht abbringen (7). Die Alanen an den Nordhängen des Kaukasus wurden am Anfang des 10. Jahrhunderts für kurze Zeit bekehrt. Aber bald fanden sie den Christenglauben abgeschmackt und jagten alle Priester aus dem Land (8).

Die byzantinischen Beziehungen zu den Nationen unmittelbar südlich des Kaukasus, den verschiedenen armenischen,

georgischen Völkerschaften, waren etwas ungewöhnlich.
In der Tat war wahrscheinlich der armenische Einfluß auf Byzanz größer als der byzantinische auf Armenien (9). Das Christentum war im 3. Jahrhundert vom
griechischen Osten nach Armenien gebracht worden, und
zwar durch den heiligen Gregor den Erleuchter; es war also
in Armenien noch vor dem Sieg des Christentums im Westen
und auch vor der Gründung Konstantinopels die offizielle
Staatsreligion, obwohl es noch einige Rückschläge erlitt. Die
Armenier waren denn auch überaus stolz auf das hohe Alter
ihres Christentums, und als sie auf dem Vierten Ökumenischen Konzil zu Chalkedon nicht im vollen Umfang be-
rücksichtigt wurden, verwarfen sie seine Beschlüsse. Von da
an waren sie Schismatiker und in den Augen der Orthodoxen
mit den Monophysiten verbündet. Zwischen dem Reich und
Armenien gab es daher einen ständigen gegenseitigen Argwohn, und dieser wurde noch verstärkt durch Armeniens
Anschluß an die persische Zivilisation — die erste große armenische Königsdynastie, die Arsakiden, war ein Zweig.
der parthischen Königsfamilie; und während der byzantinischen Kriege gegen die Sassaniden war Armenien gewöhnlich das Kampfgebiet und wurde abwechselnd von beiden
Parteien überrannt. Von dieser persischen Verbindung übernahm Armeniens Kunst und Architektur die ausgesprochen
sassanidischen Züge, die in ihr noch weiter zur Entwicklung
kamen und in bestimmten Abständen nach Westen gelangten,
um der Kunst des byzantinischen Reiches neues Leben einzu-
hauchen.
Nach dem Sturz der Sassaniden beherrschten zweihundert
Jahre lang die Araber Armenien. Von der arabischen Kultur
hatten die Armenier keinen Gewinn, und von der byzantinischen nur wenig. Viele Armenier suchten nun ihr Glück im

byzantinischen Reich zu machen, und nur wenige kehrten in die Heimat zurück. Im 9. Jahrhundert wurde die Verbindung zwischen der Hauptstadt und Armenien immer enger. Eine berühmte einheimische Dynastie erstand am Fuß des Ararat, die Bagratiden, die ihren Stammbaum auf David und Bathseba zurückführten und dementsprechend die Jungfrau Maria ihre Cousine nannten. Sie errichteten eine Art von Hegemonie über die vielen kleinen Fürstentümer in all den Tälern Armeniens; ihr Titel »König der Könige« wurde sowohl in Bagdad als auch in Konstantinopel anerkannt; und allmählich, nach dem Rückschlag im 10. Jahrhundert, machten sie sich frei von der Araberherrschaft, wobei sie durch die wachsende Macht des Byzantinerreichs wirksam unterstützt wurden. Dieses wurde damals von der makedonischen Dynastie regiert, die sich ihrerseits auf ihre Abstammung von den Bagratiden berief.

Das 10. Jahrhundert war das Goldene Zeitalter Armeniens. Damals entstanden seine schönsten Bauten, in Achthamar und Ani, damals schrieben seine besten Historiker, Johannes Katholikos und Thomas Ardzruni. Aber es ist schwer zu sagen, wie weit diese Kultur von Byzanz beeinflußt war. Es strömten zwar immer noch Armenier ins Reich; die in der Heimat Verbleibenden aber waren eingeschworene Nationalisten und haßten die griechischen Schismatiker und alle ihre Werke.

Die armenische Literatur nach dem 4. Jahrhundert verdankt der griechischen nichts mehr. Ein Armenier, der heilige Mesrop, hatte ihr Alphabet entwickelt — zugegebenermaßen auf griechischer Grundlage —, die frühen armenischen Geschichtsschreiber wie Faustus von Byzanz und Ananias von Schirak waren in ihrem Stil zugleich bodenständig und naiv. Die armenische Kirche besaß ihre eigene Organisation mit ihrem Primas, dem Katholikos, einem Würdenträger, dessen Nachfolger dem Brauch gemäß jeweils sein Neffe wurde. Auch die Schriftsteller des armenischen Goldenen Zeitalters verstanden nachgewiesenermaßen nicht Griechisch. Trotzdem übte Konstantinopel eine unwiderstehliche Anziehungskraft aus. Konstantinopel rief man in Krisen um Hilfe an, in Konstantinopel hofften Armeniens abenteuerlustige Söhne ihr Glück zu machen, nach Konstantinopel reisten die armenischen Prinzen, um ihr Prestige durch einen Empfang beim Hof aufzuwerten. Die Fürsten der dem Reich benachbarten Provinzen, wie der Fürst von Taron, unterhielten sogar Paläste in Konstantinopel, und viele von ihnen heirateten byzantinische Frauen. Im Kreis solcher Fürsten und Glücksritter wurden die Antipathien der armenischen Kirche schnell abgelegt.

Die Armenier aber in den Tälern des Ararat blieben hartnäckige Nationalisten. Byzanz versuchte mit den verschiedensten Methoden, seinen Einfluß dort durchzusetzen; Kaiser Romanos III. gab sogar seine Nichte Zoe dem Bagratidenkönig Johannes Smbat in die Ehe. Aber den Armeniern konnte man nach wie vor nicht trauen; und schließlich beschloß die kaiserliche Regierung, Armenien zu annektieren, als notwendige Vorsichtsmaßnahme gegen den bevorstehenden Angriff der Seldschuken. Die Fürsten von Taron waren bereits zur byzantinischen Familie der Taronites geworden. Das Fürstentum Ardzruni von Vaspurkan an den Ufern des Van-Sees wurde im Jahr 1023 vereinnahmt, 1044 wurde der Bagratidenkönig Gagik II. abgesetzt, und sein Land wurde ein Reichs*thema*. Gagik bekam ein Haus in Konstantinopel und große Ländereien in Kleinasien, wo er einen Skandal hervorrief — er lud den Bischof Markos von Kaisareia zum Essen ein und brachte ihn um, indem er ihn mit dessen Hund zusammen in einen

Sack steckte, nur weil der Bischof, der den Armeniern gegenüber eine ähnliche Einstellung hatte wie ein Engländer des 18. Jahrhunderts gegenüber einem Schotten, den Hund »Armenier« getauft hatte (10).

Die byzantinische Herrschaft war milde: Die Armenier behielten ihre Kirche und ihre Sprache. Basileios II. hatte die Linie dieser Politik schon vorgezeichnet: Als er im Jahr 1022 in Trapezunt weilte, lud er den Katholikos dorthin ein, damit er der Wasserweihe am Dreikönigsfest präsidiere. Als nach der Annexion Konstantin VIII. den Katholikos nach Konstantinopel kommen ließ, ernannte er seinen Neffen zum *synkellos* für die armenische Kirche und erkannte sie damit offiziell an (11).

Aber die Annexion Armeniens war doch vergebens. Schon nach dreißig Jahren war Armenien zusammen mit dem größten Teil Kleinasiens in der Gewalt der Türken. Ähnlich wie wenige Jahrhunderte später die Balkanvölker, nur noch für viel längere Zeit, wurde jetzt das Volk vom Ararat in die Knechtschaft gezwungen, und einzig seine Kirche erhielt den alten Geist noch am Leben; sie regierte von ihrer Metropole in Etschmiadsin aus, wo heute noch die Gebeine ihrer Märtyrer liegen, neben einem Stück vom Kreuz und einer Planke von der Arche Noah.

Trotz all dem war die Lebenskraft der Armenier ungebrochen. Weit weg vom Ort der Katastrophe errichteten sie in Kilikien ein neues Königreich, das im 12. Jahrhundert dem byzantinischen Reich unterstellt war, aber im 13. ein unabhängiger Staat von beachtlicher Macht und großem Reichtum wurde. Die gegenseitige Beeinflussung von Byzanz und diesem Armenien ist schwer abzuschätzen. Wahrscheinlich war sie nicht so stark wie die zwischen Armenien und den Kreuzfahrern des Abendlandes. In seinen letzten Tagen war die-

Gesamtansicht des Klosters Símonos Pétra (»Felsen des Mönches Simon«),
gegründet 1264. Athos, Griechenland.

ses Königreich allerdings eine Apanage der fränkischen Herrscher von Zypern. Sowohl auf die byzantinische als auch auf die italienische Malerei war der Einfluß des kilikischen Armenien wahrscheinlich ganz erheblich.

Mit den Völkern jenseits von Armenien, den Georgiern, den Tscherkessen und den vielen Kaukasus-Stämmen, deren Zahl, wie ein arabischer Geograph des 10. Jahrhunderts, Mas'udi, sagt, Gott allein kennt (12), hatte Byzanz wenig zu tun, doch sind immerhin die meisten ihrer Namen im kaiserlichen Diplomatieregister verzeichnet. Lediglich die Georgier spielten eine große Rolle in der byzantinischen Welt (13). Sie waren, zusammen mit ihren verschiedenen Zweigstämmen, den Abasgern, Mingreliern und Iberiern, schon bald nach den Armeniern christianisiert worden; und wieder war es der erfinderische heilige Mesrop, der ihnen ein Alphabet schenkte. Aber im Gegensatz zu Armenien blieben sie fest in der Gemeinschaft der orthodoxen Kirche. Die frühe georgische Geschichte ist dunkel. Zu Beginn des 8. Jahrhunderts führte Leon der Syrer eine Gesandtschaft in die georgischen Berge, bei der er unglaubliche Abenteuer zu bestehen hatte (14). Wahrscheinlich war ihr Hauptzweck die Anwerbung von Soldaten; denn in den Augen der Byzantiner war die wichtigste Funktion des Kaukasus die Lieferung von Söldnern. Als zivilisierte Nation erscheint Georgien im späten 9. Jahrhundert, als eine abasgische Dynastie das Land von ihren Festungen an der Schwarzmeerküste aus regierte, die ihre Macht zunächst dadurch gewann, daß sie sich auf die Byzantiner stützte, die sich aber gegen Ende des 10. Jahrhunderts, nicht immer hilfreich, in die inneren Kämpfe des Reiches einmischte. Im frühen 11. Jahrhundert tauchen dann die Abasger mit einer georgischen Dynastie aus dem Haus der Bagratiden auf, die ihren Höhepunkt in der Königin Thamar (1184–1212)

erreichte und bis ins 19. Jahrhundert fortlebte. Die Georgier
waren stets empfänglich für byzantinische Einflüsse, besonders nach der Gründung des Kaiserreichs von Trapezunt; byzantinische Züge kann man in ihrer Architektur, in ihren Ornamenten entdecken, doch ist das sassanidisch-iranische Element ebenso stark an der Ausformung ihres Stils beteiligt.
Die georgischen Kirchen, hochgebaut, breiter als lang, mit
schmalen hochgezogenen Fenstern und Kuppeln unter stei-
len Kegeldächern, sind nur in Georgien zu finden, hatten indessen einen gewissen Einfluß auf die Baukunst des frühen
Rußland (15). Das geistige Prestige von Byzanz war aber
so mächtig, daß der Biograph des Märtyrers Konstantin von
Iberia, eigentlich ein armenischer Ketzer, um den Ruhm seines Helden noch zu heben, einen Kondolenzbrief der kaiserlichen Regentin Theodora an seine Hinterbliebenen erfand.
Er kopierte zu diesem Zweck den einzigen Brief, den sie tatsächlich an ihre Schwester Sophia geschrieben hatte, als deren
Gatte Konstantin Babutzikos 838 in Amorion den Märtyrer-
tod erlitten hatte (16).
Außerordentlich bedeutend war die Rolle, die Byzanz beim
Werden der islamischen Kultur spielte. Als die Araber aus
der Wüste hervorbrachen, waren sie einfache Männer, nahezu sämtlich Analphabeten, die einen Hauch von Askese um
sich verbreiteten. Fast alle zivilisatorischen Feinheiten, die sie
sich in der Folgezeit zulegten, übernahmen sie von den Unterworfenen, teils von den Persern, aber weit mehr noch von
der hellenistisch-semitisch-christlichen Kultur Syriens und
Ägyptens. Diese Kultur, schon damals in ihrem Wesen byzantinisch, wurde ständig von Byzanz neu aufgefrischt, auch
nach der Eroberung. Nicht nur betrachteten sich viele syrische
Christen, wie im späten 7. Jahrhundert der Verfasser der
Siegeszeichen von Damaskus, noch oft als Untertanen des

Kaisers (17), sondern auch die omajadischen Kalifen von Damaskus sahen sich veranlaßt, griechische Architekten, griechische Künstler und sogar griechische Politiker heranzuziehen, die sich so eindeutig zum Christentum bekannten wie eben jener Johannes von Damaskus. Nicht nur waren die ersten islamischen Bauten wie die Omajadenmoschee in Damaskus oder der ländliche Palast von Q'alat in ihrem Entwurf byzantinisch — und soweit es die Religion erlaubte, auch in ihrer Innenausstattung —, sondern auch die offiziellen Rechenschaftsberichte des Kalifats wurden bis zum Anfang des 8. Jahrhunderts in Griechisch abgefaßt (18).

Die Verlegung der islamischen Hauptstadt nach Bagdad gab dem persischen Einfluß auf den Islam das Übergewicht, wenngleich auch Bagdad noch zum Teil von griechischen Architekten und Maurern erbaut worden ist. Die ikonoklastische Bewegung wiederum dokumentiert eher eine Einwirkung des Islam auf Byzanz. Und die Erzählungen vom Glanz des Abbasidenhofs machten auf den Kaiser Theophilos im 9. Jahrhundert ganz offensichtlich großen Eindruck. Andererseits fällt gerade in seine Regierungszeit eine geistige Wiederbelebung in Konstantinopel, die in Bagdad ein lebhaftes Echo fand. Von dort erging auch ein — allerdings vergeblicher — Ruf an die großen byzantinischen Mathematiker, zum Beispiel Johannes Grammatikos, die islamischen Gelehrten in Bagdad zu unterweisen (19). In der Folgezeit wurden die hohen Schulen Konstantinopels ein magischer Anziehungspunkt für die islamische Intelligenz. Noch zweihundert Jahre später hatte Psellos unter seinen Schülern mehrere Araber und sogar einen Babylonier (20).

Hin und her über die Grenzen ging ein ständiger Ideenaustausch. Mischehen waren nicht selten, wie die Geschichte des Digenis Akritas zeigt. Johannes Tzimiskes hatte angeblich

ein Verhältnis mit einer Mohammedanerin aus Amida (21).
In solchen Verbindungen hatte wahrscheinlich die christliche
Kultur das Übergewicht über die arabische.

Das inoffizielle Protektorat des Kaisers über die christlichen
Untertanen des Kalifen behielt ungebrochen seine Gültigkeit. Wohl konnte Harun al-Raschid die Schlüssel zum Heiligen Grab Karl dem Großen übersenden, das geschah aber
mehr, um Kaiser Nikephoros zu ärgern, als aus Bewunderung für den Frankenkaiser; und was damit gemeint war,
war bald wieder vergessen. Es wurde nun in Bagdad zu einer
Gewohnheit, durch Verfolgung der christlichen Untertanen
einen Druck auf Konstantinopel auszuüben. Im Jahr 1016
hielt sich der Patriarch Theophilos von Alexandreia mehrere
Wochen bei Basileios II. auf und betätigte sich als Vermittler
zwischen ihm und dem Patriarchen Sergios (22). Auch jetzt
noch schlossen sich die östlichen Patriarchen Kerullarios
ebenso an, wie seinerzeit beim Schisma mit Rom ihre Vorgänger Photios gefolgt waren. Konstantin IX. sorgte 1042 für
den Wiederaufbau der Grabeskirche in Jerusalem, die von
dem verrückten Kalifen Hakim zerstört worden war (23).
Die Kreuzzüge erschwerten die Aufrechterhaltung der
Schutzherrschaft. Denn Syrien wurde nun ein christlich regier-
tes Land, zwar regiert von lateinischen Ketzern, aber doch
unzweifelhaft von Christen. Die Komnenenkaiser taten, was
sie konnten; als Geste des guten Willens besorgte Manuel I.
Mosaiken für den Chor der Geburtskirche in Bethlehem und
vergoldete Ornamente für das Heilige Grab und schickte
Künstler, die die kleine gotische Kirche von Abu Gosch aus-
malen sollten (24). Aber die lateinischen Christen hatten sich
zu fest im Land eingenistet, und nach 1204 waren die Kirche
von Konstantinopel wie auch das Reich zu schwach, um die
alte Schutzherrschaft aufrechtzuerhalten. Von nun an ging

von Byzanz nur noch ein indirekter Einfluß — und das sehr
selten — auf die einstigen Kalifenländer aus.

Die Türken dagegen boten ein neues Betätigungsfeld. Die
Seldschuken waren noch halbwilde Zerstörer (25). Sie waren
zum Islam bekehrt worden und hatten dabei eine dünne
Tünche persischer Kultur erhalten, das war aber auch alles.
Wie die Araber in ihrer Frühzeit mußten sie die Hilfe der
Griechen bei allen Problemen annehmen, die über ihren damaligen Horizont hinausgingen. Ganz anders als die Araber
entwickelten sie niemals etwas wie eine eigene Kultur. Ihre
Kunst brachte nur einige wenige Moscheen in Konia hervor,
griechische Arbeit oder griechische Imitation mit persischen
Zügen. Sie waren im allgemeinen duldsam; Christen zogen
tatsächlich oft ihre Herrschaft der byzantinischen vor, weil
sie dann weniger Steuern zu zahlen hatten. Gegen Ende des
13. Jahrhunderts hatten christliche Missionare viel Erfolg
bei ihnen, bis in die fürstlichen Familien hinein. Wenn die Osmanen nicht gekommen wären und ihnen neue Energien ein-
geflößt hätten, hätte es durchaus im Bereich des Möglichen
gelegen, daß sie christliche Untertanen eines armen, aber
wiedererstehenden Byzanz geworden wären.

Das Reich der osmanischen Sultane hat man oft als byzantinisch bezeichnet, doch das ist ein Irrtum: Denn obwohl beide
das eine gemeinsam hatten, daß sie Militärmonarchien waren,
hatten die Osmanen doch außer ihrer glänzenden militärischen Organisation nie etwas aufzuweisen. Ihre Bürokratie
war eine Farce. Von Byzanz übernahmen sie außer der
Hauptstadt wenig. Auch ihre theokratische Alleinherrschaft
leitete sich nicht etwa von Konstantin, dem Dreizehnten
Apostel, her, sondern von den Kalifen des Islam.

Der Einfluß, den die Byzantiner auf das gelehrte Studium in
Italien im 15. Jahrhundert ausübten, ist längst anerkannt.

Eine entscheidende Rolle spielten Männer wie Chrysoloras und Gemistos Plethon für die Förderung des griechischen Studiums und des Platonismus im Abendland; daher wird die Renaissance für immer in der Schuld der Byzantiner stehen. Aber dieser Einfluß hat nicht etwa erst damals begonnen; er hatte sich in Westeuropa immer wieder bemerkbar gemacht, solange das Reich von Byzanz bestand. Er erreichte Europa auf verschiedenen Wegen. Justinians Eroberungen, obwohl sie kurzlebig waren, verschwanden doch nicht ganz. Nicht nur war das Exarchat von Ravenna ein Gebiet, wo man in Italien byzantinische Kultur, byzantinische Kunst und römisches Recht studieren konnte, sondern die neubelebten Verbindungen mit Konstantinopel regten auch das Interesse für griechische Dinge wieder neu an. Von den irischen Mönchen des 7. Jahrhunderts sprachen viele Griechisch; der Bischof von Rouen fand sogar, daß in seiner Diözese viel zuviel Griechisch studiert werde, während König Ina von Wessex zwei griechische Gelehrte von Athen zu sich einlud (26).

Zur Zeit der ikonoklastischen Wirren riß die Verbindung ab. Zunächst zwar drängten sich in Rom die geflüchteten kirchlichen Künstler; die Früchte ihrer Tätigkeit sind als Mosaiken und Fresken in vielen Kirchen Roms zu sehen (27); aber abgesehen von diesen Flüchtlingen und ihrer Arbeit sah man im Westen mit Mißbilligung auf alles Byzantinische — denn hier war ja noch wenig Kultur vorhanden. Die karolingische Renaissance belebte das Interesse am Nahen Osten von neuem. Der Eunuch Elissaios fand in Aachen eine Klasse eifriger Schüler (28), als er dorthin kam, um die Prinzessin Rothrud auf die Hochzeit mit Konstantin V. vorzubereiten und ihr Griechisch beizubringen; auch die karolingische Kunst bezog ihre Vorbilder hauptsächlich aus Ravenna.

Das Exarchat existierte zwar nun nicht mehr; aber es gab bald einen neuen Verbindungsweg: Venedig hatte jetzt seine Rolle als Vermittler zwischen Ost und West angetreten (29), seine Sprache war das Vulgärlatein, und es hielt enge Verbindung mit den Kaisern des Abendlands. Aber seine Beziehung zu Konstantinopel war eher noch enger. Seine Kunst war byzantinisch — die Markuskirche war eine Neuauflage der Apostelkirche in Byzanz —, es unterhielt fast ununterbrochen eine Handelsmission am Bosporus; und bis ins 11. Jahrhundert hinein war es Gewohnheit, daß die Dogen ihre ältesten Söhne nach Konstantinopel schickten, damit sie dort unter der Ägide des Kaisers ihre Erziehung vollendeten.

Es gab auch noch weiter südlich eine Verbindung mit dem Westen. Noch zu Lebzeiten des Theodoros vom Studios-Kloster wurden in Sardinien seine Hymnen gesungen (30). Die Wiedergewinnung von Süditalien unter Basileios I. erweiterte diesen Verbindungsweg. Die Handelsstädte des Südens, Neapel, Amalfi und Gaeta, nutzten begierig die günstigen Handelsbedingungen, die Byzanz ihnen bot. Auch sie sandten ihre Handelsmissionen nach Konstantinopel, die byzantinische Gedanken nach Hause brachten. Auch ihre höchsten Beamten schickten ihre Söhne an den kaiserlichen Hof zur Vollendung ihrer Ausbildung; und auch die langobardischen Fürsten des südlichen Italien folgten ihrem Beispiel. In Rom wurden griechische christliche Namen die große Mode; und weiter im Norden umwarb der König Hugo von Italien den byzantinischen Kaiser mit einer Reihe von Gesandtschaften. Die Faszination seines Gesandten Liutprand beim Betreten Konstantinopels, sein Stolz auf seine Griechisch-Kenntnisse, seine Bewunderung für alles Byzantinische wirft ein Licht auf die Einstellung seiner Zeit; auch Desiderius, der Abt von Montecassino, ließ den goldenen Ho-

stienteller der Abtei eigens in Konstantinopel arbeiten (31).
Weit über die Grenzen Italiens hinaus breitete sich diese
Mode indessen nicht aus; und im weiteren Verlauf des Jahrhunderts wurde sie durch die sächsische Eroberung verdrängt.
Italiener, die mit der Zeit gingen, fanden es nun klüger, ihre
Bewunderung auf den deutschen Kaiser zu übertragen, den
sie unmittelbar vor ihren Toren hatten. Als Liutprand jetzt
erneut nach Konstantinopel ging, diesmal als Gesandter Ottos I. und in einem mit wenig politischem Takt gewählten
Augenblick, fand er nur frostige Aufnahme und erklärte bei
seiner Rückkunft, zu Hause sei doch alles besser; immerhin
machte er erhebliche Anstrengungen, um einige Stücke kaiserlichen Seidenbrokats durch den Zoll zu schmuggeln. Wenige
Jahre später wurde die byzantinische Mode wieder aktuell,
als Otto II. die purpurgeborene Prinzessin Theophano heiratete. Im Gefolge dieser willensstarken Dame strömten
Griechen aus dem Osten und aus Süditalien in den Norden
und begleiteten den kaiserlichen Hof nach Deutschland. Dort
erregte die Kaiserin nicht geringen Aufruhr, weil sie badete
und Seide auf dem Leib trug — abscheuliche Gewänder, die
ihr die Hölle gewiß sein ließen (eine Nonne sah sie dort in
einer Vision schon braten) (32) —, ähnlich wie wenige Jahre
später ihre Cousine Maria Argyra den guten heiligen Petrus
Damiani schockierte, als sie in Venedig die Gabel einführte (33).

Theophanos Sohn Otto III. war überaus stolz auf seine griechische Herkunft; er sprach mit Vorliebe griechisch und umgab sich mit einem Zeremoniell, das er für echt byzantinisch
hielt. Unter seiner Schutzherrschaft kamen noch viel mehr
Griechen nach Deutschland. Griechische Mönche wurden ins
Kloster Reichenau bei Konstanz geschickt, vor Ende des 10.
Jahrhunderts. Um dieselbe Zeit gründete ein gewisser Gre-

gorios, angeblich ein Verwandter der Theophano, das Kloster Burscheid bei Aachen, und griechische Mönche bauten die
Bartholomäuskapelle im Dom zu Paderborn. Wenig später
nahmen griechische Mönche, die wahrscheinlich ihren Unterhalt als Kunsthandwerker verdienten, so überhand, daß Bischof Godehard von Hildesheim die Anordnung erließ, sie
dürften jeweils nur zwei Nächte in seinen Herbergen bleiben — er mißbilligte das Wandern der Mönche (34). Die
Spuren dieser byzantinischen Künstler sind noch erhalten in
der reichen Ornamentik der romanischen Architektur in
Deutschland.

In Frankreich wirkte der byzantinische Einfluß mehr indi-
rekt. Die großen byzantinischen Kathedralen von Aquitanien
sind wahrscheinlich eher nach venezianischem als nach primär byzantinischem Vorbild gestaltet. St. Front in Péri-
gueux zeigt starke Verwandtschaft mit San Marco in Venedig. Hugo Capet von Frankreich war so beeindruckt von der
Heirat Ottos II., daß er sogleich in Byzanz für seinen Sohn
Robert um eine Braut nachsuchte (35). Seine Bitte wurde
aber abgelehnt. Berührungen zwischen beiden Höfen erfolgten auch weiterhin nur höchst selten.

Mit England hatte Byzanz wenig Kontakt (36). Die Relief-
steine von Northumberland vom 7. Jahrhundert wirken auffallend byzantinisch in ihrer ganzen Auffassung und Ausführung, und auch das englische Krönungsritual erinnert
eigenartig an das byzantinische. Vielleicht lassen sich beide
Tatsachen aus der niemals unterbrochenen Verbindung des
angelsächsischen England mit Rom erklären, das ja selbst die
Verbindung mit dem Osten stets aufrechterhielt.

Die Kreuzzüge brachten den Westen in engere Berührung mit
Byzanz als je zuvor. Jedoch war die sarazenische Kultur eine
noch größere Neuheit für Europa, und sie traf der Kreuzfah-

rer jetzt unmittelbar in Syrien an. Jene byzantinischen Prinzessinnen, die später nach Deutschland heirateten, Damen
aus dem Komnenenhaus, oder die schöne Irene Angela, die
tragische deutsche Kaiserin, fühlten sich nicht als Missionarin-
nen wie Theophano oder die venezianischen Dogengattinnen.
Die Leute im Westen betrachteten den Byzantiner nur noch
mit spöttischer Mißbilligung, als gerissenen Schlaukopf und
Schismatiker. Sie holten sich die Werke der griechischen Klassiker, von Aristoteles und Galen, lieber von den Arabern
als unmittelbar von den mittelalterlichen Griechen. Selbst
nach der Eroberung von 1204 lernten die lateinischen Herren
wenig von ihren so viel kultivierteren Untertanen: Sie waren
zum Plündern und Zerstören gekommen, nicht um zur Bildung erzogen zu werden. Einzig Kaiser Friedrich II., dem in
seiner Ruhelosigkeit die Selbstzufriedenheit des Abendlän-
ders fremd war, machte sich, im Rahmen seiner Freundschaft
mit dem Kaiserhof von Nikaia, manche Ideen und Methoden
der alten byzantinischen Regierungskunst zu eigen.
Erst im 14. Jahrhundert begannen die Gelehrten des Westens
zu ahnen, welche Schätze an Wissenschaft in Konstantinopel
aufgehäuft waren. Petrarca versuchte vergebens, Griechisch
zu lernen — sein Lehrer war Barlaam von Kalabrien, der
später den Hesychastenstreit entfachte (37). Im 15. Jahrhundert aber waren die Gelehrten, die die Palaiologenkaiser auf
ihren Bittgängen in den Westen begleiteten, ihrer Lehrauf-
gabe eher gewachsen. Wie nun die gedrängte Menge der
Schüler sogar an den Lippen des im Grund recht mittelmäßi-
gen Chrysoloras hing, das zeigte die neue Wendung der
Dinge. Wenige Jahre später kam nach dem Fall der Hauptstadt eine neue Welle von gelehrten Flüchtlingen nach Italien. Bessarion von Trapezunt selbst, jetzt römischer Kardinal, war ihr Schutzherr, und mit seiner Unterstützung beka-

men Leute wie Laskaris, ein Pionier des Buchdrucks, Argyropulos und Chalkokondyles, Lehrstühle an europäischen Universitäten. So wurde am Ende doch das byzantinische Werk der Rettung des Altertums, das im Jahr 1204 fast zunichte geworden wäre, im Westen nach Gebühr anerkannt.

Für den christlichen Osten, gleichgültig, wer dort jetzt regierte, blieb Konstantinopel letztlich doch die Hauptstadt. Selbst die Untertanen des Kaisers von Trapezunt kamen, wenn sie irgend konnten, um dort Wohnung zu nehmen, die Russen unternahmen Pilgerfahrten dorthin, die Zyprioten schickten ihre Söhne zur Erziehung nach Konstantinopel. Sogar die reichsten Zyprioten, so wenig sie sich sonst von ihren Königen aus dem Haus Lusignan sagen ließen, kamen sich zu Hause vor wie in der Verbannung. Lepenthrenos schrieb von dort an seinen Freund Nikephoros Gregoras einen langen Brief über den traurigen Zustand der alten griechischen Welt im 14. Jahrhundert. Taktvoll und aus Furcht vor dem Zensor umging er die Frage des Gregoras, wie er denn die Anmaßung der Lateiner überhaupt ertragen könne. Aber seine wahre Meinung, tieftraurig, läßt sich aus jeder Zeile herauslesen (38). Sogar der demütige Chronist Machairas, der Freund der Lusignans, war entsetzt über den Fall Konstantinopels und zeigte Mitgefühl für die griechische Königin Helena Palaiologine, die Nichte des Kaisers (39).

Denn die Tragödie war unwiderruflich. Am 29. Mai 1453 wurde eine große Kultur endgültig ausgelöscht. Sie hatte ein großartiges Vermächtnis in Wissenschaft und Kunst hinterlassen; sie hatte ganze Länder aus der Barbarei herausgehoben und anderen die letzte Verfeinerung gebracht; ihre Stärke und überlegene Klugheit hatte jahrhundertelang für die Christenheit Schutz bedeutet. Elf Jahrhunderte lang war Konstantinopel der Mittelpunkt einer Welt des Lichts gewesen. Der wendige Scharfsinn, die geistige Lebendigkeit und das ästhetische Feingefühl des Griechen, die stolze Festigkeit und die Organisationserfahrung des Römers, die transzendentale Intensität des östlichen Christen, dies alles verschmolzen zu einem fließenden und feinnervigen Ganzen — es war nun in ewigen Schlaf versunken. Konstantinopel war jetzt der Sitz der brutalen Kraft, der Ignoranz, der imposanten Gefühllosigkeit geworden. Nur in den Zarenschlössern Rußlands, über denen jetzt noch der Doppeladler wehte, das Wappen der Palaiologen, lebten letzte Spuren von Byzanz für wenige Jahrhunderte weiter — nur dort und in den düsteren Hallen am Goldenen Horn, versteckt zwischen den Häusern des Phanar, wo der Patriarch seine schattenhafte Hofhaltung fortführte, der dank der staatsmännischen Klugheit und der Bemühungen des Gennadios noch eine Art Herrschaft über das unterworfene Christenvolk ausüben und ihm ein gewisses Maß an Sicherheit schenken durfte... Aber der Doppeladler fliegt nicht länger über Rußland, und das Phanar ist allein, in Unsicherheit und Angst. Die letzten Zeugen von Byzanz liegen im Sterben oder sind schon tot. Es ist so gekommen, wie die Seher von Byzanz vorausgesagt haben, jene Propheten, die unablässig von dem kommenden Schicksal, von den letzten Tagen der Stadt gesprochen hatten. Der müde Byzantiner wußte es, daß das so oft angedrohte Jüngste Gericht eines Tages mit Sicherheit über ihn kommen mußte. Es hatte keinen Sinn, sich zu beklagen. Diese Welt war ein törichtes Zerrbild, gequält von Leid und sorgenvollem Erinnern und Ahnen, Friede und wahres Glück lagen drüben, im Jenseits. Was war der Kaiser, der Apostelgleiche, was war selbst Konstantinopel, die große Stadt, geliebt von Gott und der Gottesmutter, was waren sie gegenüber Christus, dem Pantokrator, und den glorreichen Residenzen des Himmels?

Nachwort

von Edgar Hösch

Der Blick auf die mehr als tausendjährige Geschichte des byzantinischen Reiches ist lange Zeit durch mancherlei Mißverständnisse und Voreingenommenheiten und eine einseitig an der klassischen Antike fixierte Betrachtungsweise verstellt worden. Gemessen an den Höhenflügen des antiken Geistes und den vielfach idealisierten historischen Abläufen des griechischen und römischen Altertums mußte das Bild von jener langen Zwischenphase, die den Neubeginn in Humanismus und Renaissance von den antiken Vorbildern trennte, in düsteren Farben erscheinen. Abwertende Charakterisierungen — Vorherrschen epigonenhafter Züge, Fehlen einer schöpferischen Aneignung und Weiterentwicklung des klassischen Erbes, Verharren in einem rückwärtsgewendeten, unfruchtbaren Traditionalismus — boten sich dem Betrachter geradezu an. Obwohl diese einseitige Hervorkehrung von Krisensymptomen und Verfallserscheinungen in der Bewertung der byzantinischen Geschichte, die in dem Werk von Edward Gibbon über Niedergang und Fall des Römischen Reiches ihren klassischen Ausdruck gefunden hatte, längst der Vergangenheit angehört, bedurfte es langwieriger und intensiver wissenschaftlicher Bemühungen, um die Andersartigkeit und Eigenständigkeit der byzantinischen Epoche auch einem landläufigen Geschichtsverständnis nahezubringen und die spezifische byzantinische Kulturleistung als Teil jener Vielgestaltigkeit des europäischen Kontinents zu erweisen, die sich aus den gemeinsamen Wurzeln in Antike und Christentum entfaltet hat.

Der Verfasser der vorstehenden byzantinischen Kulturgeschichte hat mit seinem umfangreichen Lebenswerk selbst einen nicht unbedeutenden Beitrag zu diesem Neuverständnis geleistet. Die langjährige Lehrtätigkeit am Trinity College in Cambridge und die Beschäftigung im Diplomatischen Dienst seiner Heimat haben Sir Stephan Runciman mit Geschichte und Gegenwart jener mittelalterlichen Mittelmeerwelt in engste Berührung gebracht, deren Erforschung er eine Reihe großangelegter Untersuchungen gewidmet hat. Dank den Übersetzungen durch Peter de Mendelssohn in den vergangenen Jahren sind sie auch dem deutschen Leser nicht unbekannt geblieben. Schon im Jahr 1929 war Runciman mit einer Quellenstudie über die byzantinische Geschichte des 10. Jahrhunderts hervorgetreten. Sie galt der Gestalt des *drungarios* Romanos Lakapenos, der in den drangvollen Jahren der äußeren Bedrohung des Reiches durch den bulgarischen Herrscher Symeon den Kaiserthron usurpierte und das schwankende Staatsschiff bis zu seinem Sturz im Jahr 944 mit starker Hand zu lenken verstand (*The Emperor Romanus Lecapenus and his reign. A study of tenth-century Byzantium*, London 1929). Eine Geschichte des sogenannten Ersten Bulgarischen Reiches während dieser frühmittelalterlichen Blütezeit der bulgarischen Kultur und äußeren Machtentfaltung schloß sich in unmittelbarer Fortführung dieser Untersuchungen an (*A history of the first Bulgarian Empire*, London 1930). Als Frucht der intensiven Beschäftigungen mit balkangeschichtlichen Fragestellungen ist schließlich jene breite

Darstellung der mittelalterlichen dualistischen Sekten entstanden (*The medieval Manichee. A study of the christian
dualistic heresy*, Cambridge 1947), in der sich die Vorliebe
des Verfassers für vergleichende religions- und geistesgeschichtliche Probleme und die vielfältigen Interdependenz-
erscheinungen in der mittelalterlichen Entwicklung der Mittelmeerwelt im wechselseitigen geistigen Austausch zwischen
Ost und West deutlich zeigt. Einzelne Kapitel dieser Ost-
West-Beziehungen hat er in seinen folgenden Schriften aufgegriffen, die sich durch die universale Blickweite, die souveräne Sachkenntnis und die fesselnde Art der Stoffdarbie-
tung in gleicher Weise auszeichnen und einen breiten Leserkreis gefunden haben. In den Jahren von 1951 bis 1954 legte
er seine dreibändige Kreuzzugsgeschichte vor (deutsche Ausgabe: *Geschichte der Kreuzzüge*, 3 Bände, München 1957 bis
1960), 1955 befaßte er sich mit den Auseinandersetzungen
zwischen der orthodoxen und der lateinischen Kirche während des 11. und 12. Jahrhunderts, die zum endgültigen
Bruch zwischen Rom und Konstantinopel führten (*The
Eastern Schism. A Study of Papacy and the Eastern Churches
during the XIth and XIIth centuries*, Oxford 1955). Eine
Darstellung jenes für die byzantinische wie für die Geschichte
des westlichen Mittelmeerraums bedeutsamen Vorgangs der sogenannten Sizilianischen Vesper des Jahres 1282 (Ausschal-
tung Karls von Anjou durch König Peter III. von Aragon)
schloß sich an (deutsche Übersetzung: *Die Sizilianische Vesper. Eine Geschichte der Mittelmeerwelt im Ausgang des
dreizehnten Jahrhunderts*, München 1959). Den Abschluß dieses Zyklusses bildete schließlich die Chronik über die letzten
Tage und den Untergang der Kaiserstadt am Bosporus im
Jahr 1453 (deutsche Ausgabe: *Die Eroberung von Konstantinopel 1453*, München 1966). Dem weiteren Schicksal der

griechischen Kirche während der Türkenzeit ist der jüngste Band Runcimans gewidmet (deutsche Ausgabe: *Das Patriarchat von Konstantinopel am Vorabend der türkischen Eroberung bis zum griechischen Unabhängigkeitskrieg*, München 1970).

Die Konzeption seiner byzantinischen Kulturgeschichte reicht demgegenüber noch in die dreißiger Jahre zurück. Sie steht am Anfang sowohl seiner eigenen wissenschaftlichen Bemühungen um eine Erhellung der byzantinischen Geschichte wie des neu aufgelebten Interesses für dieses lange Zeit wenig beachtete Randgebiet der Mittelalterforschung. Als einer der ersten Versuche, Wesen und Eigenart der byzantinischen Geschichte und Kultur in allen ihren vielgestaltigen Erscheinungsformen zusammenzufassen, darf der Band den klassischen Werken der modernen Byzanzforschung zugerechnet werden. Obwohl der Erkenntnisfortschritt in vielen Detailfragen in der Zwischenzeit beträchtlich gewesen ist, ist er durch die geschickte Zusammenfassung des damaligen Forschungsstandes und in den spezifischen Schwerpunktsetzungen bis heute eine beachtenswerte Leistung geblieben und hat zu Recht in zahlreichen Auflagen weite Verbreitung gefunden (eine französische Übersetzung ist noch 1934 veröffentlicht worden, eine italienische Übertragung folgte im Jahr 1960). Es hätte zu weit geführt, bei der Vorbereitung dieser deutschen Ausgabe jeweils in den Anmerkungen den derzeitigen Forschungsstand zu Einzelfragen nachzutragen. Dem deutschen Leser sollte Runcimans Darstellung als wissenschaftsgeschichtliches Dokument in der vom Verfasser konzipierten ursprünglichen Form unverändert vorgestellt werden. In der angefügten ausführlichen Bibliographie, die sich im Hinblick auf den Leserkreis hauptsächlich mit Veröffentlichungen in westlichen Sprachen begnügt, ist aber der Versuch unternommen, grundlegende Veröffentlichungen der letzten drei Jahrzehnte seit Erscheinen der Erstausgabe dieser Skizze Runcimans nachzutragen. Vollständigkeit konnte angesichts der immer mehr anschwellenden Detailforschung nicht angestrebt werden. Die bibliographischen Hinweise mögen als erste Handreichungen für jene Leser verstanden werden, die sich von der Darstellung Runcimans zu einer intensiveren Beschäftigung mit Geschichte und Kultur des byzantinischen Reiches anregen lassen.

Anmerkungen

I. Die Gründung Konstantinopels. Seite 11—36

1 Zu den Reformen Diokletians und Konstantins vgl. besonders E. Stein, *Geschichte des spätrömischen Reiches*, Band 1, Wien 1928; J. Maurice, *Numismatique constantinienne*, 3 Bände, Paris 1908—1912, hier Band 2, Einleitung und J. Maurice, *Constantin le Grand. L'origine de la civilization chrétienne*, Paris 1925; Leclercqs Artikel über Konstantin in: *Dictionnaire d'Archeologie chrétienne et de Liturgie*, ed F. Cabrol, H. Leclercq, Band 3,2, Paris 1914, Sp. 2622—2695. N. H. Baynes, *Constantine the Great and the Christian Church*, in: Proceedings of the British Academy 15, 1929, S. 341—442 (mit vollständiger Bibliographie). Neuere Forschungen siehe Bibliographie S. 403 ff.

2 Sie werden angegeben bei M. Rostovtzeff, *The Social and Economic History of the Roman Empire*, Oxford 1926, S. 478—487 (deutsch: *Gesellschaft und Wirtschaft im römischen Kaisserreich*, übersetzt von L. Wickert, 2 Bände, Leipzig 1929); J. B. Bury, *A History of the Later Roman Empire from the death of Theodosius I. to the death of Justinian (395—565)*, Band 1, London 1923, S. 302—313.

3 Vgl. Bury, a. a. O.

4 Nonnenklöster bestanden tatsächlich vor den Männerklöstern. In Ägypten gab es mehrere im 3. Jahrhundert, vgl. M. Smith, *Studies in Early Mysticism in the Near and Middle East*, Sheldon Press 1931, S. 34 ff.

5 Nikephoros Bryennios erhob diesen Anspruch für die Dukas (N. Bryennios 13).

6 Maurice, *Numismatique constantinienne*, Band 2, S. IXXV.

7 *Anecdota graeca theologica cum prolegomenis. Gennadii . . . dialogus christiani cum Judaeo.* E codice Bernensi DLXXIX primum edidit et adnotavit Albertus Iahnius. Leipzig 1893, S. 2. — Jetzt auch in der Neuausgabe von L. Petit, X. A. Siderides, M. Jugie, *Oeuvres complètes de George (Gennade) Scholarios*, 8 Bände, Paris 1928—1936, hier Schriften gegen die Juden, Band 3, S. 251—314.

II. Historischer Abriß. Seite 37—80

1 Beste kurze Darstellungen sind: H. Gelzer, *Abriß der byzantinischen Kaisergeschichte*, in: K. Krumbacher, *Geschichte der byzantinischen Literatur*. 2. Auflage, München 1897, S. 911—1067; Ch. Diehl, *Histoire de l'Empire byzantin*, Paris 1920. Etwas ausführlicher sind: A. A. Vasiliev, *Histoire de l'Empire byzantin*, 2 Bände, Paris 1932 (neuere englische Ausgabe: *History of the*

Byzantine Empire, 2 Bände, Madison 1958); A. F. Gförer, *Byzantinische Geschichten*, hrsg. von J. B. Weiss, 3 Bände, Graz 1872 bis 1877; J. Kulakovskij, *Istorija Vizantii (Geschichte von Byzanz)*, 3 Bände, Kiev 1913—1915 und die Kapitel in der *Cambridge Medieval History*, Band 4.

2 Justin krönte ihn acht Tage vor seinem Tod.

3 Auch die Chronologie ist etwas zweifelhaft.

4 Basileios war geboren in der Nähe von Adrianopolis im *thema* Makedonia. Von Geburt behauptete er, Armenier zu sein.

5 Leons Vater war nicht genau bekannt. Seine Mutter war die Mätresse Michaels VIII.

6 Oft als IX. gezählt, da Romanos I. seinen Sohn Konstantin zum Kaiser krönte.

7 Sizilien, das im späten 9. Jahrhundert an die Araber verlorengegangen war, wurde im 11. Jahrhundert zur Hälfte zurückerobert.

III. Die Verfassung des Kaiserreiches und seine Rechtsstaatlichkeit. Seite 81—106

1 Vgl. Bury, *The Constitution of the Later Roman Empire*, in: Selected Essays of J. B. Bury, ed. H. Temperley, Cambridge 1930, S. 99 ff.

2 Vgl. L. Bréhier, *Les origines de titres impériaux au Byzance*, in: BZ 15, 1906, S. 161—178, besonders S. 171—172.

3 Vgl. *Digesten* I, iii, 31; *Basiliken* II, vi, 1.

4 Vgl. Bury, *The Constitution*, a. a. O., S. 112.

5 Theophanes 492.

6 Nikolaos Mystikos, *Epistolae*, in: MPG, Band 111, 210.

7 Malalas 369.

8 Liutprand, *Antapodosis* 142 (hrsg. von J. Becker, in: MGH, Scriptores rer. germ. 1915).

9 Psellos, *Chronographia*, ed. E. Renauld, 2 Bände, Paris 1926—1928, hier Band 1, S. 101 ff.

10 Niketas Choniates 448 ff.

11 Theophanes 352.

12 Der Ausdruck erscheint erstmals im sog. »Kletorologion« des Philotheos (das in Buch 2, Kapitel 52 von *De cerimoniis aulae byzantinae* des Kaisers Konstantinos Porphyrogennetos erhaltengeblieben ist) hier Konstantinos Porphyrogennetos, *De cerimoniis*, hrsg. von I. I. Reiske, Bonn 1829, I, 712.

13 Vgl. W. Sickel, *Das byzantinische Krönungsrecht bis zum 10. Jahrhundert*, in: BZ 7, 1898, S. 511—557.

14 Bury, *The Constitution*, a. a. O., S. 104.

15 Ebenda.

16 Theophylaktos Simokattes 334.

17 Konstantinos Porphyrogennetos, *De cerimoniis* I, 191 ff.; Kedrenos II, 296.

18 Bury, *The Constitution*, a. a. O., S. 114.

19 Kodinos, *De officiis* 87.

20 Konstantinos Porphyrogennetos, *De cerimoniis*, a. a. O.

21 Zur Frage der Salbung vgl. F. E. Brightman, *Byzantine imperial coronations*, in: The Journal of theological studies 2, 1901, S. 359—392, hier S. 383—385, aber auch Sickel, a. a. O., S. 547—548.

22 Theophanes 449.

23 Mansi, Band 12, 976; *Ekloge* in der Übersetzung von E. H. Freshfield, *A Manuel of Roman Law, the Ecloga*, Cambridge 1926, S. 66—67.

24 Konstantinos Porphyrogennetos, *De cerimoniis* I, 620—622.
25 H. Gelzer, *Das Verhältnis von Staat und Kirche in Byzanz*, in: Historische Zeitschrift 86, 1901, S. 195—252.
26 *Liber Pontificalis* I, 363—364 (ed. L. Duchesne, 2 Bände, Paris 1884—1892).
27 Basileios I., *Paraenesis ad Leonem*, in: MPG, Band 107, XXXII.
28 Nikephoros Breviarium 7.
29 Siehe unten S. 203
30 Augusta war immer der förmliche Titel, obwohl seit dem 7. Jahrhundert Basilissa der übliche Terminus war.
31 Theophanes Continuatus 364.
32 Ebenda 107—108.
33 Die tatsächliche Krönung ist nirgends beschrieben, aber sie trug den Titel der Augusta.
34 Prokopios, *De bello persico* (Loeb Ausgabe von H. B. Dewing und G. Downey, 7 Bände, London/New York 1914—1940) I, 230.
35 Bury, *A History of the Later Roman Empire from Arcadius to Irene*, Band 2, London 1889, S. 76 ff.
36 *Irene Pistos Basileus* — K. E. Zachariae von Lingenthal, *Jus Graeco-Romanum*, 7 Bände, Leipzig 1856—1884, hier Band 3, S. 55.
37 Theophanes Continuatus 380.
38 Zu den »Demen« vgl. Bury, Appendix 10 zu: E. Gibbon, *The History of the Decline and Fall of the Roman Empire*, ed. by J. B. Bury, 7 Bände, London 1896—1900, hier Band 4, S. 531 ff. und J. B. Bury, *A History of the Later Roman Empire*, Band 1, S. 84 ff. und Band 2, S. 11 ff. sowie besonders F. I. Uspenskij, *Partii cyrka i dimy v Konstantinopolě. (Die Zirkusparteien und Demen in Konstantinopel)*, in: Vizantijskij Vremennik 1, 1894, S. 1—16.
39 Vgl. Bury, *A History of the Later Roman Empire*, Band 1, S. 12; G. G. Buckler, *Anna Comnena*, Oxford 1929, S. 274—276; Ch. Diehl, *Le Sénat et le Peuble Byzantin aux VIIe et VIIIe siècles*, in: Byzantion 1, 1924, S. 201 bis 213.
40 Theophanes 303.
41 *Chronicon Paschale* 706 ff.
42 Theophanes 342.
43 Leo VI., *Novella* Nr. 47.
44 Theophanes Continuatus 171, 255.
45 Ebenda 407.
46 Anna Komnena, *Alexiad* (englische Übersetzung von E. A. S. Dawes, London 1928), S. 363.
47 Ebenda, S. 83.
48 Vgl. K. E. Zachariae von Lingenthal, *Geschichte des griechisch-römischen Rechtes*. 3. Auflage, Berlin 1892; Siciliano (Villanueva), *L. Diritto Bizantino*, in: Enciclopedia Giuridica Italiana IV, 5 (1906) 72 und neuerdings die *Cambridge Medieval History*, Band 4, 2.
49 Papst Agapetus, *Epistolae*, in: MPG, Band 66, 38—40.
50 *Ecloga* in: J. Leunclavius, *Juris graeco-romani, tam canonici quam civilis tomi duo*, 2 Bände, Frankfurt 1596, hier Band 1, S. 83—84.
51 *Ekloge*, übersetzt von Freshfield, a. a. O., S. 78—79.
52 Der *Tomos Unionis* verbot vier Ehen und rügte die Leons. Theophanes Continuatus 398.
53 Vgl. Leunclavius, *Juris graeco-romani*, Band 1, S. 1 ff.
54 Kedrenos I, 682.
55 Kantakuzenos I, 69.

IV. Die Verwaltung. Seite 107—137

1 Vgl. Bury, *A History of the Later Roman Empire*, Band 2, S. 334—348 und Bury, *The Imperial Administrative System in the Ninth Century*. With revised text of the Kletorologion of Philotheos, London 1911 (British Academy. Supplemental Papers 1) — das wichtigste Werk zu diesem Thema.

2 Kekaumenos, *Logos nouthetikos* 101 (nach der Ausgabe: *Cecaumeni strategicon et incerti scriptoris de officiis regiis libellus*, hrg. von B. Wassiliewsky und V. Jernstedt, St. Petersburg 1896).

3 Kekaumenos, *Strategikon* (Ausgabe St. Petersburg 1896) 74.

4 Prokopios, a. a. O.

5 Theophanes 498; Theophanes Continuatus 13.

6 Kekaumenos, *Logos nouthetikos* 98—99.

7 Philotheos in: Bury, *The Imperial Administrative System*, S. 145.

8 Ebenda, S. 36.

9 Ebenda.

10 Vgl. Bury, *A. History of the Eastern Roman Empire from the Fall of Irene to the Accession of Basil I (802—867)*, London 1912, S. 465—468.

11 Genesios 97; Theophanes Continuatus 397; Leon Diakonos 49.

12 Kodinos, *De officiis* 6.

13 Bury, *The Imperial Administrative System*, S. 33—35.

14 Anna Komnene 78—79.

15 Theophanes Continuatus 357, 394.

16 Unter Theophilos war es die Kaiserinmutter.

17 Zu den Titeln vgl. Bury, *The Imperial Administrative System*, S. 20—36, S. 121—124.

18 Vgl. Ch. Diehl, *De la signification du titre de »Proèdre« à Byzance*, in: Mélanges Schlumberger, Band 1, Paris 1924, S. 105—117.

19 Kodinos, *De officiis* 35 und passim.

20 Philotheos in: Bury, *The Imperial Administrative System*, S. 146.

21 Ebenda.

22 Bury, *A History of the Later Roman Empire*, Band 1, S. 25 ff.

23 Ebenda, Band 2, S. 350.

24 Ebenda, S. 337.

25 Ebenda, S. 346 ff.

26 Ebenda, S. 348.

27 Zur Themenorganisation vgl. H. Gelzer, *Die Genesis der byzantinischen Themenverfassung*, Leipzig 1899 (Abh. d. Kgl. Sächs. Ges. d. Wiss., Phil.-hist. Kl. 18, Nr. 5); K. N. Uspenskij, *Očerki po istorii Vizantii (Skizzen zur byzantinischen Geschichte)*, Band 1, Moskau 1917, S. 144—152. E. Stein, *Studien zur Geschichte des byzantinischen Reiches, vornehmlich unter den Kaisern Justinus II. und Tiberius Constantinus*, Stuttgart 1919, S. 117—140; E. W. Brooks, *Arabic Lists of the Byzantine Themes*, in: Journal of Hellenic Studies 21, 1901, S. 67—77. (Neuere Veröffentlichungen vgl. Bibliographie, S. 416.)

28 Er war rangmäßig der niedrigste (Philotheos, in: Bury, *The Imperial Administrative System*, S. 147); vgl. Konstantinos Porphyrogennetos, *De administrando imperio* 178—179, 244 ff.

29 Bury, *The Imperial Administrative System*, S. 39—47.

30 Ebenda, S. 69—105.

31 Ebenda, S. 69—70.

32 Ebenda, S. 73—75.

33 Ebenda, S. 77—78.

34 Ebenda, S. 78—105.
35 Ebenda, S. 120 ff.
36 Ebenda, S. 115—116.
37 *Vita S. Symeonis Novi Theologi* (Ausgabe von I. Hausherr SJ, *Un grand mystique byzantin: Vie de Syméon le Nouveau Théologien (949—1022), par Nicétas Stéthatos.* Texte grec inédit et traduction française avec introduction, notes critiques et index, Rom 1928 = Orientalia Christiana, Band XII, 45), S. 101 ff.
38 Philotheos, in: Bury, *The Imperial Administrative System*, S. 146; Matthaios von Edessa, *Chronik* (französische Übersetzung von E. Dulaurier, Paris 1858 = Bibliothèque hist. arm. 1), S. 79 ff. Bury, a. a. O., S. 116—117.
39 Bury, a. a. O., S. 141.
40 J. Gay, *L'Italie méridionale et l'Empire byzantin depuis l'avènement de Basile I jusqu'à la prise de Bari par les Normands (867—1071),* Paris 1909, S. 343 ff.
41 Kedrenos II, 494. Die Provinz wurde gewöhnlich Media genannt.
42 Vgl. G. Schlumberger, *L'épopée byzantine à la fin du Xe siècle,* 3 Bände, Paris 1896—1905, hier Band 2, Paris 1900, S. 418—443.
43 S. Runciman, *The Emperor Romanus Lecapenus and his reign. A study of tenth-century Byzantium,* Cambridge 1929, S. 72—74.
44 Kodinos, *De officiis* 23, 38.
45 G. I. Brătianu, *Nouvelles contributions à l'étude de l'approvisionnement de Constantinople sous les Paléologues et les empereurs ottomans,* in: Byzantion 6, 1931, S. 641—656.
46 Vgl. D. A. Zakythinos, *Le Despotat grec de Morée,* Band 1: *Histoire politique,* Paris 1932, passim.
47 Erstere Schätzung ist nach Stein, letztere nach Paparrhigopoulos. Vgl. die Diskussion bei A. Andréadès, *Le montant du budget de l'Empire byzantin,* in: Revue des Études Grecques 34, 1921, S. 20—56.
48 *The itinerary of Benjamin of Tudela,* ed. M. Adler, Oxford 1907, S. 13.
49 Andréadès, a. a. O.
50 Ausführlichste Erörterung bei F. Dölger, *Beiträge zur Geschichte der byzantinischen Finanzverwaltung, besonders des 10. und 11. Jahrhunderts,* Leipzig, Berlin 1927 (Byzantinisches Archiv 9); G. Ostrogorsky, *Die ländliche Steuergemeinde des byzantinischen Reiches im 10. Jahrhundert,* in: Vierteljahrschrift für Sozial- und Wirtschaftsgeschichte 20, 1927, S. 1—108, jetzt gesondert mit einem Nachtrag des Verf. abgedruckt, Amsterdam 1969, und dazu die Besprechung beider Bücher von Andréadès in der BZ 28, 1928, S. 287 ff.
51 Vgl. Andréadès, *Le montant du budget.*
52 Theophanes 486; Theophanes Continuatus 54.
53 Zitiert bei V. G. Vasil'evskij, *Materialy k vnutrennej istorii vizantijskogo gosudarstva (Materialien zur inneren Geschichte des byzantinischen Staates),* in: Vasil'evskij, Trudy, Band 4, Leningrad 1930, S. 369.
54 Machairas (Leontios Makhairas, *Recital concerning the Sweet Land of Cyprus entitled chronicle,* ed. with a translation and notes by R. M. Dawkins, 2 Bände, Oxford 1932) 8, Anmerkung 48; Andréadès, *Le montant du budget,* passim.
55 Niketas Choniates 97.
56 Ostrogorsky, *Die ländliche Steuergemeinde,* a. a. O.; Andréadès, in: BZ 28, 1928, S. 309; F. Dölger, *Das Aerikon,* in: BZ 30, 1930, S. 450—456; Bury, *A History of the Later Roman Empire,* Band 2, S. 350.
57 Theophanes 486.
58 Vgl. Bury, *A History of the Eastern Roman Empire,* S. 212 ff.

59 Bury, *A History of the Later Roman Empire from Arcadius to Irene*, Band 2, S. 424 ff.
60 Bury, *A History of the Eastern Roman Empire.*
61 Kantakuzenos III, 38—40.
62 Niketas Choniates 50; Kinnamos 22.
63 Konstantinos Porphyrogennetos, *De cerimoniis* II, 696— 697.
64 Liutprand, *Antapodosis* (Ausgabe von J. Becker in den MGH, Scriptores rer. germ. 1915) 157—158.
65 Ebenda, S. 227.
66 Ebenda, S. 175.
67 *Ekloge* (nach der englischen Übersetzung von E. H. Freshfield, *A Manuel of Roman Law, the Ecloga,* Cambridge 1926), S. 106, 111—114.
68 Niketas Choniates 63: Johannes II. wandte selbst die Verstümmelungsstrafe niemals an.
69 *Ekloge*, a. a. O., S. 105—106.
70 K. E. Zachariae von Lingenthal, *Jus Graeco-Romanum*, Band 3, S. 276.
71 Nikephoros 8.

V. *Religion und Kirche. Seite 138—169*

1 Mansi, Band 3, 560.
2 Es erkannte ihn nur während der lateinischen Herrschaft in Konstantinopel an, als das Meer fest unter seiner Kontrolle stand (Mansi, Band 22, 991).
3 Zur Organisation vgl. M. Le Quien, *Oriens Christianus in quatuor partiarchatus digestus,* 3 Bände, Paris 1740; J. Pargoire, *L'église byzantine de 527—847,* Paris 1905, S. 199 ff.
4 Konstantinos Porphyrogennetos, *De administrando imperio* 243.
5 A. Ferradou, *Les biens des monastères à Byzance,* Bordeaux 1896, passim.
6 Kedrenos II, 380.
7 Vgl. oben S. 62
8 Leon Diakonos 101—102.
9 Vgl. Bury, *Roman Emperors,* in: Selected Essays, ed. H. Temperley, Cambridge 1930, S. 210—214.
10 Theophanes Continuatus 354 bemerkt, daß Basileios ihn zum »synkellos« machte. Er wurde nach Basileios' Tod Patriarch.
11 Kedrenos II, 332—334.
12 *Vita S. Lucae Stylitae* 208 (Ausgabe von H. Delehaye, *Les Saints Stylites,* Brüssel/Paris 1923, S. 195—237 bzw. F. Vanderstuyf in: Patrologia Orientalis 11, Paris 1915, S. 147—299).
13 *Vita S. Symeonis Novi Theologi* (Ausgabe von I. Hausherr 1928), S. 140—141.
14 Vgl. L. Bréhier, *La querelle des images (VIIIe au IXe siècles),* Paris 1904; G. Ostrogorsky, *Studien zur Geschichte des byzantinischen Bilderstreites,* Breslau 1929.
15 Kinnamos 251 ff.
16 Vgl. O. Tafrali, *Thessalonique au quatorzième siècle,* Paris 1913.
17 *The Key of Truth. A manual of the Paulician church of Armenia.* The Armenian text, edited and translated with illustrative documents and introduction by F. C. Conybeare, Oxford 1898, Einleitung, passim.
18 S. Runciman, *A History of the First Bulgarian Empire,* London 1930, S. 190—196.
19 Anna Komnene 384 ff., 412 ff.

20 Bury, *A History of the Eastern Roman Empire*, S. 180—209; J. Ruinaut, *Le schisme de Photius*, Paris 1910; J. Hergenröther, *Photius, Patriarch von Konstantinopel*, 3 Bände, Regensburg 1867—1869, passim.

21 Runciman, *Romanus Lecapenus*, S. 41 ff.

22 C. Chapman, *Michel Paléologue, restaurateur de l'empire byzantin*, Paris 1926, S. 99 ff.

23 Vgl. Hergenröther, *Photius*, passim; W. Norden, *Das Papsttum und Byzanz. Die Trennung der beiden Mächte und das Problem ihrer Wiedervereinigung bis zum Untergange des byzantinischen Reiches (1453)*, Berlin 1903 (Reprint 1958), passim; L. Bréhier, *The Greek Church*, in: Cambridge Medieval History, Band 4, Cambridge 1923, S. 241—273 und S. 594—626.

24 Gregorius der Große, *Epistolae*, in: MPL, Band 77, 738 ff.

25 *Liber Pontificalis* I, 363—364.

26 Theophanes 409, 457.

27 Runciman, *A History of the First Bulgarian Empire*, S. 99 ff.

28 Siehe oben S. 62.

29 Liutprand, *Legatio* 200—201.

30 Radulfus Glaber, in: MGH SS 7, 1846, 96; Hugo von Flavigny, in: MGH SS 8, 1848, 392; Gay, *L'Italie méridionale*, S. 427.

31 Vgl. L. Bréhier, *Le Schisme Orientale*, passim.

32 Niketas Choniates 715

33 Er schrieb noch einen freundschaftlichen Brief an den Klerus, daß er in Attika bliebe.

34 Vgl. W. Norden, *Das Papsttum und Byzanz*, Berlin 1903, S. 182 ff. und 212 ff.

35 Gedruckt in MPG, Band 140, S. 293 ff.

36 Die Verhandlungen sind mitgeteilt bei Mansi, Band 23, 47 ff.

37 *Registres d'Urbain IV. (1261—64)* ed. J. Guiraud, 4 Bände, Paris 1899—1958, Nr. CXXXI.

38 Pachymeres I, 379 ff.

39 Chapman, *Michel Paléologue*, S. 113 ff.

40 Kantakuzenos III, 60.

41 Phrantzes 178.

42 Norden, *Das Papsttum und Byzanz*, S. 97—99.

43 Mansi, Band 4, 1469.

44 H. Gelzer, in: BZ 1, 1892, S. 245 ff. und 2, 1893, S. 2 ff.

45 Photios, *Epistolae*, in: MGP, Band 103, 904—905; *Vita S. Naum* nach der Ausgabe von P. A. Lavrov, *Materialy po istorii vozniknovenija drevnejšej slavjanskoj pis'mennosti (Materialien zur Geschichte der Entstehung des ältesten slavischen Schrifttums)*, Leningrad 1930, S. 4—5. Fotomechanischer Neudruck, Paris 1966, S. 181—192.

46 Das Argument findet sich in dem pseudolukianischen Werk »Philopatris« (wahrscheinlich aus dem 10. Jahrhundert).

47 Zitiert bei G. Soyter, *Byzantinische Dichtung. Ausgewählte Texte mit Einleitung, kritischem Apparat und Kommentar*, Heidelberg 1930, S. 26 (kommentierte griechische und lateinische Texte 6).

48 Psellos, *Chronographia* II, 77. Doch vgl. A. M. Bandini, *Catalogus Codicum manuscriptorum Bibliothecae Mediceae Laurentianae varia continens opera graecorum patrum*, 11 Bände, Florenz 1764—1793, hier Band 2, 547 f. Bericht über ein Manuskript von Psellos *Anerkennung des Glaubens*.

49 Gennadios, Brief in: MPG, Band 160, 663 ff.

50 *Vita S. Symeonis Novi Theologii* (Ausgabe von I. Hausherr 1928), S. 66.

51 Fredegarius in: MPL, Band 71, 646.

52 Mas'ūdī (Maçoudi), *Prairies d'Or*, arabische und französische Ausgabe von Barbier de Meynard und Pavet de Courteille, 9 Bände, Paris 1861—1877, hier Band 2, S. 8—9.

53 Niketas Choniates 278—284.

54 Pachymeres I, 258.

55 Bertrandon de la Brocquière, *Voyage d'Outremer*, in: Ch. Schefer, *Recueil de voyages et de documents pour servir à l'histoire de la Géographie depuis le XIII⁰ jusqu'a la fin du XVI⁰ siècle*, Band 12, Paris 1892, S. 163.

56 Theodoros Studites in: MPG Band 99, 824—825.

57 F. Miklosich et J. Müller, *Acta et diplomata medii aevi sacra et profana*, 6 Bände, Wien 1860—1890, hier Band 6, S. 45 ff.

58 Ph. Meyer, *Haupturkunden für die Geschichte der Athosklöster*, Leipzig 1894, S. 163 ff.

59 Pachymeres II, 531.

60 H. Grégoire, in: BZ 16, 1907, S. 204 ff.

VI. Das Heer — die Flotte — der diplomatische Dienst. Seite 170—201

1 Vgl. C. W. C. Oman, *History of the Art of War in the Middle Ages*, London 1898, S. 3—37 und 169—226 (2. Auflage in 2 Bänden, London 1924); Ch. Diehl, *Justinien et la civilisation byzantine au VI⁰ siècle*, Paris 1901, S. 145—245 (mit Bibliographie); F. Aussaresses, *L'Armée byzantine à la fin du VI⁰ siècle*, Paris 1909. Vgl. auch Bibliographie, S. 421 und neuerdings den kenntnisreichen Überblick von A. Dain, *Les stratégistes byzantins*, in: Travaux et mémoires 2, 1967, S. 319—392.

2 *Epitoma rei militaris*, hrsg. von C. Lang, 2. Auflage, Leipzig 1885.

3 Gewöhnlich gedruckt zusammen mit Onosanders *Strategikon*.

4 Maurikios, *Strategikon* (= sogenannte Taktik des Pseudo-Maurikios, die Verfasserschaft ist umstritten), in der Ausgabe von J. Scheffer, *Arriani Tactica et Mauricii artis militaris libri duodecim*, Uppsala 1664.

5 Leon VI., *Tactica*, in: MPG, Band 107, 672—1120.

6 Nikephoros Phokas, *De velitatione belli*, gedruckt zusammen mit Leon Diakonos im Bonner *Corpus*.

7 *Liber de re militari*, hrsg. von R. Vari in der Teubner-Reihe, Leipzig 1901.

8 Kekaumenos, *Strategikon* (Ausgabe von Wassiliewsky und V. Jernstedt, St. Petersburg 1896 — deutsche Übersetzung jetzt von H.-G. Beck, vgl. Bibliographie, S. 401).

9 Vgl. R. Grosse, *Römische Militärgeschichte von Gallienus bis zum Beginn der byzantinischen Themenverfassung*, Berlin 1920, passim mit Bibliographie.

10 Vgl. Ch. Diehl, *Justinien*; Bury, *A History of the Later Roman Empire*, Band 2, S. 76 ff.; Oman, *History of the Art of War*, S. 3—37.

11 Maurikios, *Strategikon*, passim

12 Bury, *The Imperial Administrative System*, S. 47—68.

13 Leon VI., *Tactica* 977 ff.; Nikephoros Phokas, *De velitatione belli*, a. a. O. passim, besonders 215—217.

14 Bury, *A History of the Eastern Roman Empire*, S. 281—284.

·15 Leon VI., *Tactica* 980.

16 W. M. Ramsay, *The Historical Geography of Asia Minor*, London 1890, S. 197 ff.

17 Bury, *The Imperial Administrative System*, S. 53 ff.; Bury, *A History of the Eastern Roman Empire*, S. 227—228.

18 Nikephoros Phokas, *De velitatione belli*, a. a. O., 183—185.

19 Leon VI., *Tactica,* 1048 ff.
20 Ebenda, 964 f.
21 Ebenda; Kekaumenos, *Strategikon,* a. a. O. 26—35 über die Verteidigung von Festungen.
22 Kekaumenos, *Strategikon* 14.
23 Anna Komnene 408.
24 Kekaumenos, *Strategikon* 17.
25 Leon VI., *Tactica* 717 ff.; Oman, *History of the Art of War,* S. 184 ff.
26 Bury, *A History of the Eastern Roman Empire,* S. 225—227.
27 Vgl. A. Rambaud, *L'empire grec au dixième siècle: Constantin Porphyrogénète,* Paris 1870, S. 287—296 und die Hinweise auf S. 96, Anmerkung 4.
28 Vgl. L. Bréhier, *Les populations rurales au IX⁰ siècle d'après l'hagiographie,* in: Byzantion 1, 1924, S. 177—190, hier S. 183.
29 Konstantinos Porphyrogennetos, *De cerimoniis I,* 692—693.
30 Bury, *A History of the Eastern Roman Empire,* S. 226.
31 Leon VI., *Tactica* 792 ff.
32 Ebenda, 820 ff.
33 Ibn-Hordadbeh, Ausgabe von M. J. de Goeje, in: Bibl. geogr. Arab. 6, 1899, S. 77 ff., hier S. 81.
34 Psellos, *Chronographia* I, 10.
35 Vgl. V. G. Vasil'evskij, *Varjago-russkaja i varjago-anglijskaja družina v Konstantinopole XI i XII v.,* in: Trudy, Band I, St. Petersburg 1908, S. 176 bis 377.
36 K. E. Zachariae von Lingenthal, *Jus Graeco-Romanum,* Band 3, S. 373.
37 Buckler, *Anna Comnena,* S. 353 ff.
38 Kekaumenos, *Logos nouthetikos,* a. a. O., S. 95—96.
39 Anna Komnene 208, 267.
40 Vgl. C. Neumann, *Die byzantinische Marine. Ihre Verfassung und ihr Verfall,* in: Historische Zeitschrift 81, 1898, S. 1—23; Bury, Appendix 5 zu E. Gibbon, *The History of the Decline and Fall of the Roman Empire,* Band 6 und J. B. Bury, *The naval policy of the Roman Empire in relation to the Western provinces from the 7th to the 9th century.* Centenario della Nascita di Michele Amari, Band 2, Palermo 1910, S. 21—34.
   N. H. Baynes, *The Byzantine Empire,* London 1925, S. 143—149, 217—220; Buckler, *Anna Comnena,* S. 381—386.
41 Leon VI., *Tactica* 989 ff.
42 Theophanes 370, 380.
43 Ebenda 410.
44 Bury, *A History of the Eastern Roman Empire,* S. 229—231.
45 Konstantinos Porphyrogennetos, *De administrando imperio* 130.
46 Theophanes Continuatus 405.
47 Liutprand, *Antapodosis* 61—62; Leo Ostiensis (oder Marsicanus) I, 50 ff., in: MGH SS, 7, 1846, S. 574—727, hier S. 615 ff.; Flodoard, in: MPL, Band 145, 431; Liutprand, a. a. O., 135, 139.
48 Liutprand, *Legatio* 182.
49 Konstantinos Porphyrogennetos, *De thematibus* 58.
50 Kodinos, *De officiis* 28.
51 Phrantzes 247.
52 Leon VI., *Tactica* 992 ff.; Bury, Appendix 5 zu E. Gibbon, *The History of the Decline and Fall of the Roman Empire,* Band 6, S. 539.
53 Theophanes 377.
54 Liutprand, *Antapodosis* 137 ff.

55 Tabari, übersetzt in: A. A. Vasil'ev, *Vizantija i Araby (Byzanz und die Araber)*, Band 1, St. Petersburg 1900, Addenda 51—52 (vgl. jetzt die französische Übersetzung in der Bibliographie, S. 432).

56 Konstantinos Porphyrogennetos, *De cerimoniis* 151 ff.

57 Ibn-Adari, in: Vasil'ev, a. a. O., Band 2, Addenda 149.

58 Bury, a. a. O.; G. Schlumberger, *Récits de Byzance et des Croisades*, 2 Bände, Paris 1922—1923.

59 Konstantinos Porphyrogennetos, *De administrando imperio* 84.

60 Theophanes 499.

61 Leon VI., *Tactica.*

62 *Liber ignium ad comburendos hostes*, in: Hofer, *Histoire de la chimie.* Band 1.

63 Leon VI., *Tactica.*

64 Kekaumenos, *Logos nouthetikos*, a. a. O., 101.

65 Siehe oben S. 123.

66 Theophanes 378.

67 Theophanes Continuatus 387.

68 Konstantinos Porphyrogennetos, *De administrando imperio* 72, 244 ff.

69 Uspenskij, *Rus' i Vizantija v X věkě (Die Rus' und Byzanz im 10. Jahrhundert)*, Odessa 1888, passim.

70 Z. B. Kedrenos VI, 355.

71 Z. B. Konstantinos Porphyrogennetos, *De cerimoniis* 661.

72 *Vita S. Nili*, in: MPG, Band 120, 117—120.

73 Seine sehr interessante Korrespondenz ist veröffentlicht von I. Sakkelion in: Deltion tēs historikēs kai ethnologikēs hetaireias tēs Hellados I, 1883/84, S. 377—410 — neuere Ausgabe mit französischer Übersetzung der Briefe: G. Kolias, *Léon Choerosphactès, magistre, proconsul et patrice.* Biographie-Correspondance (texte et traduction), Athen 1939 (Texte und Forschungen zur byzantinisch-neugriechischen Philologie 31).

74 Konstantinos Porphyrogennetos, *De administrando imperio* 208.

75 Liutprand, *Legatio* 186.

76 Konstantinos Porphyrogennetos, *De cerimoniis* 566 ff., 680 ff.; Liutprand, *Legatio*, passim.

77 Liutprand, *Legatio* 201.

78 Konstantinos Porphyrogennetos, *De cerimoniis* 661.

79 Jahja (Yaḥyā) von Antiochien, nach der Ausgabe von V. Ř. Rosen, *Imperator Vasilij Bolgarobojca. Izvlěčenija iz letopisi Jachji Antiochijskogo (Der Kaiser Basileios der Bulgarenkämpfer. Auszüge aus der Chronik des Jahja von Antiochien)*, St. Petersburg 1883, S. 20.

80 Leon VI., *Tactica* 957; Konstantinos Porphyrogennetos, *De administrando imperio* 168 ff.

81 Kedrenos II, 372.

82 Gay, *L'Italie méridional*, S. 79 ff.

83 Ebenda, S. 324 ff.

84 Konstantinos Porphyrogennetos, *De administrando imperio* 67—72, 80—81.

85 Ch. Diehl, *Figures byzantines*, Band 2, 8. Auflage, Paris 1927, S. 164—290.

86 Konstantinos Porphyrogennetos, *De administrando imperio* 84.

87 M. F. Brosset, *Histoire de la Géorgie, depuis l'antiquité jusqu'au XIXe siècle, traduite du géorgien*, 2 Bände, St. Petersburg 1849—1857, hier Band I, S. 316—317.

88 Hugo von Flavigny, *Chronicon*, in: MGH SS 8, 1848, 374.

89 *Vita Philaretos Eleemon*, nach der Ausgabe von A. A. Vasil'ev, in: Izvěstija Russkago Archeologičeskago Instituta v Konstantinopolě, Odessa 1900, S. 64

bis 86, hier S. 78, vgl. auch die Ausgabe mit französischer Übersetzung von M. H. Fourmy und M. Leroy in: Byzantion 9, 1934, S. 85—167.

90 Z. B. Theophano Muzalon (Loparev in: Vizantijskij Vremennik 1, 1894, S. 159).

91 W. Miller (Hrsg.), *Recueil des historiens des Croisades. Historiens grecs*, Band 2, Paris 1881, S. 768.

92 Theophanes Continuatus 419.

93 Einhard ad annum 788.

94 Dukas 117 ff.

95 Schlumberger, *L'épopée byzantine*, Band 2, S. 452 ff.

VII. Der Handel. Seite 202—220

1 W. Heyd, *Histoire du commerce du Levant au Moyen âge*, 2 Bände, Leipzig 1923, hier Band 1, S. 1—24.

2 Kosmas Indikopleustes, *Topographia*, nach der englischen Übersetzung von J. W. McGrindle, *The Christian Topography of Cosmas, an Egyptian Monk*, London 1897.

3 Kosmas Indikopleustes, a. a. O., passim, besonders S. 40.

4 *Vita S. Genofevae*, in: Bibliotheca Hagiographica Latina antiquae et mediae aetatis, Brüssel 1898 ff., 3335, § 27.

5 Prokopios, in der Loeb-Ausgabe von H. B. Dewing und G. Downey, Band 5, 226 ff.

6 Zur Seide vgl. Bury, *A History of the Later Roman Empire*, Band 2, S. 330 ff.

7 Theophanes 422—423.

8 Maçoudi, *Prairies d'Or*, a. a. O., I, 98.

9 Vgl. A. A. Vasiliev, *Economic Relations between Byzantinum and Old Russia*, in: Journal of Economic and Business History 4, 1932, S. 314—334.

10 Konstantinos Porphyrogennetos, *De administrando imperio* 177 ff.

11 Vgl. Heyd, *Historie du commerce*, Band 1, S. 100—103.

12 *Vita S. Naum*, a. a. O., 4.

13 Liutprand, *Legatio* 183.

14 Vgl. F. Chalandon, *Histoire de la domination normande en Italie et en Sicilie*, 2 Bände, Paris 1907, hier Band 2, S. 145—147.

15 Heyd, *Histoire du commerce*, Band 1, S. 190 ff.

16 Ebenda, Band 2, S. 93 ff., 257 ff., 379 ff.

17 Bury, *A History of the Eastern Roman Empire*, S. 217—219.

18 J. Nicole, *Le Livre du Préfet ou l'Edit de l'Empereur Léon le Sage sur les Corporations de Constantinople*, Genf 1894, S. 27—28, 35—38; Liutprand, *Legatio* 204—205.

19 Antonius Martyr 92; O. von Falke, *Kunstgeschichte der Seidenweberei*, Berlin 1913, S. 48.

20 *Vita S. Niconis Armenii*, in: E. Martène und U. Durand, *Veterum scriptorum et monumentorum historicorum, dogmaticorum et moralium amplissima collectio*, 9 Bände, Paris 1724—1733, hier Band 6, 884.

21 Bury, *A History of the Eastern Roman Empire*.

22 Gregoras 43.

23 Bury, *The Imperial Administrative System*, S. 88.

24 L. Leger, *Chronique dite de Nestor*. Traduite sur le texte slavon-russe avec introduction et commentaire critique, Paris 1884 (Publications de l'École des

langues orientales vivantes ser. 2, vol. 13, S. 35 ff.); Vasiliev, *Economic Relations*, a. a. O., S. 323—326.
25 G. J. Brătianu, *La question de l'approvisionnement de Constantinople à l'époque Byzantine et Ottomane*, in: Byzantion 5, 1929, S. 83—107 und *Nouvelles contributions à l'étude de l'approvisionnement de Constantinople sous les Paléologues et les empereurs ottomans*, in: Byzantion 6, 1931, S. 641—656.
26 Theophanes Continuatus 357.
27 Vgl. Bury, in: E. Gibbon, *The History of the Decline and Fall of the Roman Empire*, Band 5, Appendix 13, S. 533—534.
28 W. Ashburner, *The Rhodian See Law*, Oxford 1909, passim.
29 Nicole, *Le Livre du Préfet*, passim.
30 Kedrenos II, 369—370.
31 Bury, *The Imperial Administrative System*, S. 74.
32 *Ecloga* in: Leunclavius, *Juris graeco-romani*, Band 1, S. 87—88.
33 Nicole, *Le Livre du Préfet*, S. 30—45.
34 Leon Diakonos 146—147.
35 Andréades, *De la monnaie et de la puissance d'achat des métaux précieux dans l'Empire byzantin*, in: Byzantion 1, 1924, S. 75—115.
36 F. Chalandon, *Essai sur le règne d' Alexis I Comnène (1081—1118)*, Paris 1900, S. 301 ff.
37 Ebenda, passim.

VIII. Stadt- und Landleben. Seite 221—270

1 Michael der Syrer 15 (Ausgabe mit französischer Übersetzung von I. B. Chabot, *La chronique de Michel le Syrien*, 4 Bände, Paris 1899—1910; anastatischer Nachdruck Bruxelles 1963.
2 Theophanes 379.
3 Th. Reinach, *Un contrat de mariage du temps de Basile le Bulgaroctone*, in: Mélanges Schlumberger, 1, Paris 1924, S. 118—132.
4 Benjamin von Tudela (Ausgabe von M. Adler, Oxford 1907) 10.
5 Theophanes 474.
6 Vgl. A. Andréadès, *De la population de Constantinople sous les empereurs byzantins*, in: Metron, 1, Nr. 2, 1920.
E. Pears, *The destruction of the Greek Empire and the story of the capture of Constantinople by the Turks*, London 1903, S. 192 ff.
7 P. Gyllius, *De topographia Constantinopoleos libri IV*. Lugduni 1561; Ch. Du Cange, *Constantinopolis christiana seu descriptio urbis Constantinopolitanae qualis extitit sub imperatoribus christianis*, Paris 1680 (auch als Teil des Buches von Du Cange, *Historia byzantina duplici commentario illustrata*, Paris 1680). A. D. Mordtmann, *Esquisse topographique du Constantinople*, Lille 1892; A. van Millingen, *Byzantine Constantinople: the Walls of the City and adjoining Historical Sites*, London 1899; J. Ebersolt, *Constantinople Byzantine et les Voyageurs du Levant*, Paris 1918.
8 Kedrenos I, 648.
9 Vgl. L. M. E. de Beylié, *L'habitation byzantine. Recherches sur l'architecture civile des Byzantins et son influence en Europe*, Grenoble, Paris 1902.
10 *(Codex Justiniani VIII, X, 12.)*
11 Kodinos 50, 119.
12 Kedrenos II, 107—108.
13 N. P. Kondakov, *Les costumes orientaux à la Cour Byzantine*, in: Byzantion, 1, 1924, S. 7—49.

14 La Brocquière, *Voyage d'Outremer*, a. a. O., 157.
15 Kedrenos I, 587.
16 Vgl. J. Ebersolt, *Le Grand palais de Constantinople et le livre des céré-monies*, Paris 1910.
17 Pachymeres I, 161.
18 Pero Tafur, *Travels and Adventures 1435—1439*. Translated and edited with an introduction by Malcolm Letts, London 1926 (Broadway Travellers), S. 145—146.
19 Villehardouin, *De la conquête de Constantinople par les Français et les Venetiens*, in: Français de Bouchet, *Recueil des Historiens des Gaules*, Band 18, 1738, I, 171.
20 Vgl. J. Ebersolt, *Sanctuaries de Byzance. Recherches sur les anciens trésors des églises de Constantinople*, Paris 1921; P. E. Riant, *Exuviae sacrae Constantinopolitanae*, 2 Bände, Genf 1876.
21 Johannes von Ephesos 247—248.
22 *Vita Philaretos*, a. a. O., 74—76.
23 Theophanes 483.
24 Georgios Monachos Continuatus 790.
25 Bury, *A History of the Later Roman Empire*, Band 1, S. 81 ff. (mit Verweisen).
26 Konstantinos Porphyrogennetos, *De cerimoniis I*, 417—418.
27 Bury, *The Nika Riot*, in: Journal of Hellenic Studies, 17, 1897, S. 98 ff.
28 Liutprand, *Antapodosis* 142—143.
28a Psellos, *Chronographia I*, 102 ff.
29 Vgl. Bury, *A History of the Later Roman Empire*, Band 1, S. 84.
30 Kedrenos II, 343.
31 La Brocquière, *Voyage d'Outremer*, a. a. O., 158.
32 Vgl. Ch. Du Cange, *Familiae Augustae Byzantinae. Familiae Dalmaticae, Sclavonicae, Turcicae*, in: Ch. du Fresne Du Cange, *Historia Byzantina duplici commentario illustrata*, Paris 1680, Teil 1, 145.
33 Bryennios 17.
34 Psellos, *Chronographia II*, 140.
35 Prodromos, *Epithalamium*, in: MPG Band 133, 1397—1406.
36 Anna Komnene 52 ff.
37 *Vita S. Basilii Minoris*, in: AS Boll. 26. März, 761.
38 Prokopios, *Historia arcana* 23.
39 Theodores Studites, *Epistolae*, in: MPG, Band 99, 884 ff.
40 Theophanes Continuatus 321.
41 Leon Diakonos 47.
42 *Digenis Akritas*, nach der Übersetzung von K. Sathas/E. Legrand, *Les exploits de Digénis Akritas*. Paris 1875 (Collection de monuments grecs pour servir à l'étude de la langue néo-héllenique, n. s. VI), S. 108—116, 224 ff.
43 *Vita Philaretos*, a. a. O., passim.
44 R. Guilland, *Le Palais de Théodore Métochite*, in: Revue des Études Grecques, 35, 1922, S. 82—95.
45 Phrantzes 291.
46 *Vita Theophanis*, nach der Ausgabe von Chr. Loparev, *Vizantijskaja Žitija Svjatych VIII—IX vekov (Byzantinische Heiligenleben vom 8.—9. Jahrhundert)*, in: Vizantijskij Vremennik 17, 1910, S. 1—224.
47 Bryennios 19.
48 Georgios Monachos 841.
49 Konstantinos Porphyrogennetos, *De thematibus* 54.

50 K. E. Zachariae von Lingenthal, *Jus graeco-romanum*, Band 3, 307—316.
51 *Lettre à Cosme*, übersetzt in: Patrologia Orientalis, Band 13, 278.
52 Georgios Monachos Continuatus 835.
53 Photios, *Bibliotheca*, in: MPG, Band 103, 41—44.
54 Vgl. Sathas BGM, Band 1, S. 19 ff.
55 *Vita Philaretos*, a. a. O., 74.
56 Anna Komnene 223.
57 K. E. Zachariae von Lingenthal, *Jus graeco-romanum*, a. a. O.
58 Kekaumenos, *Strategikon*, a. a. O., 42—43.
59 *Digenis Akritas*, a. a. O., S. 244.
60 Phrantzes 206.
61 Bryennios 35, 40.
62 Theophanes Continuatus 385.
63 *Chronicon Paschale* 711.
64 Vgl. oben S. 118.
65 Vgl. unten S. 303.
66 Bury, *The Imperial Administrative System*, S. 103 ff.
67 Anna Komnene 409 ff.
68 K. E. Zachariae von Lingenthal, *Jus graeco-romanum*, Band 3, S. 407 ff.
69 Eustathios, in: MPG, Band 136, 1289—1290.
70 Zur Frage der Sklaverei vgl. F. Chalondon, *Les Comnènes II: Jean Comnène (1118—1143 et Manuel Comnène (1143—1180)*, Paris 1912, S. S. 612;
   Constantinescu, in: Bulletin der rumänischen Akademie, Band 11, S. 100;
   P. Boissonnade, *Le travail dans L'Europe chrétienne au Moyen âge (V^e—XVe
   siècle)*, Paris 1921, S. 55, 76, 413, der das Ausmaß der Sklaverei für gering
   hält.
71 Psellos, *Chronographia* I, 44, 69.
72 Psellos, *Grabrede*, in: Sathas BGM, Band 5, S. 12—13.
73 *Vita S. Theodori Siceotis*, in: AS Boll. 22. April, 33 ff.
74 *Vita S. Mariae Junioris*, in: AS Boll. 9. November, 692—693.
75 Psellos, a. a. O., passim.
76 *Vita S. Mariae Junioris*, a. a. O., 695—696.
77 Theophanes Continuatus 20, 193.
78 Maçoudi, *Le livre de l'avertissement et de la révision*. Trad. par B. Carra
   de Vaux, Paris 1896, S. 235.
79 Anna Komnene 244.
80 Bryennios 81.
81 Siehe unten S. 303.
82 Kedrenos II, 369—370.
83 Gregoras I, 43.
84 Theophanes Continuatus 318.
85 Bury, *A History of the Roman Empire from Arcadius to Irene*, Band 2,
   S. 224.
86 *Vita S. Thomaïdos*, in: AS Boll, 9. November, 233.
87 Konstantinos Porphyrogennetos, *De administrando imperio*, 79, 177.
88 Vgl. H. F. Tozer, *Byzantine Satire*, in: Journal of Hellenic Studies, 2, 1881,
   S. 233—270.
89 Prokopios, *De aedificiis* 315; Theophanes 471.
90 Zur Agrarfrage vgl. B. A. Pančenko, *Krest'janskaja sobstvennost' v Vizantii
   (Das bäuerliche Eigentum in Byzanz)*, in: Izvěstija Russkago Archeologičeskago Instituta v Konstantinopolě, 9, 1904, S. 1—234; W. Ashburner, *The
   Farmer's Law*, in: Journal of Hellenic Studies, 30, 1910, S. 85—108 und

32, 1912, S. 68—95; G. Testaud, *Des rapports des puissants et des petits propriétaires ruraux dans l'Empire byzantin Xe siècle*, Bordeaux 1898.

91 K. E. Zachariae von Lingenthal, *Jus graeco-romanum*, Band 3, S. 234 ff., 242 ff.

92 Ebenda, S. 252 ff., 306 ff.

93 Text bei Ashburner, a. a. O.

94 *Vita Philaretos*, a. a. O., passim.

95 Ebenda, passim.

96 *Vita S. Theodorae Thessalonicensis*, Ed. Kurtz in: Mémoires der kaiserlichen Akademie der Wissenschaften in Petersburg VIIIe sér. VI 1, 1902, 1 ff.

97 *Vita S. Athanasiae Aegineticae*, in: AS Boll. 14. August, Band 3, 170 ff.

98 *Vita S. Theoctistae Lesbiae*, in: AS Boll. 9. November, 221 ff.

99 Kekaumenos, *Strategikon*, a. a. O., 78

100 Theophanes Continuatus 430.

101 Vgl. W. M. Ramsay, *The Historical Geography of Asia Minor*, London 1890, S. 197—221.

102 *Vita S. Stephani*, in: MPG, Band 100, 1148.

103 Theophanes Continuatus 244—275, 379.

104 Ebenda, 433—434.

105 Anna Komnene 23.

106 *Vita S. Lucae Minoris*, in: MPG, Band 111, 465 ff.

107 *Vita S. Niconis Metanoeite*, in: Neos Hellenomnemon 3, 1906, S. 74—75.

108 *Vita S. Nili*, in: MPG, Band 79.

109 *Vita S. Nicephori Milesii*, hrsg. von H. Delehaye in: Analecta Bollandiana, 14, 1895, S. 129—166, hier S. 144.

110 Vgl. H. Delehaye, *Les Saints Stylites*, Brüssel/Paris 1923.

111 *Vita S. Danielis Styliate*, in: Delehaye, a. a. O., S. 44—46, 53.

112 Delehaye, S. lxiv

113 Ebenda, S. lxxxii ff., cviii ff.

114 Ebenda, S. cxxiii—cxxiv.

115 Theodoros Studites, *Epistolae*, in: MPG, Band 99, 957.

116 Vgl. die Bemerkung von Delehay in: Analecta Bollandiana 27, 1908, S. 391—392.

117 *Vita S. Lucae Stylitae*, nach der Ausgabe in: Patrologia Orientalis, 11, Paris 1915, S. 147—299, hier S. 235, 239—240.

118 *Vita S. Basilii Minoris* 762—763.

119 H. Delehaye, *Le martyre de S. Nicétas le Jeune*, in: Mélanges Schlumberger I, Paris 1924, S. 205—211.

120 Phrantzes 210.

121 Kedrenos II, 351.

122 Liutprand, *Legatio* 177.

123 Niketas 430—431.

124 Vgl. Ebersolt, *Sanctuaires de Byzanze* und *Riant Exuviae sacrae*, passim.

125 Ebenda.

126 *Miracula S. Artemii*, in: A. Papadopulos-Kerameus, *Varia graeca sacra*, St. Petersburg 1909 (Zapiski istoriko-filolog. Fakul'teta imp. S.-Peterb. Univ. 95), passim.

127 *Miracula S. Demetrii*, in: MPG, Band 106 passim.

128 *The Chronicle of Joshua the Stylite composed in Syriac A. D. 507*, ed. and transl. by W. S. Wright, Cambridge 1882, S. 78.

129 *Vita S. Parthenii*, in: AS Boll. 11. Februar, 39.

130 Prokopios, *Historia arcana* 80—81.

131 Michael der Syrer 114—115 (vgl. französische Ausgabe von I. B. Chabot, *La chronique de Michel le Syrien*, 3 Bände, Paris 1899—1904); Theophanes Continuatus 156.
132 Georgios Monachos Continuatus 670 ff.
133 Niketas 107.
134 Ebenda, 193—194.
135 Theophanes Continuatus 191.
136 Genesios 8, 21.
137 Theophanes Continuatus 379.
138 In: Collection de monuments grecs pour servir à l'étude de la langue néo-hellénique, n. s. 5, 1875, S. 1 ff.
139 *Scriptores originum Constantinopolitanarum* (Teubner-Ausgabe, Leipzig 1901), S. 191, 206.
140 Anna Komnene 149—150.
141 Genesios 21.
142 Kinnamos 15.
143 Gregoras II, 619.
144 Theophanes Continuatus 379.
145 Ebenda, 411—412.
146 Niketas 738—739.
147 Genesios 20.
148 Theophanes Continuatus 385.
149 Zonaras III, 570.
150 Glykas 527—528.
151 Akropolites 130.
152 Theophanes 352.
153 Psellos, *Chronographia* I, 102; II, 49.
154 Theophanes 384.

IX. Erziehung und Bildung. Seite 271—289

1 Theophanes Continuatus 49.
2 Konstantinos Porphyrogennetos, *De thematibus* 54.
3 Anna Komnene 133.
4 Akropolites 130.
5 Vgl. N. H. Baynes, *The Byzantine Empire*, London 1925, S. 151—152.
6 Psellos, *Chronographia* I, 55.
7 Vgl. das Kapitel über Erziehung bei Buckler, *Anna Comnena*, S. 165 ff.
8 Vgl. L. Bréhier, *Notes sur l'histoire l'enseignement supérieur à Constantinople*, in: Byzantion, 3, 1927, S. 73—94; 4, 1928, S. 13—28; F. Schemmel, *Die Hochschule von Konstantinopel vom V. bis IX. Jahrhundert*, Berlin 1912 (Wissenschaftliche Beilage zu dem Jahresbericht des Königl. Wilhelm-Gymsiums in Berlin); vgl. F. Fuchs, *Die höheren Schulen von Konstantinopel im Mittelalter*, Leipzig/Berlin 1926 (Byzantinisches Archiv 8).
9 Kedrenos I, 616.
10 *Vita Theodori Studitae*, in: MPG, Band 99, 117; Ignatios, *Vita Nicephori*, nach der Ausgabe von C. de Boor, *Nicephori archiepiscopi Constantinopolitani opuscula historica*, Leipzig 1880, S. 137—217, hier S. 170.
11 Ananias von Shirak, übersetzt von F. C. Conybeare, in: BZ, 6, 1897, S. 572—573.
12 Psellos, in: Sathas BGM, Band 5, S. 420.
13 Pachomios, in: MPG, Band 98, 1333.

14 *Vita S. Nicephori,* in: MPG, Band 100, 56—57.
15 Theophanes Continuatus 189—192.
16 in MPG, Band 107, lxi-lxii.
17 Vgl. S. Reinach, *Cultus, mythes et religions,* Band 1, 3. Auflage, Paris 1922, S. 383—392.
18 Kekaumenos, *Strategikon,* a. a. O., 46, 75.
19 Psellos, in: Sathas BGM, Band 5, S. 14, 91, 147.
20 C. Neumann, *Die Weltstellung des byzantinischen Reiches vor den Kreuzzügen,* Leipzig 1894.
21 Neos Hellenomnemon, Band 12, 1915, S. 241.
22 Prodromos, in: MPG, Band 133, 1291 ff., 1313 ff., 1419 ff.
23 Diehl, *Études byzantines,* S. 307 ff.
24 Vermerk auf der Handschrift in der Bodleiana (= Universitätsbibliothek Oxford).
25 Blemmydes' Autobiographie in der Ausgabe von A. Heisenberg, *Nicephori Blemmydae curriculum vitae et carmina,* Leipzig (Teubner) 1896, S. 27 ff., 35 ff.
26 Akropolites 68.
27 I. Papadopoulos, *Peri tēs en Trapezundi scholēs thetikōn epistēmōn (Über die Schule von Trapezunt),* in: Neos Poimen, 4, 1922, S. 19—39.
28 z. B. *Vita S. Gregorii Sinaitis,* nach der Ausgabe von I. Pomjalovskij, *Žitie iže vo svjatych otca našego Grigorija Sinaita,* St. Petersburg 1894 (Zapiski ist.-filol. fak. Imp. S.-Peterburgskago universiteta XXXV), passim.
29 Vgl. Buckler, *Anna Comnena,* S. 184.
30 In: MPG, Band 103, 41 ff.
31 Anna Komnene 415.
32 *Greek Anthology* (Loeb Serie), Band 5, S. 142.
33 K. Krumbacher, *Geschichte der byzantinischen Litteratur,* 2. Auflage, München 1897, S. 845 ff.
34 Psellos, in: Sathas BGM, Band 5, S. 92—93.
35 Vgl. Krumbacher, a. a. O., S. 591.
36 z. B. Konstantinos Porphyrogennetos, *De cerimoniis* I, 370
37 Psellos, *Chronographia* I, 32.
38 Psellos, in: Sathas BGM, Band 5, S. 492.
39 Neumann, *Die Weltstellung des byzantinischen Reiches,* S. 67.
40 Niketas Choniates 191.
41 Anna erwähnt einen Griechen, der Normannisch-Französisch konnte (Anna Komnene 343).
42 Anna Komnene 164.
43 Pachymeres I, 125.
44 Phrantzes 271—278.
45 *Vita S. Joannis Damasceni,* in: MPG, Band 94, 441.
46 Konstantins Gedicht in: MPG, Band 107, 61 ff.
47 Psellos, in: Sathas BGM, Band 5, S. 508 ff.
48 Psellos, *Chronographia* I, 147.
49 Anna Komnene 132 ff.
50 Michael Choniates, *Epistolae,* nach der Gesamtausgabe von S. Lampros, *Michaēl Akominatou tou Choniatou ta sozōmena,* Band 2, Athen 1880, S. 120—121.
51 Niketas Choniates 278—284.
52 Theodoros Laskaris Briefe, in der Ausgabe von N. Festa, *Theodori Ducae Lascaris epistulae CCXVII,* Florenz 1898 (Pubblicazioni del R. Istituto di

studi superiori pratici e di perfezionamento in Firenze. Sezione di filosofia e lettere), S. 99.

53 Anna Komnene 135.
54 Theophanes Continuatus 189 ff.
55 Buckler, *Anna Comnena*, S. 211 ff.
56 Kosmas Indikopleustes, *Topographia*, englische Übersetzung von J. W. Mc-Grindle, *The Christian Topography of Cosmas, an Egyptian Monk*, London 1897, passim.
57 Anna Komnene 340.
58 Kekaumenos, *Strategikon*, a. a. O. 83.
59 Akropolites 68.
60 Anna Komnene 308.
61 Siehe oben S. 198.
62 Konrad III. Brief an Wibald, in: Wibald, *Epistolae* 153 (Ausgabe dieses Briefbuches des Wibald von Stablo durch Ph. Jaffé in: Bibliotheca rerum germanicarum, 1, Berlin 1864, S. 76—596).
63 Psellos, *Chronographia* I, 50
64 Kekaumenos, *Strategikon*, a. a. O., 53.
65 Theodoros II. Laskaris Batatzes, *Epistolae* (nach der Ausgabe von N. Festa, Florenz 1898), No. LXX.
66 E. Jeanselme, *Les calendriers de régime à l'usage des Byzantins et la tradition Hippocratique*, in: Mélanges Schlumberger, I, Paris 1924, S. 217—233.
67 Buckler, *Anna Comnena*, S. 215 ff.
68 Ebenda.
69 Vgl. R. Oeconomos, *La vie religieuse dans l'Empire byzantin au temps des Comnènes et des Anges*, Paris 1918, S. 193 ff.; Petit in: Vizantijskij Vremennik, 11, 1904, Supplement.

X. Die byzantinische Literatur. Seite 290—307

1 Vgl. K. Krumbacher, *Geschichte der byzantinischen Litteratur*, 2. Auflage, München 1897, das grundlegende Werk zu diesem Gegenstand. Er verzeichnet die Editionen byzantinischer Werke, die bis 1897 veröffentlicht wurden. Spätere Veröffentlichungen finden sich in der Bibliographie zu dem Artikel *Byzantine Literature* von Dieterich in: The Catholic Encyclopedia, Band 3, 1908, S. 113—124 und in den bibliographischen Zusammenstellungen zur *Cambridge Medieval History*, Band 4, Cambridge 1923 bzw. Neuauflage in 2 Teilen, Cambridge 1966—1967.
2 Z. B. *Vita S. Symeonis Novi Theologii* des Niketas Stethatos (nach der Edition von I. Hausherr, Rom 1928), S. 160, 162.
3 P. K. Kekelidze, *Simeon Metafrast po Gryzinskim istočnikam (Symeon Metaphrastes nach georgischen Quellen)*, in: Trudy Kievskoj duchovnoj akademii, 2, 1910, S. 172, 191.
4 Vgl. V. Cottas, *Le théâtre à Byzance*, Paris 1931. Frau Cottas glaubt an die Autorschaft des Gregorios von Nazianz.
5 Vgl. die Aufsätze von Tillyard, *A Musical Study of the Hymns of Casia*, in: BZ, 20, 1911, S. 420—485; ders., *Byzantine Musical Notation. — A Reply*, in: BZ, 24, 1923/24, S. 320—328; ders., *The Stenographic Theory of Byzantine Music*, in: BZ, 25, 1925, S. 333—338; ders., *The Stichera Anastasima in Byzantine Hymnody*, in: BZ, 31, 1931, S. 13—20.

XI. Die byzantinische Kunst. Seite 308—336

1 Vgl. O. M. Dalton, *Byzantine Art and Archaeology,* Oxford 1911 und O. M. Dalton, *East Christian Art,* Oxford 1925; C. Diehl, *Manuel d'art byzantin,* Paris 1910, 2. Auflage in 2 Bänden, Paris 1925—1926; N. P. Kondakoff (Kondakov), *Histoire de l'art byzantin.* Französische Übersetzung von F. Trawinski, 2 Bände, Paris 1886—1890; L. Bréhier, *L'art byzantin,* Paris 1924; Ch. Bayet, *L'art byzantin,* Paris 1883; G. Millet, *L'art byzantin,* in: A. Michel, *Histoire de l'art,* Band 1, S. 127—299 und Band 3, Paris 1905 ff. — alles allgemeine Darstellungen. Zur Frühperiode vgl. J. Strzygowski, *Ursprung der christlichen Baukunst,* Leipzig 1920.

2 D. i. 345.600.000 Goldfranken (etwa £ 14.000.000 — offensichtlich eine große Übertreibung *(Scriptores* **Orginum** *Constantinopolitani,* ed. Teubner, Leipzig 1901, S. 102).

3 ... Der persische General befahl seinen Truppen vor der Schlacht gegen die verbündeten Griechen und Armenier, so viele Griechen wie möglich gefangen zu nehmen, damit sie für die Perser Paläste bauen könnten. *Faustus of Byzantium.* Bibliothèque historique en quatre livres traduit pour la premier fois de l'arménien par J. B. Emine, in: V. Langlois, *Collection des Historiens anciens et modernes de l'Arménie,* Band 1, Paris 1867, S. 281.

4 Vgl. W. R. Lethaby and H. Swainson, *The Church of Sancta Sophia. A Study of Byzantine Building,* London 1894.

5 Stephanos von Taron, genannt Asoghik, *Histoire universelle.* Traduit de l'arménien et annotée par E. Dularier bzw. F. Macler, 2 Teile, Paris 1883—1917 (École speciale des langues orientales vivantes. sér. I, Band 18, hier Teil 2), S. 133.

6 J. Ebersolt, *Le Grand Palais de Constantinople et le livre des cérémonies,* Paris 1910, S. 130—135.

7 Ebenda, S. 77 ff., 110 ff.

8 *Digenis Akritas,* a. a. O., 226 ff.

9 Ebenda.

10 Vgl. J. Ebersolt, *Les art somptuaires de Byzance,* Paris 1923.

11 Vgl. P. P. Muratov, *La peinture byzantine,* Paris 1935; J. Ebersolt, *La miniature byzantine;* M. van Berchem und E. Clouzot, *Mosaïques chrétiennes du IVᵉ au Xᵉ siècle,* Genf 1924.

12 Vatic. Palat. Gr. 341

13 Mailand, Ambrosiana, Nr. F 205

14 Wien, Österr. Nationalbibl., med. gr. 1

15 Z. B. Vatic. gr. 699

16 In Rossano in Calabria

17 Wien, Österr. Nationalbibl., Theol. Gr. 31

18 Vgl. van Berchems eingehende Analyse dieser Mosaiken in: K. A. C. Creswell, *Early Muslem Architecture, Umayyads, early 'Abbāsids & Tūlūnids,* Oxford 1932, S. 149—252.

19 Theophanes Continuatus 140 ff.; J. Ebersolt, *Le Grand Palais,* S. 110 ff.

20 *Digenis Akritas* a. a. O. 230—232.

21 Brit. Mus. Add. No. 19352

22 Paris, Bibl. Nat. Gr. 20

23 Venedig, Marciana, Gr. 17.

24 Vatic. Gr. 1613

25 n. Chr. 1304; O. M. Dalton, *East Christian Art,* Oxford 1925, S. 255.

26 Es gibt viele Madonnenbilder; das beste ist vielleicht das der Mutter Gottes von Vladimir (12. Jh.) — heute in Moskau. Die Mehrheit dieser Porträtdarstellungen wird auf das Bild des hl. Lukas zurückgeführt.

27 J. Ebersolt, *Les arts somptuaires de Byzance.*

28 Im Museum in Budapest. Eine Email-Platte ist im Victoria und Albert Museum in London.

29 Vgl. D. Talbot, *Rice Byzantine Glazed Pottery,* Oxford 1930.

XII. Byzanz und seine Nachbarn. Seite 337—364

1 Für die Bulgaren vgl. V. N. Zlatarski, *Istorija na bŭlgarskata dŭržava prez srednite vekove (Geschichte des bulgarischen Staates im Mittelalter),* 3 Bände, Sofija 1918—1940 und S. Runciman, *A History of the First Bulgarian Empire,* London 1930, wo ausführliche Verweise gegeben werden.

2 Vgl. F. Dvornik, *Les Slaves, Byzance et Rome au IXe siècle,* Paris 1926, passim; S. Runciman, a. a. O., S. 99 ff.

3 Für die Russen vgl. S. M. Solov'ev, *Istorija Rossii s drevnejšich vremen (Geschichte Rußlands von den ältesten Zeiten),* Neudruck 15 Bände, Moskau 1959—1966; F. I. Uspenskij, *Ruś i Vizantija v X věkě (Die Ruś und Byzanz im 10. Jahrhundert),* Odessa 1888; V. O. Kljutschewskij, *Geschichte Rußlands,* hrsg. von F. Braun und R. von Walter, 4 Bände, Stuttgart 1925—1926; E. E. Golubinskij, *Istorija russkoj cerkvi (Geschichte der russischen Kirche),* 2 Bände in 4 Bänden, Moskau 1900—1917; B. Leib, *Rome, Kiev et Byzance à la fin du XIe siècle (1088—1099),* Paris 1924; A. A. Vasiliev, *Was Old Russia a Vassal State of Byzantium?* in: Speculum 7, 1932, S. 350—360.

4 Vgl. Miller in: *Cambridge Medieval History,* Band 4, Cambridge 1923, S. 517—593 und Bibliographie S. 871—876; *L'art byzantin chez les slaves. Les Balkans.* Premier recueil dédié à la mémoire de Théodore Uspenskij, Paris 1930.

5 Vgl. M. Laskaris, *Vizantiske princeze u srednjevekovnoj Srbiji (Byzantinische Prinzessinnen im mittelalterlichen Serbien),* Belgrad 1926, passim, besonders S. 132—135, der den Bericht von Gregoras über seine Gesandtschaft zitiert und ebenso den Bericht von Metochites über seine Gesandtschaftsreise in: Sathas BGM, Band I, S. 154—193.

6 Vgl. N. Jorga, *Geschichte des rumänischen Volkes im Rahmen seiner Staatsbildungen,* 2 Bände, Gotha 1905.

7 *Vita Constantini* (in slavischer Sprache), Ausgabe von F. Miklosich-E. Dümmler, *Die Legende vom heiligen Cyrillus,* Wien 1869 (Denkschriften der Kaiserlichen Akademie der Wissenschaften. Phil.-hist. Classe XIX), S. 203—248, hier S. 219, 224—225.

8 Maçoudi, *Prairies d'or,* a. a. O. II, 43.

9 Für Armenien vgl. M. Chamich (Chamichian), *History of Armenia,* Kalkutta 1827; N. Adonc, *Armenija v èpochu Justiniana (Armenien in der Epoche Justinians),* in: Adonc, Teksty i razyskanija po armjano-gruz. filologii, Kn. 11., St. Petersburg 1908. N. Adontz, *Histoire de l'Arménie,* Band 1, Paris 1946; J. Laurent, *L'Arménie entre Byzance et l'Islam depuis la conquête arabe jusqu'en 886,* Paris 1919; J. von Strzygowski, *Die Baukunst der Armenier und Europa,* 2 Bände, Wien 1918; Macler in: *Cambridge Medieval History,* Band 4, Cambridge 1923, S. 153—183 und Bibliographie S. 814—818 — in der Neuauflage bearbeitet von C. Toumanoff, *Armenia and Georgia,* Band 4, Teil 1, Cambridge 1966, S. 593—637 und Bibliographie S. 983—1009.

10 Mathaios von Edessa, *Chronik*, in der französischen Übersetzung von E. Dulaurier, Paris 1858 (Bibliothèque hist. arm. I), S. 153—154.
11 Vgl. oben S. 125.
12 Maçoudi, *Prairies d'or*, a. a. O., II, 2—3, er schätzt sie auf 72.
13 Vgl. M. F. Brosset, *Histoire de la Géorgie, depuis l'antiquité jusqu'au XIXe* siècle, traduite de géorgien, 2 Bände, St. Petersburg 1849—1857.
14 Theophanes 391—395.
15 Vgl. J. Baltrusaïtis, *Étude sur l'art médiéval en Géorgie et en Arménie* (Études d'art et d'archéologie), Paris 1929.
16 Peeters, Einleitung zur *Vita S. Constiantini Iberi*, in: AS Boll. 10. November, 542—545.
17 Trophées de Damas, in: Patrologia Orientalis Band 15, 173 ff.
18 Theophanes 375—376.
19 Theophanes Continuatus 189.
20 Psellos, in: Sathas BGM, Band 5, S. 508.
21 Mathaios von Edessa a. a. O. S. 15—16.
22 Dositheos (Patriarch von Jerusalem), *Historia peri tōn en Hierosolymois patriarcheusantōn*, Bukarest 1715, S. 746.
23 Vgl. H. T. F. Duckworth, *The Church of the Holy Sepulchre*, London 1922, S. 203 ff.
24 *Corpus Inscriptionum Graecarum* 8736; Phokas, *Descriptio terrae sanctae*, in: MPG, Band 133, 957; Die Fresken von Abu Gosch sind offensichtlich griechische Arbeit des 12. Jahrhunderts, obwohl sie niemals erwähnt werden.
25 Vgl. Artikel »Seljuks« in der *Encyclopedia Britannica*, mit Bibliographie.
26 Bury, *A History of the Later Roman Empire from Arcadius to Irene*, Band 2, S. 392—393; James, *Learning and Literature till the death of Bede*, in: Cambridge Medieval History, Band 3, Cambridge ⁵1957, S. 502 ff.
27 Z. B. die Kirche S. Maria in Cosmedin.
28 Theophanes 455.
29 Zu Venedig vgl. die Bibliographie in der *Cambridge Medieval History*, Band 4, Cambridge 1923, S. 846—849 — in der Neuauflage Band 4,1 1966, S. 868 bis 880.
30 *Vita S. Theodori Studitae*, in: MPG, Band 99, 215.
31 Leo v. Ostia, in: MGH SS, 7, 1846, 574—727, hier III, 27, S. 718.
32 *Vita Bernwardi*, addenda, in: MGH, Band 4, 888.
33 Petrus Damianus, *Epistolae*, in: MPL, Band 175, 744.
34 Vgl. E. Müntz, *Les Artistes byzantins dans l'Europe latine du Ve au XVe* siècle in: Revue de l'Art chrétien 36, 1893, 181—190, G. Schlumberger, *L'épopée byzantine*, Band 2, S. 260 ff.
35 Gerbert von Reims (von Aurillac), *Epistolae*, nach der Ausgabe von J. Havet, Paris 1889 (Collection de textes pour servir à l'étude . . . 6), S. 101—102.
36 Dalton, *East Christian Art*, S. 66—67.
37 E. Gibbon, *The History of the Decline and Fall of the Roman Empire*, ed. by J. B. Bury, Band 7, London 1900, S. 317—320.
38 Gregoras nach der Ausgabe von R. Guilland, *Correspondance de Nicéphore Grégoras*, texte édité et traduit, Paris 1927, S. 1285—1289.
39 Machairas (ed. R. M. Dawkins 1932) 682.

Bibliographische Anmerkung

Die Zahlen nach den in den Fußnoten zitierten Quellen beziehen sich auf die entsprechenden Seiten. Für griechische Autoren wurden die Ausgaben im Bonner *Corpus (Corpus scriptorum historiae byzantinae,* editio emendatior et copiosior, consilio B. G. Niebuhrii instituta, opera eiusdem Niebuhrii, Imm. Bekkeri, L. Schopeni, G. et L. Dindorfiorum aliorumque philologorum parata . . . 50 Bände, Bonn 1828—1897) benutzt, sofern nicht andere Editionen ausdrücklich vermerkt sind.

Folgende Abkürzungen werden verwendet:

AS Boll.	=	*Acta Sanctorum,* ed Socii J. Bollandi, Antwerpen 1643 ff. — eingeteilt nach Monaten und Tagen.
BZ	=	*Byzantinische Zeitschrift*
MGH SS	=	*Monumenta Germaniae historica,* Scriptores 1826 ff. (Folioserie)
MPG	=	*Patrologiae cursus completus,* series graeca, ed. J. P. Migne, Paris 1857 ff.
MPL	=	*Patrologiae cursus completus,* series latina, ed J. P. Migne, Paris 1844 ff.
Mansi	=	J. D. Mansi, *Sacrorum conciliorum nova et amplissima collectio,* Florenz 1759 ff.
Sathas BGM	=	K. N. Sathas, *Mesaiōnikē bibliothēkē.* Bibliotheca graeca medii aevi, 7 Bände, Venedig/Paris 1872—1894.

Bibliographie

Eine fast lückenlose kritische Berichterstattung über den Stand der Byzanzforschung bietet die Bibliographie der »Byzantinischen Zeitschrift« (begründet 1892 von Karl Krumbacher, seit 1953 offizielles bibliographisches Organ der internationalen Byzanzforschung). Eine vergleichbare kritisch-beschreibende Bibliographie findet sich in der in Prag herausgegebenen Zeitschrift »Byzantinoslavica« seit Band 10 (1949).

Veröffentlichungen der Kriegsjahre sind verzeichnet im Band 43 (1950) der »Byzantinischen Zeitschrift« (für die Jahre 1943—1950) und in der ein Jahrzehnt umfassenden Literaturzusammenstellung: *Dix années d'études byzantines. Bibliographie internationale 1939—1948,* Publiée avec le concours de l'UNESCO, Paris 1949.

Eine eingehende kritische Würdigung der byzantinischen Arbeiten in diesem Zeitraum bietet der kenntnisreiche Literaturbericht von Franz Dölger und A. M. Schneider, *Byzanz,* Bern 1952 (Wissenschaftliche Forschungsberichte. Geisteswissenschaftliche Reihe, hrsg. von Professor Dr. Karl Hönn, Band 5; enthält die Forschungen zur byzantinischen Geschichte, Literatur und Sprache 1938—1950, bearbeitet von Franz Dölger, und die Beiträge zur altchristlichen und byzantinischen Kunst 1939—1949, von A. M. Schneider). Den Forschungen der folgenden beiden Jahrzehnte ist ein sachkundiger Überblick von Peter Wirth gewidmet: *Literaturbericht über byzantinische Geschichte. Veröffentlichungen der Jahre 1945—1967,* in: Historische Zeitschrift, Sonderheft 3. *Literaturberichte über Neuerscheinungen zur außerdeutschen Geschichte und zu den Kreuzzügen,* hrsg. von Walther Kienast, München 1969, S. 375—640.

Vgl. auch die Literaturangaben zur Entwicklung der Byzanzforschung in den einzelnen Ländern (bis 1956) bei Gyula Moravcsik, *Byzantinoturcica,* Band 1: *Die byzantinischen Quellen der Geschichte der Türkvölker,* 2. durchgesehene Auflage Berlin 1958 (Berliner Byzantinische Arbeiten Band 10), S. 2—6, und ebenso G. Ostrogorsky, *Geschichte des byzantinischen Staates,* 3. Auflage München 1963 (Byzantinisches Handbuch, im Rahmen des Handbuchs der Altertumswissenschaft, 1. Teil, 2. Band) das einleitende Kapitel: »Entwicklung der byzantinischen Geschichtswissenschaft«, S. 1—18. Zum gleichen Thema sind außerdem zu erwähnen: E. Gerland, *Das Studium der byzantinischen Geschichte vom Humanismus bis zur Jetztzeit,* Athen 1934 (Texte und Forschungen zur byzantinisch-

neugriechischen Philologie 12), H.-G. Beck, *Byzanz. Der Weg zu seinem geschichtlichen Verständnis*, in: Saeculum 5, 1954, S. 87—103, und A. Pertusi, *Storiografia umanistica e mondo bizantino*, Palermo 1967 (Istituto siciliano di studi bizantini e neoellenici, Quaderni 5).
Zur Entwicklung der Byzantinistik in Deutschland vgl. *Chalikes. Festgabe für die Teilnehmer am XI. Internationalen Byzantinistenkongreß München 15.—20. September 1958*, zusammengestellt und herausgegeben von H.-G. Beck, hier insbesondere der Beitrag von H.-G. Beck, *Die byzantinischen Studien in Deutschland vor Karl Krumbacher*, S. 67—119.
Neuere Untersuchungen hauptsächlich zu Fragen der Sozial- und Wirtschaftsgeschichte würdigt in einer kritischen Übersicht J. Karayannopulos, *Hauptfragen der Byzantinistik der letzten Jahre*, in: Frühmittelalterliche Studien. Jahrbuch des Instituts für Frühmittelalterforschung der Universität Münster, hrsg. von Karl Hauck, 1, 1967, S. 170—185.
Ausführlichere, thematisch gegliederte *bibliographische Angaben zum Gesamtgebiet* der byzantinischen Studien enthalten zwei Sammelwerke jüngeren Datums:
1. *Byzantium. An Introduction to East Roman Civilization*, edited by Norman H. Baynes and H. St. L. B. Moss, Oxford 1948 (mehrmals nachgedruckt) — auch in deutscher Übersetzung: N. H. Baynes, H. St. L. B. Moss, *Byzanz. Geschichte und Kultur des oströmischen Reiches*, aus dem Englischen übertragen von A. Hohlweg, München 1964.
2. *The Cambridge Medieval History*, Band 4: *The Byzantine Empire*, edited by J. M. Hussey with the editorial assistance of D. M. Nicol and G. Cowan, Teil 1: *Byzantium and its Neighbours*, Cambridge 1966 (Bibliographie S. 803—1041), und Teil 2: *Government, Church and Civilization*, Cambridge 1967 (Bibliographie S. 377—476) — die heute umfassendste Gesamtdarstellung der byzantinischen Geschichte und Kultur, zu deren einzelnen Abschnitten anerkannte Fachgelehrte Beiträge geliefert haben.

Einführung in die byzantinische Geschichte:

K. Amantos, *Prolegomena to the history of the Byzantine Empire*, transl. from the 2. Greek ed. by Kenneth Johnstone, with a preface by Constantine Trypanis, Amsterdam 1969.
Neuere Gesamtdarstellungen der byzantinischen Geschichte:
A. A. Vasiliev, *History of the Byzantine Empire*, 2 Bände, 2. Auflage Madison 1958. Eine übersichtliche Zusammenfassung des bekannten russischen Byzantinisten, die auch in französischer (*Histoire de l'Empire byzantin*, 2 Bände Paris 1932) und spanischer Übersetzung (*Historia del Impero Bisantino*, 2 Bände, Barcelona 1946) vorliegt.
N. Jorga, *Histoire de la vie byzantine*, 3 Bände, Bukarest 1934 — ein in den Einzelheiten nicht immer zuverlässiges kompilatives Werk des rumänischen Historikers und Politikers, dem mit seinem folgenden Werk über die Nachwirkungen des byzantinischen Kultureinflusses — insbesondere in den Donaufürstentümern — sicherlich ein beachtenswerter, bis heute

noch nicht überholter Beitrag zur nachbyzantinischen Zeit zu danken ist: *Byzance après Byzance. Continuation de l'»Histoire de la vie byzantine«,* Bukarest 1935.
Als Teil der von G. Glotz herausgegebenen *Histoire générale* erschien eine ausführliche Darstellung des führenden französischen Byzanzforschers der älteren Generation, Ch. Diehl, die er selbst nicht mehr zu Ende führen konnte und die durch Beiträge anderer Gelehrter abgeschlossen wurde: Ch. Diehl und G. Marçais, *Le monde oriental de 395 à 1081,* Paris 1936, 2. Auflage Paris 1944; Ch. Diehl — L. Oeconomos — R. Guilland — R. Grousset, *L'Europe orientale de 1081 à 1453,* Paris 1945 *(Histoire générale. IIᵉ section. Histoire du Moyen Age,* Band 3 und Band 9, 1). — Einen Überblick über die Hauptprobleme des byzantinischen Reiches für einen breiteren Leserkreis hat Ch. Diehl noch vollendet: *Les grands problèmes de l'histoire byzantine,* Paris 1943 (Collection A. Colin. Section d'Histoire et Science économiques), als Nachdruck der Auflage von 1924 mit bibliographischen Ergänzungen liegt neuerdings wieder vor der Abriß von Ch. Diehl, *Histoire de l'empire byzantin. Bibliographie mise à jour* par R. Guilland. Paris 1969.
M. V. Levtchenko, *Byzance des origines à 1453,* ins Französische übertragen von P. Mabille, Paris 1949. Erster Versuch einer marxistischen Deutung durch einen sowjetischen Gelehrten, mit mancherlei Unzulänglichkeiten. Die russische Originalfassung *(Istorija Vizantii. Kratkij očerk [Geschichte von Byzanz. Kurzer Abriß])* war 1940 in Moskau-Leningrad erschienen. Das Werk ist heute ersetzt durch ein dreibändiges Kollektivwerk der sowjetischen Byzantinistik: *Istorija Vizantii v trech tomach (Geschichte von Byzanz in 3 Bänden),* Moskau 1967. Eine kurzgefaßte Übersicht legte auch vor: A. Kashdan, *Byzanz. Aufstieg und Untergang des Oströmischen Reiches,* aus dem Russischen von A. Becker und R. Kalinowski, Berlin 1964.
L. Bréhier, *Le monde byzantine,* Band 1: *Vie et mort de Byzance,* Paris 1947; Band 2: *Les institutions de l'empire byzantine,* Paris 1949; Band 3: *La civilisation byzantine,* Paris 1950. *(Bibliothèque de Synthèse Historique. L'Evolution de l'Humanité,* dir. par H. Berr, 32, 32bis, 32ter). — Eine weitgespannte Synthese des Wissens über die vielfältigen Erscheinungsformen des byzantinischen Lebens.
P. Lemerle, *Histoire de Byzance,* Paris 1948 *(Que sais-je?).* Eine zuverlässige erste Orientierung. Englische Übersetzung: *A History of Byzantium,* New York 1964.
G. Ostrogorsky, *Geschichte des byzantinischen Staates,* 3. Auflage München 1963 (Byzantinisches Handbuch, im Rahmen des Handbuchs der Altertumswissenschaft, 1. Teil, 2. Band) — mehrfach übersetzt, auch in einer deutschen Sonderausgabe für einen größeren Leserkreis (ohne den umfänglichen Anmerkungsapparat) München 1965 zugänglich. Das heute gültige Standardwerk zur politischen Geschichte des byzantinischen Reiches (Erstauflage München 1940).
J. M. Hussey, *Die byzantinische Welt,* Stuttgart 1958 (Urban Bücher 35)

— knappe Einführung in das Gesamtgebiet, Übersetzung des englischen Originals: *The Byzantine World*, London 1957.

E. Franzius, *History of the Byzantine Empire. Mother of Nations*, New York 1957.

R. Byron, *The Byzantine Achievement. An Historical Perspective A. D. 330—1453*, New York 1964.

H.-W. Haussig, *Byzantinische Geschichte*, Stuttgart, Wien, Köln, Mainz 1969 (Urban Bücher 117) — zur ersten Information.

Frank Thieß, *Die griechischen Kaiser. Die Geburt Europas*, Hamburg, Wien 1959 — eine mehr dichterische Abhandlung des Themas.

Unter den *Kulturgeschichten im engeren Sinn* verdienen Erwähnung (neben den schon genannten beiden Kollektivwerken in englischer Sprache und dem 3. Band von L. Bréhier):

H.-W. Hausig, *Kulturgeschichte von Byzanz*, Stuttgart 1959 (Kröners Taschenausgabe 211) — eine materialreiche Zusammenfassung, nicht ohne Schwächen.

H. Hunger, *Reich der neuen Mitte. Der christliche Geist der byzantinischen Kultur*, Graz, Wien, Köln 1965. Eine geistreiche Deutung der oströmischen Kultur unter dem Aspekt ihres christlichen Charakters (in den Auswirkungen auf Kaiseridee, Kirche und »Orthodoxie«, Mönchtum und Askese, Wissenschaft und Bildung).

K. Wessel, *Die Kultur von Byzanz*, Frankfurt (im Druck) *(Handbuch der Kulturgeschichte*, begründet von Prof. Dr. H. Kindermann, neu herausgegeben von Prof. Dr. E. Thurnher, 2. Abteilung: *Kulturen der Völker).*

Originelle Gedanken finden sich bei:

R. J. H. Jenkins, *Byzantium and Byzantinism. Lectures in memory of Louise Taft Semple*, The University of Cincinnati 1963.

Die materialreichste Kulturgeschichte des Alltags in Byzanz von Kukules ist bisher leider nur in neugriechischer Sprache zugänglich:

Ph. Kukules, *Byzantinōn bios kai politismos*, 6 Bände und Supplement (insgesamt 8 Bände) Athen 1948—1955.

Zur allerersten Orientierung (trotz gewisser Unzulänglichkeiten) eignet sich:

D. Talbot Rice, *Everday Life in Byzantium*, London, New York 1967.

Zum 12. Jahrhundert vgl. in der Reihe »La vie quotidienne«:

Gérard Walter, *La vie quotidienne à Byzance au siècle des Comnènes (1081—1180)*, Paris 1966.

Aufsatzsammlungen zu verschiedenen Problemkreisen der byzantinischen Geschichte und Kultur, die allgemeineres Interesse verdienen:

W. Ohnsorge, *Abendland und Byzanz. Gesammelte Aufsätze zur Geschichte der byzantinisch-abendländischen Beziehungen und des Kaisertums*, Weimar 1958.

W. Ohnsorge, *Konstantinopel und der Okzident. Gesammelte Aufsätze zur Geschichte der byzantinisch-abendländischen Beziehungen und des Kaisertums*, Darmstadt 1966.

Fr. Dölger, *Byzanz und die europäische Staatenwelt. Ausgewählte Vorträge und Aufsätze,* Ettal 1953.

Fr. Dölger, *Paraspora. 30 Aufsätze zur Geschichte, Kultur und Sprache des byzantinischen Reiches,* Ettal 1961.

Fr. Dölger, *Byzantinische Diplomatik. 20 Aufsätze zum Urkundenwesen der Byzantiner,* Ettal 1956.

I. Dujčev, *Medioevo bizantino-slavo,* Band 1: *Saggi di storia politica e culturale,* Rom 1965; Band 2: *Saggi di storia letteraria,* Rom 1968 (Studi e Testi 102 und 113).

R. Guilland, *Études byzantines,* Paris 1959 (Publications de la Faculté des lettres et sciences humaines de Paris 7).

E. Stein, *Opera maiora selecta,* Préf. de Jean-Remy Palanque, Amsterdam 1968.

F. Babinger, *Aufsätze und Abhandlungen zur Geschichte Südosteuropas und der Levante,* 3 Bände — bisher erschienen Band 1—2, München 1962 bis 1966 (Schriften der Südosteuropa-Gesellschaft Band 3, 8).

Nachschlagewerke:

Tusculum-Lexikon griechischer und lateinischer Autoren des Altertums und des Mittelalters, völlig neu bearbeitet von Wolfgang Buchwald, Armin Hohlweg und Otto Prinz, München 1963 (den byzantinischen Teil bearbeitete Armin Hohlweg).

Reallexikon der Byzantinistik, mit Unterstützung zahlreicher Fachgenossen herausgegeben von Peter Wirth; bisher erschienen Reihe A Band 1, Heft 1—3, Amsterdam 1968—1969. Die anspruchsvollste, das gesamte Wissen zur byzantinischen Geschichte und Kultur zusammenfassende Enzyklopädie.

Reallexikon zur byzantinischen Kunst, unter Mitwirkung von M. Restle hrsg. von K. Wessel, Stuttgart 1966 ff.

Nachschlagewerke speziellerer Art:

Dictionnaire d'Archéologie chrétienne et de Liturgie, Publ. par F. Cabrol et H. Leclercq, 15 Bände, Paris 1907—1953.

Dictionnaire d'Histoire et de Géographie ecclésiastiques, Publ. sur la diréction de A. Baudriallart u. a., Paris 1912 ff.

Dictionnaire de Spiritualité, Ascétique et Mystique, Publ. sous la diréction de M. Viller u. a., Paris 1937 ff.

Lexikon für Theologie und Kirche, begründet von Dr. Michael Buchberger, 2. Auflage hrsg. von J. Höfer und K. Rahner, 10 Bände und Registerband, Freiburg 1957—1967.

Realencyclopädie der classischen Altertumswissenschaft, begründet von A. Pauly, fortgeführt von G. Wissowa (neu bearbeitet von K. Ziegler), Stuttgart 1893 ff.

Reallexikon für Antike und Christentum. Sachwörterbuch zur Auseinandersetzung des Christentums mit der antiken Welt, hrsg. von Th. Klauser, Leipzig, Stuttgart 1941 ff.

Die Religion in Geschichte und Gegenwart. Handwörterbuch für Theologie und Religionswissenschaft, 3. Auflage, 6 Bände und Indexband, Tübingen 1957—1962.
Der Kleine Pauly. Lexikon der Antike, auf der Grundlage von Pauly's Realencyclopädie der classischen Altertumswissenschaft, hrsg. von K. Ziegler und W. Sontheimer, bisher erschienen 3 Bände, Stuttgart 1964—1969 (bis »Nasidienus«).

Hilfswissenschaften:

Historische Geographie allgemein:

A. Philippson, *Das byzantinische Reich als geographische Erscheinung,* Leiden 1939.
E. Honigmann, *Die Ostgrenze des byzantinischen Reiches von 363 bis 1071 nach griechischen, arabischen, syrischen und armenischen Quellen,* Brüssel 1935 (Corpus Bruxellense Historiae Byzantinae 2).
A. Philippson, *Die griechischen Landschaften. Eine Landeskunde,* hrsg. unter Mitwirkung von H. Lehmann und E. Kirsten, 4 Bände, Frankfurt 1950—1959.
V. Laurent, *La géographie ecclésiastique de l'empire byzantin,* in: Actes du VIe Congrès International d'Études Byzantines, Band 1, Paris 1950, S. 279—288.
A. Bakalopulos, *Les limites de l'Empire byzantin depuis la fin du XIVe siècle jusqu'à sa chute (1453),* in: Byzantinische Zeitschrift 55, 1962, S. 56 bis 65.

Chronologie:

A. Grumel, *La chronologie,* Paris 1958. (Traité d'Études byzantines I [Bibliothèque byzantine]) — Umfassendes Handbuch zu allen Fragen der mittelalterlichen Zeitrechnung.
Kontroversfragen der genauen Zeitberechnung bei den Regierungsjahren der byzantinischen Kaiser behandelt ausführlich:
F. Dölger, *Das Kaiserjahr in Byzanz,* München 1949 (Sitzungsberichte der Bayer. Akademie der Wissenschaften, Phil.-hist. Klasse 1949, 1). Vgl. auch die Studie von
O. Schissel, *Berechnung des Sonnen-, Mond- und Schaltjahreszirkels in der griechisch-christlichen Chronographie,* in: Byzantinische Zeitschrift 42, 1943/49, S. 150—157.

Urkundenforschung:

F. Dölger, *Bulletin diplomatique,* in: Revue des Études byzantines 7, 1949, S. 69—90. Forschungsbericht zum byzantinischen Urkundenwesen von dem wohl bedeutendsten Gelehrten auf dem Gebiet der mittelalterlichen

griechischen Urkundenforschung; vgl. dessen Aufsatzsammlung:
F. Dölger, *Byzantinische Diplomatik*, 20 Aufsätze zum Urkundenwesen
der Byzantiner, Ettal 1956, sowie sein gemeinsam mit dem griechischen
Gelehrten Karayannopulos zusammengestelltes Handbuch:
F. Dölger — J. Karayannopulos, *Byzantinische Urkundenlehre*, Erster
Abschnitt: *Die Kaiserurkunden*, München 1968 (Byzantinisches Handbuch,
im Rahmen des Handbuchs der Altertumswissenschaft 3.1.1).
Von dem gleichen Gelehrten stammt auch der vorzügliche Tafelband by-
zantinischer Urkunden, dessen Kommentare eine Fülle wertvoller Hin-
weise zur byzantinischen Urkundenlehre enthalten:
F. Dölger, *Aus den Schatzkammern des Heiligen Berges. 115 Urkunden
und Urkundensiegel aus 10 Jahrhunderten*, 1 Text- und 1 Tafelband,
München 1948.

Regestenwerke:

F. Dölger, *Regesten der Kaiserurkunden des oströmischen Reiches,* 5 Fas-
zikel, (Berlin) München 1924—1965 (Corpus der griechischen Urkunden
des Mittelalters und der neueren Zeit, Reihe A, Abteilung I) — erfaßt den
Zeitraum von 565—1453.
V. Grummel, *Les regestes des actes du patriarchat de Constantinople,*
Band 1: *Les actes des patriarches.* Bisher erschienen 3 Faszikel, Chalcedon
(Kadiköj) 1932—1947, für den Zeitraum von 381 bis 1206.

Sprachentwicklung, Sprachenfrage:

S. G. Kapsomenos, *Die griechische Sprache zwischen Koine und Neugrie-
chisch,* in: Berichte zum XI. Internationalen Byzantinisten-Kongreß,
Band 2, 1, München 1958, S. 1—39 — umfassend orientierender Forschungsbericht zur Entwicklung der griechischen Sprache im Mittelalter,
mit zahlreichen Literaturhinweisen.
H. Zilliacus, *Zum Kampf der Weltsprachen im oströmischen Reich,* Hel-
sinki 1935.

Maße und Maßsysteme:

E. Schilbach, *Byzantinische Metrologie,* München 1970 (Handbuch der Altertumswissenschaft XII, 4, 1).

Numismatik:
Forschungsbericht:

V. Laurent, *Bulletin de Numismatique byzantine (1940—1949),* in: Revue
des Études byzantines 9, 1951, S. 192—251.

Ph. Grierson, *Coinage and Money in the Byzantine Empire 498—c. 1090,* in: *Settimane di studio del Centro di Studi sull'Alto Medio Evo VIII (Moneta e scambi nell'Alto Medio Evo)* (1961), S. 411—453 — Zusammenfassung des Forschungstandes der byzantinischen Münzgeschichte von einem der führenden Gelehrten auf diesem Gebiet, ebenso wie:

T. Bertelè, *Lineamenti principali della numismatica bizantina,* in: Rivista Italiana di Numismaticae scienze affin: 12, ser. 5, 66, 1964, S. 31—118. Interessante kunstgeschichtliche Beobachtungen zur frühbyzantinischen Münzprägung enthält:

M. Restle, *Kunst und byzantinische Münzprägung von Justinian I. bis zum Bilderstreit,* Athen 1964.

A. R. Bellinger, Ph. Grierson, *Catalogue of the Byzantine Coins in the Dumbarton Oaks Collection and in the Whittemore Collection,* Band 1: A. R. Bellinger, *Anastasius I to Maurice,* Washington 1966.

Sigillographie:

V. Laurent, *Documents de sigillographie byzantine. La Collection C. Orghidan,* Paris 1952 (Bibliothèque byzantine, Documents 1).

V. Laurent, *Les sceaux byzantins du Médaillier Vatican,* présentés, décrits et commentés, Vatikanstadt 1962.

Von dem großen Handbuch zur byzantinischen Siegelkunde des gleichen Verfassers liegen bisher als Teilbände vor:

V. Laurent, *Le Corpus des sceaux byzantins,* Band 5: *L'Église,* Première partie: I. *L'Église de Constantinople. A. La Hiérarchie,* Paris 1963; Première partie (suite). I. *Église de Constantinople: le clergé et les moines.* II. *Les Archevêchés autocéphales (Chypre et Bulgarie).* Deuxième partie: I. *Les Patriarcats orientaux (Alexandrie, Antioche, Jérusalem).* II. *Supplément,* Paris 1965; mit Tafelband.

Quellenkunde — Überlieferungsgeschichte:

Eine umfassende Orientierung über Quellen und Quellenveröffentlichungen wird in absehbarer Zeit die Neuauflage des »Potthast« ermöglichen. Bisher ist erschienen:

Repertorium fontium historiae Medii Aevi primum ab Augusto Potthasto digestum, nunc cura collegii historicorum e pluribus nationibus emendatum et auctum, Band 1: *Series collectionum,* Rom 1962; Band 2: *Fontes A—B,* Rom 1967.

Texteditionen — Forschungsberichte:

P. Darrouzès, *Bulletin critique: éditions, catalogues de manuscrits grecs et histoire des textes,* in: Revue des Études byzantines 27, 1969, S. 263—321.

P. Darrouzès, *Éditions de textes byzantins depuis 1939,* in: Revue des Études byzantines 6, 1948, S. 101—111.

P. Lamma, *Pubblicazioni relative alle fonti della storia bizantina,* in: *La*

pubblicazione delle fonti del Medioevo Europeo negli ultimi 70 anni (1883—1953). Relazioni al Convegno di Studi delle fonti del Medioevo Europeo in occasione del 70° della Fondazione dell'Istituto Storico Italiano (Roma, 14—18 aprile 1953), Rom 1954, S. 235—257.
H.—G. Beck, *Überlieferungsgeschichte der byzantinischen Literatur,* in: *Geschichte der Textüberlieferung der antiken und mittelalterlichen Literatur,* Band I: *Antikes und mittelalterliches Buch- und Schriftwesen. Überlieferungsgeschichte der antiken Literatur,* Zürich 1961, S. 425—510 — bemerkenswerter Versuch einer literatursoziologischen Betrachtungsweise.
M. Richard, *Répertoire des bibliothèques et des catalogues de manuscrits grecs,* 2. Auflage Paris 1958, und dazu *Supplément I (1958—1963),* Paris 1964 — unentbehrliches Handbuch.

Geschichtsschreibung in Byzanz:

Neben dem schon eingangs erwähnten Handbuch zu den türkischen Sprachresten in den byzantinischen Quellen von Moravcsik (*Byzantinoturcica,* Band 1, Berlin 1958), das einen vorzüglichen Überblick über die byzantinischen Historiker und Chronisten (mit ausführlichen Literaturnachweisen) bietet, ist heranzuziehen:
M. E. Colonna, *Gli storici bizantini dal IV al XV secolo,* Band 1: *I storici profani,* Neapel 1956.
H.-G. Beck, *Zur byzantinischen »Mönchschronik«,* in: *Speculum Historiale* (Festschrift J. Spörl), Freiburg, München 1966, S. 188—197.

Theologische Literatur:

Es stehen eine Reihe vorzüglicher Handbücher zur Verfügung. In erster Linie ist das Standardwerk von H.—G. Beck zu nennen:
H.-G. Beck, *Kirche und theologische Literatur im byzantinischen Reich,* München 1959 (Byzantinisches Handbuch, im Rahmen des Handbuchs der Altertumswissenschaft 2. Teil, 1. Band).
A. Ehrhard, *Überlieferung und Bestand der hagiographischen und homiletischen Literatur der griechischen Kirche von den Anfängen bis zum Ende des 16. Jahrhunderts,* 1. Teil: *Die Überlieferung,* 3 Bände in 4, Leipzig bzw. Berlin 1937—1952 (Texte und Untersuchungen zur altchristlichen Literatur).
F. Halkin (Hrsg.), *Bibliotheca hagiographica graeca,* 3. Auflage Brüssel 1957.

Quellentexte:

Dem deutschen Leser stehen eine ganze Reihe von Quellenübersetzungen zur Verfügung, die einen unmittelbaren Einblick in Einzelabläufe der byzantinischen Geschichte und Kulturentwicklung erlauben:

H. Hunger, *Byzantinische Geisteswelt*, Baden-Baden 1958; 2. um einen Nachtrag vermehrte Auflage Amsterdam 1967.

In der verdienstvollen Reihe des Verlages Styria Graz, Wien, Köln *Byzantinische Geschichtsschreiber. Byzantinische Geschichtsquellen in deutscher Übersetzung*, unter Mitwirkung zahlreicher Fachgenossen hrsg. von Endre von Ivánka, liegen bisher vor:

Band 1: *Die letzten Tage von Konstantinopel. Der auf den Fall Konstantinopels bezügliche Teil des dem Georgios Sphrantzes zugeschriebenen »Chronicon Maius«*, übersetzt, eingeleitet und erklärt von Endre von Ivánka, 3. Auflage 1965.

Band 2: *Europa im 15. Jahrhundert von Byzantinern gesehen. Aus dem Geschichtswerk des Laonikos Chalkokondyles. Die Nordlandreise des Laskaris Kananos. Zwei Briefe des Manuel Chrysoloras*, übersetzt, eingeleitet und erklärt von Franz Grabler; *Reisebericht eines unbekannten Russen (1437—1440)*, übersetzt, eingeleitet und erklärt von Günther Stökl, 2. Auflage 1965.

Band 3: *Die Normannen in Thessalonike. Die Eroberung Thessalonikes durch die Normannen (1185 n. Chr.) in der Augenzeugenschilderung des Bischofs Eustathios*, übersetzt, eingeleitet und erklärt von Herbert Hunger, 1955.

Band 4: *Byzantinische Diplomaten und östliche Barbaren. Aus den Excerpta de legationibus des Konstantinos Porphyrogennetos ausgewählte Abschnitte des Priskos und Menander Protector*, übersetzt, eingeleitet und erklärt von Ernst Doblhofer, 1955.

Band 5: *Vademecum des byzantinischen Aristokraten. Das sogenannte Strategikon des Kekaumenos*, übersetzt, eingeleitet und erklärt von Hans-Georg Beck, 1956.

Band 6: *Bilderstreit und Arabersturm in Byzanz. Das 8. Jahrhundert (717—813) aus der Weltchronik des Theophanes*, übersetzt, eingeleitet und erklärt von Leopold Breyer, 2. verbesserte Auflage 1964.

Band 7: *Die Krone der Komnenen. Die Regierungszeit Kaiser Joannes und Manuel Komnenos (1118—1180) aus dem Geschichtswerk des Niketas Choniates*, übersetzt, eingeleitet und erklärt von Franz Grabler, 1958.

Band 8: *Abenteurer auf dem Kaiserthron. Die Regierungszeit der Kaiser Alexios II. Andronikos und Isaak Angelos (1180—1195) aus dem Geschichtswerk des Niketas Choniates*, übersetzt, eingeleitet und erklärt von Franz Grabler, 1958.

Band 9: *Die Kreuzfahrer erobern Konstantinopel. Die Regierungszeit des Kaisers Alexios Angelos, Isaak Angelos und Alexios Dukas, die Schicksale der Stadt bei der Einnahme sowie das »Buch von den Bildsäulen« (1195 bis 1206) aus dem Geschichtswerk des Niketas Choniates*, mit einem Anhang: *Nikolaos Mesarites, Die Palastrevolution des Joannes Komnenos*, übersetzt, eingeleitet und erklärt von Franz Grabler, 1958.

Band 10: *Nikephoros Phokas, »Der bleiche Tod der Sarazenen«, und Johannes Tzimiskes. Die Zeit von 959 bis 976 in der Darstellung des Leon Diakonos*, übersetzt von Franz Loretto, 1961.

Band 11: *Kaisertaten und Menschenschicksale im Spiegel der schönen Rede. Reden und Briefe des Niketas Choniates*, übersetzt, eingeleitet und erklärt von Franz Grabler, 1966.
Aus der vom gleichen Verlag herausgegebenen Parallelreihe: *Slavische Geschichtsschreiber. Slavische Geschichtsquellen in deutscher Übersetzung*, unter Mitwirkung zahlreicher Fachgenossen, hrsg. von Günther Stökl, verdient Erwähnung:
Band 1: *Zwischen Rom und Byzanz. Leben und Wirken der Slavenapostel Kyrillos und Methodios nach den Pannonischen Legenden und der Klemensvita. — Bericht von der Taufe Rußlands nach der Laurentiuschronik*, übersetzt, eingeleitet und erklärt von Josef Bujnoch, 1958.
Die Übersetzung und eingehende Kommentierung eines russischen Berichtes über die Eroberung Konstantinopels, der wahrscheinlich auf eine griechische volkssprachliche Vorlage zurückgeht und in Einzelheiten von den erhaltenen griechischen und italienischen Nachrichten abweicht, legten vor:
M. Braun — A. M. Schneider, *Bericht über die Eroberung Konstantinopels nach der Nikon-Chronik*, übersetzt und erläutert, Leipzig 1943.
Eine nützliche Auswahl byzantinischer Texte in englischer Übertragung zur Geschichte des politischen Denkens in Byzanz enthält
Social and Political Thought in Byzantium from Justinian I to the last Palaeologus. Passages from Byzantine writers and documents, translated and with introduction and notes by Sir E. Barker, Oxford 1957.

Zu Kapitel I:

Vgl. auch jeweils die ausführlichen bibliographischen Angaben zu den entsprechenden Kapiteln in: *The Cambridge Medieval History*, Band 4, Teil 1—2, Cambridge 1966—1967.

Konstantinopel — Stadtgeschichte:

A. M. Schneider, *Byzanz. Vorarbeiten zur Topographie und Archäologie der Stadt*, Berlin 1936 (Istanbuler Forschungen 8).
R. Mayer, *Byzantion, Konstantinopolis, Istanbul. Eine genetische Stadtgeographie*, Wien, Leipzig 1943 (Denkschriften der Akademie der Wissenschaften in Wien, Phil.-hist. Klasse 71, 3). Grundlegend zur Problemgeschichte.
Für die byzantinische Zeit sind heute maßgebend:
R. Janin, *Constantinople byzantine. Développement urbain et répertoire topographique*, 2. Auflage Paris 1964 (Archives de l'Orient chrétien 4) und
R. Janin, *La géographie ecclésiastique de l'Empire byzantin.* Ière partie: *Le siège de Constantinople et le patriarcat oecuménique*, Band 3: *Les églises et les monastères*, Paris 1953; 2. Aufl. 1969.

Gesamtüberblicke:

A. M. Schneider, *Konstantinopel. Gesicht und Gestalt einer geschichtlichen Weltmetropole*, Mainz, Berlin 1956.

G. Young, *Constantinople depuis les origines jusqu'à nos jours. L'empire romain, l'empire byzantin, l'empire osmanli, l'empire ottoman, la nation turque*, Paris 1948.
G. Downey, *Constantinople in the Age of Justinian*, Oklahoma 1960.

Demographische und sozialgeschichtliche Probleme:

D. Jacoby, *La population de Constantinople à l'époque byzantine: un problème de démographie urbaine*, in: Byzantion 31, 1960, S. 81—109.
H.-G. Beck, *Konstantinopel. Zur Sozialgeschichte einer früh-mittelalterlichen Hauptstadt*, in: Byzantinische Zeitschrift 58, 1965, S. 11—45.

Ideelle Geschichte Konstantinopels:

F. Dölger, *Rom in der Gedankenwelt der Byzantiner*, in: Dölger, *Byzanz und die europäische Staatenwelt*, Ettal 1953, S. 70—115 — grundlegend zum Selbstverständnis des byzantinischen Reiches.
H.-G. Beck, *Konstantinopel — das neue Rom*, in: Gymnasium 71, 1964, S. 166—174.
E. Fenster, *Laudes Constantinopolitanae*, München 1968 (Miscellanea Byzantina Monacensia 9).
A. Frolow, *La dédicace de Constantinople dans la tradition byzantine*, in: Revue historique des religions 127, 1944, S. 61—127.

Stadtplan mit Nachweisen über byzantinische Baudenkmäler:

W. Kleiss, *Topographisch-archäologischer Plan von Istanbul. Verzeichnis der Denkmäler und Fundorte*, Tübingen 1965 (Deutsches Archäologisches Institut, Abteilung Istanbul).

Ausklang der Antike — Spätantike:

F. Altheim, *Niedergang der alten Welt*, 2 Bände, Frankfurt 1953.
Meisterhaft in der universalhistorischen Durchdringung des Stoffes bleibt E. Kornemann, *Weltgeschichte des Mittelmeerraumes. Von Philipp II. von Makedonien bis Mohammed*, hrsg. von H. Bengtson, 2 Bände, München 1948—1949. — Vgl. neuerdings auch F. G. Maier, *Die Verwandlung der Mittelmeerwelt*. Frankfurt 1968 (Fischers Weltgeschichte, Band 9) für die Geschichte des 4.—8. Jahrhunderts.
Die ausgehende antike Geschichte wird u. a. in folgenden handbuchartigen Gesamtdarstellungen behandelt:
A. Piganiol, *L'Empire Chrétien 325—395*, Paris 1947, (Histoire Générale. Histoire Romaine*, Band IV, 2).

E. Kornemann, *Römische Geschichte*, Band 2: *Die Kaiserzeit*, Stuttgart 1939 (Kröners Taschenausgabe 133).

H. Bengtson, *Griechische Geschichte von den Anfängen bis in die römische Kaiserzeit*, 4. Auflage München 1969 (Handbuch der Altertumswissenschaft III, 4).

R. Rémondon, *La crise de l'Empire Romain de Marc-Aurel à Anastase*, Paris 1964 (Nouvelle Clio. L'histoire et ses problèmes 11) — gute Darbietung des modernen Forschungsstandes.

C. D. Gordon, *The Age of Attila, Fifth-Century Byzantium and the Barbarians*, Foreword by A. E. R. Boak, Ann Arbor 1960.

Besondere Hervorhebung verdient die materialreiche Darstellung der spätrömischen Geschichte, mit Schwerpunkt in der Verwaltungs- und Rechtsgeschichte von

E. Stein, *Geschichte des spätrömischen Reiches*, Band 1: *Vom römischen zum byzantinischen Staate (284—476)*, Wien 1928. Der zweite Band erschien in französischer Sprache: *Histoire du Bas-Empire*, Band 2. *De la disparition de l'Empire d'Occident à la mort de Justinien (476—565)*, publ. par J.-R. Palanque, Paris, Brüssel, Amsterdam 1949. 1959 wurde auch der 1. Band ins Französische übertragen.

P. Charanis, *The Social Structure of the Late Roman Empire*, in: Byzantion 17, 1944/45, S. 39—57 — knapper Überblick unter Einbeziehung der byzantinischen Frühzeit.

A. H. M. Jones, *The Later Roman Empire. 284—602. A Social, Economic and Administrative Survey*, 3 Bände, Oxford 1964.

F. Wieacker, *Recht und Gesellschaft in der Spätantike*, Stuttgart 1964.

J. Vogt, *Der Niedergang Roms*, Zürich 1965.

W. E. Kaegi Jr., *Byzantium and the Decline of Rome*, Princeton/N. J. 1968 — zum Niedergang Westroms im Urteil von Byzanz.

Christentum und Kaisertum:

P. Charanis, *Church and State in the Later Roman Empire*, Madison 1939.

H. Berkhof, *Kirche und Staat. Eine Untersuchung der Entstehung der byzantinischen und theokratischen Staatsauffassung im vierten Jahrhundert*, Zollikon-Zürich 1947.

K. Aland, *Kaiser und Kirche von Konstantin bis Byzanz*, in: Aus der Byzantinischen Arbeit der Deutschen Demokratischen Republik 1, 1957, S. 188—212.

Eine nützliche Quellensammlung (Originaltexte mit deutscher Parallelübersetzung und Kommentar) zu diesem Problemkreis wurde herausgegeben von

H. Rahner, *Kirche und Staat im frühen Christentum. Dokumente aus acht Jahrhunderten und ihre Deutung*, München 1961.

A. W. Ziegler, *Religion, Kirche und Staat in Geschichte und Gegenwart. Ein Handbuch. Band I. Geschichte: Vorgeschichte, Altertum, Mittelalter, Neuzeit*. München 1969.

Diokletian:

W. Seston, *Dioclétien et la tétrarchie*, Band 1, Paris 1946.

Die »Konstantinische Frage«:

Über den Forschungsstand orientieren die beiden Berichte von
A. Piganiol, *L'état actuel de la question Constantienne (1939—1949)*,
in: Historia 1, 1950, S. 82—86, und besonders
J. Vogt — W. Seston, *Die constantinische Frage*, in: *X Congresso Internazionale di Scienze Storiche. Relazioni VI: Relazioni Generali e Supplementi*, Florenz 1955, S. 731—799.
J. Vogt, *Constantin der Große und sein Jahrhundert*, 2. Auflage München
1960 — beste Einführung.
Zur inneren Biographie und insbesondere zur religiösen Entwicklung
Konstantins vgl.
H. Dörries, *Das Selbstzeugnis Kaiser Konstantins*, Göttingen 1954 (Abhandlungen der Akademie der Wissenschaften zu Göttingen, Phil.-hist.
Klasse 3. Folge, Nr. 34).
H. Kraft, *Kaiser Konstantins religiöse Entwicklung*, Tübingen 1955.
H. Dörries, *Konstantinische Wende und Glaubensfreiheit*, in: Dörries,
Wort und Stunde, Band 1, Göttingen 1965, S. 1—117.

Zu Kapitel II.

G. Ostrogorsky, *Die Perioden der byzantinischen Geschichte*, in: Historische Zeitschrift 163, 1941, S. 229—254.
F. Dölger, *Byzanz als weltgeschichtliche Potenz*, in: Wort und Wahrheit 4,
1949, S. 249—263; wieder abgedruckt in Dölger, *Paraspora*, Ettal 1961,
S. 1—19.

Neuere Literatur zu einzelnen Epochen der byzantinischen Geschichte:

J. Leipoldt, *Der römische Kaiser Julian in der Religionsgeschichte*, Berlin
1964 (Sitzungsberichte der Leipziger Akademie der Wissenschaften 110, 1).
A. Lippold, *Theodosios der Große und seine Zeit*, Stuttgart, Berlin, Köln,
Mainz 1968 (Urban Bücher 107).
É. Demougeot, *De l'unité à la division de l'Empire Romain (395—410).
Essai sur le gouvernement impérial*, Paris 1951.
P. Charanis, *The Religious Policy of Anastasius the First (491—518)*,
Madison/Wisc. 1939.
A. A. Vasiliev, *Justin the First. An Introduction to the Epoch of Justinian
the Great*, Cambridge/Mass. 1950 (Dumbarton Oaks Studies 1).
B. Rubin, *Das Zeitalter Justinians*, Band 1, Berlin 1960 (mehr bisher
nicht erschienen).
W. Schubart, *Justinian und Theodora*, München 1943.

J. W. Barker, *Justinian and the Later Roman Empire*, Madison, Milwaukee, London 1966.

P. Goubert, *Byzance avant l'Islam*, Band 1: *Byzance et l'Orient sous les successeurs de Justinien. L'empereur Maurice*, Paris 1951; Band 2, 1: *Byzance et les Francs*, Paris 1956; Band 2, 2: *Byzance et l'Occident sous les successeurs de Justinien*, 2: *Rome, Byzance et Carthage*, Paris 1965.

G. Ostrogorsky, *The Byzantine Empire in the World of the Seventh Century*, in: Dumbarton Oaks Papers 13, 1959, S. 1—21.

A. N. Stratos, *Byzantium in the Seventh Century*, Band 1: *602—634*, The Hague, Paris 1968 (aus dem Griechischen übersetzt).

R. Jenkins, *Byzantium. The Imperial Centuries A. D. 610—1071*, London 1966.

D. I. Polemis, *The Doukai, A. Contribution to Byzantine Prosopography*, London 1968 (University of London. Historical Studies 22) — mit interessanten soziologischen Fragestellungen.

J. M. Hussey, *The Byzantine Empire in the Eleventh Century: Some Different Interpretations*, in: Transactions of the Royal Historical Society 32, 1950, S. 71—85.

D. I. Polemis, *Notes on Eleventh-Century Chronology (1059—1081)*, in: Byzantinische Zeitschrift 58, 1965, S. 60—76.

P. Lamma, *Comneni e Staufer. Richerche sui rapporti fra Bisanzio e l'Occidente nel secolo XII*, 2 Bände, Rom 1955—1957.

O. Jurewicz, *Andronikos I. Komnenos*, Amsterdam 1970.

Ch. M. Brand, *Byzantium confronts the West 1180—1204*, Cambridge/Mass. 1968.

C. Cahen, *La première pénétration turque en Asie Mineure*, in: Byzantion 18, 1948, S. 5—67.

Geschichte der Kreuzzüge:

Eine umfassende Orientierung über das einschlägige Schrifttum ermöglichen eine Reihe von Bibliographien und Forschungsberichten:

H. E. Mayer, *Bibliographie zur Geschichte der Kreuzzüge*, 2. unveränderte Auflage Hannover 1965.

A. S. Atiya, *The Crusade. Historiography and Bibliography*, Bloomington 1962.

H. E. Mayer, *Literaturbericht über die Geschichte der Kreuzzüge. Veröffentlichungen 1958—1967*, in: Historische Zeitschrift. Sonderheft 3: *Literaturberichte über Neuerscheinungen zur außerdeutschen Geschichte und zu den Kreuzzügen*, hrsg. von W. Kienast, München 1969, S. 641—731.

J. A. Brundage, *Recent Crusade Historiography: Some Observations and Suggestions*, in: The Catholic Historical Review 49, 1964, S. 493—507.

Unter den *großen Gesamtdarstellungen* sind zu nennen:

S. Runciman, *Geschichte der Kreuzzüge*, aus dem Englischen von P. de

Mendelssohn, 3 Bände, München 1957—1960; einbändige Sonderausgabe München 1968.

K. M. Setton (Editor-in-Chief), *A History of the Crusades*, Band 1: *The First Hundred Years*, ed. by M. W. Baldwin, Philadelphia 1955; Band 2: *The Later Crusades 1189—1311*, ed. by R. L. Wolff and H. W. Hazard, Philadelphia 1962.
Einen ausgezeichneten Überblick ermöglicht der schmale Band von H. E. Mayer, *Geschichte der Kreuzzüge*, Stuttgart 1965 (Urban Bücher 86).
Teilaspekte behandeln:
A. S. Atiya, *Kreuzfahrer und Kaufleute. Die Begegnung von Christentum und Islam*, Stuttgart 1964.
A. S. Atiya, *The Crusade in the Later Middle Ages*, 2. Auflage New York 1965.
P. Charanis, *Byzantium, the West and the Origin of the First Crusade*, in: Byzantion 19, 1949, S. 17—36.
R. J. H. Jenkins, *The Byzantine Empire on the eve of the Crusades*, London 1953 (The Historical Association Publications. General Series 24).
P. Lemerle, *Byzance et la Croisade*, in: *X Congresso Internazionale di Scienze Storiche, Roma 4—11 settembre 1955. Relazioni*, Band 2: *Storia del Medioevo*, Florenz 1955, S. 595—620.
A. Frolow, *Recherches sur la déviation de la IVe Croisade vers Constantinople*, Paris 1955 — zeigt, daß auch ideelle Motive (Gewinnung der Relique des Heiligen Kreuzes in Konstantinopel) eine Rolle spielten.

Die lateinische Herrschaft:

R. L. Wolff, *Romania, the Latin Empire of Constantinople*, in: Speculum 23, 1948, S. 1—32.
J. Longnon, *L'Empire latin de Constantinople et la Principauté de Morée*, Paris 1949.
F. Dölger, *Die Kreuzfahrerstaaten auf dem Balkan und Byzanz*, in: Südost-Forschungen 15, 1956, S. 141—159.

Katalanische Kompagnie:

A. Rubió y Lluch, *Diplomatari de l'Orient Català (1301—1409)* Barcelona 1947. — Ergänzungen und Berichtigungen dazu bei:
R.-J. Loenertz, *Athènes et Néopatras. Regestes et notices pour servir à l'histoire des duchés Catalans*, in: Archivum Fratrum Praedicatorum 25, 1955, S. 100—212 und S. 428—431.
K. M. Setton, *Catalan Domination of Athens 1311—88*, Cambridge/Mass. 1948.
R.-J. Loenertz, *Hospitaliers et Navarrais en Grèce 1376—1383. Regestes et documents*, in: Orientalia Christiana Periodica 22, 1956, S. 319—360.

A. Bon, *La Morée franque. Recherches historiques, topographiques et archéologiques sur la Principauté d' Achaie (1205—1430)*, Text- und Album-Band, Paris 1969.

Paläologenzeit:

Gérard Walter, *La ruine de Byzance. 1204—1453*, Paris 1960 (Hommes et faits de l'histoire 40; 2. Teil der Trilogie: *Le mort des empires*).

D. Geanakoplos, *Emperor Michael Palaeologus and the West 1258—1282. A Study in Byzantine-Latin Relations*, Cambridge/Mass. 1959.

A. Th. Papadopoulos, *Versuch einer Genealogie der Palaiologen 1259—1453*, Diss. München 1938.

S. Runciman, *Die Sizilianische Vesper. Eine Geschichte der Mittelmeerwelt im Ausgang des dreizehnten Jahrhunderts*, München 1959.

G. Weiss, *Joannes Kontakuzenos — Aristokrat, Ministerpräsident, Kaiser und Mönch — in der Gesellschaftsentwicklung von Byzanz im 14. Jahrhundert*, Wiesbaden 1969 (Schriften zur Geistesgeschichte des östlichen Europa 4).

D. M. Nicol, *The Byzantine Family of Kantakuzenos (Cantacuzeni) ca. 1100—1460*, Washington 1968 (Dumbarton Oaks Studies 11).

U. V. Bosch, *Kaiser Andronikos III. Palaiologos. Versuch einer Darstellung der byzantinischen Geschichte in den Jahren 1321—1341*, Amsterdam 1965.

G. T. Dennis, *The Reign of Manuel Palaeologus in Thessalonica, 1382—1387*, Rom 1960 (Christiana Orientalia Anelecta 159).

J. W. Barker, *Manuel II Palaeologus (1391—1425): A Study in Late Byzantine Statesmanship*, New Brunswick / N. J. 1969.

Die Endphase des byzantinischen Reiches:

P. Charanis, *The Strife among the Palaeologi and the Ottoman Turks, 1370—1402*, in: Byzantion 16, 1942/43, S. 286—315.

F. Babinger, *Beiträge zur Frühgeschichte der Türkenherrschaft in Rumelien (14.—15. Jahrhundert)*, Brünn, München, Wien 1944 (Südosteuropäische Arbeiten 34).

F. Babinger, *Mehmed der Eroberer und seine Zeit*, 2. Auflage München 1959.

S. Runciman, *Der Fall von Konstantinopel 1453*, München 1966.

1453—1953. Le Cinq-centième anniversaire de la prise de Constantinople, Athen 1953 (L'Hellénisme contemporain, Sonderband).

J.-J. Bouquet, *Byzance et les dernières offensives de l'Occident contre l'Islam*, Männedorf-Zürich 1961 (Cahiers de l'Ordre international constantien 3).

Zu Kapitel III:

Byzantinische Kaiseridee:

F. Dvornik, *Early Christian and Byzantine Political Philosophy. Origins and Backgrounds*, 2 Bände, Washington 1966 (Dumbarton Oaks Studies 9). Breite Darstellung der traditionsgeschichtlichen Zusammenhänge.
J. Straub, *Vom Herrscherideal in der Spätantike*, Stuttgart 1939 (Forschungen zur Kirchen- und Geistesgeschichte XVIII).
W. Enßlin, *Gottkaiser und Kaiser von Gottes Gnaden*, München 1943 (Sitzungsberichte der Bayerischen Akademie der Wissenschaften, Phil.-hist. Abt. 1943, Heft 6).
O. Treitinger, *Die oströmische Kaiser- und Reichsidee nach ihrer Gestaltung im höfischen Zeremoniell. Vom oströmischen Staats- und Reichsgedanken*, 2. unveränderte Auflage Darmstadt 1956.
A. Grabar, *L'empereur dans l'art byzantin. Recherches sur l'art officiel de l'Empire de l'Orient*, Paris 1936 (Publications de la Faculté des Lettres de l'Université de Strasbourg 75).
H. Hunger, *Prooimion. Elemente der byzantinischen Kaiseridee in den Arengen der Urkunden*, Wien 1964.
A. Michel, *Die Kaisermacht in der Ostkirche (843—1204)*, mit Vorwort von Franz Dölger, Darmstadt 1959 — grundlegend zum Verhältnis von Staat und Kirche.
P. E. Schramm, *Herrschaftszeichen und Staatssymbolik. Beiträge zu ihrer Geschichte vom 3. bis zum 16. Jahrhundert*, 3 Bände, Stuttgart 1954—1956.
F. Dölger, *Die Kaiserurkunde der Byzantiner als Ausdruck ihrer politischen Anschauungen*, in: Historische Zeitschrift 159, 1939, S. 229—250; wieder abgedruckt in: Dölger, *Byzanz und die europäische Staatenwelt*, Ettal 1953, S. 9—33.

Byzantinische Kaiseridee und Außenpolitik:

W. Ohnsorge, *Das Zweikaiserproblem im früheren Mittelalter. Die Bedeutung des byzantinischen Reiches für die Entwicklung der Staatsidee in Europa*, Hildesheim 1947.
G. Ostrogorsky, *Die byzantinische Staatenhierarchie*, in: Seminarium Kondakovianum 8, 1936, S. 43—61.
F. Dölger, *Die »Familie der Könige« im Mittelalter*, in: Historisches Jahrbuch 60, 1940, S. 397—420; wieder abgedruckt in Dölger, *Byzanz und die europäische Staatenwelt*, Ettal 1953, S. 34—69.
G. Ostrogorsky, *The Byzantine Emperor and the Hierarchical World Order*, in: The Slavonic and East European Review 35, no. 84, 1956, S. 1—14.

Byzantinische Verfassungsgeschichte:

Eine zusammenfassende, die Erkenntnisse moderner Verfassungsgeschichtsschreibung verwertende Darstellung steht noch aus. Eine Fülle von Anregungen und weiterführende Ansätze zu einem grundsätzlichen Neuverständnis vermitteln die beiden Akademieabhandlungen:

H.-G. Beck, *Byzantinisches Gefolgschaftswesen*, München 1965 (Bayerische Akademie der Wissenschaften, Phil.-hist. Klasse, Sitzungsberichte 1965, Heft 5).

H.-G. Beck, *Senat und Volk von Konstantinopel. Probleme der byzantinischen Verfassungsgeschichte*, München 1966 (Bayerische Akademie der Wissenschaften, Phil.-hist. Klasse, Sitzungsberichte 1966, Heft 6).

Vgl. außerdem die Aufsatzsammlung von

N. H. Baynes, *The Byzantine State. Byzantine Studies and Other Essays*, London 1955.

N. Svoronos, *Le serment de fidélité à l'empereur byzantin et sa signification constitutionelle*, in: Revue des Études byzantines 9, 1952, S. 106–142.

Zur verfassungsrechtlichen Stellung der Kaiserinnen ist das Material gesammelt in dem Aufsatz von

St. Maslev, *Die staatsrechtliche Stellung der byzantinischen Kaiserinnen*, in: Byzantinoslavica 27, 1966, S. 308–343.

Ch. Diehl, *Imperatrices de Byzance*. Paris 1959.

Kaiserkrönung:

W. Enßlin, *Zur Torqueskrönung und Schilderhebung bei der Kaiserwahl*, in: Klio 35, 1947, S. 268–298.

W. Enßlin, *Zur Frage nach der ersten Kaiserkrönung durch den Patriarchen und zur Bedeutung dieses Aktes im Wahlzeremoniell*, Würzburg 1948 (zuerst als Beitrag in: Byzantinische Zeitschrift 42, 1943/49, S. 101–115 und S. 369–372).

J. Deér, *Der Ursprung der Kaiserkrone*, in: Schweizer Beiträge zur allgemeinen Geschichte 8, 1950, S. 57–87.

G. Ostrogorsky, *Zur Kaisersalbung und Schilderhebung im spätbyzantinischen Krönungszeremoniell*, in: Historia 5, 1955, S. 246–256.

Demen — Zirkusparteien:

S. Manojlović, *Le peuple de Constantinople*, in: Byzantion 11, 1936, S. 617–716.

F. Dvornik, *The Circus Parties in Byzantium*, in: Byzantina-Metabyzantina 1, 1946, S. 119–133.

A. Maricq, *La durée du régime des partis populaires à Constantinople* in: Académie Royale de Belgique, Bulletin de la classe des lettres et des sciences morales et politiques, 5. sér. 35, 1949, S. 63–74; als Fortsetzung:

A. Maricq, *Factions des cirques et partis populaires*, ebenda 36, 1950, S. 396–421.

Byzantinisches Recht:

Forschungsberichte:

B. Sinogowitz, *Die byzantinische Rechtsgeschichte im Spiegel der Neu-erscheinungen 1940—1952*, in: Saeculum 4, 1953, S. 313—333.
J. de Malafosse, *Chronique du droit byzantin*, in: Byzantion 32, 1962, S. 605—619.
P. Zepos, *Die byzantinische Jurisprudenz zwischen Justinian und den Basiliken*, in: Berichte zum XI. Internationalen Byzantinistenkongreß V, 3, München 1958.

Darstellungen:

F. Schulz, *A history of Roman legal science*, Oxford 1946. Instruktiver Überblick.
P. J. Zepos, *Greek Law. 3 lectures delivered at Cambridge and Oxford in 1946*, Athen 1949.
L. Wenger, *Die Quellen des römischen Rechts*, Wien 1953. Grundlegende Untersuchung.
M. Kaser, *Das römische Privatrecht*, 2. Abschnitt: *Die nachklassischen Entwicklungen*, München 1959 (Handbuch der Altertumswissenschaft X, 3.3.2. = Rechtsgeschichte im Rahmen des Handbuchs der Altertumswissenschaft 3.3.2).

Neuere Texteditionen; Forschungen:

H. J. Scheltema, *Florilegium iurisprudentiae Graeco-Romanae*, Leiden 1950. *(Textus minores in usum academicum*, sumptibus E. J. Brill editi n. 13). Eine nützliche Textauswahl.
J. et P. Zepos, *Jus graecoromanum*, 8 Bände, Athen 1931; Nachdruck Aalen 1962.

Vorjustinianische Gesetzgebung:

Fontes Iuris Anteiustiniani, Teil 1: *Leges,* iterum ed. S. Riccobono, Turin 1941; Teil 2: *Auctores,* ed. notisque illustravit J. Baviera; *Libri Syro-Romani interpretationem a. G. Ferrini confectam* castigavit, iterum ed. novis adnotationibus instruxit G. Furlani, Turin 1940.

Das Justineaneische Gesetzgebungswerk:

P. Collinet, *La genèse du digeste, du code et des instituts de Justinien,* Paris 1952.

N. van der Wal, *Les commentaires grecs du Code de Justinien*, Groningen 1953.

N. van der Wal, *Manuale Novellarum Justiniani*, Groningen 1963.

Auswahl aus dem *Corpus iuris civilis* mit Übersetzung von

R. Düll, *Corpus iuris (civilis)*. *Eine Auswahl der Rechtsgrundsätze der Antike*, übersetzt und mit dem Urtext herausgegeben, 2. Auflage München 1960 (Tusculum Bücherei 86).

Nomos Georgikos:

Sowohl die Entstehungszeit wie der rechtsverbindliche Charakter dieses byzantinischen Bauernrechts sind in der Forschung umstritten. Als maßgebliche Deutungsversuche sind zu nennen:

G. Vernadsky, *Sur les origines de Loi agraire byzantine*, in: Byzantion 2, 1925, S. 169—180. Für Zuweisung an Justinian II.

F. Dölger, *Ist der Nomos georgikos ein Gesetz des Kaisers Justinian II?*, in: Münchner Beiträge zur Papyrusforschung und antiken Rechtsgeschichte (= Festschrift für L. Wenger II) 35, 1945, S. 18—48 — wieder abgedruckt in Dölger, *Paraspora*, Ettal 1961, S. 241—262. Für Entstehung als private Kompilation aus den Digesten Justinians I. Ende des 7. oder Anfang des 8. Jhs. — Vgl. auch noch

J. Karayannopulos, *Entstehung und Bedeutung des Nomos Georgikos*, in: Byzantinische Zeitschrift 51, 1958, S. 357—373.

Allgemeiner *Überblick zur Agrargesetzgebung:*

J. de Malafosse, *Les lois agraires à l'époque byzantine. Tradition et exégèse*, in: Recueil de l'Académie de Législation 19, 1949, S. 1—75

Bibliographie:

E. Volterra, *Bibliografia di diritto agrario romano*, Florenz 1951.

Ekloge:

B. Sinogowitz, *Studien zum Strafrecht der Ekloge*, Athen 1956.

Die »Basiliken«:

Die neue große Textedition ist noch nicht abgeschlossen. Bisher liegen vor:

H. J. Scheltema, N. van der Wal, D. Wolwerda, *Basilicorum Libri LX*, Series A: *Texte*, bisher 4 Bände, Groningen, Djakarta, s'Gravenhage 1955—1962; Series B: *Scholien*, bisher 7 Bände, Groningen 1953—1965.
Das im 12. Jahrhundert erstellte Register *Tipukeitos* liegt nunmehr in einer Neuedition vollständig vor:
C. Ferrini, I. Mercati, F. Dölger, St. Hoermann, E. Seidl, *M. Kritou tou Patze Tipukeitos. Librorum LX Basilicorum Summarium*, Vatikanstadt 1914—1957 (Studi e Testi 25, 51, 107, 179 und 193).

Novellen des Kaisers Leon VI.:

P. Noailles, A. Dain, *Les Novelles de Léon VI. le Sage. Texte et introduction*, Paris 1944 (Nouvelle Collection de textes et de documents sous la patronage de l'Association G. Budé).

Epanagoge:

J. Scharf, *Photios und die Epanagoge*, in: Byzantinische Zeitschrift 49, 1956, S. 385—400.

Kanonisches Recht:

Nachschlagewerke — Hilfsmittel:

Dictionnaire de Droit Canonique, ed. R. Naz; bisher erschienen 7 Bände, Paris 1935—1965.
A. Coussa, *Epitome praelectionum de iure ecclesiastico orientali*, 3 Bände, Grottaferrata 1948—1950. Vorzüglicher Überblick.
E. Herman, *Le mete e i compiti delle ricerche sulla storia del diritto ecclesiastico bizantino*, in: Orientalia Christiana Periodica 17, 1951, S. 255—264.
C. de Clercq, *Introduction à l'histoire du droit canonique oriental*, in: Archives du droit oriental 3, 1948, S. 309—348.
W. M. Plöchl, *Geschichte des Kirchenrechts*, Band 1: *Das Recht des 1. Jahrtausends*, 2. Auflage Wien 1959.

Forschungsbericht:

V. Laurent, *Chronique de droit canonique byzantin. Dix années de recherches et d'études (1944—1953)*, in: L'Année Canon 2, 1953, S. 258—275.

Texteditionen:

Wertvolle Materialsammlungen zur Erschließung der reichhaltigen Überlieferung sind in der Reihe der *Fonti* der päpstlichen Kommission für die Codificazione canonica orientale vorgelegt worden, vgl. u. a.:
Pl. de Meester, *De monachico statu iuxta disciplinam byzantinam. Statuta selectis fontibus et commentariis instructa*, Vatikanstadt 1942 (Fonti ser. II. fasc. 10).
J. Croce, *Textus selecti ex operibus commentatorum byzantinorum iuris ecclesiastici cum introductione ab Ae. Hermann*, Vatikanstadt 1939 (Fonti III, fasc. 5).
P.-P. Joannou, *Discipline générale antique (IIe—IXe s.)*, Band I, 1: *Les canons des conciles oecuméniques;* Band I, 2: *Les canons des Synodes Particuliers;* Band II: *Les canons des Pères Grecs;* Band III: *Index analytique aux CCO, CSP, CPG*, Grottaferrata 1962—1964 (Pontificia Commissione per la Redazione del codice di diritto canonico orientale. Fonti, fasc. XI).
Als handliche Ausgabe der *Konzilsbeschlüsse* steht nunmehr zur Verfügung:
Conciliorum Oecumenicorum Decreta, ed. Centro di Documentazione Istituto per le Scienze Religiose Bologna, curantibus J. Alberigo, P.-P. Joannou, C. Leonardi, P. Prodi, consultante H. Jedin, Basel, Barcelona, Freiburg, Rom, Wien 1962.

Zu Kapitel IV.

Vgl. die Literaturangaben zu Kapitel III (Kaiser).
G. I. Bratianu, *Études byzantines d'histoire économique et sociale*, Paris 1938.
R. Guilland, *Recherches sur les institutions byzantines*, 2 Bände, Berlin, Amsterdam 1967 (Berliner byzantinistische Arbeiten 35). Sammlung wichtiger Abhandlungen zu einzelnen Ämtern und Würden.
H. Glykatzki-Ahrweiler, *Recherches sur l'administration de l'empire byzantin aux IXe—XIe siècles*, in: Bulletin de Correspondance hellénique 84, 1960, S. 1—111.
A. Hohlweg, *Beiträge zur Verwaltungsgeschichte des Oströmischen Reiches unter den Komnenen*, München 1965 (Miscellanea Byzantina Monacensia 1).
L. P. Raybaud, *Le gouvernement et l'administration centrale de l'Empire byzantin, sous les premiers Paléologues (1258—1354)*. Paris 1968.

Zur kaiserlichen Regierung und Reichsverwaltung:

H.-G. Beck, *Der byzantinische Ministerpräsident*, in: Byzantinische Zeitschrift 48, 1955, S. 309—338.
R.-J. Loenertz, *Le chancelier impérial à Byzance au XIVe et au XVIe siècle*, in: Orientalia Christiana Periodica 24, 1960, S. 275—300.

416   BIBLIOGRAPHIE

Einzelfragen der inneren Verwaltung:

H. F. Schmid, *Byzantinisches Zehntwesen,* in: Jahrbuch der Österreichischen Byzantinischen Gesellschaft 6, 1957, S. 45—110.

J. Karayannopulos, *Das Finanzwesen des frühbyzantinischen Staates,* München 1958 (Südosteuropäische Arbeiten 52).

F. Dölger, *Beiträge zur Geschichte der byzantinischen Finanzverwaltung, besonders des 10. und 11. Jahrhunderts,* Leipzig 1927 (Byzantinisches Archiv 9), 2. Auflage Hildesheim 1960 mit Ergänzungen und Berichtigungen.

Themenverfassung:

J. Karayannopulos, *Die Entstehung der byzantinischen Themenordnung,* München 1959 (Byzantinisches Archiv 10).

A. Pertusi, *Constantino Porfirogenito De Thematibus,* Vatikanstadt 1952 (Studi e Testi 1960). Edition und eingehende Kommentierung dieser wichtigen Quellen.

Frage des Grundeigentums:

G. Ostrogorsky, *Pour l'histoire de la féodalité byzantine,* Traduction française de Henri Grégoire, publ. avec la collaboration de P. Lemerle, Brüssel 1954 (Corpus Bruxellense historiae byzantinae, Subsidia I.). Grundlegend zur Geschichte des sogenannten *pronoia*-Systems. Kritische Sichtung der Forschungslage bei:

A. Hohlweg, *Zur Frage der Pronoia in Byzanz,* in: Byzantinische Zeitschrift 60, 1967, S. 288—308.

F. Dölger, *Der Feudalismus in Byzanz,* in: *Studien zum mittelalterlichen Lehenswesen,* Lindau, Konstanz 1960, S. 185—193 (Vorträge und Forschungen, hrsg. vom Konstanzer Arbeitskreis für mittelalterliche Geschichte).

Provinzialverwaltung — Geschichte einzelner Reichsteile:

P. Lemerle, *Philippes et la Macédoine Orientale à l'époque chrétienne et byzantine. Recherches d'histoire et d'archéologie,* Paris 1945 (Bibliothèque des Écoles d'Athènes et de Rome 158).

N. Bănescu, *Les duchés byzantins de Paristrion (Paradounavon) et de Bulgarie,* Bukarest 1946.

A. Pertusi, *Contributi alla storia dei temi bizantini dell'Italia,* in: *Atti del 3° Congresso Internazionale degli Studi sull'Alto Medio Evo 1956,* Spoleto 1959, S. 459—517.

V. von Falkenhausen, *Untersuchungen über die byzantinische Herrschaft in Süditalien vom 9. bis ins 11. Jahrhundert,* Wiesbaden 1967 (Schriften zur Geistesgeschichte des östlichen Europa Band 1).

P. Goubert, *L'administration d'Espagne byzantine,* 1: *Les gouverneurs de l'époque byzantine;* 2: *Les provinces,* in: Revue des Études byzantines 3, 1945, S. 127—142; 4, 1946, S. 70—110.

V. Laurent, *Le statut de la Crète byzantine avant et après la libération du joug arabe,* in: Kretika Chronika 15—16, 1961/62, S. 382—396.

A. Bon, *Le Péloponnèse byzantin jusqu'en 1204,* Paris 1951 (Bibliothèque byzantine, Études I).

Stadtgeschichten — außer Konstantinopel:

A. H. M. Jones, *The Greek City from Alexander to Justinian,* Oxford 1940.

Thessalonike:

A. Vacalopoulos, *A History of Thessaloniki,* Thessaloniki 1963.

Alexandrien:

H. T. Davis, *Alexandria, the Golden City,* 2 Bände, Evanston 1957.

Antiochien:

G. Downey, *A History of Antioch,* Princeton 1961.

G. Downey, *Ancient Antioch,* Princeton 1963.

G. Downey, *Antioch in the Age of Theodosius the Great,* Norman 1962.

Zu Kapitel V:

H.-G. Beck, *Stand und Aufgaben der theologischen Byzantinistik,* in: Ostkirchliche Studien 6, 1957, S. 14—34.

V. Grumel, *Formations et variations des patriarcats orthodoxes,* in: Annuaire de l'École de legislation religieuse, 1953, S. 17—27. Zur Herausbildung der Patriarchalverfassung.

Ein Handbuch zur byzantinischen Kirchengeschichte steht noch aus, die Grundzüge der kirchlichen Entwicklung werden in den allgemeinen Gesamtdarstellungen zur Kirchengeschichte behandelt. Ein knapper Abriß von einem der besten Fachkenner, H.-G. Beck, findet sich im Handbuch der Kirchengeschichte, hrsg. von H. Jedin, Band 3: F. Kempf, H.-G. Beck, E. Ewig, J. A. Jungmann, *Die mittelalterliche Kirche,* 1. Halbband: *Vom kirchlichen Frühmittelalter zur gregorianischen Reform,* Freiburg, Basel, Wien 1966, S. 31—61, 197—218, 462—484; 2. Halbband: H.-G. Beck, K. A. Fin, J. Glazik, E. Iserloh, H. Wolter, *Vom kirchlichen Hochmittelalter bis zum Vorabend der Reformation,* 1968, S. 144—167 und S. 589—624.

Unvollendet blieb die große Kirchengeschichte von

418   BIBLIOGRAPHIE

H. Lietzmann, *Geschichte der alten Kirche,* 4 Bände, Berlin 1932—1944. 3. bzw. 4. Aufl. 1961.
Angemessene Berücksichtigung findet die Geschichte der byzantinischen Kirche in:
Histoire de l'église depuis les origines jusqu'à nos jours, sous la direction de A. Fliche et V. Martin, Paris 1935 ff.
C. Every, *The Byzantine Patriarchate (451—1204),* London 1947, 2. Auflage London 1962. Knappe, aber zuverlässige Gesamtdarstellung.
G. Zananiri, *Histoire de l'église byzantine,* Paris 1954.
Wertvolle Hilfe zum Verständnis orthodoxer Theologie leistet
J. Tyciak, *Wege östlicher Theologie. Geistesgeschichtliche Durchblicke,* Bonn 1946. Vgl. auch
P. Bonifatius OSB, *Die Sprüche der Väter,* Graz, Wien, Köln 1963 (Geist und Leben der Ostkirche 3).
I. Hausherr, *La direction spirituelle en Orient autrefois,* Rom 1955 (Orientalia Christiana Analecta 144).
J. Meyendorff, *Die orthodoxe Kirche gestern und heute.* Salzburg 1963 (Wort und Antwort 31). Zur ersten Einführung, von einem guten Kenner der byzantinischen und russischen Kirchengeschichte.
R. Janin, *Les Églises orientales et les rites orientaux,* 4. Auflage Paris 1955. Zur ersten Orientierung.
F. Heiler, *Urkirche und Ostkirche,* München 1937 (Die katholische Kirche des Ostens und Westens 1).
A. Momigliano (Hrsg.), *The conflict between Paganism and Christianity in the Fourth Century. Essays,* Oxford 1963.
R. V. Sellers, *Two Ancient Christologies,* London 1940. Zu den beiden unterschiedlichen theologischen Richtungen der Alexandriner und Antiochener.
Y. M.-J. Congar O. P., *L'ecclésiologie du haut moyen âge. De Saint Grégoire le Grand à la désunion entre Byzance et Rome,* Paris 1968.
J. Darrouzès (Hrsg.), *Documents inédits d'ecclésiologie byzantine,* Paris 1966.
F. Dvornik, *The Idea of Apostolicity in Byzantium and the Legend of Apostle Andrew,* Cambridge/Mass. 1958.
J. Hajjar, *Le synode permanent (Synodos endemusa) dans l'Église byzantine des origines au XIe siècle,* Rom 1962 (Orientalia Christiana Analecta 164).
L. Bréhier, *Le recrutement des patriarches de Constantinople pendant la période byzantine,* in: *Actes du VIe Congrès International des Études Byzantines (Paris 1948),* Band 1, Paris 1950, S. 221—227.

Bilderstreit:

F. Kitzinger, *The cult of images before iconoclasm,* in: Dumbarton Oaks Papers 8, 1954, S. 83—150.
A. Grabar, *L'iconoclasme byzantin. Dossier archéologique,* Paris 1957.

P. J. Alexander, *The Patriarch Nicephorus of Constantinople. Ecclesiastical Policy and Image Worship in the Byzantine Empire*, Oxford 1958.

H. von Campenhausen, *Die Bilderfrage als theologisches Problem in der alten Kirche*, in: Zeitschrift für Theologie und Kirche 49, 1952, S. 33 bis 60.

G. Ladner, *The Concept of the Image in the Greek Fathers and Byzantine Iconoclastic Controversy*, in: Dumbarton Oaks Papers 7, 1953, S. 3 bis 34.

Konzilsfragen:

P.-P. Joannou, *Pape, concile et patriarches dans la tradition canonique de l'église orientale jusqu'au IXe s.*, Grottaferrata 1962.

Le concile et les conciles. Contribution à l'histoire de la vie conciliaire de l'église, Chevetogne, Paris 1960.

A. Grillmeier, H. Bacht (Hrsg.), *Das Konzil von Chalkedon, Geschichte und Gegenwart*, 3 Bände, Würzburg 1951–1954. 2. Nachdruck mit Ergänzung 1962.

J. Gill, *The Council of Florence*, Cambridge 1959.

Die Welt zur Zeit des Konstanzer Konzils. Reichenau-Vorträge im Herbst 1964, Konstanz, Stuttgart 1966.

Patriarchat und Papsttum:

1054–1954. L'Église et les Églises. Neuf siècles de douloureuse séparation entre l'orient et l'occident, 2 Bände Chevetogne 1954–1955 *(Études et travaux offerts à Dom Lambert Beauduin).*

F. Heiler, *Altchristliche Autonomie und päpstlicher Zentralismus.* München 1941 (Die katholische Kirche des Ostens und Westens II, 1).

F. Dvornik, *Byzanz und der römische Primat*, Stuttgart 1966.

F. Dvornik, *The Photian Schism. History and Legend,* Cambridge 1948.

S. Runciman, *The Eastern Schism. A Study of Papacy and the Eastern Churches during the XIth and XIIth Centuries*, Oxford 1955.

G. Stadtmüller, *Europa auf dem Wege zur großen Kirchenspaltung (1054)* Wiesbaden 1960 (Institut für europäische Geschichte Mainz Vorträge Nr. 29).

J. Darrouzès, *Les documents byzantins du XIIe siècle sur la primauté romaine*, in: Revue des Études byzantines 23, 1965, S. 42–88.

B. Roberg, *Die Union zwischen der griechischen und der lateinischen Kirche auf dem II. Konzil von Lyon (1274)*, Bonn 1964 (Bonner historische Forschungen 24).

Dogmengeschichtliches — Mystik:

M. Jugie, *Theologia dogmatica christianorum orientalium ab ecclesia dissidentium*, 5 Bände, Paris 1926–1935.

M. Gordillo, *Compendium theologiae orientalis in commodum auditorum facultatis theologicae concinnatum*, 2. Auflage Rom 1939.

R. Roques, *L'Univers Dionysien*, Paris 1954. Beste Einführung in den Problemkreis.

J. Meyendorff, *Introduction à l'étude de Grégoire Palamas*, Paris 1959 (Patristica Sorbonensia 3).

Slavenmission:

G. Stökl, *Geschichte der Slavenmission*, in: *Die Kirche in ihrer Geschichte. Ein Handbuch*, hrsg. von K. D. Schmidt und E. Wolf, Band 2, Lieferung E, Göttingen 1961. Kenntnisreicher Überblick mit reichhaltigen Quellen- und Literaturangaben.

A. P. Vlasto, *The Entry of Slavs in to Christendom. An Introduction to the Medieval History of the Slavs.* Cambridge/Engl. 1970.

F. Griveć, *Konstantin und Method Lehrer der Slaven*, Wiesbaden 1960. Die klassische Darstellung.

F. Griveć, F. Tomsić, *Constantinus et Methodius Thessalonicenses. Fontes*, Zagreb 1960.

Cyrillo-Methodiana. Zur Frühgeschichte des Christentums bei den Slaven 863–1963, im Auftrage der Görres-Gesellschaft hrsg. von M. Hellmann, R. Olesch, B. Stasiewski, F. Zagiba, Graz, Köln 1964 (Slavistische Forschungen, hrsg. von R. Olesch, Band 6).

Geschichte des byzantinischen Mönchtums:

K. Heussi, *Der Ursprung des Mönchtums*, Tübingen 1936.

D. Savramis, *Zur Soziologie des byzantinischen Mönchtums*, Leiden, Köln 1962.

Le Millénaire du Mont Athos, 963–1963. Études et Mélanges, 2 Bände, Chevetogne bzw. Venedig, Chevetogne 1963–1965.

Il Monachesimo orientale. Atti del Convegno di Studi orientali che sul predetto tema si tenne a Roma, sotto la direzione del Pontifico Istituto Orientale, nei giorni 9–12 Aprile 1958, Rom 1958 (Orientalia Christiana Analecta 153).

P. Charanis, *The Monastic Properties and the State in the Byzantine Empire*, in: Dumbarton Oaks Papers 4, 1948, S. 51–119.

Sozialgeschichte der byzantinischen Kirche:

Als richtungsweisende neuere Untersuchungen liegen vor:

H.-G. Beck, *Kirche und Klerus im staatlichen Leben von Byzanz*, in: Revue des Études byzantines 24, 1966, S. 1–24.

V. Tiftixoglu, *Gruppenbildungen innerhalb des Konstantinopolitanischen Klerus während der Komnenenzeit*, in: Byzantinische Zeitschrift 62, 1969, S. 25–72.

Zu Kapitel VI:

Heerwesen:

D. van Berchem, *L'armée de Dioclétien et la réforme constantienne,* Paris 1952.

E. Darkó, *Le rôle des peuples nomades cavaliers dans la transformation de l'Empire romain aux premiers siècles du moyen-âge,* in: Byzantion 18, 1946/48, S. 85—97. Zeigt die Bedeutung der Reiternomaden für den Aufbau byzantinischer Grenzverteidigung.

F. Tot, *L'art militaire et les armées au moyen âge en Europe et dans le Proche Orient,* 2 Bände, Paris 1946.

R. J. Frank, *Scholae Palatinae. The Palace Guard of the Later Roman Empire,* Rom 1969 (Papers and Monographies of the American Academy in Rome Band 23).

R. M. Dawkins, *The later history of the Varangian guard,* in: Journal of Roman Studies 37, 1947, S. 39—46.

Marine:

L. Bréhier, *La marine de Byzance du VIIIe au Xe siècle,* in: Byzantion 19, 1949, S. 1—16.

E. Eickhoff, *Seekrieg und Seepolitik zwischen Islam und Abendland. Das Mittelmeer unter byzantinischer und arabischer Hegemonie (650—1040),* Berlin 1966.

H. Ahrweiler, *Byzance et la mer. La marine de guerre, la politique et les institutions maritimes de Byzance aux VIIe—XVe siècles, Paris 1966 (Bibliothèque Byzantine, Études 5).* Grundlegende Untersuchung.

H. Antoniadis-Bibicou, *Études d'histoire maritime de Byzance. À propos du »Thème des Caravisiens«,* Paris 1966.

Diplomatie:

Einen unmittelbaren Zugang vermittelt für das 10. Jahrhundert das berühmte kompilative Werk des Kaisers Konstantin VII. Porphyrogennetos, das jetzt in einer Neuausgabe mit englischer Parallelübersetzung vorliegt:

Gy. Moravcsik, R. J. H. Jenkins, *Constantine Porphyrogenitus. De administrando imperio.* Greek text edited by Gy. Moravcsik, English Translation by R. J. H. Jenkins, Budapest 1949.

Dazu der ausgezeichnete Kommentar mit weiterführenden Literaturhinweisen:

F. Dvornik, R. J. H. Jenkins, B. Lewis, Gy. Moravcsik, D. Obolensky, S. Runciman, *Constantine Porphyrogenitus. De administrando imperio,* Band 2: *Commentary,* London 1962.

Zu Kapitel VII:

Handel:

Gut orientierender Forschungsbericht zum Thema:
R. S. Lopez, *East and West in the Early Middle Ages. Economic Relations*
in: *Relazioni per il X Congresso Internazionale di Scienze Storiche, Roma
1955,* Band 3; *Storia del Medioevo,* Florenz 1955, S. 113—163.
E. S. Lopez, I. W. Raymond, *Medieval Trade in the Mediterranean
World,* New York 1955. Beste neuere Gesamtdarstellung; vgl.
A. R. Lewis, *Naval Power and Trade in the Mediterranean A. D. 500 bis
1000,* Princeton 1951.
R. S. Lopez, *The Role of Trade in the Economic Readjustment of By-
zantium in the Seventh Century,* in: Dumbarton Oaks Papers 13, 1959,
S. 67—85.
J. L. Teall, *The Grain Supply of the Byzantine Empire, 330—1025,* in:
Dumbarton Oaks Papers 13, 1959, S. 87—139.
N. Pigulewskaja, *Byzanz auf den Wegen nach Indien. Aus der Geschichte
des byzantinischen Handels mit dem Orient vom 4. bis zum 6. Jahr-
hundert,* überarbeitete deutsche Ausgabe Berlin, Amsterdam 1969 (Ber-
liner byzantinistische Arbeiten 36).
A. Ch. Johnson, L. C. West, *Byzantine Egypt. Economic Studies,* Prin-
ceton/N. J. 1949.
Forschungsbericht zur Wirtschafts- und Sozialgeschichte:
G. I. Bratianu, *Les études byzantines d'histoire économique et sociale,*
in: Byzantion 14, 1939, S. 497—511.

Seidenindustrie:

F. M. Heichelheim, *Byzantinische Seiden,* in: Ciba-Rundschau (Basel)
84, 1949, S. 3115—3149.
R. S. Lopez, *Silk Industry in the Byzantine Empire,* in: Speculum 20,
1945, S. 1—42.

Italienische Seestädte:

F. Thiriet, *La Romanie vénitienne au moyen-âge. Le développement et
l'exploitation du domaine colonial vénitien (XIIe—XVe siècles),* Paris
1959 (Écoles françaises d'Athènes et de Rome 193).
F. Thiriet, *Régestes des délibérations du Sénat de Venise concernant la
Romanie,* 3 Bände, Paris 1958—1961.
W. Heinemeyer, *Die Verträge zwischen dem Oströmischen Reiche und
den italienischen Städten Genua, Pisa und Venedig vom 10. bis 12. Jahrhundert,* in: Archiv für Diplomatik 3, 1957, S. 79—161.
B. Krekić, *Dubrovnik (Raguse) et le Levante au moyen-âge,* Paris 1961.

Abgaben, Steuern, Zölle, Geld:

F. Dölger, *Zum Gebührenwesen der Byzantiner,* in: *Études dédiées à la mémoire d'A. Andréadès,* Athen 1939, S. 39—59; wieder abgedruckt in Dölger, *Byzanz und die europäische Staatenwelt,* Ettal 1953, S. 232—260.

F. Lot, *Nouvelles recherches sur l'impôt foncier et la capitation personelle sous le Bas-Empire,* Paris 1955.

H. Antoniadis-Bibicou, *Recherches sur les douanes à Byzance. L'octava, le »kommerkion« et les commerciaires,* Paris 1963 (Cahiers des Annales 20).

J. Karayannopulos, *Das Finanzwesen des frühbyzantinischen Staates,* München 1958 (Südosteuropäische Arbeiten 52).

D. Zakythenos, *Crise monétaire et crise économique à Byzance du XIIᵉ au XVᵉ siècle,* Athen 1948.

G. Ostrogorsky, *Löhne und Preise in Byzanz,* in: Byzantinische Zeitschrift 32, 1932, S. 293—333.

F. Dölger, *Finanzgeschichtliches aus der byzantinischen Kaiserkanzlei des 11. Jahrhunderts. Zum Tetarteron,* München 1956 (Sitzungsberichte der Bayer. Akademie der Wiss., Phil.-hist. Klasse 1956, 1), wieder abgedruckt in Dölger, *Paraspora,* Ettal 1961, S. 326—349.

G. Mickwitz, *Die Kartellfunktionen der Zünfte und ihre Bedeutung bei der Entstehung des Zunftwesens,* Helsingfors 1936 (Societas scient. Fennica. Commentationes hum. lit. VIII, 3).

E. H. Freshfield, *Roman Law in the Later Roman Empire. Byzantine Guilds Professional and Commercial,* Cambridge 1938. Englische Übersetzung des sog. Eparchenbuches (mit wichtigen Auskünften über Handel und Gewerbe sowie das Zunftwesen in Konstantinopel).

E. Francès, *L'État et les métiers à Byzance,* in: Byzantinoslavica 23, 1962, S. 231—249.

S. Vryonis, *Byzantine demokratia and the Guilds in the Eleventh Century,* in: Dumbarton Oaks Papers 17, 1963, S. 287—314.

H. Antoniadis-Bibicou, *Problèmes d'histoire économique du Byzance au XIᵉ siècle: démographie, salaires et prix,* in: Byzantinoslavica 28, 1967, S. 255—261.

Zu Kapitel VIII:

Bevölkerungsprobleme:

P. Charanis, *Ethnic Changes in the Byzantine Empire in the Seventh Century,* in: Dumbarton Oaks Papers 13, 1957, S. 25—44.

P. Charanis, *Transfer of Population as a Policy in the Byzantine Empire,* in: Comparative Studies in Society and History 3, 1961, S. 140—154.

Zur vielumstrittenen Frage der slavischen Infiltration immer noch grundlegend:

M. Vasmer, *Die Slaven in Griechenland*, Berlin 1941. (Abh. d. Preuß. Akademie der Wiss., Phil.-hist. Klasse 12).
Dazu jüngere Quellenstudien von
P. Charanis, *The Chronicle of Monembasia and the Question of the Slavonic Settlements in Greece*, in: Dumbarton Oaks Papers 5, 1950, S. 139—166, und
P. Lemerle, *La chronique improprement dite de Monemvasie: le contexte historique et légendaire*, in: Revue des Études byzantines 21, 1963, S. 5 bis 49.
P. Lemerle, *Invasions et migrations dans les Balkans depuis la fin de l'époque romaine jusqu'au VIII⁰ siècle*, in: Revue historique 111, 1954, S. 265—308.
P. Charanis, *The Armenians in the Byzantine Empire*, in: Byzantino-slavica 22, 1961, S. 196—240; auch als selbständige Schrift unter dem gleichen Titel Lissabon 1963 (Calouste Gulbenkian Foundation Armenian Library).

Juden:

J. Starr, *The Jews in the Byzantine Empire. 641—1204*, Athen 1939 (Texte und Forschungen zur byzantinisch-neugriechischen Philologie 30).
J. Starr, *Romania. The Jewries of the Levant after the Fourth Crusade*, Paris 1949.
A. Galante, *Les juifs de Constantinople sous Byzance*, Istanbul 1940.
I. S. Emmanuel, *Histoire des Israélites de Salonique*, Band 1: *140 av. J. Ch. — 1640*, Paris 1936 (Histoire sociale, économique et littéraire de la Ville Mère en Israel).

Zur *Struktur der hauptstädtischen Bevölkerung* grundlegend die Abhandlung von
H.-G. Beck, *Konstantinopel. Zur Sozialgeschichte einer früh-mittelalterlichen Hauptstadt*, in: Byzantinische Zeitschrift 58, 1965, S. 11—45; vgl. auch
D. Jacoby, *La population de Constantinople à l'époque byzantine: un problème de démographie urbaine*, in: Byzantion 31, 1960, S. 81—109.
A. M. Schneider, *Die Bevölkerung Konstantinopels im XV. Jahrhundert*, Göttingen 1949 (Nachrichten der Akad. der Wiss. in Göttingen, Phil-hist. Klasse 1949, Heft 9).

Sklaverei:

A. Hadjinicolaou-Marava, *Recherches sur la vie des esclaves dans le Monde Byzantin*, Athen 1950 (Collection de l'Institut Français d'Athènes 45).
Ch. Verlinden, *Orthodoxie et esclavage au bas Moyen âge*, in: *Melanges*

E. Tisserant, Band 5, Vatikanstadt 1964, S. 427—456 (Studi e Testi 235).

H. Köpstein, *Zur Sklaverei im ausgehenden Byzanz,* Berlin 1966 (Berliner byzantinistische Arbeiten 34).

Die *Stadtgeschichtsforschung* hat in der Byzanzforschung der letzten Jahre, nicht zuletzt durch Beiträge sowjetischer Gelehrter, eine Reihe neuer Erkenntnisse gebracht. Unter den Abhandlungen in westlichen Sprachen sind zu nennen:

F. Dölger, *Die frühbyzantinische und byzantinisch beeinflußte Stadt (V.— VIII. Jahrhundert)* in: *Atti del 3° Congresso di Studi sull'Alto Medio Evo,* Benevent 1958, S. 65—100; wieder abgedruckt in Dölger, *Paraspora,* Ettal 1961, S. 107—139.

E. Kirsten, *Die byzantinische Stadt,* München 1958 (Berichte zum 11. Internationalen Byzantinisten-Kongreß in München 1958, Teil V, 3).

D. Claude, *Die byzantinische Stadt im 6. Jahrhundert.* München 1969 (Byzantinisches Archiv 13).

G. Ostrogorsky, *Byzantine Cities in the Early Middle Ages,* in: Dumbarton Oaks Papers 13, 1959, S. 47—66.

P. Charanis, *A Note on the Population and Cities of the Byzantine Empire in the Thirteenth Century,* in: *The Joshua Starr Memorial Volume* (Jewish Social Studies, Publications nr. 5), 1953, S. 135—148. Allgemeiner Überblick.

Agrarverhältnisse. Sozialgeschichtliches:

G. Ostrogorsky, *Agrarian Conditions in the Byzantine Empire in the Middle Ages,* in: Cambridge Economic History of Europe, Band 1, Cambridge 1942, S. 194—223 und S. 579—583. Knapper Überblick.

G. Rouillard, *La vie rurale dans l'Empire byzantin,* Paris 1953.

G. Ostrogorsky, *Quelques problèmes d'histoire de la paysannerie byzantine,* Brüssel 1956 (Corpus Bruxellense Historiae Byzantinae, Subsidia[1]). Insbesondere zum Problem der Leibeigenschaft.

P. Lemerle, *Esquisse pour un histoire agraire de Byzance,* in: Revue historique 219, 1958, S. 32—74, 254—284; 220, 1958, S. 42—94. Die beste Einführung in die Problemlage.

P. Lemerle, *Recherches sur le régime agraire à Byzance: La terre militaire à l'époque des Comnènes,* in: Cahiers de civilisation médiévale Xᵉ— XIIᵉ siècles 2, 1959, S. 265—281.

S. Vryonis Jr., *Byzantium: The Social Basis of Decline in the Eleventh Century,* in: Greek, Roman and Byzantine Studies 2, 1959, S. 157—175.

F. Dölger, *Sechs byzantinische Praktika des 14. Jahrhunderts für das Athoskloster Iberon. Mit diplomatischen, sprachlichen und verwaltungsgeschichtlichen Bemerkungen,* München 1949 (Abhandlungen der Bayerischen Akademie der Wissenschaften, Phil.-hist. Klasse, N. F. 28). Mit interessanten demographischen und sozialgeschichtlichen Bemerkungen.

E. Francès, *La féodalité et les villes byzantines au XIIIe et XIVe siècles*, in: Byzantinoslavica 16, 1955, S. 76—96.

G. Ostrogorsky, *La commune rurale byzantine. Loi agraire — Traité fiscal — Cadastre de Thèbes*, in: Byzantion 32, 1962, S. 139—166.

P. Charanis, *On the Social Structure and Economic Organization of the Byzantine Empire in the Thirteenth Century and later*, in: Byzantinoslavica 12, 1951, S. 94—153.

Volksglauben u. ä.:

V. Laurent, *Amulettes byzantines et formulaires magiques*, in: Byzantinische Zeitschrift 36, 1936, S. 300—395.

O. Neugebauer, H. B. van Hoesen, *Greek Horoscopes*, Philadelphia 1959.

E. Zinner, *Sternglaube und Sterndeutung*, Freiburg, München 1953.

H. J. Magoulias, *The Lifes of Byzantine Saints as Sources of Data for the History of Magic in the Sixth and Seventh Centuries A. D.: Sorcery, Relics and Icons*, in: Byzantion 37, 1967, S. 228—269.

Zu Kapitel IX:

E. von Ivánka, *Hellenisches und Christliches im frühbyzantinischen Geistesleben*, Wien 1948.

R. Guilland, *La vie scolaire à Byzance*, in: Bulletin de l'Association Guillaume Budé 1953, No. 1, S. 63—83.

J. M. Hussey, *Church and Learning in the Byzantine Empire 867—1185*, London 1937, 2. Auflage New York 1963. Maßgebliche Darstellung.

G. E. von Grunebaum, *Parallelism, Convergence and Influence in the Relations of Arab and Byzantine Philosophy, Literature and Piety*, in: Dumbarton Oaks Papers 18, 1964, S. 89—111.

R. Browning, *Byzantinische Schulen und Schulmeister*, in: Das Altertum 9, 1963, S. 105—118.

R. Browning, *The Patriarchal School at Constantinople in the twelfth Century*, in: Byzantion 32, 1962, S. 167—202; 33, 1963, S. 11—40.

J. M. Hussey, *Ascetics and Humanists in Eleventh-Century Byzantium*, Cambridge 1960.

G. Mathew, *Byzantine Aesthetics*, London 1963.

H. Hunger, *Von Wissenschaft und Kunst der frühen Palaiologenzeit*, in: Jahrbuch der Österreichischen Byzantinischen Gesellschaft 8, 1959, S. 123—155.

J. Verpeaux, *Nicéphore Choumnos, homme d'État et humaniste byzantin*. Paris 1959.

H.-G. Beck, *Theodoros Metochites. Die Krise des byzantinischen Weltbildes im 14. Jahrhundert*, München 1952.

I. Ševčenko, *Études sur la polémique entre Théodore Métochit et Nicéphore Choumnos*, Brüssel 1962.

H.-G. Beck, *Humanismus und Palamismus*, in: *XIIe Congrès International des Études Byzantines*, Ochride 1961, *Rapports* III, S. 63—82.

B. Tatakis, *La philosophie byzantine*, Paris 1949 (E. Bréhier, *Histoire de la philosophie*, fasc. suppl. Nr. 2).

F. Masai, *Pléthon et le platonisme de Mistra*, Paris 1956.

Hinweise zur *Geschichte der Naturwissenschaft* finden sich bei

G. Sarton, *Guide to the History of Science*, Waltham/Mass. 1952.

O. Neugebauer, *Studies in Byzantine Astronomical Terminology*, Philadelphia 1960 (Transactions of the American Philosophical Society N. S. 50, II).

O. Temkin, *Byzantine Medicine: Tradition and Empiricism*, in: Dumbarton Oaks Papers 16, 1962, S. 95—115.

G. L. Seidler, *Soziale Ideen in Byzanz*, Berlin 1960 (Berliner byzantinistische Arbeiten Band 24). Unzureichende Darstellung.

A. Philipsborn, *Zur Entwicklung des byzantinischen Krankenhauswesens*, in: Byzantinische Zeitschrift 54, 1961, S. 338—365.

D. J. Constantelos, *Byzantine Philanthropy and Social Welfare*, New Brunswick 1968.

Zu Kapitel X:

Zur Sprachenfrage vgl. oben unter Hilfswissenschaften, dazu noch die wichtige Untersuchung zur byzantinischen Rhetorik von

G. Böhlig, *Untersuchungen zum rhetorischen Sprachgebrauch der Byzantiner mit besonderer Berücksichtigung der Schriften des Michael Psellos*, Berlin 1956.

Literatur:

Das große Handbuch von K. Krumbacher, *Geschichte der byzantinischen Litteratur*, 2. Auflage München 1897, ist immer noch unentbehrlich. Eine völlige Neubearbeitung durch H. Hunger (reinsprachlicher Teil) und H.-G. Beck (volkssprachliche Literatur) ist in Vorbereitung.

Für den kirchlichen Literaturbereich ist inzwischen der von A. Erhard zu Krumbachers Literaturgeschichte beigesteuerte Beitrag (a. a. O., S. 37 bis 218) durch das Handbuch von H.—G. Beck, *Kirche und theologische Literatur im byzantinischen Reich*, München 1959, ersetzt worden.

F. Dölger, *Die byzantinische Dichtung in der Reinsprache*, Berlin 1948 (Handbuch der griechischen und lateinischen Philologie III, 1), wieder abgedruckt in: *Eucharisterion. Franz Dölger zum 70. Geburtstage, von ehemaligen griechischen Schülern gewidmet*, Thessalonike 1961, S. 1—63. Vorzüglicher Abriß.

S. Impellizzeri, *La letteratura bizantina da Costantino agli iconoclasti*, Bari 1965.

Anthologien zur byzantinischen Dichtung:

G. Soyter, *Byzantinische Dichtung. Eine Auswahl aus gelehrter und volks-tümlicher Dichtung vom 4.—15. Jahrhundert,* griechisch und deutsch im Versmaß der Urtexte, Athen 1938 (Texte und Forschungen zur byzanti-nisch-neugriechischen Philologie 28).
Eine breite Auswahl aus reinsprachlicher und volkstümlicher Dichtung mit guten Kommentaren und Literaturhinweisen gibt
R. Cantarella, *Poeti bizantini,* Band 1: *Testi;* Band 2: *Introduzione, Tra-duzione e Commento,* Mailand 1948 (Edizione dell'Università Cattoli-ca del Sacro Cruore 21 und 22).
C. A. Trypanis (Hrsg.), *Medieval and Modern Greek Poetry. An Antho-logy,* Oxford 1951.

Romane — neuere Texteditionen und Untersuchungen:

L.—O. Sjöberg, *Stephanites und Ichnelates. Überlieferungsgeschichte und Text,* Stockholm, Göteborg, Uppsala 1962 (Acta Universitatis Upsalien-sis. Studia Graeca Upsaliensia).
F. Dölger, *Der griechische Barlaam-Roman, ein Werk des hl. Johannes von Damaskos,* Ettal 1953 (Studia patristica et byzantina 1).
J. Mavrogordato, *Digenes Akrites,* edited with an introduction, translation and commentary, Oxford 1956.

Umfassender Forschungsbericht zur byzantinischen Romanliteratur:

O. Mazal, *Der griechische und byzantinische Roman in der Forschung von 1945 bis 1960,* in: Jahrbuch der Österreichischen Byzantinischen Gesell-schaft 11/12, 1962/63, S. 9—55; 13, 1964, S. 29—86; 14, 1965, S. 83 bis 124.

Byzantinische Musik:

Maßgebliches Editionsunternehmen:
Monumenta Musicae Byzantinae, hrg. von C. Hoeg, H. J. W. Tillyard, E. Wellesz, Kopenhagen 1935 ff. Es gliedert sich in 4 Abteilungen: *Facsi-mila* (bisher 4 Bände, 1935—1956), *Subsidia* (bisher 4 Bände, 1935—1960), *Transcripta* (bisher 9 Bände, 1936—1960) und *Lectionaria* (bisher 1 Band in 4 Faszikeln, 1939—1955).
E. Wellesz, *A History of Byzantine Music and Hymnography,* 2. Auflage Oxfort 1961. Grundlegende Gesamtdarstellung.

Kirchenmusik:

Th. Georgiades, *Bemerkungen zur Erforschung der byzantinischen Kirchenmusik,* in: Byzantinische Zeitschrift 39, 1939, S. 67—88.

Zu Romanos und dem Akathistos-Hymnus:

Sancti Romani Melodi Cantica. Cantica genuina, edd. P. Maas et C. A. Trypanis, Oxford 1963.
C. A. Trypanis, *Fourteen Early Byzantine Cantica,* Wien 1968 (Wiener byzantinistische Studien 5).
E. Wellesz, *The Akathistos Hymn,* Kopenhagen 1957 (Monumenta Musicae Byzantinae, Transcripta Band 9).

Zu Kapitel XI:

O. Demus, *Die Rolle der byzantinischen Kunst in Europa,* in: Jahrbuch der Österreichischen Byzantinischen Gesellschaft 14, 1965, S. 139—155. Anregender Versuch einer Gesamtdeutung.
Byzantine Art a European Art, Athen 1964 (Katalog der Europarat-Ausstellung).
Unter den neueren zusammenfassenden Darstellungen verdient besondere Hervorhebung die ausgewogene Untersuchung von
Ch. Delvoye, *L'art byzantin,* Paris 1967 (Collection »Art et Paysages« 27).
J. Beckwith, *The Art of Constantinople. An Introduction to Byzantine Art 330—1453,* London 1961.
In der Reihe »Kunst der Welt« sind erschienen:
A. Grabar, *Byzanz. Die byzantinische Kunst des Mittelalters (vom 8. bis zum 15. Jahrhundert),* Baden-Baden 1964.
A. Graber, *Die mittelalterliche Kunst Osteuropas,* Baden-Baden 1968.
Eine Reihe zum Teil vorzüglich illustrierter Bände veröffentlichte D. Talbot Rice; sie sind auch in deutschen Übersetzungen zugänglich:
D. Talbot Rice, *Byzantinische Kunst,* München 1964.
D. Talbot Rice, *Beginn und Entwicklung christlicher Kunst,* Köln 1961 (Du Mont Dokumente, Reihe III: Kultur und Geschichte).
D. Talbot Rice, *Die Kunst im byzantinischen Zeitalter,* München, Zürich 1968.
D. Talbot Rice — M. Hirmer, *Kunst aus Byzanz,* München 1959.
Vgl. außerdem:
D. Talbot Rice, *The Byzantines,* London 1962 (Ancient Peoples and Places 27).
C. R. Morey, *Early Christian Art. An Outline of the Evolution of Style and Iconography in Sculpture and Painting from Antiquity to the Eighth Century,* Princeton/N. J. 1942.

Ph. Schweinfurth, *Die byzantinische Form. Ihr Wesen und ihre Wirkung*, Berlin 1943.

Ph. Schweinfurth, *Grundzüge der Byzantinisch-Osteuropäischen Kunstgeschichte*, Berlin 1947. Knapper, kenntnisreicher Überblick.

Einzelthemen:

R. Krautheimer, *Early Christian and Byzantine Architecture*, Harmondsworth 1965 (Pelican History of Art 24). Standardwerk.

J. A. Hamilton, *Byzantine Architecture and Decoration*, London 1933.

J. Ebersolt, *Monuments d'architecture byzantine*, Paris 1934.

F. W. Deichmann, *Studien zur Architektur Konstantinopels im 5. und 6. Jahrhundert nach Christus*, Baden-Baden 1956 (Deutsche Beiträge zur Altertumswissenschaft).

E. A. Swift, *Hagia Sophia*, New York 1940. Gute Übersicht.

O. Demus, *Die Mosaiken von San Marco in Venedig 1100—1300*, Baden bei Wien 1935.

O. Demus, *Byzantine Mosaic Decoration*, 2. Auflage London 1953.

Lexikon der christlichen Ikonographie, hrsg. von E. Kirschbaum SJ in Zusammenarbeit mit G. Bandmann, W. Braunfels, J. Kollwitz †, W. Mrazek, A. A. Schmid, H. Schnell; bisher erschienen Band 1, Rom, Freiburg, Basel, Wien 1968.

A. Grabar, *La peinture byzantine*, Genf 1953.

V. Lazarev, *Storia della pittura bizantina*, Turin 1967. Übersetzung aus dem Russischen.

M. Restle, *Die byzantinische Wandmalerei in Kleinasien*, 3 Bände, Recklinghausen 1967.

K. Weitzmann, *Geistige Grundlagen und Wesen der Makedonischen Renaissance*, Köln, Opladen 1963 (Arbeitsgemeinschaft für Forschung des Landes Nordrhein-Westfalen Heft 107).

O. Demus, *Die Entstehung des Paläologenstils in der Malerei*, München 1958.

K. Weitzmann, *Die byzantinische Buchmalerei des IX. und X. Jahrhunderts*, Berlin 1935.

E. Goldschmidt, K. Weitzmann, *Die byzantinischen Elfenbeinskulpturen des 10.—13. Jahrhunderts*, 2 Bände, Berlin 1930—1934.

Zu Kapitel XII:

Ausführliche Bibliographie zum Themenkreis »Beziehungen zu fremden Völkern« bei Gy. Moravcsik, *Byzantinoturcica*, Band 1, Berlin 1958. S. 27 bis 37, sowie in der *Cambridge Medieval History*, Band IV, 1: *Byzantium and its Neighbours*, Cambridge 1966.

Die Probleme der byzantinisch-slavischen Beziehungen sind in den letzten

Jahrzehnten insbesondere von Byzanzforschern aus Ost- und Südosteuropa im einzelnen untersucht worden. Erste Überblicke ermöglichen die gehaltvollen Beiträge des bulgarischen Gelehrten I. Dujčev, jetzt gesammelt in seinem erwähnten zweibändigen Werk: *Medioevo bizantino-slavo*, Rom 1965—1968.

Unter den Beiträgen in westlichen Sprachen sind zu nennen:

F. Dölger, *Die mittelalterliche Kultur auf dem Balkan als byzantinisches Erbe*, in: Dölger, *Byzanz und die europäische Staatenwelt*, Ettal 1953, S. 261—280 (ursprünglich veröffentlicht in: Revue Internationale des Études Balkaniques 2, 1935, S. 108—124).
G. Stadtmüller, *Geschichte Südosteuropas*, München 1950. Mit Schwerpunkt in der mittelalterlichen Geschichte Südosteuropas.
E. Hösch, *Geschichte der Balkanländer*, Stuttgart, Berlin, Köln, Mainz 1968 (Urban Bücher 112). Knapper Abriß.
F. Dvornik, *The Slavs. Their Early History and Civilisation*, Boston 1956.
F. Dvornik, *The Slavs in European History and Civilisation*, New Brunswick 1962.
E. E. Lipšic, *Byzanz und die Slaven. Beiträge zur byzantinischen Geschichte des 6.—9. Jahrhunderts*, Weimar 1951. Übersetzung aus dem Russischen.
A. B. Urbansky, *Byzantium and the Danube Frontier. A Study of the Relations between Byzantium, Hungary and the Balkans during the Period of the Comneni*, New York 1968.
A. A. Vasiliev, *The Russian Attack on Constantinople in 860*, Cambridge 1946. Quellenkritische Untersuchung zur Frühgeschichte der byzantinisch-russischen Beziehungen.
G. Vernadsky, *The Byzantine-Russian War of 1043*, in: Südost-Forschungen 12, 1953, S. 47—67.
D. Obolensky, *Russia's Byzantine Heritage*, in: Oxford Slavonik Papers 1, 1950, S. 37—63.
H. Schaeder, *Moskau das dritte Rom. Studien zur Geschichte der politischen Theorien in der slawischen Welt*, 2. Auflage Darmstadt 1957.
A. V. Soloviev, *L'influence du droit byzantin dans les pays orthodoxes*, in: *X. Congresso Internazionale di Scienze Storiche, Roma 4—11 sett. 1955*, Band VI: *Relazioni generali e supplementi*, Florenz 1955, S. 599 bis 650.
C. Toumanoff, *Christian Caucasia between Byzantium and Iran: New Light from old Sources*, in: Traditio 10, 1954, S. 109—189.
S. Der Nersessian, *Armenia and the Byzantine Empire*, Cambridge/Mass. 1945.
A. Böhlig, *Armenien und Byzanz*, in: Aus der byzantinischen Arbeit der Deutschen Demokratischen Republik Band 1, 1957, S. 176—187.
M. Canard, *Les relations politiques et sociales entre Byzance et les Arabes*, in: Dumbarton Oaks Papers 18, 1964, S. 33—56.

H. Ahrweiler, *L'Asie Mineur et les invasions arabes (VIIe—IXe siècles)*, in: Revue historique 227, 1962, S. 1—32.

A. A. Vasiliev, *Byzance et les Arabes*, Band I: *La dynastie d'Amorium (820—867)*, édition française préparée par H. Grégoire et M. Canard; Band 2: *La Dynastie macédonienne (867—959)*, 2. Teil: *Extraits des sources arabes*, trad. par M. Canard, Brüssel 1935—1950 (Corpus Bruxellense Historiae Byzantinae 1 und 2,2; mehr nicht erschienen). Übersetzung des 1900—1902 in St. Petersburg erschienenen russischen Werkes.

G. Vismara, *Bisanzio e l'Islam. Per la storia dei trattati tra la cristianità orientale e le potenze mussulmane*, Mailand 1950.

P. Wittek, *Das Fürstentum Mentesche. Studien zur Geschichte Westkleinasiens im 13.—15. Jahrhundert*, Istanbul 1934.

P. Lemerle, *L'émirat d'Aydin, Byzance et l'Occident. Recherches sur »La Geste d'Umur Pacha«*, Paris 1957 (Bibliothèque Byzantine, Études 2).

P. Wittek, *The Rise of the Ottoman Empire*, London 1938 (Royal Asiatic Society Monographies 23).

E. Trapp, *Manuel II. Palaiologos. Dialoge mit einem Perser*, Graz, Wien, Köln 1966 (Wiener Byzantinische Studien 2). Zur Islampolemik in Byzanz.

Den byzantinisch-westlichen Beziehungen haben insbesondere F. Dölger und W. Ohnsorge (vgl. die oben zitierten Sammelbände) eine Reihe von Untersuchungen gewidmet. Vgl. auch

F. Haenssler, *Byzanz und Byzantiner. Ihr Bild im Spiegel der Überlieferung der germanischen Reiche im frühen Mittelalter*, Bern 1960.

Ch. M. Brand, *Byzantium Confronts the West 1180—1204*, Cambridge/Mass. 1968.

P. Lamma, *Comneni e Staufer. Ricerche sui rapporti fra Bisanzio e l'Occidente nel secolo XII*, 2 Bände, Rom 1955—1957.

D. Geanakoplos, *Emperor Michael Palaeologus and the West*, Cambridge/Mass. 1959.

F. Dölger, *Byzanz und das Abendland vor den Kreuzzügen*, in: X. Congresso Internazionale di Scienze Storiche, Roma 4—11 settembre 1955, Relazioni, Band 3: *Storia del Medioevo*, Florenz 1955, S. 67—112.

L. Thorndike, *Relation between Byzantine and Western Science and Pseudoscience before 1350*, in: Janus 51, 1964, S. 1—48.

M. V. Anastos, *Some Aspects of Byzantine Influence on Latin Thought*, in: *Twelfth-Century Europe and the Foundations of Modern Society*, Madison 1961, S. 131—187.

Zur *Bedeutung von Byzanz für Renaissance und Humanismus*:

K. M. Setton, *The Byzantine Background of the Italian Renaissance*, in: Proceedings of the American Philosophical Society 100, 1956, S. 1—76.

D. Geanakoplos, *Greek Scholars in Venice. Studies in the Dissemination of Greek Learning from Byzantium to Western Europe*, Cambridge/Mass. 1962.

D. Geanakoplos, *Byzantine East and Latin West. Two Worlds of Christendom in Middle Ages and Renaissance. Studies in Ecclesiastical and Cultural History*, Oxford 1966.

S. d'Elia, *Il basso imperio nella cultura moderna dal quattrocento ad oggi*, Neapel 1967 (Collana di testi e di critica 11). Zum Nachwirken der byzantinischen Kultur.

657 v. Chr. Gründung von Byzantion
284—305 n. Chr. Diokletian römischer Kaiser
312 Schlacht von Saxa Rubra an der Milvischen Brücke
313 Mailänder Toleranzedikt
322—323 Der Zweite Licinische Krieg
323 Konstantin siegt bei Chrysopolis über Licinius und wird Alleinherrscher über das gesamte Reich
325 Das Erste Ökumenische Konzil von Nikaia. Die These des Arius wird als Irrlehre verdammt
330 Gründung Konstantinopels
337 Tod Konstantins des Großen
360—363 Julian Apostata
364 Valens Mitkaiser seines Bruders Valentinian im Osten
376 Die Westgoten überschreiten die Donau
378 Schlacht bei Adrianopel
381 Das Zweite Ökumenische Konzil von Konstantinopel
387 Theodosius der Große schließt mit Persien einen Vertrag über die Teilung der Oberherrschaft über Armenien
395 Tod Theodosius' des Großen. Reichsteilung
431 Das Dritte Ökumenische Konzil von Ephesos. Der Nestorianismus wird als Häresie verurteilt
439 Vandalenherrschaft im Mittelmeer
451 Das Vierte Ökumenische Konzil von Chalkedon. Der Eutychianismus oder Monophysitismus wird als Häresie verurteilt
476 Abdankung des Romulus Augustulus im Westreich, während im Ostreich Zenon (474—491) regiert und Italien von dem Germanen Odoaker und danach von dem Ostgoten Theoderich dem Großen nominell als Vizekönige verwaltet wird
482 *Henotikon* (Unionsformel) des Kaisers Zenon
527—565 Justinian I.
529 *Codex Iustinianus*
532 Nika-Aufstand
532-537 Bau der Hagis Sophia
536-537 Neueinteilung der Provinzen
548 Tod der Kaiserin Theodora, der Gemahlin Justinians I.

1054	Endgültiges Schisma zwischen West- und Ostkirche (Patriarch Michael Kerullarios)
1056	Mit dem Tod der Kaiserin Theodora erlischt die makedonische Dynastie
1071	Die Normannen erobern Süditalien und Bari. Schlacht von Mantzikert, Niederlage Romanos IV. Diogenes gegen die Seldschuken
1096-1099	Erster Kreuzzug
1176	Schlacht bei Myriokephalon. Niederlage Manuels I. gegen die Seldschuken
1180	Tod Manuels I.
1182	Massaker unter den italienischen Kaufleuten in Konstantinopel und Annullierung aller den Italienern zugebilligten Handelskonzessionen unter Andronikos I.
1204	Vierter Kreuzzug. Lateinische Eroberung Konstantinopels und Aufteilung des oströmischen Reichs
1204-1261	Lateinisches Kaiserreich
1261	Rückeroberung Konstantinopels durch Michael Palaiologos
1274	Konzil in Lyon
1282	Sizilianische Vesper
1288-1326	Osman I.
1326	Die Osmanen nehmen Brussa
1329	Eroberung von Nikaia durch die Osmanen
1331-1355	Unter Stephan Dušan erreicht das Großserbische Reich seinen Höhepunkt
1357	Die Osmanen erobern Adrianopel
1371	Schlacht an der Marica
1389	Schlacht auf dem Amselfeld
1394	Türkische Blockade von Konstantinopel
1396	Schlacht bei Nikopolis
1402	Schlacht bei Ankara. Timur (Tamerlan) siegt über Sultan Bajesid I.
1405	Tod Timurs
1451-1481	Mohammed II., der Eroberer
1423	Thessalonike kommt an die Venezianer
1430	Türkische Eroberung Thessalonikes
1439	Konzil von Florenz
1444	Schlacht bei Varna
1453	Türkische Eroberung Konstantinopels, Ende des byzantinischen Reichs
1460	Türkische Eroberung der Peloponnes
1461	Türkische Eroberung des Kaiserreichs der Komnenen in Trapezunt

Das byzantinische Reich 1265

Abbildungsverzeichnis

Kindlers Kulturgeschichte des Abendlandes

IN 22 BÄNDEN

Herausgegeben von Friedrich Heer

Jeder Band mit ca. 500 Seiten und 32 Bildseiten, davon 8 Farbtafeln.

Kindler Verlag Zürich und München